政治文化与政治文明书系

主 编：高 建 马德普

行政文化与政府治理系列

执行主编：吴春华

教育部人文社会科学研究规划基金项目
社会转型期群体性事件的预警与阻断机制研究
（12YJA630141）

政治文化与政治文明书系

行政文化与政府治理系列

快速城镇化背景下的群体性突发事件预警与阻断机制研究

Early-warning and Blocking Mechanism
of Mass Emergency in Background
of Rapid Urbanization

温志强 郝雅立◎著

天津出版传媒集团

天津人民出版社

图书在版编目（ＣＩＰ）数据

快速城镇化背景下的群体性突发事件预警与阻断机制
研究 / 温志强, 郝雅立著. -- 天津 : 天津人民出版社,
2016.10
（政治文化与政治文明书系.行政文化与政府治理系
列）
ISBN 978-7-201-10894-0

Ⅰ.①快… Ⅱ.①温… ②郝… Ⅲ.①群体性—突发
事件—公共管理—研究—中国 Ⅳ.①D63

中国版本图书馆 CIP 数据核字（2016）第 237248 号

快速城镇化背景下的群体性突发事件预警与阻断机制研究
KUAISU CHENGZHENHUA BEIJINGXIA DE QUNTIXING TUFA SHIJIAN YUJING
YU ZUDUAN JIZHI YANJIU

出　　版	天津人民出版社	
出 版 人	黄　沛	
地　　址	天津市和平区西康路35号康岳大厦	
邮政编码	300051	
邮购电话	（022）23332469	
网　　址	http://www.tjrmcbs.com	
电子信箱	tjrmcbs@126.com	

责任编辑	杨　轶
特约编辑	王佳欢
装帧设计	卢炀炀

印　　刷	天津市永源印刷有限公司
经　　销	新华书店
开　　本	787×1092毫米 1/16
印　　张	23.5
插　　页	2
字　　数	370千字
版次印次	2016年10月第1版　2016年10月第1次印刷
定　　价	78.00元

政治文化与政治文明书系

天津师范大学政治文化与政治文明建设研究院·天津人民出版社

编　委　会

序

　　2004年我走上教学之路时，因发表的第一篇学术性文章与公共危机管理研究结缘。自此以后，公共危机管理就成为我科研选题的归属。在这十余年之久的光阴里，我一直沿着公共危机管理的科研道路走到今天，拙劣成果之外，我也指导了一批有所成就的学生，培养了自己的科研团队。此成果从论证到出版，前后大致经过了四年的时间，在此过程中，团队成员齐心协力、分工有序，尽力将此成果以更加科学、严谨的方式呈现给大家。正是科研团队的齐力协作才有了这本书的问世。

　　公共危机具有滋生、潜伏、发生、发展、消亡的自然规律，所以对其管理也就有轻重缓急。基于以上认识，本团队依据公共危机管理工作重点的不同，把公共危机管理过程分为预防准备、预报警戒、应急处置、恢复重建四大阶段。从2009年重点研究预防准备阶段开始，我们计划就这四个阶段分别做较为深入的研究，并分别拟题为"居安思危：社会转型期中国公共危机管理预防准备机制研究""危在旦夕：快速城镇化背景下的群体性突发事件预警与阻断机制研究""临危不惧：基于语义案例库支持的两案三制应急决策体系研究"和"转危为安：基于社会发展基金的突发事件后恢复重建机制研究"。2011年第一阶段研究成果《居安思危：社会转型期中国公共危机管理预防准备机制研究》由中国社会科学出版社出版。之后，以城镇化过程中的社会突发问题群体性事件为目标，开始深入研究第二阶段的预警管理，并受到国家社会科学基金、教育部人文社会科学项目和天津市教委社会科学重大项目资助。至此，按照计划，第二阶段的研究成果《快速城镇化背景下的群体性突发事件预警与阻断机制研究》在我和团队核心成员郝雅立的共同努力下完成研究和撰写，并在天津师范大学政治文化与政治文明研究院出版基金的资助下出版，在此表示衷心的感谢。

　　城镇化是一个国家工业化进程当中各类生产要素、经济活动和人口向局部地区集中并且带动生产方式、生活方式和社会结构发生深刻变化的一个过程。群体性事件作为各类公共危机中的一种人为性、社会性的危机和冲突,在近几年伴随着城镇化的快速推进显示出了高频度出现的趋势,并带有燃点低、规模大、升级快、破坏力强、影响恶劣等特征。城镇化过程中的土地征用、房屋拆迁、环境污染等引发的群体性突发事件,无论在数量上还是在规模上都有扩大化的趋势,在行为上趋于激烈并带有明显的组织化倾向。社会转型期为各种不安因素的叠加和社会风险的传播提供了背景性的机会,城镇化建设对社会利益格局的重置和公民利益的再分配进一步培植了社会冲突发育与成长的土壤,如此的现实发出了对公共安全、社会秩序的强烈的科研需求。如何正视群体性突发事件,采取有效的措施调适并消除社会矛盾,从公共危机管理的视角研究快速城镇化进程中预防预警群体性突发事件的发生,不仅是理论界需要探讨的焦点问题,更是实践中政府需要解决的问题。本书就是针对快速城镇化特殊背景之下的群体性突发事件的专项研究成果。

在前期的公共危机管理研究中,曾经论述公共危机具有滋生、潜伏、发生、发展、消亡的自然规律和客观阶段,对其管理也应有轻重缓急的区别对待。多年的实践证明,对公共危机的管理,特别是对群体性事件一类的"人祸"的管理,其效率提升主要在于对预防预警环节的重视,此举也能有效地防止危机管理过程中无资源可用、有资源乱用的状况。以突发事件前的预警为核心,从根本上防范社会危机风险,这对中国在群体性事件频发展阶段的政府治理体制完善和治理能力提升具有重要的理论和实践意义。本书认为政府要提高群体性突发事件管理能力,就必须科学认识群体性突发事件管理中预防预警机制构建的重要性,在此基础上开展政策谏言、建议表达、机制建设、制度完善和文化培养。

本书以马克思主义理论为指导,坚持理论与实践相结合的原则,运用文献分析和实证案例分析法考察中国政府预警群体性突发事件公共危机的现状,宏观分析和微观分析相结合,对快速城镇化建设对相关利益者的影响与群体性突发事件频繁发生的机理原因进行具体分析,研究以预测、预见、预报、预防、预备、预案、预演为主要内容的预防预警体系,探索政府群体性突发事件公共危机预警活动的具体对策和建议。

具体来说,本书主要分为六大部分,对快速城镇化背景下的群体性突发事件公共危机预警管理机制进行论述,由一章导论和五章正文组成。

第一章,导论。导论部分首先对国内外关于城镇化、利益相关者、城镇化背景下的群体性事件、群体性突发事件预警进行了研究现状分析,在总结和评述众多学者研究成果的基础上,提出本书研究城镇化背景下群体性突发事件预警管理的理论价值和现实意义。在总结前人对群体性事件和群体性事件预警研究的基础上,结合新时期群体性事件的认识和理解,介绍群体性事件的具体含义。基于公共危机预警理论,创造性地运用了中性美学的观点,提出了用制度公利规范自由无序的自利才能处理好秩序与混乱的博弈的基本命题,最终论证了预警与和谐是群体性事件治理的最佳选择。在此,强调对快速城镇化背景下群体性事件预警研究重点在于认清群体性事件产生的根源,把握其发生、发展的规律,不能局限于群体性事件自身来研究,而是应该把它放在城镇化的快速发展和政府公共危机管理的大背景之下对其进行系统分析,提出预防预警的思路和方法,以有效地维护社会稳定。这里就系统展示了本书的总体框架和思路。

第二章,快速城镇化对相关利益者的影响。利益是集体行动的动机,是产生社会类行为的根本原因,这是本书的出发点。城镇化引发的群体性事件归根结底还是利益冲突的结果,本书试图从利益冲突的角度研究快速城镇化背景下群体性事件。因此,在第二章对快速城镇化中的既得利益群体、争取利益群体、弱势利益群体三类利益相关者进行了分析,具体阐述和分析了城镇化给社会各个利益主体(包括农民、企业、地方政府、自治组织等)带来的机遇和挑战。

第三章,快速城镇化背景下群体性突发事件频发的原因分析。本章运用实证案例分析和文献分析相结合、宏观分析和微观分析相结合的方法,对快速城镇化背景下群体性突发事件的发生机理进行了阐述和研究。以利益为核心,立足于对城镇化建设中相关利益者的考察,从宏观层面全面分析快速城镇化背景下群体性突发事件的公共危机预警管理的成败和群体性事件频发的直接原因,并用群体性事件实证分析群体性事件发生、发展的机理机制和逻辑演绎,得出群体性事件发生、发展的微观逻辑和规律,由点及面,试图去寻找预防预警快速城镇化背景下群体性事件的有效机制。

第四章,群体性突发事件公共危机预警管理的优势分析。从文化价值、社会成本、体制改革、管理绩效与处理水平五个方面分析预防预警群体性突发事件相对于应急处置型群体性事件管理的绩效优势和管理价值。重点分析预防预警群体性突发事件更加有利于培养危机预防文化和价值取向,有利于降低政府的法制化治理的制度成本和社会公民的应对成本,有利于推进行政管理体制改革,有利于提高公共危机常态管理水平和协同应对能力,能够提高群体性突发事件应急处置绩效。这是本书对预防预警群体性突发事件管理的优势分析。

第五章,快速城镇化背景下群体性突发事件公共危机预警管理机制的构建内容。快速城镇化背景下群体性突发事件的发生、发展有滋生潜伏、发生征兆、全面爆发、消亡恢复的规律。本书认为快速城镇化背景下群体性突发事件治理应该有所侧重,而且治理重心应该放在群体性事件发生前的诱因消除、矛盾激化预防和治理资源的准备阶段。基于第三章采用解释性和描述性的研究方法,对快速城镇化建设对相关利益者的影响与群体性突发事件频繁发生的机理原因进行实证分析,从现实出发,以事实为根据,以小见大地分析中国政府群体性事件预警职能现状,并结合现实政府危机预警和群体性事件治理过程中所面临的局限和困境,提出构建以预测、预见、预报、预防、预备、预案、预演为主要内容的预防预警体系,以成本最小化和功能最大化的标准满足我国社会转型期城镇建设过程中社会稳定的新要求。

第六章,快速城镇化背景下群体性突发事件公共危机预警与阻断机制构建的策略建议。这是本书的创新和重点所在。具体来说,构建快速城镇化背景下群体性突发事件的公共危机预警管理机制主要从以下九个方面发力:加强对干部和群众的预防文化教育,创建集合认知、法治、技术、人才等专业要素的重大项目社会风险评估机制,构建党政机关政策制定中利益均衡机制,实行科学规划评估、纠错机制,推动以利益引导、利益交流、利益补偿、利益保障为一体的政府主动维权机制,完善基于表达能力基础上的权益冲突协商机制,构建利益矛盾基层村镇"安全阀"缓冲疏导机制,设置群体性突发事件应急预案预演机制,健全城镇化冲突预警法律体系并在快速城镇化过程中规范执法。

在以上六大部分中提出本书的三个主要观点:

(1)对快速城镇化背景下群体性事件预警研究的重点在于认清群体性事件产生的根本原因,把握其发生、发展的规律,不能只局限于群体性事件自身,而是应该把它放在城镇化的快速发展和政府公共危机管理的大背景之下,对其进行系统分析,提出预防预警的思路和方法,从而有效地维护社会稳定。

（2）城镇化引发的群体性事件归根结底还是利益冲突的结果,利益是人类一切活动的根源,本书从利益冲突的角度研究快速城镇化背景下的群体性突发事件,抓住群体性事件的根源性机理,确保基于分析基础提出对策的可供参考性。

（3）快速城镇化背景下群体性突发事件的发生、发展有滋生潜伏、发生征兆、全面爆发、消亡恢复的规律。本书认为快速城镇化背景下群体性突发事件治理应该有所侧重,而且治理重心应该放在群体性突发事件发生前的诱因消除、矛盾激化预防和治理资源的准备阶段。

温志强
2016年阳春三月于天津

目　录

第一章　导　论

第一节　课题研究的依据与意义

一、选题依据

近些年,中国的城镇化建设处于快速发展阶段,至2012年,城镇人口达到7.1亿,城镇化率基本达到世界平均水平。2013年12月12—13日,中央城镇化工作会议在京召开,将推进城镇化工作职责进一步明确。2014年3月16日,中央正式颁布实施首份城镇化规划——《国家新型城镇化规划(2014—2020年)》(以下简称为"规划"),作为今后一个时期内全国城镇化健康发展规划,具有宏观性、战略性、基础性的优势和特色。城镇化建设已经成为过去阶段、当前时期与未来发展的社会主题之一,城镇化建设的理性有序进行是政府创建良好社会环境、提供优质高效服务的重要组成和基础。

城镇化建设是一个将人的生活推向更加健康、更加美好、更加和谐的过程,此过程打破了原有的利益格局,重置了资源所属状况,较之原有利益,会存在利益受惠一方和利益受损一方。新型城镇化建设要求"以人为核心的自然环境、经济环境、政治环境、文化环境、社会环境等生活环境的进一步明朗化和安全化"[①]。但是近几年来,随着城镇化进程的加快和民众维权意识的抬头,中国也进入了群体性事件的高发期,如2008年的甘肃陇南事件、云南丽江水污染事件、贵州瓮安事件、云南孟连事件,2009年的广东番禺反对建设垃圾焚烧厂事件、贵阳暴力拆迁事件,2011年的大连"PX事件"、浙江海宁事

---

① 　郝雅立、温志强:《群众路线是化解群体性事件的重要途径》,《人民论坛》,2013年第35期。

件,2012年的四川什邡反对兴建钼铜项目事件、江苏启东事件,2013年的贞丰群众冲击政府部门事件等。不容置疑,群体性事件频发是城镇化背景下行政环境的特性之一,积极应对群体性事件已成为当前政府面临的主要任务之一。

首先,城镇化快速发展已是"三化"时期政府处理社会事务、开展行政管理活动的社会环境要素之一。城镇化建设作为一项系统性的工程,它不仅仅是一项高楼取代平房、城镇取代农村的设计规划,它既涉及社会管理的各个领域的稳步运行,又涉及社会各个阶层的切身利益。城镇化建设赋予了当前政府行政管理环境怎样的改变?于此行政环境下,政府职能履行要做出怎样的调整和改变?这是本书的初衷之一。

其次,治理群体性事件是政府社会管理的重要问题之一,也是城镇化建设有序进行、社会和经济健康发展的重要前提之一。以往的危机管理研究多集中于危机的全程性管理,在群体性事件产生之后才采取应急行动,收效具有很大的风险性。如何在城镇化建设过程中有效预警和防范群体性事件?如何将城镇化建设中关乎群众利益的事项合理、合法妥当处置?如何保障城镇化建设有序稳步的推进和社会秩序的安定和谐?这是本书的第二个立足点。

最后,城镇化建设与群体性事件预警对政府职能履行和社会管理提出了前所未有的巨大挑战。不管从以经济学为主导的城镇化建设研究,还是从以社会学与行政学为主导的群体性事件研究,将城镇建设、群体性事件与政府职能转变这三者的聚合研究已经成为三个学科的边缘交叉领域,也是三个学科研究的空白地带。因此,本书将政府职能转变放在城镇化背景下群体性事件危机预警的过程中进行分析,有针对性地提出此环境特性下政府职能转变的战略性问题,对于当前政府治理群体性事件具有重大意义。这是本书的重要考量依据之一,也是本书的价值和目的之一。

二、研究意义

现实背景下,城镇化建设已成为考量当前我国社会转型时期社会环境要素的重要因子,城镇化背景下的群体性事件频发也向政府进行社会管理提出了更大挑战。在此形势下,加强城镇化背景下群体性事件预警过程中的政府职能转变问题研究,将政府职能转变放在城镇化建设的大背景下,集中于群体性事件公共危机预警防范,就成了一项既具有理论价值又具有实践指导意义的重大课题。

(一)理论价值

(1)在各学科联系的密切性和复杂性趋势下,丰富了经济学、社会学、公共管理学与危机管理等学界研究的交叉理论内容。从长期以来的研究来看,公共行政学和法学、社会学、心理学等学科对政府群体性事件危机管理的研究多局限在自身学科范畴之中,如行政学以公共服务理论、公共冲突理论为基础来研究群体性事件;法学以法制建设和法治管理来规范社会群体性事件;心理学以社会群体心理演变机理为主要内容进行研究等。如果说有些学科交叉性的成果,那也仅有局部的两两学科的交叉,成果甚微。本书从城镇化背景下群体性事件预警过程中的政府职能转变这一交叉的研究空白入手,能在不同层次上丰富公共行政学、公共管理学、法学、社会学、心理学和经济学等学科的理论内容,深化理论内涵。

(2)在社会各领域联系的强化和易变状况下,加强城镇化背景下群体性事件预警研究能够为政府体制改革和社会管理提供理论指导。"大部门体制"是现代社会公共服务政府的制度产物,也是市场经济发达、法制建设比较成熟的国家普遍采用的政府模式。当前我国正处于经济和社会的转型期,相应的研究成果应为经济的转轨和社会的转型服务,在积极引入大部制改革的过程中,要积极引入新的管理方法与管理理论解决我国公共行政过程中的刚性问题。城镇化背景下群体性事件预警机制是我国大部制改革的重要组成部分,加强城镇化背景下群体性事件预警机制研究能够为政府体制改革提供理论支撑;同时,城镇化背景下群体性事件预警机制也是我国政府履行社会管理职能的重要环节和方面,加强城镇化背景下群体性事件预警研究能够为政府履职完善提供理论指导。

(二)现实意义

(1)从宏观角度来说,加强城镇化背景下群体性事件预警研究,在短期内,能有效防范群体性事件的多发、频发现象,推进城镇化建设的有序进行;从长期看,有助于规范政府活动与行为,明确政府体制改革,促进社会稳定管理的可持续性和低成本性。经济转型与社会转轨时期,人类风险因子的普遍存在、群体压力的层层叠加等都是影响经济发展、人际公平、社会和谐的重要民生问题,也是政府开展活动的职能重心所在。加强城镇化背景下群体性事件预警研究,改变群体性事件全程治理的失误性倾斜和错误性偏颇,用有限的成本获取最大的社会效益。

（2）从微观角度来说，加强城镇化背景下群体性事件预警研究，能了解不同群体的利益诉求，缓解社会压力心理和群体愤怒情绪，保持一方地区的安定和谐。群体性事件对社会的冲击力突破了人类的想象和控制，它不仅仅带来参与主体的身体、心理伤害，也给事发地区群众的生产、生活乃至心理认知等方面带来了不良暗示和导向，甚至在新媒体的快速传播下引起整个社会秩序的波动。另外，群体性事件的事中应急和事后弥补代价也都超出了人类的想象和控制，并且再大的代价和成本，也难以使国家、政府和社会恢复到事发之前的状态，其显性影响和隐性代价难以计量。

第二节　国内外研究现状与文献综述

一、城镇化的国内外研究状况

（一）国外研究概况

国外对城镇化的研究开始较早，注重理论研究与实践过程的结合，通过实地考察与研讨现实问题，并结合技术方法的应用得出能够有效指导实践的理论成果。

21世纪之前，城镇化理论致力于研究城市的起源与功能的发展、城镇化的规划及其推进，同时也将城镇化进程所引起的社会结构转变作为其研究对象。例如，韦伯在《19世纪城市的成长》这一著作中，提出了城镇化理论研究起步阶段应该完成的是将西方城市起源定位在工业革命的历史背景下，城镇化得以蓬勃发展。[1]再比如，德国著名的地理学家W.克里斯泰勒在完成对城镇功能的调查之后，提出了中心区位理论，他认为：一个城镇发展的好坏，与其周边区域的土地数量及人口数量密切相关，土地和人口为城镇的发展提供了重要保障，它们之间是相互依存、相互促进的关系；不同规模的城镇之间相互联系、互通有无，形成了空间层次明确的城镇结构体系。[2]而重农

---

[1]　See Weber, Anda Ferrin, *The Growth of the cities in Nineteenth Century*, New York: Macmillan Publisher Ltd., pp.21–22.

[2]　参见叶舜赞著：《城市化与城市体系》，科学出版社，1994年，第91~93页。

主义学者保泰罗（G. Botero）在他的著作中提出：城镇发展的进程与其周边乡镇的农产品数量息息相关。[1]这一论断，为后来城市化研究提供了理论支持。19世纪四五十年代，马克思与恩格斯在《共产党宣言》中提出：工农结合，消除城乡对立，促进城乡共同发展。

随后，西方对城镇化的研究进入了良性的发展时期。学者们普遍认为：21世纪将会是城镇化积极发展的时期。一些研究者将研究重点转移到了发达国家大中型城市的逆城市化问题；一部分学者的焦点也不再只集中在发达国家，开始研究发展中国家的城市化进程，都强调了发展中国家政府在城市化进程中所起的作用；有个别学者甚至提出了"城市世界"的观点。在这一研究时期内，根据研究重点不同，出现了诸多代表性的研究学派。学者顾朝林在《论中国城市持续发展研究方向》一文中将城市化的研究学派划分为四个不同的派系：第一个派系是生态学派，这个派系主张将生态学的知识和原理运用到城市研究当中，代表人物为帕克、卡斯托等；第二个派系是新韦伯主义学派，这个派系的代表人物是里克斯、莫尔，他们发展和完善了韦伯的思想主张，并将伯吉斯的"同心圆模式"结合起来，对小同住宅群体进行重新定义并修正；第三个派系是新保护主义学派，桑托斯是这一学派的代表人物，他研究并分析了新保护主义学派的兴起背景，在理论、方法论和概念等方面对城市研究的内容提出了新的定义；第四个派系是福特主义学派，这一学派奉行全盛期城市的"核心边缘"结构，在后期，后福特主义具有显著的经济、社会和空间结构，即发达国家保持着大公司的管理和财政运行等垄断性功能，在具备廉价劳动力等社会资源和充分市场的发展中国家建立分厂，后福特主义的城市具有三种类型：第一是后工业化城市类型，第二是开始衰落的反工业化城市类型，以及第三类高新型新技术城市。[2]

自21世纪初，发达国家逐渐进入"后城市化"时期，到目前为止，城市人口占发达国家总人口的75%以上。基于这种情形，欧美社会学家开始将城镇化的研究重点转向城镇化引发的深层次社会问题，如宏观上的社会结构、经济发展、生态环境，微观上的新城市政治问题、社区服务、就业与社会公平、住房产权、不同种族人群的融合、全球一体化问题，等等。兰波（Lember）等认

---

[1]　See G. Botero, *The Theory of City —Statement on the Reason of City's Greast*, Stanford：Stanford University Press, 1967, pp.73–75.

[2]　参见顾朝林：《论中国城市持续发展研究方向》，《城市规划》，1994 年第 6 期。

为,公众的创新意识和创新能力能够为增强城市竞争力提供帮助,并集中分析了城市核心竞争力与公众创新之间的关系。[①]加布(Gabe)等用美国的经验分析了知识聚集与经济增长之间的关系,发现"知识创造型人才如艺术家等聚集在一起有助于提高经济收益,但技能型人才如医生等以及低技能者聚集在一起并不能受益,因而知识聚集的正效应并不一定导致经济活动在空间上的集中"[②]。传统理论常常将产业在空间上的集中现象解释为企业聚集在一起可以获得更高效益,然而温亭(Wenting)等人著作中,通过对荷兰城市阿姆斯特丹进行的问卷调研得出的数据和结果来看,"时装设计这类企业选择区位时,更倾向于城市舒适程度而不是其产业聚集程度,设计师主要是从全国同行高手网络中得到更大的收益"[③]。卡罗尔(Echeverri-Carroll)等人通过对比21世纪初美国的人口普查数据,深入研究了城市人口与人民收入的关系,发现城市人口数与人均收入成正比例关系,即城市人口越多,人均收入越高。[④]另外,汉斯·托尔·安德森(Andersen)等人阐述了丹麦国家高度城镇化的案例,并具体分析了在此国家中新兴城市化的模式及功能、作用。[⑤]吴建国等以凤凰城(Phoenix)和拉斯维加斯(Las Vegas)(美国两个快速发展中的大都市区)为例探讨了其城镇化推进过程的时空特征和演变进程。[⑥]吴俊杰等人分析研究了美国华盛顿特区、加利福尼亚、密歇根等四地城市化的状况,结果发现,城市化虽然在一定程度上冲击了农业经济,但同时也为农业经济带来了更多的发展机遇。[⑦]扎罗索(Martinez-Zarzoso)等人分析了几个发展中国家的案

---

① See Lember, Veiko, et al., Urban Competitiveness and Public Procurement for Innovation, *Urban Studies*, 2011, 48(7), pp.1373–1395.

② Gabe Todd, Abel Jaison, Agglomeration of Knowledge, *Urban Studies*, 2011, 48(7): 1353–1371.

③ Wenting, Rik, et al., Urban Amenities and Agglomeration Economies? The Locational Behaviour and Economic Success of Dutch Fashion Design Entrepreneurs, *Urban Studies*, 2011, 48(7), pp.1333–1352.

④ See Echeverri-Carroll, Elsie L., & Ayala, Sofia G., Urban Wages: Does City Size Matter? *Urban Studies*, 2011, 48(2), pp.253–271.

⑤ See Andersen, Hans Thor, et al., The end of urbanization? Towards a new urban concept orrethinking urbanization, *European Planning Studies*, 2011, 19(4), pp.595–611.

⑥ See Wu Jianguo, et al., Quantifying spatiotemporal patterns of urbanization: The case of the two fastest growing metropolitan regions in the United States, *Ecological Complexity*, 2011, 8(1), pp.1–8.

⑦ See Wu JunJie, et al., Urbanization and the viability of local agricultural economies, *Land Economics*, 2011, 87(1), pp.109–125.

例,发现发展中国家的城市化与其二氧化碳排放量密切相关,呈抛物线型关系。[1]从西方学者对城市化的研究来看,他们注重运用数学手段,如调查分析、数据处理等,深入研究了城市化的进程。

(二)国内研究概况

中国国内的学者们对城市化的研究起步比较晚,在早期研究者中,费孝通及其学生沈关宝、李友梅等人取得了比较出色的研究成果。费孝通先生在20世纪30年代提出了对于农村城镇化的观点,并有著作《江村经济》《乡土中国》等问世。沈关宝等人(2008)对比分析了西方的工业革命和中国由农业经济向工业经济转化的苏南模式,最终得出结论:工业革命是以城市为核心,吸引周边乡村的人口到中心城市进行建设,而苏南模式则刚好与之相反,它是以城市周边的乡村和郊县为中心,吸引城市人口到乡村进行建设,希望通过乡镇企业带动非农化进程。工业革命的立足点在于中心城市,苏南模式的落脚点则是在城市外围的乡村,将城市与乡村的地位进行了调换。[2]在此基础上,我国学者从具体国情出发,致力于研究中国特色的城市化的概念定位、特征分析、城市化的发展模式和动力机制、城市化的地域差异、城乡关系和经济发展等领域。

自2005年以来学术界对于城镇化的研究异常繁荣,对随着城镇化建设的发展引发的群体性事件的研究也随之突飞猛进,呈现出增长态势。城镇化建设是一项集合行政学、管理学、社会学、心理学、经济学等学科的复合型研究领域。

表1-1 关于"城镇化"主要学科研究成果数量统计

学科	宏观经济管理与可持续发展	经济体制改革	农业经济	工业经济	建筑科学与工程
数量	70363	63993	55188	15826	13110
学科	中国政治与国际政治	行政学及国家行政管理	政党及群众组织	中国共产党	财政与税收
数量	15958	4690	6886	5339	3524
学科	环境科学与资源利用	人才学与劳动科学	企业经济	投资	金融
数量	6808	4480	4143	12398	10228

资料来源:根据中国知网(CNKI)—中国知识资源总库检索统计,截止日期:2014年6月19日。

由以上统计数据可以发现,学术界对于"城镇化"的研究热情高涨,尤其

---

① See Martínez-Zarzoso, Inmaculada & Maruotti, Antonello, The impact of urbanization on CO2 emissions: Evidence from developing countries, *Ecological Economics*, 2011, 70(1), pp.1344-1353.

② 参见沈关宝、王慧博:《解读"失地农民问题"——国内外失地农民问题研究综述》,《江西社会科学》,2008年第1期。

是经济学界,仅"宏观经济管理与可持续发展"这一学科论文数量达到七万余篇,相比之下,"行政学及国家行政管理"这一学科对城镇化建设的关注度并不是很高,论文数量仅为四千余篇。城镇化建设是关乎政治、经济和社会的系统性工程,行政学对城镇化建设加以关注,有助于从多层面、整体上推进城镇化建设事业。

1. 城镇化的界定

城镇化,亦可称为城市化、都市化。从我国国情出发,从某种角度上说,城市化完全等同于城镇化。出于不同理解角度和研究内容考虑,在我国,城镇化并未达成一个统一性的定义。就如高佩义(1991)认为:城市化是一个进程,这一进程是一个更替的过程,由先进发达的新城市代替落后原始的旧乡村的过程。[①]谢文惠、邓卫(1996)等则认为:城镇化,归根结底是城市生活方式取代乡村生活方式。[②]胡序威(2000)却认为:城市化的内涵应该是乡村的人口的转移,由第一产业的农业逐渐向第二、第三产业转化和过渡的过程,这个过程包括城市扩展建设,并在建设过程中将城市思想、城市概念、城市生活理念进行宣传的过程。[③]在2001年党的十五届四中全会颁布的《中华人民共和国国民经济和社会发展第十个五年计划纲要》中,第一次明确指出:要把握住有利时机,实事求是,根据自身国情发展城市化道路。"十五"计划纲要第一次把城镇化作为国家战略,强调发展小城镇的城镇化推进作用和发挥大城市的辐射带动作用。

"新型城镇化"伴随党的十六大"新型工业化"战略提出,是在"城镇化"概念的基础上进一步展开的。中央经济工作会议在2012年首次正式提出"在城镇化发展过程中全面融入生态文明理念和原则,坚持走智能、绿色、低碳、集约的新型城镇化道路"[④]。

2. 城镇化的发展模式

关于中国城镇化的发展模式,不同学者有不同的定义和描述,例如学者陆大道的"冒进式"[⑤]的急速城镇化、国家发展改革委城市和小城镇改革发展

---

① 参见高佩义著:《中外城市化比较研究》,南开大学出版社,1991年,第18页。

② 参见谢文惠、邓卫著:《城市经济学》,清华大学出版社,1996年,第26页。

③ 参见胡序威:《有关城市化与城镇体系规划的若干思考》,《城市规划》,2000年第1期。

④ 中华人民共和国中央人民政府网站,http:www.gov.cn/ldhd/2012-12/16/content_2291602.htm。

⑤ 陆大道著:《2006中国区域发展报告:城镇化进程及空间扩张》,商务印书馆,2007年。

中心主任李铁的"粗放型"资源严重浪费发展模式、"造城运动"等。陆大道教授在《我国的城镇化进程与空间扩张》(2007)一文中对城市化乃至我国城镇化的发展和本质有了全新的认识和长远的定位:"城市化的过程,是将国家经济发展、社会结构变迁、生活方式革新集合为一体的根本性转变的过程,是一个需要较长时间的积累与长期发展的积累式、渐变式的历程,而因为我国各方面的发展日新月异,因此需要更加严格地对城市化速率进行必要的控制;在符合国情的条件下进一步完善我国城镇人均综合用地标准,不同于美国、澳大利亚等国家的扩散式城市化发展道路,而是走低指标的城市化发展之路。"②史育龙在《中国特色城镇化道路的内涵和发展模式》一文中将世界国家城市化发展划分为四种模式,即欧美模式、拉美模式、前苏联模式以及新兴的工业化区域模式,并建设性地提出对于中国在发展城市化的过程中对世界城镇化发展过程的借鉴之处。在他看来,城市化的发展基础在于不同国家国情的特征与其发展氛围的有机结合,更要注重城乡关系的发展,这是城市化发展模式中的重中之重,不可忽视和大意。一些不成名的其他城镇化发展模式不约而同面临的问题也亟待解决,例如住宅供不应求、交通不便、生态环境破坏、社会治安恶化、基础设施不完善等。在此基础上,史育龙先生创造性地指出:我国城市化发展模式应该遵循科学发展观中所提到的发展要求,在发展城市化的过程中,自觉地发挥市场和政府的推进和调节功能,这一要求必须牢牢在法制基础上进行,积极构建集约、和谐、健康的城镇化发展。李强、陈宇琳、刘精明在《中国城镇化"推进模式"研究》一文中基于中国经验与国际比较研究中国城镇化的运作机制,指出中国城镇化的典型特征是政府主导、大范围规划、整体推动,主张在尊重基本经济规律基础之上因地制宜,有效地发挥市场的基础作用和政府的主导功能,应创新社会力量参与机制,政府与民众进行良性互动。

3. 城市化与经济发展

城市化是一个必然的结果,是人类文明发展到一定阶段所必须面临的,城镇化建设推进必然与社会经济的发展关系密切,尤其是涉及其中的农业经济和工业产业的发展。在《经济全球化与中国城市发展:跨世纪中国城市发展战略研究》(1999)一书中,顾朝林将中国城市化的问题放置在经济全球

---

① 陆大道:《我国的城镇化进程与空间扩张》,《城市规划学刊》,2007年第4期。

化这一大环境下,有针对性地指出了符合中国国情的城市化发展战略。①而林玲在《城市化与经济发展》(2003)一书里,通过对比加拿大、美国及墨西哥这三个北美国家的城市化发展模式,提出了主导产业转化力理论以及切合本国实际的城市引力场理论,将中国农村城镇化与经济发展关系的特点与原因进行整合,并主张采取"经济推动型"的城镇化发展战略推动中国农村城镇化。②《国家新型城镇化规划(2014—2020年)》指出,城市化的发展为经济的良好运行和发展提供了有力的保障。城市化发展效率的提高,会使更多农民转移就业并提高收入,转为市民并享受更好的公共服务,城镇化过程中所出现的集聚人口、变革生活方式、提高生活水平,这些都会极大地扩张生活性服务需求,城镇消费群体的不断扩大与增加、消费结构的不断升级、消费潜力的不断释放,引发城市基础设施、公共性服务设施和住宅建设等巨大投资需求,这是经济发展、结构优化的持续动力。③

(三)近期关注的热点

1. 民生问题成为焦点

2011年,学术研究的一个突出特点就是民生问题受到了广泛关注。中国社会科学院城市发展与环境研究所推出的《中国城市发展报告》(第4号),专门针对民生问题做了系统而深入的探讨,提出了改善民生的综合措施,并指出民生型城镇化将是今后一个时期中国特色城镇化道路的大方向。在众多学者的研究视野中,城镇居民的住房及失地农民的社会保障成为关注的重点。陈卫波(2011)指出:构建补偿、就业和社会保障"三位一体"的保障体系,才可以解决失地农民的保障性问题。崔晓娟在《中国城市化下保障性住房的发展现状分析》(2011)一文中对我国城镇化进程中出现的保障性住房发展现状进行了分析,并提出了进一步完善和深入建设保障房相关体系和运营相关法律法规体系,政府部门将着重于组织成立用于联系群众和保障房的专门中介部门。杨嘉莹根据北京"用土地换保障"的相关经验,提出了"逢征必保"这一极具建设性和创新性的建议。

---

① 参见顾朝林著:《经济全球化与中国城市发展:跨世纪中国城市发展战略研究》,商务印书馆,1999年,第40~52页。

② 参见林玲著:《城市化与经济发展》,中国发展出版社,2003年,第34~41页。

③ 《国家新型城镇化规划(2014—2020年)》,中华人民共和国中央人民政府门户网站,http://www.gov.cn/zhengce/2014-03/16/content_2640075.htm。

2. 城乡收入差距成为热点

　　针对当前我国城镇化进程中城乡收入差距不断扩大的现实，许多学者进行了实证研究及理论探讨。王子敏在《我国城镇化与城乡收入差距关系再检验》(2011)一文中，利用省级统计资料计算分析了城镇化对城乡收入差距的影响，表明城镇化进程会拉大城乡收入差距，城镇化率与城乡居民收入差距存在 1:0.39 的正相关比率。同时发现，城乡收入差距在空间上也存在着显著的正相关性。①邱福林、穆兰《广东城乡收入差距与城市化进程关系研究》②(2011)和符翔云《浙江省城市化与城乡收入差距的实证研究》③(2011)分别就广东和浙江两省城乡收入差距与城镇化进程的关系进行了实证分析，结果也表明城乡收入差距与城镇化水平呈正相关。通过《城市化进程中城乡收入差距的"倒 U 型"趋势与对策》(2011)一文，郭飞和董敏得出结论，在城市偏向政策及不合理的农地征用规则的影响下，城镇化进程中城乡收入差距呈现出"倒 U 型"趋势。同期，曾江辉的《影响我国城市化进程收入差距因素的实证分析》(2011)不仅提出了存在"倒 U 型"趋势，通过研究更进一步得到此差距已高达临界点的结论。④在《中国工业化和城市化进程与居民收入分配决定研究》(2011)中，王宏利则指出这种城乡之间分配差距的拉大主要是重工业政策导致的，想要缩小差距，第一步要将劳动力的价格提升至合理水平。⑤在《城镇化发展与城乡居民收入差距关系研究：理论与实证》(2013)一文中，冯伟与肖卫东则揭示了"城镇化发展滞后是导致城乡居民收入差距扩大的重要原因，提出加快推进城镇化进程是确保农民增收、城乡居民收入差距缩小的重要路径"⑥。

---

①　王子敏：《我国城镇化与城乡收入差距关系再检验》，《经济地理》，2011 年第 31 卷第 8 期。

②　邱福林、穆兰：《广东城乡收入差距与城市化进程关系研究》，《安徽农业大学学报》(社会科学版)，2011 年第 20 卷第 3 期。

③　符翔云：《浙江省城市化与城乡收入差距的实证研究》，《城市探索》，2011 年 9 月。

④　参见曾江辉：《影响我国城市化进程收入差距因素的实证分析》，《生产力研究》，2011 年第 5 期。

⑤　参见王宏利：《中国工业化和城市化进程与居民收入分配决定研究》，《上海财经大学学报》，2011 年第 13 卷第 3 期。

⑥　冯伟、肖卫东：《城镇化发展与城乡居民收入差距关系研究：理论与实证》，《农村金融研究》，2013 年第 1 期。

3. 土地财政和土地制度受到高度关注

城镇化是一种节约土地的再分配过程，土地资源的有效再分配需要土地供给体制的创新和改革。当前，土地制度不够合理，一些地方政府推进城镇化的冲动主要来自于财政压力，造成了越来越突出的"土地财政"，千方百计地把农民的土地转变成为城市建设用地，迫使农民"上楼"，从而严重地损害了农民的利益，并对城镇化进程产生了消极的影响。田莉在《我国城镇化进程中喜忧参半的土地城市化》(2011)一文中，将当前我国"土地城镇化"过程中的利弊作为首要问题进行分析。① 而鲍宗豪则在《"土地财政"驱动城市化的四大悖论》(2011)中指出了四大悖论，提出通过对行政体制的改革从而达到改变土地管理和经营相结合现状的目的，规范了流程和程序才能够更加透明和科学地实行"土地资本化"。在理性的土地资本化基础上，农村的集体土地进入城市土地市场的进程要全面加快，使得农民的生活水平得到持续性保障才是其破解之道。② 胡存智在《城镇化中的土地管理问题》(2012)一文中指出：当前城乡建设用地布局和结构的不合理问题，以及随着城镇化进程的加快，集中用地和节约用地的相关问题，从而推动城镇化发展和选择用地布局；设定扩展极限，强化城镇建设范围控制；按城乡统筹发展优化用地的布局，在城镇化中率先节约集约用地，实施节约集约国家战略，采取推进土地节约集约利用的措施，促进各类土地复合利用，提高综合利用效率。③

4. "被城镇化"问题

在当前我国快速城镇化进程中，其主导性力量是政府自上而下的制度性安排与资本扩张相结合，而广大民众则大多处于被动地位，尤其是农民和农民工的地位更加被动。这一问题已引起许多学者的关注，开始反思我国的城镇化模式。在《生活空间的重构与失地农民的被动城市化》(2011)一文中，王美琴以失地农民为对象，针对其被动城镇化的现象进行了深入的研究。④ 在《"浅层城市化"与民工荒》(2011)一文中，王道勇在"被农民化"现象中非

① 参见田莉：《我国城镇化进程中喜忧参半的土地城市化》，《城市规划》，2011 年第 2 期。

② 参见鲍宗豪：《"土地财政"驱动城市化的四大悖论》，《理论导报》，2011 年第 2 期。

③ 参见胡存智：《城镇化中的土地管理问题》，《行政管理改革》，2012 年第 11 期。

④ 参见王美琴：《生活空间的重构与失地农民的被动城市化》，《苏州大学学报》，2011 年第 3 期。

常关注流动人员。[①]王颂吉和白永秀撰文(2011)说明了城镇化的推进需要经历两个过程,一是"被动城镇化",二是"主动城镇化",目前我国正处于第一过程向第二过程的过渡和转变。[②]

5. "半城镇化"愈发重要

所谓"半城镇化",也称为"虚假的城镇化""较浅层次的城镇化""不全面城镇化""不正规的城镇化"等,都体现了我国城镇化进程中面临的问题。陈锡文认为我国城镇化率不符合事实,起码有三分之一的人事实上尚未达到市民的待遇。杨云彦、吴华安(2011)认为虽然农民工身上存在的"半城镇化"十分普遍,但总的看来,这种现象的发展趋势已经逐渐变弱。[③]李强近年来曾组织清华大学社会学系师生,对 2009—2010 年广州外来农民工的"不融入"及"农转非"人员的"半融入"问题进行过深入的探究,在政府的制度设计上提出具体的社会对策。王道勇(2011)认为,最近出现的"民工荒"其内在原因和"浅层城镇化"有重要的联系,他提出农民工问题的解决对我国经济发展进程有着重要的影响,并将相关费用和人密切关联起来,以便政府更好地核算公共预算。[④]

6. 农民工市民化的呼声日益加强

农民工毫无疑问对于推动城镇化有着十分重要的作用,他们为所在城市贡献着自己的力量,但在工作地点和居住地点方面却无法享受市民应有的待遇和福利。显然,这是不公平的,对城市的长远发展也是不利的。通过对农民工发展历程的考察,毛哲山(2011)认为人的城镇化十分艰难,但作为最后一阶段也十分重要。[⑤]许经勇也认为我国城镇化的主要任务为农民工向市民的转化。张翼针对农民工将户口从农村迁到城市的意愿进行了问卷调研,调查数据显示,绝大多数农民没有转户口的意愿,因有承包地保留的意愿,所以农民工向市民的演化主要还是在于使社会基本公共服务更加均衡,福

---

① 参见王道勇:《"浅层城市化"与民工荒》,《决策》,2011 年第 4 期。

② 参见王颂吉、白永秀:《由"被动城镇化"到"主动城镇化"——兼论城乡经济社会一体化的演进》,《江西社会科学》,2011 年第 2 期。

③ 参见杨云彦、吴华安:《中国农民工"半城镇化"的成因、特征与趋势:一个综述》,《西北人口》,2011 年第 4 期。

④ 参见王道勇:《"浅层城市化"与民工荒》,《决策》,2011 年第 4 期。

⑤ 参见毛哲山:《农民工城镇化的历史发展阶段与趋势》,《学术交流》,2011 年第 8 期。

利的配置更加科学。根据余中东的观点,农民工市民化这个问题要想在本质上得到解决,还是要综合性地去改革现行的土地和户籍制度、住房与劳动保障和社会保障等诸多制度。

7. 城镇化质量受到越来越多的关注

目前,城镇化进程的加快和社会发展过程中存在的矛盾、问题、负面影响迫使许多学者关注城镇化质量。于是,"城市幸福指数""城市病"及其治理等成为研究的热点。王钰借助于 SPSS 统计软件,构建出了城镇化综合评价指标体系,并以此为基础对"长三角"各城市的城镇化发展状况进行了系统的分析和评价。

8. 中国特色城镇化道路成为理论增长点

在实践的基础上,城镇化理论也得到了拓展。郭元阳分析了毛泽东同志对于新中国城镇化这一问题的理解和经验。刘维奇(2011)分析了我国的城镇化历程。他的观点是,要想让我国不陷入"拉美陷阱",将发展小城镇作为优先考虑和完善建立稳定科学的农村土地制度是重中之重,但这种做法实施过程中也会存在"半城镇化"的现象及城乡矛盾的计划等诸多问题。王新娜对改革开放以来我国城镇化的动力机制进行了实证研究。黄留国(2011)系统地分析和研究了中国城镇化进程中具有特色的模式、背后的推动力量及原因。[①]何干强通过对江苏部分地区城镇化的调查,对中国特色城镇化道路进行了实证研究。黄向梅和何署子(2011)以山东德州及北京郑各庄为例,对政府主动型与市场驱动型两种城镇化模式进行了对比研究。[②]杨风还对城镇化适度发展理论进行了探讨。

9. 城镇化战略仍然是研究的主调

针对我国城镇化现状和问题制定科学的发展战略,依然是城镇化研究的主要方向和目标。魏后凯阐述了在新时期我国的城镇化转变的新思路,提出了由不完全城镇化向完全城镇化转变的目标,并为此制定了健康转变的发展战略。相伟(2011)在"十二五"时期我国城镇化战略转型方面做出进一步的研究。[③]深入分析过诺瑟姆城镇化曲线后,陈明星等人(2011)认为我国

---

① 参见黄留国:《中国特色城镇化道路:模式、动力与保障》,《郑州大学学报》(哲学社会科学版),2011 年第 3 期。

② 黄向梅、何署子:《转型时期我国农村城镇化模式研究》,《调研世界》,2011 年第 8 期。

③ 相伟:《"十二五"时期我国城镇化战略转型的内涵与对策》,《宏观经济管理》,2011 年第 3 期。

现代社会已经迈过城镇化的拐点，今后不能只在加快城镇化发展方面下功夫。①另外，马晓河(2011)也对我国未来城镇化提出了新的战略构想。②

10.“城市正义”及城市哲学成为新的论题

城市时代的正义问题充斥在城市为主的社会空间中。相对于城镇化建设的技术问题,处于社会价值观层面的“城市正义”问题越发引起社会学者的热心关注。陈忠、爱德华·索亚③(2012)认为城市发展面临着均质性与差异性两大问题,要建构一种建设性的“流动的差异性正义”。陈忠④(2013)也指出没有对差异问题的合理应对,也就没有城市正义。曹现强、张福磊⑤(2012)从价值、制度和政策三个层面分析了我国城市空间正义缺失的矫治。曹海军、孙允铖⑥(2014)以城市空间的权力关系和城市正义为分析进路,批判性分析了新马克思主义城市政治理论。高晓溪、董慧⑦(2012)在分析空间的物质性与社会性两大特征的基础上阐述空间正义原则的基本内容,并反观了我国城市空间发展的现实境遇,以期通过空间正义的彰显构建活力化城市空间。

(四)关于城镇化的文献综述

1.城镇的含义

“城镇”一词起源于“城”和“镇”的结合。⑧在中国古代,“城”是指都邑四周用作防御的高墙。一般分两重,里面的叫“城”,外面的叫“郭”,“城”字单用时,多包含“城”与“郭”。《魏书·韩均传》给予的详细解释是:“‘城’指的是在一定地域中用以防卫而围起来的墙垣,是被当作永久性防御设施而存在的,是由于抵御外来和发展自身而产生的大规模由土、木、石墙等形成的居民居

---

① 陈明星等:《城市化速度曲线及其政策启示——对诺瑟姆曲线的讨论与发展》,《地理研究》,2011年第8期。

② 马晓河著:《中国城镇化实践与未来战略构想》,中国计划出版社,2011年,第9页。

③ 陈忠、爱德华·索亚:《空间与城市正义:理论张力和现实可能》,《苏州大学学报》(哲学社会科学版),2012年第1期。

④ 陈忠:《城市正义的差异性问题——自城市哲学与城市批评史的视角》,《东岳论丛》,2013年第5期。

⑤ 曹现强、张福磊:《我国城市空间正义缺失的逻辑及其矫治》,《城市发展研究》,2012年第3期。

⑥ 曹海军、孙允铖:《空间、权力与正义:新马克思主义城市政治理论评述》,《国外社会科学》,2014年第1期。

⑦ 高晓溪、董慧:《城市空间正义——以城市空间活力的建构为线索》,《前沿》,2012年第19期。

⑧ 参见王艳成著:《城镇化进程中的乡镇政府职能研究》,人民出版社,2009年,第65~68页。

住点。"所以在《礼记·礼运》中有语:"城郭沟池以为固。"《墨子·七患》中也有
"城者,可以自守也"的名句。而"镇"在古时候一般被设在边疆危险的要地,
这是行政行为,同时也设官员进行把守,这就是人们经常说的"设官将禁防
者,谓之镇"②。由此我们可以知道,镇在春秋战国时期的主要职能是军事和
行政。直到宋代,镇没有了军事色彩,并通过贸易,镇市的形式出现在经济
中,成为在县治和草市之间的一级商业中心,从近现代开始渐渐扩展为一级
政区单位和联系城市和农村经济的较低级的城镇居民点。在汉代典籍里,
"城镇"则指"城市和集镇,也单指集镇,是介于乡村与城市之间的过渡型的
居民点区域"。集镇一般比较小,主要为周围的农村地区服务。

我国学者从城镇形式及性质出发来界定城镇。邹农俭在《中国农村城市
化研究》(1988)一书中指出:"城"和"镇"这俩犹记得结合被称为"城镇",是
一种场所,城市的产业和人口经常活动在此。③《农村城镇化研究、建设及管
理》(2005)的作者陈鸿彬认为:城镇是一种非农人口生活的居住地,它的人
口密度高、工商业十分发达。④结合国内外关于城镇概念的不同观点,目前我
国所说的"城镇"具有广义和狭义两种区分:一是根据国家统计局 1999 年
114 号文件制定的《关于统计上划分城乡的规定(试行)》指出:"城镇是指以
市镇建制和行政区划为基础,由本规定划定的城和镇。其中,城市是指经国
务院批准设市建制的城市市区,包括设区市的市区和不设区市的市区。镇是
指经批准设立的建制镇的镇区,包括县(市)人民政府所在的建制镇的镇区
和其他建制镇的镇区"。这一含义可以看作城镇的一个广义含义。二是在狭
义范围内,从中国区划的角度,镇的层次是和乡一样的,是同一级区划,镇是
县、县级市等领导管辖的,镇是在城乡的中间,县城关镇、建制镇属于它。必
须说明的是,我们在比较各地的城镇化水平时,使用的是广义的城镇概念。

城镇的形成是社会分工和商品交换的产物。从周代开始,我国由奴隶社
会进入封建社会,农业和手工业得到进一步发展,商品交换更为频繁,集市
贸易应运而生,从而促进了集市的发展。魏晋时,出现了草市。草市是规模很
大的集散地,主要负责出售农副产品和手工业产品。草市原来是乡村定期集

① (北齐)魏收著:《魏书·韩均传》,中华书局,1997 年,第 134 页。

② 参见邹农俭著:《中国农村城市化研究》,广西人民出版社,1998 年,第 133 页。

③ 参见陈鸿彬著:《农村城镇化研究 建设及管理》,中国环境科学出版社,2005 年,第 2~3 页。

市,经过长时期的发展,到宋代,其中一部分发展成为居民点,个别的上升为县、镇;而紧临州县城郭的草市,则发展成为新的商业市区。到唐中叶后,草市普遍发展,原先无集市的县以下的农业地区,也逐渐有了集市贸易活动,商人、手工业者逐渐在集市中聚集,并开办货栈、客栈,使乡村的草市慢慢地发展成为集镇。在后来的发展中,这些集镇有的发展为城镇,但大多数仍维持在集镇的水平上。到了近代,中国沦为"双半社会",在西方列强的压迫和侵略之下,我国经济发展和社会建设严重落后于其他国家,城镇化进程基本停滞。例如,在国民党统治时期,内地绝大多数县城城镇还没有现代工业,不少县城不通公路,只有手工业作坊、豆腐店、裁缝店而已。商业市场相当狭小,贸易额微不足道,城镇公用设施破旧落后,"街窄路乱人车难行,房小屋矮破旧难看"是当时城镇的写照。

2. 城镇化的含义

根据城镇的定义,城镇化显然就是一些没有达到城镇标准的地区,即主要是与城镇相对应的农村地区转向城镇的过程。研究城镇化,就是探求这一过程的具体标准,也就是弄清城镇化究竟是一条什么样的道路。城镇化对于农村的发展意义重大,学者们对城镇化的关注已久,城镇化也因而成为一个动态性的历史名词,"城镇化"一词源于西班牙的城市规划师勒德丰索·塞尔达(Ildefon so Cerda)的著作《城市化的理论问题》。埃尔德里奇(H.T.Eidridge)较早提出"城市化"这一概念,他认为人口逐渐向城市聚集的过程是城镇化的行为。城市随着人口增多而扩大,人口停增了,城市化也就随之停止了。[1]日本学者森川洋说:城镇化是指农村人员的生活方式向城镇的变化,城镇人口密度增高,城镇规模更扩大化是其主要具体的表现。[2]英国学者帕乔内则认为城镇化应包含以下三方面:一是城镇化,城镇人口占总人口的比重增加;二是城镇人口的增加,即城市和镇的人口都增加;三是城市生活方式的变化,城镇生活的行为方式在整个社会中的蔓延。[3]还有一些将着眼点和关注点放

---

[1]　参见于洪俊、宁越敏著:《城市地理概论》,安徽科学技术出版社,1983 年,第 17~18 页。

[2]　See　Shoshanym, Goldshleger N., Land use and population density changes in Israel——1950 to 1990: Analysis of regional local trends, *Land Use Policy*, 2002, 19, pp.123–133.

[3]　See　Kline. Jeffery D., Ralph J, Align, Does Land Use Planning Slow the Conversion of Forest and Farm Lands? *Growth and Change*, 1999/30(winter), pp.3–22.

于不同视角的相关名词的衍生，如城乡一体化、城乡融合区、城乡转型等。

20 世纪 70 年代末，地理学家吴友仁把"城镇化"一词带进中国。学者辜胜阻在《非农化与城镇化研究》(1991)中引用了"城镇化"这一概念，他认为城镇化是与工业化相伴而生，在这一过程中出现的经济、社会等方面的变化。这一变化主要表现在农村集中到城市这样的一个过程。①在《关于制定国民经济和社会发展第十个五年计划的建议》中，我国官方正式采用这一词。

《中国百科大词典》把城镇化译为"城市化"，是城市人口增多的过程，是农转非的过程。早在中国城镇化道路学术讨论会(1983)上，有的专家认为：城镇化的概念是农转非的过程，所有的方面都是农转非的过程，人口分布、生活方式亦是如此。②目前学者们对于城镇化的界定中具有代表性的观点如下：姜爱林在《关于信息化推动城镇化的战略选择》(2001)一文中由城镇化的动因这个角度出发，城镇化是与工业化相伴而生，是不能被人的想法控制的。③《关于当代中国城镇化发展战略的思考》(2002)的作者汪光焘认为：城镇化是与工业化相伴而生并且城市人口逐渐增多的过程。④王梦奎在《中国特色城镇化道路》(2004)中指出城镇化是农转非的过程，也是就业制度等一系列变化过程。然而这样的话，城市人口增多，第一产业人口下降，第二、三产业人口比重增多，各种方式也更城市化。⑤《城镇化与城乡可持续发展》(2004)的作者刘传江、郑凌云指出，城镇化是与工业化相伴而生，在这一过程中出现的经济社会等方面的变化。这一变化主要表现在农村集中到城市这样的一个过程，其实是一种地理变化后的现象。⑥另外有人认为，城镇化要坚持以人为本、因地制宜的理念，一手抓引导推进，一手抓夯实基础，扎扎实实走出一条可持续的中国城镇化发展道路，真正让农民的生活方式、生产方式、生活水平、技术能力、文化素质得到根本改变和提高。⑦

在计划经济时期衡量城镇化水平，我国采用"非农人口占总人口的比

---

① 参见辜胜阻著：《非农化与城镇化研究》，浙江人民出版社，1991 年，第 64 页。

② 参见丁一：《中国城镇化道路学术讨论会简况》，《城市问题》，1983 年第 1 期。

③ 参见姜爱林：《关于信息化推动城镇化的战略选择》，《经济前沿》，2001 年第 6 期。

④ 参见汪光焘：《关于当代中国城镇化发展战略的思考》，《中国软科学》，2002 年第 11 期。

⑤ 参见王梦奎等著：《中国特色城镇化道路》，中国发展出版社，2004 年，第 55~56 页。

⑥ 参见刘传江、郑凌云著：《城镇化与城乡可持续发展》，科学出版社，2004 年，第 7 页。

⑦ 参见赵春山：《走中国特色的城镇化道路》，《学习时报》，2010 年 11 月 29 日。

重"这一指标,此方法在反映城镇化情况的程度上较为准确。逐步放宽户籍政策后,原有的非农人口的界定法被目前的城镇人口占总数的比重(城镇化率)所替代,人口普查数的基准为城镇人口的数量。该指标相对简单明了,是世界上公认的衡量城镇化水平的权威指标,其计算公式为:$Y = \frac{P_1}{P_1 + PR} = \frac{P_1}{P}$(本式中:Y 为城镇化水平;$P_1$ 为城市人口;PR 为乡村人口;p 为总人口)。[①]

我国学者吴先华(2011)认为"虽然人们身份和生活方式等的转变不能完全由人口城镇化率体现,但当前中国城镇化发展的实际和本质却由它所反映"[②]。目前,随着改革深入与经济发展,我国的城镇化率已从 1992 年的27.63%提高到 2012 年末的 52.57%,城镇化发展取得巨大成就。

综合来看,城镇化是 18 世纪以来世界范围内的普遍现象,虽然主要用城镇化率来反映,但它并不是简单的人口的迁移集中过程,其本质是一种整体的、综合的转型过程,不能单纯地将其界定为小城镇建设,它不仅包括小城镇建设,重点还包括五个方面的转型:一是经济结构由主要依靠第一产业转变为主要依赖第二、三产业;二是社会形态将从农村转为城镇;三是社会形态的转型引发的生活方式由农村向城镇的转变;四是整个文明形态从农村走向城镇文明;五是农村人口集中到城镇,因而城镇人口快速增加且农村人口正相反,城镇范围扩大且数量变多,造成的城镇空间布局和结构形态的变化。在城镇化所包含的政治、经济、文化、社会等方面的转型中,以人口、土地与就业为基础和重点。因此,城镇化内涵也可以这样说:城镇化是性质上的变更,农村逐步变为城镇的过程,城镇的生活方式、空间形态及经济人文社会等方面的变化也随着农村人口涌入而发生了变化。因此,在建设城镇的过程中,不仅要结合发展速度的快慢,提高城镇化率,而且更要关注发展的质量,紧扣城镇发展的核心环节,提高城镇经济、保障人们生活水平提高、观念转变,杜绝"伪城镇化"的出现。

---

　　①　参见国土资源部地籍管理司编著:《2008 年全国土地利用变更调查报告》,中国大地出版社,2009 年,第 16 页。

　　②　吴先华:《城镇化、市民化与城乡收入差距关系的实证研究——基于山东省时间序列数据及面板数据的实证分析》,《地理科学》,2011 年第 1 期。

3. 相关概念区分

(1)城市化

城市化作为一个外来词，是英文单词"urbanization"的译文。加拿大籍学者歌德伯戈(Goldbeg M.)在《城市土地经济学》一书中写道："农村转为城市的过程即为城市化。"①农村到城市的转变会导致人口数量的变化。美籍学者沃纳·赫希说："人口少、空间分布均匀且劳动强度大、个体活动特征明显的农村经济转变为相反特征的城市经济的变化过程即为城市化。"②美籍学者约翰·弗里德曼写道："城市化是一种复杂的社会过程，给国家或地域空间都会带来影响。它不仅包括人口和非农业活动在不同的大小城市中的地域集中过程，非城市型景象随着时间的改变转化为城市景观的过程，还包括城市文化、生活习惯和观念向乡村渗透的过程，前者反映的情况被称为城市化过程Ⅰ，后者反映的情况被称为城市化进程Ⅱ。"③日本经济学家山田浩之对城镇产业结构和人口结构之间的关系展开了调查研究，进一步构建了城镇中产业人口联动模型。他指出："从整体来讲，城市化可分为两部分：一是在经济基础变化过程方面的；二是在社会文化变化过程方面的。"④我国学者王道勇、郧彦辉提出观点，他们认为城市化是指"在身份和地域意义上迁入城市，或者是从农村村庄的本质转变成为城镇，这是对农村社区向城市方向转化的一种现象，重点在于身份上和生活环境的转变"⑤。尹俊等人则觉得城市不仅是政治、经济、生活的中心，还是人类文明的重大成果，而衡量一个国家和地区经济、社会、文化、科技发展水平的重要标志是城市化水平的高低，衡量国家和地区社会组织程度和管理水平的重要标志同样如此。由以从事农业活动为主的传统农村社会转变为以第二、三产业为主的现代城市社会的历史过程即为城市化。⑥其中包含产业结构的转变、人口职业的转变、土地及地域空间的变化等。

---

① [加拿大]M.歌德伯戈、P.钦洛依著：《城市土地经济学》，中国人民大学出版社，1990年，第17页。

② 崔援民著：《河北省城市化战略与对策》，河北科学技术出版社，1998年，第17~21页。

③ 沈建法著：《城市化与人口管理》，科学出版社，1999年，第44页。

④ [日]山田浩之著：《城市经济学》，东北财经大学出版社，1991年，第126页。

⑤ 王道勇、郧彦辉：《农民市民化：内涵进程与政策》，《党政干部学刊》，2009年第1期。

⑥ 尹俊、甄峰、王春慧：《世界城市化发展新特点及中国城市化发展趋势》，《地理教育》，2010年第1期。

（2）市民化

作为一种社会身份与社会阶层的定位，市民与农民相对。关于"市民"的定义，学者不仅关注是否长期居住于此，另外一个很重要的考虑因素就是是否拥有城市户籍，户籍政策是中国特色的居民身份代表。到了城市不意味就变为了市民，城市化进程决定了市民化进程。农民的市民化，主要在于如何提升征地农民进城后就业、安家的基本能力，这个过程是一个包括了思想、社会、经济、政治、心理等相关要素转变在内的系统化过程。

郑杭生在 2005 年就指出："市民化是一个乡村文明向城市文明的转变过程。""市民化"是新型城镇化最大的亮点，其有两个因素：第一，农民市民化的过程就是表现为农民进入城市后在各个方面城市化，比如经济文化等因素，享受与城市居民同等水平的公共服务是农民市民化的核心；第二，农民市民化表现为农民适应了城市的快节奏生活与发展，即生活在农村的农民因为当地的城市化带来的市民化。"人的城镇化"更多的是解决农民如何更好地融入城市。"农转非"有两个内容：首先，农民转化为市民的角色；其次，在外部赋能和自身增力的过程中，农民通过适应不同于农村的城市生活方式转变为优秀新市民，最终实现角色转化。[①]

4. 我国城镇化的基本特点

1979 年美国城市学者诺瑟姆（Ray M. Northam）认为 S 型线条代表城镇化发展过程，并将其分为三个阶段：低水平发展缓慢（initial stage）、水平大大提升且加快发展（acceleration stage）、高水平低发展（terminal stage）；城市人口占区域总人口的比重低于 1/4，城市发展水平低，速度缓慢，高水平低发展阶段是城市人口占区域人口比重超过 60%或 70%。低水平低发展这一阶段，随市场的变化，生产资源和要素慢慢转移到位置优越、交通便利的地区，人口向这些地区慢慢流动，形成小村镇，随着规模的扩大，村镇升级发展成为小城镇，小城镇升级发展成为小城市，大、中城市的规模继续扩大。水平大大提升且加快发展阶段大体是，各种资源向城市集中，同时，大城市的发展速度是最快的，小城镇是发展速度最慢的。高水平低发展阶段表现为，城市人口不断增多，但是属于缓慢流动，人口不再一味流向大中城市，而是部分流向

① 参见郑杭生：《农民市民化：当代中国社会学的重要研究主题》，《甘肃社会科学》，2005 年第4 期。

距大中城市近的城镇。据此,目前我国城镇化发展处在快速发展时期,即第二阶段。

快速城镇化区域内涵是对这个区域的全方面投入增加成本,加快城镇化进程,作为区域的重点,发展的目的是加快发展经济政治文化社会等建设,从而共同发展,这被叫作快速城镇化区域。由于受政策、利益、偏好、价值、制度等因素的影响,我国的城镇化建设进程属于快速推进建设阶段,具体表现为大城市稳步发展,中小城市和城镇迅速发展。进一步来讲主要有:第一,城镇化的主体是政府;第二,城镇化的对象是农民;第三,城镇化的关键是市民化;第四,中国城镇化的地区性差异明显。

(五)国内外城镇化研究评述

从整体来看,现在国内外有关城镇化建设的研究层面太过宏观,在观察与探讨方面不够系统。研究角度过于单一,大部分来自于决策层的考量。研究题目过于相同,主要是决策者关注的领域出现的问题的讨论。研究类型还未进入理性阶段,没有以事实论证为主,许多规范型、具体型研究却只注重讨论领导的决策是否正确。学者在研究理论发展的深度广度上有所欠缺。

在理论方面,大部分存在没有深入讨论、总结不及时的问题,理论基础太过狭窄。许多论文缺少理论的现实意义,学者习惯于提问、提建议的传统模式,即使是提出假设并对其进行验证也只被提供的数据所局限,并且在一些经济变量和统计学上的讨论缺乏关联性。提出假设的严谨性并不能与内在逻辑相联系,现存的对城镇化方面的研究对城镇化未来的发展建设没有帮助。

在方法方面,论文中提到的数据与现实情况存在偏差,主要表现为:学者大体上并没有好的方法和路径得到研究数据;也没有了解特性,关于实地考证型研究及确定特性研究,调查的结果与实际情况产生偏差;即便对一些与研究有关的实验进行调查,在方法的使用上也不能给出完整具体的描述。加上理论运用和分析上的模糊,造成成果的严谨性、可证实性存在问题。

二、城镇化对利益相关者的影响的研究现状

在我国,对城镇化的研究多从社会转型和社会稳定的角度出发,其中将利益问题作为城镇化建设有序推进的研究只在少数。同样的,从利益分化与

驱动出发的城镇化建设的问题研究也只在少数,而在利益群体的构成、利益分化的现状、原因和影响等方面研究比较多见。

(一)关于利益分化现象与利益群体的研究

杨帆在《利益结构的变化与社会整合》中将分散在我国各个城镇的利益群体用利益主体多元化的视角加以分析。在他看来,"个人、群体、单位、地方和国家是一级利益主体,就是我国利益主体的多元化。居民、各企业、各经济主管部门、各级地方政府乃至中央政府都可成为经济主体或利益群体,只是关注焦点不同。中央政府关注国家的全体格局和大政方针的制定,以及市场的规范,而各级地方政府、各企业、各经济主管部门则代表一定区域的利益"。林理玲(1998)从生产关系、上层建筑、市场经济三个方面分析了"社会利益群体分化是我国城镇化发展的必然产物:城镇化的建设,以及市场经济的发展,都使得人们生活中的方方面面产生了不同,因此人们的价值观也逐渐多元化,最终导致了利益群体的分化"。何海兵的《当代中国社会利益分化研究综述》对我国改革开放前后和城镇化发展各阶段的利益分化现象进行了阐述,他认为:利益分化指的是利益主体(有相对独立的利益)不断进行分化、组合,还有因其利益不同的实现程度和渠道引起的差异,所以根本利益上的均等化是我国改革开放前的重点,可如今各利益主体随着城镇化的发展不断涌现。作者还对当前的利益分化现象做了深入的研究和分析。此外,李强将中国利益群体分为社会底层群体、利益相对受损群体、普通获益者群体和特殊获益者群体,同时也阐述了各利益群体的分布范围、人数规模和利益得失的大致情况。

(二)关于利益分化的影响和对策

城镇化建设是利益格局调整与利益关系重置的过程,利益格局调整与利益关系重置必然带来利益分化,由此必然带来利益冲突与纠纷。张贤明在《论当代中国利益冲突与政治稳定》中写道:一方面,利益冲突既是政治社会中普遍存在的,也是产生政治社会的前提;另一方面,利益冲突对政治社会也会构成威胁,进而造成政治不稳。利益冲突具有间接性、非对抗性和情绪性,而且利益冲突的对抗性与非对抗性在一定条件下还能够相互转化,但若处理不好,就可能激化为对抗性。杨超、杨书初在《当代政治发展中利益群体的双重效应及其制度对策》(2000)一文中指出,一方面,在体制转轨时期,利益格局的变化对利益群体有着非常重要的影响,它使利益群体在政治生活中逐渐成为一个重要的参与主体,同时,政治发展的民主化也要得益于此;另一方面,其发展过程中的某些非正常现象和行为也有可能诱发转型时期社会政治的不稳定,造成社会对国家政权合法性认同的流失,阻碍政治的一体化进程,成为政治发展的障碍。因此,在政治发展中应积极构建健全的利益表达制度、利益群体的整合协调机制和利益制衡原则,并辅之以行政和道德的手段来使利益群体在政治民主化和现代化建设中得到良性的发展。①何海兵所作的《当代中国社会利益分化研究综述》(2003)一文在总结国内关于利益分化研究结果的基础上,认为利益分化既能产生积极的正面效应,也会释放出无穷的负面效应,如果不采取正确合理的措施,利益分化将会使我们进入难以想象的困境。桑玉成在《利益分化的政治时代》(2002)一书中指出:"现代化进程造就的利益就是现代化的根本动力。"他具体分析了利益分化的基本特点、形态和走向,指出了利益分化下的社会资源配置与政府职能和政府责任的调整,要求政府在利益协调中坚持维护合法利益、缩小利益差别、缓解社会矛盾、增进共同富裕四项原则。刘晓凯在《利益分化与政治稳定》(2008)一书中阐述了现代中国社会阶级阶层结构变迁与利益分化状况,分析了合理的利益分化态势对于政治的稳定来说具有一定的积极影响,但是过度的利益分化会给政治的稳定发展带来障碍,并对利益分化与政治稳定现状做出了基本判断。最后,基于利益分化与利益协调,提出了维护政治稳定的应对方案:政府要增强对机会的控制力度,提高起点与过程中的公平正义;促进改革往更深层次的方向发展,解决因为秩序混乱而导致的人们收入不均衡的状态;要紧紧把握"第一要务"这个中心,以便为解决分配不公和降低贫困提供一定的物质条件;要善于利用法律以及意识形态工具来控制一些不合理的获利行为。②刘美玲编写的《当前社会利益群体分化的道德影响》(2010)一文中提出了这样一个观点:对于社会主义市场经济来说,社会利益群体的分化和组合不是由主观意识控制的,是属于客观存在的。社会利益群体分化一方面是属于社会问题的领域,另一方面也属于政治道德的范畴。当我们从政治道德的角度看的时候,合理的社会利益群体分化对促进中

---

① 参见杨超、杨书初:《当代政治发展中利益群体的双重效应及其制度对策》,《上海社会科学院学术季刊》,2000 年第 3 期。

② 参见刘晓凯著:《利益分析与政治稳定》,人民出版社,2008 年,第 80 页。

国现代化、社会民主化、人的全面发展具有重要的积极作用。但是过度的利益群体分化则会对党的执政道德、经济发展、社会前进的道德动力、安全与和谐稳定起着阻碍的作用。①

三、快速城镇化背景下群体性突发事件的发生原因研究综述

(一)背景性原因:城镇化建设的快速发展

城镇化是我国农村现代化发展的必然趋势,是我国社会发展到一定历史阶段的必经过程。城镇化进程的快速发展中缺少合理有序规划是引发农村群体性事件的背景性研究机理。

李强在《中国社会变迁 30 年:1978—2008》(2008)一书中指出,随着计划经济向市场经济的转变,资源配置方式的变革,城市工业化进程得到了高速发展,但是农民可分享的成果却很有限。如果说在计划经济体制下国家通过"剪刀差"从农村汲取了大量资源,以支持国家的工业化,但在计划经济结束后城乡差别依然在持续扩大。②

中国社会科学院发布的《2010 年社会蓝皮书》认为:"总体上来讲,现在的中国属于城市化、工业化的中期加速阶段,同时也处于社会、经济结构发生转换的特殊时期。"王国先在《群体性事件法律问题研究》(2010)一文中指出:"现在我们的社会既处于黄金发展期,又处于矛盾凸现期。在经济、社会转型的过程中,由于各阶层、组织和群众的不断变动,其利益也不断随之改变,各利益群体也会产生竞争,甚至冲突。其实,体制转轨、社会转型就等同于许多社会矛盾和冲突聚集的过程。"

仇保兴在《应对机遇与挑战——中国城镇化战略研究主要问题与对策》(2009)一书中,阐述了我国城镇化建设带来的城乡失衡问题及其成因。他梳理我国城镇化建设过程中的城乡失衡问题具体体现在:盲目撤并农村,对农居进行统一改造,集中养殖牲畜等;而且片面理解城镇化,追求"新形象",盲目安排村庄建设整治时序等。同时,从传统封建文化、决策者整治建设思维、片面理解城镇化的目标和内容等方面剖析了产生这些问题的原因。

① 刘美玲:《当前社会利益群体分化的道德影响》,《社会科学家》,2010 年第 4 期。

② 李强著:《中国社会变迁 30 年:1978—2008》,社会科学文献出版社,2008 年,第 71 页。

李春杰在《城镇化进程中涉及民族因素的群体性突发事件的成因及对策研究》(2011)一文中指出:"目前城镇化的发展远落后于非农化和工业化,城镇化过于看重数量和表面工程,质量和内涵却不能与之成正比。因此,城镇在发展中接二连三地出现了很多问题:土地扩张难以跟上人口增长的速度,城乡区域之间的发展不均衡,收入差距逐渐拉大,等等。所以,我们不难看出城镇并没有很好地拉动内需、创造就业。所以,我国的城镇化水平远赶不上经济发展水平。"

(二)直接性原因:农民合法权益受损

于建嵘在接受《环球时报》记者采访时曾表明,中国大部分群体性事件的突发都是弱势群体合法权益受损后的反馈式维权行动。

马进在《群体性事件背后的群体心态及整合》(2009)一文中也明确指出,群体性事件中众参与者最初始的心理是维护自身的合法权利。[①]基于合法利益维护的群体性事件,无非不是对分配"社会资源的抗争活动"[②]。关乎此问题的研究,主要集中在以下两个方面:受损的农民合法利益的类型研究、农民合法利益受损的来源和原因分析。

1. 受损的农民合法利益的类型研究

傅恩来在《加强公共危机管理 预防群体性突发事件——以天津市为例》(2012)一文中指出:"工业化和城镇化加快推进过程中,各种具体的利益冲突是引发群体性突发事件的直接原因。"[③]依据具体原因将群体性事件分为五种:第一种是因为不满政府出台或实行的某些政策和方案因此导致了群体性事件;第二种是因为管理者的经营不当导致企业破产或出现亏损等一系列问题,进而导致群体性事件;第三种是因为在征地搬迁的过程中出现的问题从而引起的群体性的突然发生的事件;第四种是因为在民族和宗教方面出现的问题从而引起的群体性的突然发生的事件;第五种是因为在环境污染方面产生的问题导致的群体之间的冲突。

---

① 参见马进:《群体性事件背后的群体心态及整合》,《探索与争鸣》,2009年第3期。

② Ethan Miehelson, *Connected contention:social Resources and petitioning the State in Rural China*, Draft Copy and Unpublished, March 6, 2006.

③ 傅恩来:《加强公共危机管理 预防群体性突发事件——以天津市为例》,《天津行政学院学报》,2012年第4期。

在《论群体性事件产生的深层原因》(2012)一文中,孙疏认为:群体性事件之所以发生,正当权益严重受损是最直接的原因。这些权益主要集中在以下方面。政治参与:机会权益受损;收入分配:经济权益受损;教育医疗:起点权益受损;失去土地:未来权益受损;劳动就业:生存权益受损;执行不力:政策权益受损;官僚主义:信任权益受损。[①]

城镇化进程的加快,农村农民利益呈现出多样化的特点,农村耕地征收与相应的赔偿问题、房子的地皮问题、后代接受教育方面的问题、权利能不能得到有效保障的问题等涉及农民利益的热点难点问题层出不穷,农民合法利益受损是农村快速城镇化进程中群体性事件突发的直接原因机理。农村土地征收维权、房屋拆迁和环境保护是诸多学者研究的集中领域。

(1)土地征用方面,土地利益受损引发农村土地问题维权事件

罗伊特(Reuters)(2012)指出:土地生产是农民利益的根本。其根本问题是土地是农民的财富,而其权益并未得到合法保护。[②]

王华华、陈国治在《我国城市化中土地征收引发的群体性事件防控研究》(2011)一文中分析我国土地征收中引发群体性事件的原因:城市化建设中土地征收的直接群体利益需求"未满足";城市化建设中土地征收的直接群体利益诉求"被限制";那些游离在制度之外的挑事风气导致群体性事件。另一方面,提出了一个对在土地征收过程中出现的群体性事件的防控政策,一个是"防",即保证土地征收过程中利益分配的公平、合理;另一个是"控",就是对土地征收中出现的不公平分配进行一定程度上的弥补,从而保证它的结果具有一定的公平性。[③]具体来说,可以对征地补偿款的发放加强监督和控制;建立土地征收过程中失地农民生活保障机制;建立健全对被征地农民的再就业培训机制;建立和完善土地征收中的民意诉求机制;建立健全处理土地征收中群体性事件的疏导机制等措施实现。

在城镇化和城市发展过程中,因为拆迁引发的群众上访事件已经频繁

---

①　参见孙疏:《论群体性事件产生的深层原因》,《山东省农业管理干部学院学报》,2012年第5期。

②　See Reuters, *Village polls to channel public opinion: Wen*, February 6, 2012, http://www.china-post.com.tw/china/national-news/2012/02/06/330753/Village-polls.htm.

③　参见王华华、陈国治:《我国城市化中土地征收引发的群体性事件防控研究》,《求实》,2011年10月。

出现,多元化的利益分配矛盾、民意表达渠道不够畅通、群访主体的维权意识增强而法制观念薄弱、基层政府政务信息公开化程度不够高、基层组织社会控制弱化且权威结构失衡等原因都会造成群众采取制度外的方式来表达意愿。有学者对某些地方的征地拆迁群访事件的原因进行了特别分析,有针对性地指出了特殊场域下的特殊问题和原因,如模糊的农地产权安排使得农民丧失了维护自身权益的基础,宽泛的征地范围容易诱发征地权的滥用,不健全的征地程序剥夺了农民的参与权和申诉权。为此,要建立健全征地拆迁群访事件矛盾化解的预警机制,包括建立覆盖社会面的情报信息网络系统,建立科学的征地预案机制,建立合理的补偿与再补偿机制;要建立完善的征地拆迁群访事件应急处置机制,包括建立切实可行的配套预案机制,建立快速高效的现场处置机制;要建立征地拆迁群访事件处置后续机制;要着力构建多元的征地拆迁群访事件矛盾化解机制。

(2)房屋拆迁方面,房屋权益受损引发农村房屋问题维权事件

黄学贤、陈峰在《农村群体性事件法治化的制度逻辑——基于城镇化背景的分析》(2010)一文中分析,《城市房屋管理拆迁条例》第 13 条规定(拆迁人与被拆迁人应当依照本条例的规定,按照补偿方式、补偿金额、安置用房面积和安置地点、搬迁期限、搬迁过渡方式和过渡期限等事项,订立拆迁补偿安置协议)得并不完善,究竟双方是以怎样的方式签订协议的,被拆迁房屋的主人在签订协议的整个过程中都会有哪些权利,是通过什么样的方式参与相关协议的制定,又是通过什么样的方式来表达自己关于相关协议制定的观点、意见,等等,我们在条例中都没有发现与这些相关的规定,在实际操作过程中也都是不具有可行性的。因此,在房屋拆迁的实际过程中主要还是由我们的政府说了算,甚至有时候我们的政府会放纵某些房屋开发商或者拆迁公司来当家做主,而那些作为相关个体的被拆迁房屋的主人却失去了讨价还价的权利[1],这些事情严重损害了那些被拆迁房屋的主人的相关利益,而这些事情就会非常容易引起与此相关的群体性事件。

杨耕身在《当拆迁让人自杀而死,该怎样去找拆迁的正义》(2010)一文中指出:"在城市房屋拆迁的过程中由于相关的估价部门受到了政府很大的

---

① 参见黄学贤、陈峰:《农村群体性事件法治化的制度逻辑——基于城镇化背景的分析》,载《中国法学会行政法学研究会 2010 年会论文集》,2010 年,第 3~5 页。

影响,估价部门的地位不能保持中立,因此就会出现了许多房屋高价却被低估的事情,而在实际过程中所出现的违规违法而进行拆迁和拆迁补偿不公正的事情已经在社会上引起了非常激烈的冲突,和拆迁有关的争议也已经引发了大规模的群众上访事件甚至非常恶性的自杀形式的事件。"①

王婷琳、邰艳丽(2010)在《城市扩张更新过程中征地拆迁引发群体性事件的研究——基于"成本—收益"模型的案例分析》②中认为:高速的城镇化建设带来城市不断地发展建设,城市规模的扩张以及城市更新的进行又带来了大量的征地、拆迁现象,在此过程中,由于没有统一补偿安置标准,执行过程中存在着各种问题,带来许多利益冲突和矛盾。她们主张建立合法有效的利益诉求表达的渠道,即实现利益集团合法组织化;建立如申诉制度、信访制度等有效的社会沟通系统;培育、发挥社区、人民调解等组织的社会缓冲与消融作用;健全社会监控与预警机制。

袁明宝在《拆迁比征地更考验基层政府的治理能力》中指出:拆迁工作确定补偿款如何公平分配,是基层政府最头疼的问题。因为在拆迁过程中,他们面对的是类型复杂的农户和结构复杂的房屋;在农民权属观念中,对房屋的私有化想象更强;拆迁补偿款额度大,容易引发村民攀比,促成"钉子户";村民的"种房子"现象增加了拆迁难度。

(3)环境污染方面,环境利益受损引发农村环境群体性事件

胡美灵、肖建华在《农村环境群体性事件与治理——对农民抗议环境污染群体性事件的解读》(2008)一文中分析了城镇化过程引发农村环境群体性事件的原因:企业排放的污染物的外部性行为威胁了农民健康与生存,农民要为此承担社会成本;现有制度之下农民利益诉求的渠道还不畅通;民众自救式维权,政府出警维护企业利益,引发警民冲突;地方政府、相关企业与农民在价值与利益上的冲突;公众参与的缺失与环境之不正义。③该文作者认为,对于农村环境下群体性事件的治理,首先,政府尤其是地方政府应在

①　杨耕身:《当拆迁让人自杀而死　该怎样去找拆迁的正义?》,http://finance.ifeng.com/opinion/zjgc/20100518/2199931.shtml,2010 年 6 月 12 日。

②　王婷琳、邰艳丽:《城市扩张、更新过程中征地拆迁引发群体性事件的研究——基于"成本—收益"模型的案例分析》,载《规划创新:2010 中国城市规划年会论文集》,2010 年,第 1~8 页。

③　参见胡美灵、肖建华:《农村环境群体性事件与治理——对农民抗议环境污染群体性事件的解读》,《求索》,2008 年第 12 期。

理念上进行纠偏,自觉树立科学的生态文明理念,解放发展生产力、创建地方经济国内生产总值的前提是主动保护农村环境和节约使用社会资源,避免生态环境的持续恶化。应建立绿色国内生产总值考核机制,以高昂的行动成本保障惩罚的有效性,实行自动惩罚机制,使政府环境问责机制更加有力度。此外,如果发现群体性事件的端倪,政府则应及时有效地沟通、主动积极地疏导,稳定局面,以防矛盾的激化。避免动用强制性的办法压制群众,以免造成事态扩大化,但对于无端闹事者依法并妥善处置。其次,对于农民自身来说,要做到在制度内的理性维权,积极参与到决策过程中去。而对于环境管理部门来说,则要增强其独立性,监督管理污染企业。最后,政府要积极推行农村法律援助以完备农民的法治意识,建立环境公益诉讼制度,降低农民维权的成本,并且应完善权利补偿机制,真正维护农民的切身利益。①

杨敏春在《青海明胶环境污染引发的群体性事件分析与启示》(2012)一文中指出:地方政府过分追求经济的发展,却不重视环保,从而引发群体性事件:随着国内生产总值被纳入政府考核的范围,地方政府一味对地方经济的追逐使环境群体性事件逐渐呈上升趋势,在经济发展的追求下,政府对企业进入市场设立的门槛较低,粗放型企业开始污染环境后,负的外部性使社会公众承担更大的成本,人们要求制止环境污染的诉求无法及时有效地解决。长此以往,环境问题会持续积累、相互交叉,直至爆发,最终将付出更大的行政成本和政治资源,还使得政府的形象和公信力受损。

(4)物业纠纷方面,政府与行业的垄断引发维权性群体性事件

随着城镇化建设事业的发展,房地产行业也变得日益火爆,由此引起的物业纠纷也日益呈现出广泛化、规模化、深度化的趋势。杨爱兵在《以非诉讼程序解决物业纠纷的合理性分析》(2005)一文中认为:合理有效地解决物业纠纷,不但有利于维护当事人的利益,而且对城市社区的稳定也具有重大意义。②文章从实证的角度,对中国现阶段物业纠纷特殊性进行分析,与此同时,结合具体案例剖析了中国物业在解决纠纷中所运用的方法,探讨非诉讼

---

① 参见胡美灵、肖建华:《农村环境群体性事件与治理——对农民抗议环境污染群体性事件的解读》,《求索》,2008 年第 12 期。

② 参见杨爱兵:《以非诉讼程序解决物业纠纷的合理性分析》,《中北大学学报》(社会科学版),2005 年第 1 期。

的解决方式的积极意义。张博华在《社区物业纠纷的成因分析及解决路径探讨——以天津市物业纠纷为视角》(2012)一文中指出:物业纠纷案件具有明显的涉群体性特征,如果处理不及时、方式不得当,不但会制约物业管理行业的发展,而且会直接影响社会稳定。①文章从天津市审理该类案件的情况出发,分析物业纠纷的成因,提出在市场机制以外用更加完善的法律法规来规范业主和物业公司双方行为,同时强化行政主管机关的监督和管理职责,最好能够从根源上避免物业纠纷,并通过完善民间调解机制化解物业纠纷,促进和谐社区的构建。黄万华、向美来在《基于市场契约城市社区物业纠纷的经济学解释及其预防机制构建》(2011)一文中说明:"城市社区物业纠纷严重影响社会和谐与稳定。物业公司与业主的交换活动,从本质上来说是市场契约的缔结与达成的过程,都以经济利益的市场契约关系为基本点。"②城市社区物业纠纷的经济学解释是,物业公司与业主在市场契约缔结、达成过程中的实际市场地位不对等,物业公司处于强势垄断的地位,而业主处于被动位置,缺乏投票选择权,政府的隐形价格规制使其与物业公司形成利益同盟,业主集体维权遭遇"搭便车"。构建城市社区物业纠纷预防机制,从源头上防范物业纠纷发生,必须通过立法赋予业主更多权利,健全物业公司退出机制,建立业主集体维权激励机制,完善市场契约治理机制,最终使城市社区趋于和谐稳定。魏玮在《非居住物业管理的矛盾纠纷及其化解——以上海市为例》(2014)一文中指出:国家立法和地方物业管理政策都将居住类物业管理作为制度约束的重点,而在那些物业类型多样并且还涉及多方利益群体的并非居住类型的物业管理过程中,导致其不断产生纠纷并且难以调解的原因是仍然缺乏有针对性的制度制约。③文章从居住物业管理与非居住物业管理的差异性入手,在上海市场调研的基础上,总结分析了非居住物业管理中较为典型的问题和纠纷,利用业主的自治管理体系、服务的制度、物业使用以及维护提出了化解矛盾的法制路径。

---

① 参见张博华:《社区物业纠纷的成因分析及解决路径探讨——以天津市物业纠纷为视角》,《河北工业大学学报》(社会科学版),2012 年第 3 期。

② 黄万华、向美来:《基于市场契约城市社区物业纠纷的经济学解释及其预防机制构建》,《当代经济管理》,2011 第 2 期。

③ 参见魏玮:《非居住物业管理的矛盾纠纷及其化解——以上海市为例》,《城市问题》,2014 年第 1 期。

寇晓燕、吕琳在《物业管理纠纷的防范与化解机制——基于社会协同理论的探讨》(2014)一文中指出:近年来我国关于物业纠纷的案例数量大幅增加,主要原因在于纠纷防范与化解的力量分散,纠纷发生后的解决渠道过于单一。[①]从社会协同的角度看,防范和化解物业管理纠纷需要政府、社会、市场等多方面进行协同治理:政府主动引导,社区居民委员会居中斡旋,物业公司保质服务,业主委员会积极协调,行业协会制定标准。同时,物业管理的各方参与主体要构建有效的协同治理衔接运作机制,实现各方主体功能的耦合。

(5)就业转移方面,农民收入来源不稳定引发生存性危机事件

韩康在《农村就业转移增长的困境——论中国三农问题的一个逆向趋势》(2006)一文中指出:"在解决中国三农问题方面的战略想法和思路是不可能离开将农村中多出来的劳动力因就业而发生转移的向外生长发展性质的发展战略,想要农民经济上富裕就必须要减少农民的数量,这个战略任务是任何一种内生性的发展战略的新举措或者方式所无法替代的。"[②]张连业、杜跃平、张爱婷与董国强在《城郊被动型城市化进程中农民就业转移的调查分析》(2007)一文中,采用嵌套 Logit 模型,考察并且分析了城郊被动型城市化发展过程中关于城市郊区的农民就业意愿以及成功实现就业转移的影响因素。研究结果表明:"劳动者个人因素是影响非农就业倾向及转移成功率的重要因素;年龄对非农就业倾向具有最重要的影响,随着年龄的增加非农就业倾向反而会降低;受教育程度总体上会对具有非农就业意愿者是否实现就业转移产生最重要的影响,其中产生的最重要的影响是受过高中及以上教育对农民成功实现非农业转移的概率的影响;其中对非农就业倾向及成功率的影响并不显著的是劳动者家庭人口数量以及其所需要供养的非劳动人口数量。因此,被动型城市化进程中促进劳动力加速向非农产业转移及顺利实现城市化的重要途径就是要加强中等教育特别是职业技能教育,健

① 寇晓燕、吕琳:《物业管理纠纷的防范与化解机制——基于社会协同理论的探讨》,《江汉大学学报》(社会科学版),2014 年第 2 期。

② 韩康:《农村就业转移增长的困境——论中国三农问题的一个逆向趋势》,《国家行政学院学报》,2006 年第 3 期。

全农村劳动力供求信息系统。①赵连阁、李旻在《农村妇女非农就业转移对自身及其子女教育的影响——以辽宁省为例》(2008)一文中,利用2000—2006年辽宁省农调队固定农户连续跟踪调查数据,对农村妇女的非农就业转移对受教育程度产生的影响,及其对下一代子女的教育投入影响做了实证分析。结果表明:农村妇女非农就业转移不仅在一定程度上可以提高农村妇女自身的受教育程度,而且还可以对农村家庭加大对子女教育的投入有促进作用。并且随着劳动力市场的日益完善,农村妇女的非农就业转移对家庭对子女教育投入产生了越来越重要的影响。农村教育的发展与农村妇女非农业倾向的就业转移之间能够相互促进、相互推动,两者之间可以形成一个良性循环。②

2.农民合法利益受损的来源和原因分析

徐殿在《当前我国农村群体性突发事件危机治理研究》(2011)一文中认为:农村群体性事件根源于对农民合法权益的直接侵害。这种直接侵害具有两个显著特征:一是侵害主体复杂多样,包括违法操作的企业、滥用权力的公权部门、公共权力部门与那些生产企业进行权力和金钱的勾结;二是那些生产生活资料,包括农民的土地、居住的房屋以及身体健康是其侵害的对象。把农民逼向了贫困生活和反抗的边缘的就是此时的各种"势力"的"直接侵害"。

在《2011年中国社会典型群体性事件的基本态势及学理沉思》(2012)一文中,张明军、陈朋指出:"现实生活中物质方面的利益受到损害是绝大部分群体性事件的原因,而物质方面的利益就是他们诉求的目的。造成这种情况的客观原因在于,在整个改革进行的过程中,群众普遍提高了自己对未来生活的期望,也明显增强了自己要对改革的成果进行分享的要求,但是由于改革的相关配套体制依旧存在着一些问题,有些群众不仅没能对改革的成果进行分享,自身的利益反而还受到了损害。再加上,对利益进行调整的过程其实才是改革的本质,于无形之中导致部分群众心理失衡的是在这个过程

---

① 参见张连业、杜跃平、张爱婷、董国强:《城郊被动型城市化进程中农民就业转移的调查分析》,《农业经济问题》,2007年第3期。

② 参见赵连阁、李旻:《农村妇女非农就业转移对自身及其子女教育的影响——以辽宁省为例》,《中国人口科学》,2008年第4期。

中出现的贫富悬殊现象，而致使社会不良情绪滋生出了成为很多人共同的社会心理基础的'怨恨变量'日益增长的重要原因就在于我们的一些官员严重腐败，以及社会上严重的官僚主义作风。引起相关群体对事件的参与并以此来宣泄自己长期以来积累的不满情绪的其实很多就是因为受到了某些事件的激发"[①]。

(三)政治性原因：基层组织治理结构偏颇、理念行为失范

基层组织治理结构偏颇、理念行为失范是在城镇化背景之下农村群体性事件突发的政治性原因机理。政治性机理是产生和影响农村群体性事件的重要原因，从政治层面分析城镇化进程中的农村群体性事件主要集中在两大方面：一是行政执法理念偏差、行为失范；二是基层政府政权组织化程度低，治理结构有所偏颇。

1. 行政执法理念偏差、行为失范

在城镇化进程中，各级政府在不同程度上存在着理念偏差、行为失范的现象，不同的利益冲突明显存在于农村社会农民群体与基层政府及工作人员之间，部分基层政府工作人员采取官僚主义和腐败行为，剥削农民利益，态度蛮横，行为失范，这是导致农村群体性突发事件产生的政治性机理原因之一。代表性研究成果有如下方面：

(1)政府工作人员执法理念存在偏差，陷入维稳模式误区

《后汉书》曰："治乱之要，其本在吏。"徐行在《中国式维稳误区：异化与挑战》(2010)一文中指出了当今维稳思维的异化："将民众的利益表达与社会稳定对立起来，将公民正当的利益诉求与表达视为不稳定因素，通过压制和牺牲弱势群体的利益表达来实现短期内的稳定，把维稳单一理解为武力压制一切暴民或刁民闹事。"[②]

方文在《基层权力治理的困境及社会管理机制创新——以农村基层群体性事件为视角》(2014)一文中提出：基层群体性事件之所以大多将矛头直接针对政府，也是民众对政府的具体行政行为不满情绪长期积聚的一种集

---

① 张明军、陈朋：《2011年中国社会典型群体性事件的基本态势及学理沉思》，《当代世界与社会主义(双月刊)》，2012年第1期。

② 徐行：《中国式维稳误区：异化与挑战》，中国新闻网，http://www.chinanews.com.cn/gn/2010/09-21/2548702.shtml。

中宣泄。"只有政府自身的行为是规范的,才能在群体性事件的处理中不至于因'授人以柄'而要么奉行不讲原则和丧失底线的策略主义,并进而演变成'会哭的孩子多给奶'的强烈示范效应。"①要么滥用警力,高压维稳;要么从个人利益出发,不能坚持依法办事;要么采用"花钱买平安"的"权宜性治理",要么采取运用暴力的"运动式治理";要么遵循"用人民币来解决人民内部矛盾"的行事逻辑……这些错误方式的选择只是担忧维稳问题上的一票否决制,使地方官员存在辖区内"维稳压倒一切"的现实考量。

刘正强在《中国信访的现实困境与治理图景》(2015)一文中分析了作为中国社会稳定的压舱石——"信访制度"的现实窘境:社会历史遗留问题不断固化,拆迁保障性问题不断叠加,涉法涉诉类问题不断升级,精神心理类不断涌现。通过分析信访制度的生成逻辑,来求解舒缓之道,如松动属地责任,走出维稳误区;设置准入机制,优化治理流程;盘活治理资源,导入社会力量等。②

(2)政府工作人员行政行为失范

匹兹堡大学的吉文斯(John Wagner Givens)和牛津大学的麦克唐纳(Andrew MacDonald)具体描述了城镇化过程中的执法问题。执法人员使用恶劣手段强制抵抗者离开土地,并给农民施压以降低其土地价值(如砍伐果树),从而减少补偿,降低征用预期。③

杨海坤在《原因及对策:群体性事件的公法解读》(2011)一文中指出:"中国发生过不少的群体性事件,在其中,'敌我矛盾'被一些地方的政府定义为因为一般利益要求的偶然性群体性事件。政府并不了解情况就采取武力解决,变为压制性决断。"④

陈锐在《2012年群体性事件研究报告》中指出:警民的矛盾产生的不良影响度占到五分之一,"警察在维护社会治安中扮演着重要角色,可是对今

---

① 方文:《基层权力治理的困境及社会管理机制创新——以农村基层群体性事件为视角》,《浙江科技学院学报》,2014年第4期。

② 刘正强:《中国信访的现实困境与治理图景》,《毛泽东邓小平理论研究》,2015年第7期。

③ See John Wagner Givens, Andrew MacDonald, *Squeezing the Same Old Stone:Evidence from Administrative Courts Explain Tax Reforms, Land Seizures, and Protest in Rural China*, Electronic copy available at:http://ssrn.com/abstract=1911642.

④ 杨海坤:《原因及对策:群体性事件的公法解读》,山东大学学术报告,2011年11月25日。

年的群体突发事件分析,结果得出,警察经常是引发社会矛盾的导火索。警民意见不合导致冲突的一般原因是突发事件状况,主要表现为执法过程中出现的犯法和不公,或是态度的问题"①。在此,报告提出了导致冲突的原因和解决方法,"公众因为警察是跟自己直接有所联系的政府人员,因此有不满情绪经常对其发泄"②。地方的政法部门如果要消除这种现象,就必须消除群体性事件的导火索,如果出现态度恶劣等不良行为,警察则应该更加规范自己的行为,礼貌、公平和严格执法,在群众中树立良好的形象。

谢皓(2009)将"谈判、主动协调、纵容、沉默、进一步故意拖延和强制是政府的行为,这些行为均在群体性事件中表现……利益相关性、行政压力、政府能力和抗议者的抗议策略是导致政府行为变化的因素"③。文章指出,在群体性事件发生之后,地方政府最有可能采取的处理方法是强制手段。地方政府采取强制行为的条件有:抗议者将冲突公开化、抗议是对抗政府的、抗议采取激进行动、抗议具有政治目的、抗议是有组织的集体行动、抗议伴随有暴力行动。文章对地方政府采取强制行为给予的理由一般有:蓄意反对国家及政府,有聚众和扰乱社会秩序的嫌疑,故意制造事端并且打砸抢烧,利用境内外的敌对势力阴谋从事反动活动,从事邪教活动。

2. 基层政府政权组织化程度低,治理结构有所偏颇

在城镇化进程中,基层政府组织控制弱化,社会权威结构失衡,治理结构不当,农民对地方政府失去信心是引发农村群体性事件的政治性原因机理之一。学术界研究成果主要有如下方面:

(1)在地方政府运行及治理模式分析上

黛幕珍(1992)用"地方法团主义"定义地方政府,即一个地方政府似乎是一个从事多种经营的实业公司,并指出"地方政府具有公司的许多特征,官员们完全像一个董事会成员那样行动"④。同时,黛幕珍(1998)指出:在地方法团模式下,地方政府利用各种手段控制地方经济资源。对于经营不良的

---

① ② 陈锐:《2012 年群体性事件研究报告》,法制网,http://www.legaldaily.com.cn/The_analysis_of_public_opinion/content/2012-12/27/content_4092138.htm。

③ 谢皓:《群体性事件中的地方政府角色》,《湖北行政学院学报》,2008 年 S1 期。

④ Jeane.C.Qi, Fiscal Reform and the Economic Foundation of Local State Cooperation in China, *World Politics*, 1992, 45(1).

资产实施甩包袱、扩大税基，对于经营良好的资产则给予各种庇护实现财政收入的增长。

吉文斯（John Wagner Givens）、麦克唐纳（Andrew MacDonald）曾指出了群体性突发事件治理失败的根本原因在于地方基层政府治理模式有误，地方基层政府财政支持有限。①

（2）在基层政府政权建设等客观问题研究上

蒋曼茹在《我国农村群体性事件的成因及对策分析》（2011）一文中也指出了我国整体政治能力低，农村基层权力被削减的问题："在古代的中国，是县里的官员治理县市，有能力之才治理乡镇。国家建构完成后，我国采取'政党下乡'的政策使农村完成了'政治整合'。每个行政村里有设置了党支部，党的作用就是在中华人民共和国成立后使农村安稳。1990年后，社会发展变化，城乡利益分化，农村基层权力削弱，权力被滥用导致发展为党群矛盾。"②

刘锦涛在《群体性事件的本质特征、成因与防治对策初探》（2008）一文中强调了群体性事件是社会性权威失败的结果，是自制力差的表现："1978年以后，我国社会基层组织，尤其是在农村基层中，权力大大的减弱，比如号召凝聚的能力几近没有。由于权威遭到质疑，所以国家权威很快遭遇挑战。由于部分地方的基层领导对群众关注问题不知情不在意，因此问题无法解决。民众利益被侵犯，希望得到权威保护，自己会知晓抱团的重要性，因此对抗性群体力量就应运而生"③。

陈潭、黄金在《群体性事件多种原因的理论阐释》（2009）一文中用巴纳德的"权威接受论"④——一个命令是否有权威，这取决于接受命令的人，而不是决定于权威者或者说发出命令的人——指明了基层政府权威建设与维

---

① See John Wagner Givens, Andrew MacDonald, *Squeezing the Same Old Stone: Evidence from Administrative Courts Explain Tax Reforms, Land Seizures, and Protest in Rural China*, Electronic copy available at: http://ssrn.com/abstract=1911642.

② 蒋曼茹：《我国农村群体性事件的成因及对策分析》，《商丘师范学院学报》，2011年第11期。

③ 刘锦涛：《群体性事件的本质特征　成因与防治对策初探》，《吉林公安高等专科学校学报》，2008年第2期。

④ ［美］切斯特·巴纳德著：《经理人员的职能》，孙耀君译，中国社会科学出版社，1997年，第129页。

护的重要性,"在任何形态的社会治理中,政府的权威不是来自上级的授予,而是来自群众的认可……公共政策本身就是权威性和规定性的统一。当政府权威消失时,政策的有效执行就会遭遇困境,政府活动就无法正常开展,社会控制能力就会削弱甚至丧失"①。

(3)在地方政府作为与农民信任差距研究上

斯温奇(Austin Strange)(2012)指出:很多农民群体性事件原因根植于对地方政府的不满,并剖析了这种不满产生的具体原因和表现。②在中国农村发生的群体性事件大部分根植于对当地主导农村经济与政治的地方官员的不满。市场经济体制改革为地方官员扭曲执政理念创造了许多"机会",从而造成了持久性的农村腐败,从中央到地方的纵向分权体制使镇级干部通过"预算外"与"自筹"等方式调动资源;土地集体所有,农民只有 30 年的租约。地方官员经济掠夺是中国农民不满情绪的主要来源。

吴秀荣在《突发群体性事件的原因剖析及对策研究》(2009)一文中也指出:"当地群众因为基层政府遭受质疑,因此抗拒政府的号召与凝聚,就连说服教育也不太接受。"③张莉在《政府、社会、公民间的良性互动——善治视阈下群体性事件的解决之道》(2010)一文中指出:"民众积攒了许多负面情绪,政府和公民关系紧张,对行政机关没有可信度,这就是为什么会出现群体性事件。随便一个小争执就会成为事件发生的导火索。"④

(4)在地方政府腐败问题研究上

在基层政府,存在着公共利益和行政人员个人利益的博弈,为了谋求一己私利,很多行政人员不惜以身犯险,欺下瞒上,贪污受贿,把钱收进自己的口袋里。尤其在监督管理机制还不完善的情况下,博弈的结果倾斜于个人,这就是为什么基层政府会腐败。

凯德尔(Albert Keidel,2006)明确指出,地方政府腐败是群体性事件突发

---

① 陈潭、黄金:《群体性事件多种原因的理论阐释》,《政治学研究》,2009 年第 6 期。

② Austin Strange, Mass Incidents in Central China Causes Historical Factors and Implications for the PAP, *The Monitor–Summer*, 2012, pp.31–43.

③ 吴秀荣:《突发群体性事件的原因剖析及对策研究》,《中共宁波市委党校学报》,2009 年第 5 期。

④ 张莉:《政府、社会、公民间的良性互动——善治视阈下群体性事件的解决之道》,《湖北行政学院学报》,2010 年第 3 期。

和恶化的症结所在：群体性事件是中国成功的市场经济改革和日益增多的经济、社会选择的副产品——这一结果由于地方性的腐败而恶化。[①]

王俊秀在《风险与面对：不同群体的安全感研究》（2007）一文中采用风险分配与财富分配不同的观点，指出尤其在生活水平较低的群体中，其在医疗方面、财产方面、人身安全或是个人隐私安全等诸多方面，所感受到安全感和生活水平成正比，以此阐明"财富在上层聚集，而风险在下层聚集"的观点。地方政府的腐败、聚敛财富是下层群体风险倍增的原因之一。[②]

（5）在地方政府进行城镇化建设工作开展研究上

在《2011年中国社会典型群体性事件的基本态势及学理沉思》一文中，张明军、陈朋指出："纵观全局，城镇化表面上并没问题，但实际上是豆腐渣表面工程"。[③]城镇化在取得进展的同时，隐藏着很多问题：农民因为找不到工作难以扎根在城市；习惯男耕女织生活的农民适应不了城市的快节奏生活；没有征地补偿的农民无法度日；没有土地后还没有保险的情况下，农民担心晚年生活。这正是诸多"闹访、缠访"的重要缘由。

（6）在地方政府应对农村群体性事件对策研究上

肖文涛在《治理群体性事件与加强基层政府应对能力建设》（2009）一文中指出："政府成为当代许多群体性事件的攻击对象，尤其基层政府。社会冲突的原因大多为基层政府，这是导致群体性事件风险的主导因素。这从侧面体现了，基层政府在执政职能、制度等方面能力有差错。基层政府需要正确定位并认真履行职责，让群体性事件成为基层政府变革的机会，转变职能转变观念，推进行政管理方式的高效化。"[④]

梅祥在《新时期我国农村群体性事件的特点、原因及对策》（2010）一文中指出："现阶段，我国的基层组织建设需要政府的大力支持，尤其是财政方面的支持，由于考虑得还不够周全，缺乏全局性的考虑，政府对基层组织的建设重视程度不够。如果经费问题一直没有受到足够的重视，得不到合理的

---

① See Albert Keidel, *China's Social Unrest: the story behind stories*, policy Brief by Carnegie Endowment for International Pease, 2006, p.48.

② 王俊秀：《风险与面对：不同群体的安全感研究》，《民主与科学》，2007年第6期。

③ 张明军、陈朋：《2011年中国社会典型群体性事件的基本态势及学理沉思》，《当代世界与社会主义（双月刊）》，2012年第1期。

④ 肖文涛：《治理群体性事件与加强基层政府应对能力建设》，《中国行政管理》，2009年第6期。

解决办法，那么在一些县甚至乡镇的基层组织可能会通过对财力的垄断来开展工作，很容易出现公事私办、以财买权的情况发生。为了保证我国的基层组织能够公平公正，让百姓信得过，我们一定要杜绝通过钱财来买断农村的基层政权，切断不法分子的这条路。如果国家对基层组织的财政支持不够，一些打算'买官'的人就会乘虚而入，钻法律的小空子，就会出现通过摆席、分发钱物等卑劣的手段进行拉票，控制选民的意愿，最后变成由个别人依靠金钱，甚至"黑恶"势力来操控农村基层组织的选举。由此，为了规范农村基层民主选举制度，政府一定要加大对基层组织建设的财政投入，只有这样保证村民能够依法行使参政议政的权利，真正地做到从群众中来、到群众中去。"①

(四)体制性原因:法律虚设、制度空置、民主短板

当前我国处于双轨经济时期，城镇化建设的快速发展一度激化了法律和制度缺陷对农村群体性事件的导火线作用。"政治和法律制度滞后与经济增长一起刺激了群体性事件的爆发。"②具体研究成果集中在两个方面:一是制度、法律法规缺失与不完善;二是农民利益表达机制缺失导致民政沟通渠道闭塞。

1.制度、法律法规缺失与不完善

当前我国处于双轨经济时期，于此特殊阶段普遍存在的制度供给不足或制度供给超前、滞后问题被现实环境放大，在推进城镇化和工业化进程中，农民群体性突发事件发生日益频繁化，规模日益扩大化，影响日益严重化，这或多或少与相关制度的供给问题有着直接或间接的联系。

美国学者塞缪尔·亨廷顿在《变革社会的政治秩序》(1988)一文中指出:"如果一个国家的政治制度化还处在一个很幼小的阶段，人们没有一个合法的途径向政府提出自己的要求和期盼，他们的想法没有地方去倾诉，这样会引起人们的不满情绪。所以，这样的政治参与如果一直在增加的话，长时间以后必然会给社会造成不安定，给政治环境的安定带来威胁。"③

① 梅祥:《新时期我国农村群体性事件的特点、原因及对策》,《中国行政管理》,2010年第6期。
② Murray Scot Tanner, *Chinese Government Response To Raising Social Unrest*, Washington: Testimony Presented To The US-China Economic and Security Review Commission, April14,2005.
③ [美]塞缪尔·亨廷顿著:《变革社会中的政治秩序》,李盛平、杨玉生等译,华夏出版社,1988年,第55~56页。

他还进一步用"政治参与÷政治制度化＝政治不稳定"的公式来表述政治参与和政治制度化的关系。由此公式可以发现,政治制度化程度越低,政治不稳定程度越高,也就是说制度供给越不充分,为社会不安定因素的培养提供了更为适宜的环境。

郭小安在《和谐政治参与的三维透视及实现途径》(2005)一文中明确指出:在现阶段,影响和制约我国劳动人民不能参与政治表达自己利益的重要因素之一就是政府建立的政治参与制度还不够完善,例如人们能够参与的途径非常的狭窄,如果走法制途径的话,它的成本太高,还有一些机构并没有起到表达民意的作用。[①]

2. 农民利益表达机制缺失,民政沟通渠道闭塞

拓宽农民政治表达的制度化途径是当前政府的一项重要工作。只有扩大了途径,使农民的社会不满情绪得到及时的宣泄和疏导,有效快速地解决各种关于各自利益而产生的农民之间的矛盾,才能为农村的和谐发展创造稳定的环境。但是从目前来看,农民能够表达自己利益、维护自身合法权益的制度化渠道却十分有限,时常堵塞,有限的制度性利益表达机制问题积累,现实存在的种种弊端影响这些机制功能的正常发挥。

(1)在农民利益表达机制基本含义上

麻雪峰在《健全农民利益表达机制需"双轮驱动"》(2007)一文中阐释了农民利益表达机制的基本含义。他指出:农民利益表达的意思简短概括地来说大概是这样的:农民可以把自己的看法、观点、对政府完成工作的满意度、对未来的期盼、对自身利益的诉求通过合法、有效的途径表达出来,以更好地维护自身的权益的政治机制。[②]

杨连专在《论突发性群体性事件的法治防范和控制机制》(2008)一文中说明了利益诉求渠道的不畅通对于群体性突发事件的重要影响。他指出:利益表达不是单方面可以完成的,它是一个双方互动的过程。对于人民群众而言,他们要将自己的实际想法、利益需求向党和政府真实表达;而对各级领导机关来说,他们要将人民群众表达的利益诉求按照阶层的不同进行分类汇总,最后整合成一份可以代表大多数人乃至一整个国家利益的清单。利益

---

① 参见郭小安:《和谐政治参与的三维透视及实现途径》,《江汉大学学报》,2005年第4期。

② 参见麻雪峰:《健全农民利益表达机制需"双轮驱动"》,《中国改革报》,2007年第4期。

表达渠道作为利益表达机制的四大要素之一，它是指人民群众将自身的利益诉求告知给党和政府相关部门而所使用的手段和途径。政府部门和人民群众之间没有广泛的渠道可以沟通，使得二者之间对彼此的想法都不太了解，人们的利益诉求没有正规的途径向政府表达，政府也没有机会第一时间了解群众的想法，对他们的意见和建议进行搜集，长此以往，这二者之间必然会产生隔阂，矛盾也会增加，群体性事件也会一触即发。通过上面的描述，我们可以得出造成群体性事件发生的一个重要原因就是人们与政府之间沟通的渠道不畅通。①

（2）在农民利益表达机制的重要作用研究上

于建嵘在接受《环球时报》记者采访时认为，当今中国的诉求表达机制是具有中国特色的政治参与和权利表达机制，由于机制的不健全已经大大损害了中央政府的公信力。信访制度是中国特色的政治参与和权利补偿制度，为适应市场经济体制，它暴露了很多制度的失败，损害了中央政府的信誉，并不断刺激越来越多的群体性事件产生，长此以往，人们渐渐地失去信心，甚至放弃司法、信访等制度维权方式，诉诸群体行为。②

健全的利益表达机制是一个政治系统的减压阀。赵守东在《群体性事件的体制性症结及解决思路》（2007）一文中说明对于发展中国家来说，随着社会经济的发展，人民之间的利益分化会更加明显，这时候人们的政治参与欲望也会更加的强烈。如果政府不及时地为人民的政治参与提供广泛的渠道，那么就可能会扰乱社会秩序，破坏政治发展的稳定环境。③刘科在《2008 年群体性事件敲响警钟》（2009）一文中也阐明：当群众的利益受到损害时，如果没有一项机制来维护和协调他们的利益，人们投诉无门的话，他们往往会用一些"特殊"的方式来向政府表达自身的诉求，维护自己的权益。④

秦建建在《城镇化进程中的社会稳定问题探析》（2009）一文中指出：在现阶段，我国群体性事件的发生主要表现为利益表达受阻，有的是对权力的

---

① 参见杨连专：《论突发性群体性事件的法治防范和控制机制》，《昆明理工大学学报》，2008 年第 3 期。

② See Yu Jianrong, Wu Huaiting, Local abuses main reason for mass incidents, *Global Times*, September 01 2009, http://www.globaltimes.cn/opinion/editor-picks/2009-09/463096.html.

③ 参见赵守东：《群体性事件的体制性症结及解决思路》，《理论探讨》，2007 年第 2 期。

④ 参见刘科：《群体性事件敲响警钟》，《报刊荟萃》，2009 年第 4 期。

渴望,并不是关于政治的争斗。在社会不断发展的过程中,有的农民被边缘化,他们征地费用的收取以及存在就业困难的问题长期得不到解决,使得他们的心里存在一种落魄和被冷落感,以至于他们和地方政府的矛盾越来越大。③

(3)在农民利益表达机制建设对策研究上

关于群体性事件的排解机制问题,吴佩芬在《群体性事件与制度化利益表达机制的构建》(2010)一文中提出:群体性事件的发生有其深刻的社会背景,但究其根源却在于制度化利益表达机制的匮乏,具体来说就是利益表达渠道不畅通、利益表达主体权利失衡、利益表达缺乏组织依托。④为此,必须构建制度化的利益表达机制,加强人大信访等制度建设,顺畅利益表达的渠道,加强人民代表大会制度建设,加强信访制度建设,加强听证制度建设;加强弱势群体社会保障制度建设,平衡各利益群体的表达权利;加强相关的组织制度建设,为利益群体的利益表达提供组织依托;加强相关的法律制度建设,为利益表达提供法律支撑。这是化解社会矛盾的有效手段,也是避免社会危机的有力武器。

陈彩莉在《基于利益表达机制完善的群体性事件处理探究》(2011)一文中探讨分析了群体性事件中的利益表达机制的完善策略,包括:培育合格和理性的利益表达主体,监督利益表达客体切实履行职责,畅通并创新利益表达渠道和构建利益表达效果的评价反馈制度。⑤

(4)在农民利益表达机制短板表现上

首先,农民利益表达缺乏组织载体。牛玉兵在《论城镇化进程中农民的组织维权——以征地维权为例》(2011)一文中指出:在城镇化进程中,因为农民利益诉求的表达往往是比较分散的,产生的效果也不明显,为了集中表达农民的权益就出现了农民的组织维权,这也将预示着农民的维权慢慢地朝着有序高效化方向发展。通过农民在征地方面的组织维权这件事我们可以看到,农村现有的组织还存在很多不完善的地方,在很大程度上不能满足农民组织化维权的迫切需要。要想促进农民的组织维权不断地完善,其中一个

①　参见秦建建:《城镇化进程中的社会稳定问题探析》,《湖北工业大学学报》,2009 年第 6 期。

②　参见吴佩芬:《群体性事件与制度化利益表达机制的构建》,《思想战线》,2010 年第 4 期。

③　参见陈彩莉:《基于利益表达机制完善的群体性事件处理探究》,《改革与开放》,2011 年第 4 期。

重大的战略就是要协调好农村各个组织之间的关系，完善现有组织的功能以及积极地创新。①

麻雪峰在《健全农民利益表达机制需"双轮驱动"》(2007)一文中也指出：如果表达自身权益诉求的农民不组织在一起团结起来，他们的力量就十分的弱小，没有和社会上其他的利益集团抗衡的资本，以至于常常在斗争中处于下风。②

其次，农民利益表达缺乏政治保障，利益博弈中难以被认可。迪帕·纳拉扬等人在《倾听我们的声音》(2001)一书中指出："贫困的表现不仅仅是你缺乏物质上的东西，更重要的是表现在你权力的缺失和对你话语权的剥夺。"③

任中平、陈冕在《农村改革发展进程中农民利益表达机制的重构》(2009)一文中指出：在我国的政治体系中，人民表达自己利益诉求的最佳途径就是人民代表大会，它保证了人民当家做主的地位，但是不得不说能有机会参加人大的农民是少之又少，甚至在参加的过程中他们也被边缘化。④

最后，农民利益表达制度性渠道不畅，沟通反馈不到位。詹姆斯·斯科特（James C. Scott）曾指出："我们都知道在上者和在下者实力存在着很大的差距，在下者也知道自己不可能赢过在上者，所以一般他们不会去硬碰硬。在下者对在上者的抗议往往都是比较委婉的，用恭敬的语气来表达自己的诉求，如果不是把在下者逼到了死胡同，他们一般不会以下犯上，制造纷乱。"⑤他在《弱者的武器：农民反抗的日常形式》一文中指出：农民阶层倾向采取"日常反抗"（everyday forms of peasant resistance）⑥的形式来对抗政府的各种行为，而且在冲突和矛盾出现时也倾向寻找制度外解决办法。

---

① 参见牛玉兵：《论城镇化进程中农民的组织维权——以征地维权为例》，《学海》，2011 年第 5 期。

② 参见麻雪峰：《健全农民利益表达机制需"双轮驱动"》，《中国改革报》，2007 年第 4 期。

③ ［美］迪帕·纳拉扬等著：《倾听我们的声音》，岩梅等译，中国人民大学出版社，2001 年，第 69~70 页。

④ 任中平、陈冕：《农村改革发展进程中农民利益表达机制的重构》，《云南社会科学》，2009 年第 3 期。

⑤ James C. Scott, *Domination and the Arts of Resistance*, New Haven. CN：Yale University Press, 1990, pp.93–95.

⑥ ［美］詹姆斯·斯科特著：《弱者的武器：农民反抗的日常形式》，中国大百科全书出版社，2000 年，第 26 页。

威廉·赫斯特、凯文·J.奥布莱恩(Willian Hurst、Kevin J.O.Brien,2002)明确提出了"抗争性请愿"的利益表达方式。③

陈世瑞在《群体性事件成因与参与动力机制研究》(2011)一文中认为:社会不满者通过多种通俗易懂的方式悄无声息地将消息传播到人们的生活中,使人民群众对未知事件产生一个先入为主的观念,进而再通过信息加工化,煽动群众情感,更加稳固了支持自己的群众后备军。④

周锦章在《群体性事件产生的机会结构及对策》(2009)一文中指出:在实际操作过程中,表达群众利益诉求的制度往往名存实亡、名不副实,出现不同方面和不同程度的问题。⑤

叶继红在《生存与适应——南京城郊失地农民生活考察》(2008)一书中,提出了农民、制度与农民群体性运动之间的关系:农民对现存制度的态度直接影响社会的安定与否,若持支持态度则会有利于社会的稳定;若持反对态度,则会埋下社会革命的种子。⑥梅志罡在《构建和谐社会要有好的利益表达机制》(2007)一文中指出:一旦弱势群体的权利在现行的利益表达机制中得不到保障,他们则会采取一些极端的方法来达到自己的目的。⑦

(五)文化性原因:农民群体自我认知、权利意识与法律意识不到位

在民主建设不断完善的政治环境、平等思潮逐渐发展的社会背景下,农民群体的民主意识在不断增强,政治参与观念不断完备,但相比之下,农民参政能力相对较低,法制观念依旧淡漠,随着城镇化进程的加快,限于自身素质,缺乏理性思考,农民群体极易产生被剥夺心理、宣泄心理等负面情绪,从而抱团促发群体性事件。

1. 农民群体被剥夺心理,利益相关者维权方式不当

1970 年,格尔曾在《人们为什么会造反》中提出"相对剥夺感"的观点,随着时代的发展,当社会创造的价值无法满足人内心的期望,落差越大,反抗

①　See Willian Hurst,Kevin J.O.Brien,China's Contentious Pensioners,*The China Quarterly*,2002,2,pp.345–360.

②　参见陈世瑞:《群体性事件成因与参与动力机制研究》,《华章》,2011 年第 24 期。

③　参见周锦章:《群体性事件产生的机会结构及对策》,《甘肃社会科学》,2009 年第 4 期。

④　参见叶继红著:《生存与适应——南京城郊失地农民生活考察》,中国经济出版社,2008 年,第129~130 页。

⑤　梅志罡:《构建和谐社会要有好的利益表达机制》,《中国改革报》,2007 年 4 月 27 日。

的意识越强。①同时,在《群体性事件多种原因的理论阐释》(2009)一文中,陈潭、黄金根据社会学家格尔的"相对剥夺感"指出,每个社会成员都对当今社会有一定的期待,一旦社会所创造的利益财富无法满足自己的需要,社会成员则会反对当下政党和政府的管理,甚至想反抗创造新的社会。②周感华在《群体性事件心理动因和心理机制探析》(2011)一文中对"相对剥夺感"进行了分析。相对剥夺是社会成员将自己的遭遇与自己的过去或者肉眼能观看到的周围群体的个人遭遇进行比较,一旦发现自己处于一个十分不利的地位,心理上会出现被剥削、被剥夺、被侵害的认知,这种认知会长时间潜伏存在,一旦拥有这种认知的大部分人汇集在一起,则会对社会形成一种威胁的力量。我国目前企业拖欠工资、城乡待遇严重分级化、政府违法侵占农民土地等现象的存在都在持续强烈激化农民的相对剥夺感。③

2. 农民群体宣泄心理,无利益相关者参与"闹大"

有学者用"风险认知理论"说明了农民群体中无利益相关者存在的必然性:每个人的个人品性、所接受的道德教育、生活背景等的不同都会影响其对风险的认知。人越理智、知识教育水平越高,对风险认知的能力相对可能强一些,从而参加群体性事件的可能性会小;反之,他们对风险认知的能力会相对较弱,从而增加了参与风险性行为的可能性。

曼瑟尔·奥尔森在《集体行动的逻辑》④一书中指出:"受个人理性影响的人,一旦看到别人愿意为了他们的利益采取行动,很可能自己会避免采取行动。"而农民群体正是缺乏理智理性思维的群体,在利益受损之时,抱团参与心态难免膨胀,集体行动易于爆发。

王赐江在《群体性事件的类型化及发展趋向》(2010)一文中归类和定义了无利益相关方:"参与者并不会直接成为事件诱因,甚至和当事人毫无关系。这些无利益相关者的参与'闹大',与最初引发事件的原因并没有直接利益关系。基于情绪宣泄,他们参与到群体性事件中,从较为浅显可见的层面上来看,大多是因为同情和怜悯弱势群体的当事人、质疑和不满政府的处置

---

① See Ted Robert Gurr, *Why Men Rebel*, Princeton University Press, 1971, p.24.

② 参见陈潭、黄金:《群体性事件多种原因的理论阐释》,《政治学研究》,2009 年第 6 期。

③ 参见周感华:《群体性事件心理动因和心理机制探析》,《北京行政学院学报》,2011 年第 6 期。

④ [美]曼瑟尔·奥尔森著:《集体行动的逻辑》,陈郁等译,上海人民出版社,1995 年,第 2~8 页。

结果,但剖析开表面深入探解原因,却是来源于政府实行政策时产生的一些偏差从而导致的矛盾和冲突,和不满于环境污染等诸多社会问题现状。"①

陈世瑞在《群体性事件成因与参与动力机制研究》(2011)一文中提出了与维权事件相对的"泄愤事件"。他指出:"泄愤事件"也可以理解为"没有直接利益的冲突事件",其具有以下特点:"一是突发性。源头为偶然的事件,一般没有经过上访程序和利益的诉求,具有较强的突发性。一开始的意外事件上升为有规模的冲突,其中的过程经历的时间很短。二是参与主体多元化。无责任明确的组织领导者和决策协商人。大多数的参与者并没有牵扯到原始事件的直接利益,基于此伸张主张借题发挥,作用是将内心对社会公平失调的不满情绪宣泄出来。三是网络传播。事件一步步发展的过程中,信息传播有信息时代的特点,群众借助网络,通过短信、论坛(BBS)、交互聊天(Chatting)、博客(Blog)、维客(Wiki)、电邮(Email)等信息通信工具,以要发生、已经发生的群体事件为主要内容传递信息。四是社会影响较大。泄愤性冲突中的伤害他人生命和财产安全的行为,损害国家、集体和个人生命财产的利益,除此之外还会较大程度地影响社会。"②

郝宇青在《当前中国无直接利益冲突现象的特征》(2007)一文中指出:无直接利益参与社会冲突的可能性,"一旦有人引发事件,连锁反应就很容易随之产生,对社会有不满的个体在这种情境下将自身遭遇与现实结合起来,下意识按自身情况来选择立场的结果"③。

四、关于群体性事件预警的研究概况

(一)国外研究概况

不同于全程管理,英国危机管理专家迈克尔·里杰斯早就指出:"预防是解决危机的最好方法。"④"预警"一词的英文为"Early-Warning"。

对社会危机预警的真正研究始于第二次世界大战结束以后。从 20 世纪

---

① 王赐江:《群体性事件的类型化及发展趋向》,《长江论坛》,2010 年第 4 期。
② 陈世瑞:《群体性事件成因与参与动力机制研究》,《华章》,2011 年第 24 期。
③ 郝宇青:《当前中国无直接利益冲突现象的特征》,《探索与争鸣》,2007 年第 4 期。
④ 斯亚平著:《公共危机管理体系研究》,知识产权出版社,2007 年,第 10 页。

40 年代开始,美国定期开展社会状况调查,相关调查机构也相继出现。世界上最具代表性的、规模最大、历史最长、综合性最突出的社会调查研究机构——美国社会研究所,1939 年成立于密歇根大学,其固定和流动研究人员常年维持在一百多人,受部分大型私营企业还有美国政府的委托,由研究周期性经济危机达到预防其发生的目的,到把研究领域扩展到社会中存在的诸多"破坏"因素,以求从原因入手,直接及时地预警社会不稳定因素。类似的机构还有美国全国意见研究中心。1956 年英国成立全国社会研究中心,这一独立的、不以营利为目的的研究机构,运用了美国社会研究所的研究模式,调查研究了政治选举、普通家庭收支、劳务关系、恶性违法犯罪等多方面的社会态度。

此后,欧盟国家沿袭此种社会调查模式,要求对相关预警指标进行长期追踪性调查,通过预警、建议、疏导服务于公共机构的社会危机预警工作。

20 世纪 60 年代,西方学者重点研究了社会预警内所包含的稳定性不够强的指标和体系,将这项研究作为基础,自觉结合了社会预警的分析和决策,例如,美国社会学家和传统派学者充分利用了系统模型,对诸多社会危机点进行分析,很好地将预测预警研究和城镇管理决策相结合。

20 世纪 70 年代末 80 年代初,"预警"成为相对独立的研究领域。20 世纪八九十年代,全球化进程加快,并与自然灾害和人为灾害的频率有相关关系,社会风险系数加大,社会不同领域危机频发,如"经济危机""安全危机""能源危机"等。做到有效预警和防范,就能够在自然灾害或社会冲突产生且造成危害前降低其对社会稳定的冲击性的毁坏性,成为研究的重要方面和关键领域。

在具体的预警研究中,更加重视研究的实践性、应用性和可行性,多关注方法研究,如冲突防范模型的构建(以罗马俱乐部为代表的未来学派)、危机预测过程的改善、危机预警效果的改进等热点问题,进一步拓展了社会预警研究的视野,增强了危机预警的研究实用性。

(二)国内研究概况

将目光移至国内,社会预警的思想在我国古代社会已经存在。古人云:"不谋万世者,不足谋一时;不谋全局者,不足谋一域。"同时也给后人留下:"凡事预则立,不预则废"的警世名言。《易·系辞下》说:"君子见几而作,不俟终日。"老子《道德经》有言:"其安易持,其未兆易谋;其脆易泮,其微易散……为之于未有,治之于未乱。"春秋时期有语讲:"安而不忘危,存而不忘亡,治而不忘乱"。明代张景岳说:"祸始于微,危因于易,能预此者,谓之治未病,不能预此者,谓之治已病,知命者,其谨于微而已矣。"《孙子兵法》的"庙算在先"思想、韩非子的《扁鹊见蔡桓公》又是生动事例,强调未雨绸缪、预防在先。

"预警"一词从词源上讲最早出现于战争之中,专用于军事领域的情报分析,是指通过预警飞机、预警雷达、预警卫星等工具来提前截获敌人的信息并进行分析,从而达到预警的作用,并按信号的威胁大小依次且及时汇报给战争指挥者,从而更全面有效地应对敌人的攻击。在实践中主要有美国国防部高级研究项目局 1975 年研制的情报早期预警和监视系统(EWAMS)。随着社会风险的扩散和蔓延,"预警"一词并不局限于军事研究领域,它逐渐融入了人们日常生活中的各个领域,在政治、经济、社会、生态、文化、教育、管理等多个方面都有所体现。

20 世纪 80 年代末 90 年代初期,全球政治、经济、社会等方面发生巨大变动。国际政治中的前苏联解体、社会贫富差距拉大、自然环境和资源破坏等问题出现,身处危机环境中的中国各领域也出现潜伏性危机,因此危机预警这个问题被国内学者重视和关注。21 世纪,中国社会和经济的飞速发展面临着不同主体、多领域的交叉冲突和矛盾激化等社会危机问题。2003 年的"SARS"事件为我国政府危机预警敲响了警钟。其中一些危机处理存在的问题也暴露出来,所以现在我国的危机管理意识和现实管理水平其实很难满足社会危机管理的需要。经济发展中的危机四伏状况呈现出了对危机管理的迫切渴求,也对社会预警研究提出了现实要求。自"SARS"事件以后,危机管理研究和应用成为管理学的热点。学术界从国家、政府的角度进行了全面研究,包括危机管理、应急处置、社会政策、社会心理、公众态度等。

在我国预警研究领域,张春曙早在 1995 年就指出:预警就是要在危机发生之前对危机性事件进行预测和预报。鲍宗豪、李振在《社会预警与社会稳定的深化——对国内外社会预警理论的讨论》(2001)一文中将社会预警定义为:"根据对社会发展稳定状况的判断,来整合社会危机系统并建立社会危机的模型分析,对社会危机运行过程进行评估和预警。"①

而对于群体性事件危机预警的考量,首先,根据历史发展阶段,国内研究者对于"群体性事件"认知与界定存在着历史性差异,具体见表1-2:在20世纪50年代至70年代末,多称为"群众闹事""少数人闹事",强调阶级斗争与阶级矛盾的阶级属性,如毛泽东在《关于正确处理人民内部矛盾的问题》中的有关表述;在80年代,称为"治安事件",以突出其法制性;在90年代,称为"突发事件",以强调其突发性;21世纪初,在《公安机关处置群体性治安事件规定》中称之为"群体性治安事件",强调群体性、法律属性。

中国台湾学者称为"群众事件""聚众活动""群体事件"等。在中国大陆,目前主要有"治安事件""群众性闹事""突发事件""群体非法事件""治安紧急事件""突发性对抗事件""群体性治安事件"等概念表达。

表1-2 不同时期对"群体性事件"的命名统计

时 期	命 名	特 点	举 例
20世纪50年代至70年代末	"群众闹事""少数人闹事"	强调阶级斗争与阶级矛盾	《关于正确处理人民内部矛盾的问题》
20世纪80年代	"治安事件"	强调法制性	
20世纪90年代	"突发事件"	强调突发性	
21世纪初	"群体性治安事件"	强调群体性、法律属性	《公安机关处置群体性治安事件规定》
2004年	"群体性事件"	学术界、社会工作者及实际工作部门的通用语言	

政府预警群体性事件是在事件发生后以规章制度的建设和机制构建的部署为开端的。"群体性治安事件"的具体概念在2000年得到了官方确定:"群体性治安事件指的是群众团体为主体,所共同实施的违法违规,侵害社会稳定,使公民的人身安全财产安全受到侵害的行为。"② 2002年,在召开的中共十六大上,"建立社会预警体系"作为一项必须要重视的任务被正式提出。同时,在中共十六届四中全会以来的三次会议上也同样提出相应的重视要求。

---

① 鲍宗豪、李振:《社会预警与社会稳定的深化——对国内外社会预警理论的讨论》,《浙江社会科学》,2001年第10期。

② 公安部编:《公安机关处置群体性治安事件规定》,2000年。

中国目前正处在一个矛盾凸显期,新旧体制冲突,社会各阶层的利益重新分配,城镇化进程更将这些不稳定因素集于一身。为了实现中国可持续发展的目标,很有必要去深入地分析和研讨所发生的社会危机事件,目的在于让事前预测、事中监测的体系更加完善和科学,能够在事前预警未来很可能发生的社会危险事件,将事前预警变得更加准确有效,引导社会的发展和进步,防止有害稳定的事件发生。要想全面贯彻科学发展观、构建安全稳定社会,社会预警机制的完善就变得很有必要。

五、基于 CiteSpace 知识图谱的可视化述评

从 2006 年开始筹备,于 2007 年 8 月正式通过的《中华人民共和国突发事件应对法》至今已有近十年的时间。在这十年的时间里,在社会转型和经济体制转轨的背景下,社会中突发事件依旧频繁出现,且呈现出多样化、大规模和影响恶劣的趋势和特点,每一次突发事件的爆发都引起了相关政务机构、研究人员、新闻媒体的强烈关注。随着法制化程度的提高和现实突发事件的常态化,作为政府应对突发性事件智囊库和建议群的学术界,他们有关突发事件的研究成果怎样?其学科结构又是怎样的?哪些文献因其巨大影响力而被普遍认可? 哪些学者、机构为该领域的发展与繁荣做出了重大贡献? 他们之间的合作关系是怎样的? 这些学者主要围绕哪些关键问题展开研究? 大致可以进行怎样的分类? 突发事件研究领域在这十年中又出现了哪些新的生长点? 随着社会发展,它们随着时间呈现怎样的演变路径? 对以上问题的厘清有助于把握该领域的学科结构、研究力量、研究动态和发展趋势,是对考察突发事件应对研究的现状的最好解读,也是未来几年开展突发事件应对研究的基本前提。

本书基于 2006—2015 年这十年的学术研究核心成果,利用 CiteSpaceIII 可视化软件对国内突发事件应对方面的研究成果进行知识图谱呈现和文献计量分析,以此为基础展开文献综述,具体考察领域热点及其年代演化,把握领域研究发展规律,科学预测进程轨迹与发展趋势,有助于明确突发事件应对学术研究与实践应用之间的复杂关系,为突发事件应对措施提供有效建议。

(一)数据来源和研究方法

1. 数据来源

本书选取中国学术期刊网络出版总库(CNKI)的 CSSCI 期刊作为样本来源,检索以"突发事件""突发事件应对"为主题词,采取"或、含"的逻辑关系式,对 2006—2015 年的文献进行了精确检索,共检索到文献 2066 篇。针对所有文献,对主题词或关键词中的近义词、泛义词进行合并、删除,对未标注作者文献、网络引用文献、不相关文献进行数据清洗,以避免其影响分析结果,剔除无效文献后最终剩余 1875 篇文献可以利用。

2. 研究方法

本书运用引文网络分析软件 CiteSpaceIII 进行文献计量的可视化分析。美国德雷赛尔大学陈超美博士开发的知识图谱分析软件 CiteSpaceIII 将知识的宏观计量与微观计量相结合,其核心功能是通过绘制由某一时期内多个文献共被引网络组合而成的共词聚类图谱和时区视图等独特的共被引网络,借助自动生成的相关分析结果和对前沿术语的算法运算来动态识别某研究领域或知识领域的发展历程、热点主题和前沿趋势,并以可视化形式跟踪研究领域的演变动向和发展轨迹。

(二)国内应急管理研究的基本情况

1. 文献年代分布情况

基于 CNKI 中 CSSCI 期刊来源,参数设置中时间跨度设为 2006—2015 年,对此阶段的"突发事件"或含"突发事件应对"为主题的文献以"1 年"为时间切片进行文献数量统计,并做出文献年代分布图(图 1-1)。

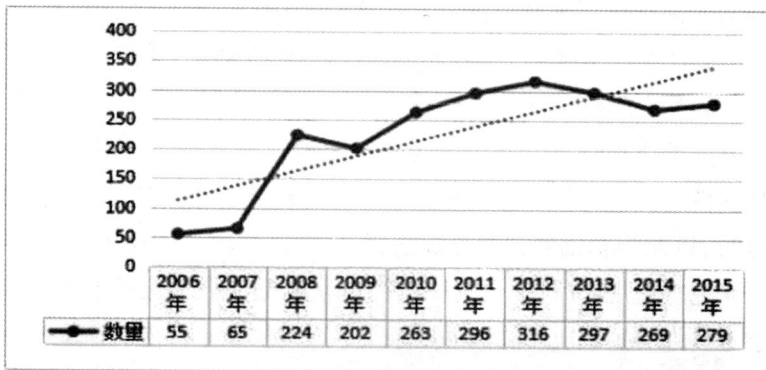

	2006年	2007年	2008年	2009年	2010年	2011年	2012年	2013年	2014年	2015年
数量	55	65	224	202	263	296	316	297	269	279

图1-1 2006—2015年突发事件应对研究文献年代分布情况

资料来源:中国知网CNKI—中国知识资源总库,截止日期:2016年1月11日。

从图1-1可以看出,自2006年至2015年,突发事件应对研究的总体趋势是快速增加的。2007年发文量急剧上升,从2007年的65篇增加到2008年的224篇,表明2007年突发事件应对开始被学者关注,并迅速燃至"沸点"。在笔者看来,除了2003年SARS危机的余热之外,这主要是由于2007年8月《中华人民共和国突发事件应对法》的颁布引起了各领域学者的研究热情,尤其是法学、政治学和管理学门类的高度关注。在如此急速增长态势下,2008年后学术界自行"熔断",稍显冷静,但有202篇文献,成果依旧丰硕。自2009年一直到2012年,突发事件应对的研究成果经历了三年的稳步上升阶段,从202篇稳步增长至316篇,也成为近十年研究成果数量上的最高值。2012年至2015年,研究成果稍显减少,但总体上依旧大大超过2009年的起步数值。所以,突发事件应对作为近十年社会普遍关注的问题一直存在于学者的视野中,研究成果虽有波动,但总体来说对其关注度相对较高。

2.学科分布情况

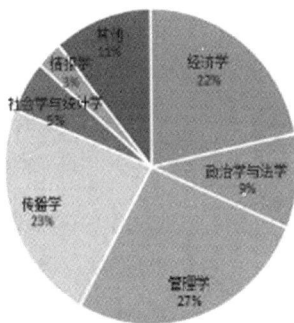

图1-2　2006—2015年突发事件应对研究文献学科分布情况

资料来源同图1-1

突发事件应对研究是一个多学科交叉的领研究域。近十年,不同学科对此主题均从不同视角有所研究和涉及,所取得成果也各有千秋。具体来说,以行政管理为研究主力的管理学、以互联网新媒体为核心内容的传播学、以宏观经济为主要视角的经济学的研究成果较为丰硕,在近十年研究文献中各占到27%、23%和22%;以行政法及地方法制为学科背景的法学和政治学研究成果占到9%,多集中在对《中华人民共和国突发事件应对法》的解读、研究和分析。

3. 主要研究力量

表1-3 2006—2015年突发事件应对研究文章贡献量前20名作者信息统计表

序号	作者	单位	贡献数量	序号	作者	单位	贡献数量
1	季建华	上海交通大学	23	11	李仕明	电子科技大学	11
2	林鸿潮	中国政法大学	22	12	王宁	大连理工大学	11
3	王延章	大连理工大学	17	13	张玉亮	河南理工大学	10
4	佘廉	华中科技大学	16	14	李纲	武汉大学	10
5	卢文刚	暨南大学	15	15	王国华	华中科技大学	9
6	仲秋雁	大连理工大学	14	16	曾润喜	华中科技大学	8
7	童星	南京大学	12	17	李勇建	南开大学	8
8	陈宏	电子科技大学	12	18	张海波	南京大学	7
9	刘德海	东北财经大学	12	19	王循庆	南开大学	7
10	兰月新	中国人民武装警察部队学院	12	20	李欲晓	北京邮电大学	7

表1-4 2006—2015年突发事件应对研究文章贡献量前15名机构信息统计表

序号	贡献	年份	单位	序号	贡献	年份	单位
1	27	2010	华中科技大学公共管理学院	9	12	2007	清华大学公共管理学院
2	18	2014	电子科技大学经济与管理学院	10	11	2011	南开大学商学院
3	18	2006	上海交通大学安泰经济与管理学院	11	11	2013	大连理工大学系统工程研究所
4	15	2008	哈尔滨工程大学经济管理学院	12	11	2006	武汉理工大学管理学院
5	14	2012	湘潭大学公共管理学院	13	11	2007	中国人民大学新闻学院
6	14	2012	大连理工大学管理科学与工程学院	14	10	2013	大连理工大学管理与经济学部
7	13	2010	国家行政学院	15	10	2010	中国人民武装警察部队学院管理系
8	13	2009	中国政法大学法治政府研究院	—	—	—	—

表1-3、1-4资料来源同图1-1

表 1-3 是发文量前 20 位的高产作者，表 1-4 是发文量前 15 位的高产机构。在表 1-3 中可以看出，季建华、林鸿潮是近十年在突发事件应对方面研究成果超过 20 篇的高产作者。从表 1-4 看，文章贡献量最多的是华中科技大学，佘廉、王国华、曾润喜是其骨干作者（见表 1-3）；大连理工大学不同领域的研究者对突发事件应对从不同学科背景出发进行了大量深入研究，研究成果颇为丰硕，是突发事件应对研究的主要力量；电子科技大学、上海交通大学、哈尔滨工程大学的学者研究成果可喜，也是此问题的重要研究力量。在 CiteSpaceIII 中进行作者和关键词共现分析可以发现：林鸿潮的成果主要集中在以"非常规突发事件""应急法制"为关键词的研究上，季建华主要集中于突发事件的"供应链"问题研究，大连理工大学的王延章、王宁、仲秋雁发挥管理科学与工程的学科优势，多基于应急管理的"知识元"问题进行研究，佘廉多以非常规突发事件的"应急决策"和"管理机制"为关键词展开研究，童星关注公共危机、社会风险，张玉亮以"网络舆情"研究为主，陈宏以"收益契约"的经济视角切入研究，刘德海以"群体性突发事件"为研究关键词。相关研究成果的作者来自管理学、经济学、法学、新闻传播学、情报学、计算机学等不同专业，说明突发事件应对已成为社会学者普遍关注的问题，对突发事件应对的研究受到各领域研究者的重视。

但是，正是由于专家学者从多角度、多学科、多领域出发对突发事件应对展开多样化研究，使其相互之间的联系较少，对于突发事件应对的合作研究比较少，共同承接的课题十分有限，有合作的部分作者也大多来自同一单位，切入视角也比较局限和单一；不同单位主体研究视角的多元化也导致研究力量的过于分散，这对开展突发事件应对的深度研究和系统发展带来极大不利。

4. 高被引文献

表1-5 2006—2015年突发事件应对研究前10位被引文献信息统计表

序号	名称	作者	期刊	年份	被引贡献
1	群体性突发事件及其治理——社会风险与公共危机综合分析框架下的再考量	童 星 张海波	学术界	2008	234
2	网络舆情突发事件预警系统、指标与机制	曾润喜 徐晓林	情报杂志	2009	172
3	微博网络舆情中的意见领袖识别及分析	刘志明 刘 鲁	系统工程	2011	170
4	重大突发事件应急救援设施选址的多目标决策模型	陈志宗 尤建新	管理科学	2006	153
5	突发事件的概念、要素与类型	朱 力	南京社会科学	2007	152
6	图书馆危机管理的基本概念及内容	刘兹恒 潘 梅	图书与情报	2007	135
7	罕见重大突发事件应急实时决策中的情景演变	姜 卉 黄 钧	华中科技大学学报（社会科学版）	2009	130
8	当代中国群体性集体行动的几点理论思考——建立在经验案例之上的观察	刘 能	开放时代	2008	118
9	我国应急管理研究述评（上）	高小平 刘一弘	中国行政管理	2009	115
10	群体性事件的体制性症结及解决思路	赵守东	理论探讨	2007	108

表1-5统计了突发事件应对研究成果中前10位被引文献目录。这10篇论文可看作2006—2015年关于突发事件应对研究的重要知识源流。从表中的被引贡献可以清楚地看到，这些文章的发表对近十年来突发事件应对的学术研究具有深远的影响。其中，童星、张海波（2008）的《群体性突发事件及其治理——社会风险与公共危机综合分析框架下的再考量》被引频次为234

居于首位。同时也能发现,高被引文献所涉及的主题和角度十分广泛:有从社会治理角度的群体性事件应对研究,有从网络舆情角度的突发事件预警研究和领导决策研究,有科学工程角度的应急救援研究,还有专门的特殊场域突发事件应对研究等。研究角度的广泛有利有弊,带来的弊端就是研究关注的过分分散,形成的合力较差,甚至结论不能相互支撑,实践运用中互不相容。

(三)国内应急管理研究的知识图谱及分析

1. 关键词共现图谱及分析

共词分析是伴随网络分析技术和文献计量学不断发展而衍生出来的重要研究方法。引文网络分析工具 CiteSpace 能够生成关键词共现可视化图谱,以引用频次和中介度两个参数来揭示该研究领域的热点主题。利用 CiteS-paceIII 软件,以 2006—2015 年为时间跨度、每一年为时间切片,以"关键词"为节点类型,以 20 为范围参数进行可视化,可以发现出现关键词节点 112个、连接数 109 个。最终以(3、10、30)为阀值进行图谱呈现,如图 1–3。图中节点上的不同灰度代表了被引用的不同年份,不同的厚度代表了不同年份被引用的相对频次,其大小由关键词频次控制,即关键词被引用的频次越高,节点越大。在图 1–3 中,"节点中心度直观地描述了与该点直接联系的个体数目,中心度愈大,说明该节点处于中心位置,对整个网络的影响力较大"[①],高中介中心度代表网络中的桥接者,在这里,中介度超过 0.1 的节点便被定义为"关键节点"。

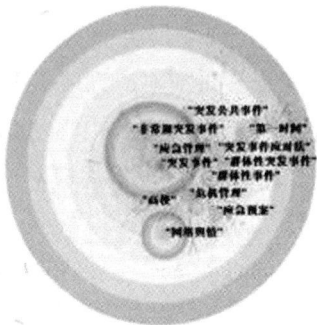

图1–3　2006—2015年突发事件应对研究关键词知识图谱

① 苏楠、张璇、杨红岗、李睿:《基于知识图谱的国内网络舆情研究可视化分析》,《情报杂志》,2012 年第 10 期。

表1-6为前10个关键词的高频统计列表,分别呈现了每个关键词的引用频次、引用信息、中介度和Sigma值。

表1-6 2006—2015年突发事件应对研究前10个高频关键词统计列表

citation counts	Cited References	Centrality	sigma
533	"突发事件", 2006, SO, V, P	0.34	—
176	"应急管理", 2006, SO, V, P	0.11	1.60
85	"网络舆情", 2010, SO, V, P	0.21	2.25
48	"第一时间", 2007, SO, V, P	0.15	1.53
38	"非常规突发事件", 2009, SO, V, P	0.05	1.14
35	"突发事件应对法", 2007, SO, V, P	0.16	2.30
34	"群体性事件", 2009, SO, V, P	0.16	—
33	"危机管理", 2007, SO, V, P	0.18	1.60
30	"高校", 2006, SO, V, P	0.01	—
28	"突发公共事件", 2008, SO, V, P	0.05	1.24

引用频数最高的关键词就是"突发事件"(2006),其引用次数为533,中心中介度也较高为0.34,但由于主题词搜索之一设定为"突发事件",对此结果的出现应在意料之中,以下也不对此关键词进行特别论述。除此之外,排在"突发事件"之后的第二高频关键词便是"应急管理"(2006),被引用频数为176,中心中介度0.11,是图谱分析中的关键节点。第三高频关键词是"网络舆情"(2010),被引用85次,并出现了仅次于"突发事件"的较高的中心中介度0.21,说明"网络舆情"在突发事件应对研究成果中处于中心位置。第四高频关键词是"第一时间"(2007),被引频次和中心中介度分别是48和0.15。除此之外,"非常规突发事件"(2009)、"突发事件应对法"(2007)、"群体性事件"(2009)、"危机管理"(2007)、"高校"(2006)、"突发公共事件"(2008)也成为高频关键节点。

从图1-3和表1-6可以看出,"突发事件""应急管理""网络舆情""第一时间""非常规突发事件""突发事件应对法""危机管理""群体性事件"已成为近十年来国内突发事件应对研究学者们使用的高频关键词,且大多是中介中心度都大于0.1的关键节点。高频关键词是国内突发事件应对研究领域的高倍关注度术语,是近十年该研究领域的主要标签,在很大程度上是研究热点的表征与体现。

(1)"应急管理"。"应急管理"是"突发事件"之后的第一高频关键词。学术界对于"应急管理"的学术研究中,童星(2010)认为应急管理是包括风险管理、危机管理在内的动态管理过程。[1]曾润喜(2010)从应急管理机制角度进行了探讨,主张建立内部监督机制、非政府组织间沟通协调机制、非政府组织和政府及公民间的良性互动机制。[2]闪淳昌(2010)解读了以"一案三制"为核心内容的应急管理体系和"统一领导、综合协调、分类管理、分级负责、属地管理为主"的应急体制。[3]卢文刚(2010)提出了构建基于政府主导和社会参与的城市电力突发事件应急能力综合评价指标体系的基本原则思想。[4]王循庆(2014)基于多案例的分析方法,利用随机 Petri 网模型构建了震后次生灾害事件的应急决策 Petri 网模型。[5]

(2)"网络舆情"。曾润喜(2010)集中研究突发事件的网络舆情问题,在信息共享[6]、传播规律[7]、预警指标体系构建[8]等方面有所研究;依照加值理论分析了网络舆情对群体性事件的影响和干预[9];分析了基于舆论突发事件控制下的国家与社会关系视角下的网络社会治理[10]。兰月新构建了突发事件网

---

[1]　童星:《基于中国问题的灾害管理分析框架》,《中国社会科学》,2010 年第 1 期。

[2]　曾润喜:《非政府组织在突发事件应急机制中的作用研究——以汶川大地震为例》,《武汉理工大学学报》(社会科学版),2010 年第 1 期。

[3]　闪淳昌:《中国应急管理及运行模式》,《北京航空航天大学学报》(社会科学版),2010 年第 2 期。

[4]　卢文刚:《城市电力应急能力评价研究——基于政府主导社会参与的评价体系建构原则思想》,《城市发展研究》,2010 年第 11 期。

[5]　参见王循庆:《基于随机 Petri 网的震后次生灾害预测与应急决策研究》,《中国管理科学》,2014 年 S1 期。

[6]　参见曾润喜:《网络舆情信息资源共享研究》,《情报杂志》,2009 年第 8 期。

[7]　参见兰月新、曾润喜:《突发事件网络舆情传播规律与预警阶段研究》,《情报杂志》,2013 年第 5 期。

[8]　参见曾润喜:《网络舆情突发事件预警指标体系构建》,《情报理论与实践》,2010 年第 1 期。

[9]　参见曾润喜:《网络舆情对群体性突发事件的影响与作用》,《情报杂志》,2010 年第 12 期。

[10]　参见曾润喜:《国家与社会关系视角下的网络社会治理》,《北京理工大学学报》(社会科学版),2010 年第 5 期。

络舆情安全评估指标体系[①],利用 MATALB 数值仿真构建了突发事件网络舆情谣言传播规律模型。[②]王国华(2010)对突发事件网络舆情"片面化呈现"的形成机理进行了分析。[③]张玉亮从心理角度分析了突发事件网络舆情的生成原因与导控策略[④];对突发事件网络舆情信息流导控机制进行了创新研究。[⑤]李欲晓、李纲等人对此也有所涉及。

(3)"第一时间"。对突发事件应对领域研究的"第一时间"关键词主要集中在新闻传播学中,刘建明、朱力、张国平等学者对其展开相关研究,在此不展开论述。

(4)"非常规突发事件"。"非常规突发事件"作为突发事件的一种别称,主要研究学者采取此词为关键词以突出其非常态化的特征。研究视角主要有:林鸿潮的法治视角,佘廉的应急决策视角,季建华的供应链视角,王延章、仲秋雁的知识元情景视角。

(5)"突发事件应对法"。林鸿潮对公共应急领域的地方"二次立法"问题[⑥]和公共应急管理纵向府际关系中的法律问题[⑦]进行了研究。戚建刚对国内外行政法制建设的研究颇有建树,自《突发事件应对法》颁布便基于此研究了我国行政应急管理体制的创新[⑧],讨论了应急处置状态结束的法律机制[⑨],提出应急行政已兴起,要建构行政应急法[⑩],并对部分案例进行了法治视角的解读。对于《突发事件应对法》的探讨,除戚建刚之外,莫纪宏、马怀德、于安、

---

① 参见兰月新:《突发事件网络舆情安全评估指标体系构建》,《情报杂志》,2011 年第 7 期。

② 参见兰月新:《突发事件网络舆情谣言传播规律模型及对策研究》,《情报科学》,2012 年第 9 期。

③ 参见王国华:《对突发事件网络舆情"片面化呈现"的形成机理——基于网民的视角》,《情报杂志》,2010 年第 4 期。

④ 参见张玉亮:《突发事件网络舆情的生成原因与导控策略——基于网络舆情主体心理的分析视阈》,《情报杂志》,2012 年第 4 期。

⑤ 参见张玉亮:《突发事件网络舆情信息流导控机制创新研究》,《湘潭大学学报》(哲学社会科学版),2015 年第 1 期。

⑥ 参见林鸿潮:《论公共应急领域的地方"二次立法"》,《北京行政学院学报》,2008 年第 3 期。

⑦ 参见林鸿潮:《公共应急管理纵向府际关系中的法律问题》,《郑州大学学报》(哲学社会科学版),2015 年第 2 期。

⑧ 参见戚建刚:《〈突发事件应对法〉对我国行政应急管理体制之创新》,《中国行政管理》,2007 年第 12 期。

⑨ 参见戚建刚:《论应急处置状态结束的法律机制》,《云南行政学院学报》,2010 年第 4 期。

⑩ 参见戚建刚:《应急行政的兴起与行政应急法之建构》,《法学研究》,2012 年第 4 期。

李岳德、孟涛等人对《突发事件应对法》的制定、实施等环节的问题和对策进行了意见阐述。

（6）"群体性事件"。刘德海在群体性事件方面研究成果颇为丰硕,结合数值分析和瓮安事件案例揭示群体性突发事件的演化规律和发展特征[1];从社会结构角度出发,运用演化博弈理论分析了阶层分化的社会结构下群体性突发事件的不同产生机理[2];建立了群体性突发事件博弈均衡演化模型[3]。肖平（2010）对"群众聚集型"的无破坏故意"突发公共事件"进行了制度建构。[4]卢文刚（2015）以上海外滩"12·31"特大踩踏事件为例,研究了城市大型群众性活动应急管理问题。[5]

2. 作者、机构共现图谱及分析

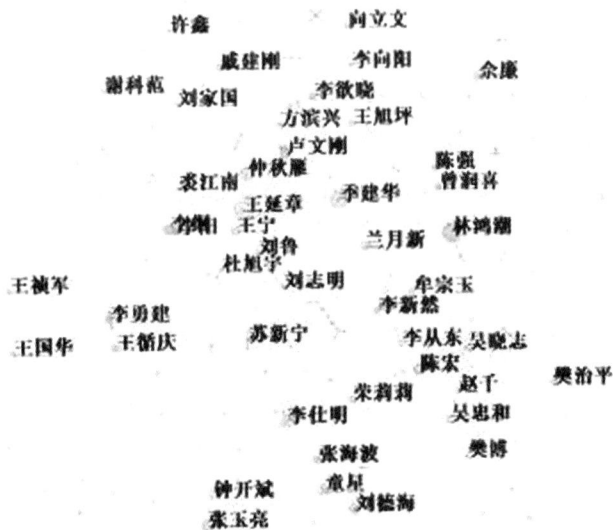

图1-4 2006—2015年突发事件应对研究作者知识图谱

---

① 参见刘德海:《群体性突发事件中政府机会主义行为的演化博弈分析》,《中国管理科学》,2010年第1期。

② 参见刘德海等:《不同社会结构下群体性突发事件产生机理的演化博弈分析》,《系统工程》,2010年第6期。

③ 参见刘德海:《政府不同应急管理模式下群体性突发事件的演化分析》,《系统工程理论与实践》,2010年第11期。

④ 参见肖平、叶子荣:《"群众聚集型"突发公共事件的认识和应对》,《天府新论》,2010年第1期。

⑤ 参见卢文刚、蔡裕岚:《城市大型群众性活动应急管理研究——以上海外滩"12·31"特大踩踏事件为例》,《城市发展研究》,2015年第5期。

利用 CiteSpaceIII 软件对突发事件应对研究的作者和机构进行共现,采用(3、70、20)和(3、30、20)的参数阀值得到研究作者知识图谱和研究机构知识图谱,两者共现图谱。图谱证实了此领域研究力量合作较少、过于分散的事实。图 1-4 得到 417 个节点,模块化参数(Modularity Q)值作为聚类效果衡量的参数,一般大于 0.3 即意味着聚类显著[①],此处 Q=0.9824,说明聚类结果明显。从中可以发现,研究学者之间有限的合作链存在于:林鸿潮—詹承豫—翟校义—李程伟等,王延章—仲秋雁—裴江南—王宁—马晓霏—曲毅等,童星—张海波等,曾润喜—陈强等,王循庆—李勇建—乔晓娇—王治英等,兰月新—张鹏—邱晓刚等,陈宏—赵千—吴忠和—吴晓志—张俊等,徐敬宏—李欲晓—方滨兴—齐佳音—张一文等,杜旭宇—白书祥—周立军—程洪宝等,刘鲁—刘志明等。

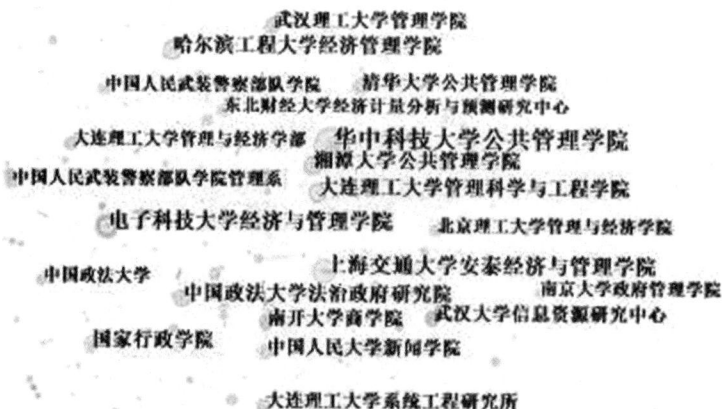

武汉理工大学管理学院
哈尔滨工程大学经济管理学院
中国人民武装警察部队学院　清华大学公共管理学院
东北财经大学经济计量分析与预测研究中心
大连理工大学管理与经济学部　华中科技大学公共管理学院
湘潭大学公共管理学院
中国人民武装警察部队学院管理系　大连理工大学管理科学与工程学院
电子科技大学经济与管理学院　北京理工大学管理与经济学院
中国政法大学　上海交通大学安泰经济与管理学院
中国政法大学法治政府研究院　南京大学政府管理学院
南开大学商学院　武汉大学信息资源研究中心
国家行政学院　中国人民大学新闻学院
大连理工大学系统工程研究所

图1-5　2006—2015年突发事件应对研究机构知识图谱

图 1-5 得到 358 个节点,模块化参数(Modularity Q)值为 0.9665,说明聚类结果尚可。从中可以发现,部分研究机构多是内部合作,如华中科技大学的公共管理学院和公共安全预警研究中心,武汉大学的信息管理学院与信息资源研究中心,东北财经大学的数学与数量经济学院与经济计量分析与预测研究中心,北京邮电大学经济管理学院与计算机学院等。研究机构之间有限的合作链存在于:电子科技大学经济与管理学院—北京化工大学经济

[①] 参见陈悦、陈超美、胡志刚、王贤文等著:《引文空间分析原理与应用——CiteSpace 实用指南》,科学出版社,2014 年,第 43 页。

管理学院，上海交通大学—上海理工大学—东南大学，中国科学院研究生院—哈尔滨工业大学管理学院，中国人民武装警察部队学院管理系—四川大学公共管理学院，南开大学商学院—上海大学管理学院等。

(四)基于突发事件应对的研究理论分析

利用 CiteSpaceⅢ 可视化分析，以(0、45、30)为阀值，可以得到 314 个节点、348 条连接线，模块化参数(Modularity Q)值为 0.7451，聚类较好。对关键词聚类之后，选取阀值(14、57、8)，通过对数似然比 Log-Likelihood Ratio(LLR)算法得到图 1-6 中聚类 12 个，主要聚类标签有：突发事件报道、突发公共事件、高校、舆情分析、突发环境事件、微博、应急物流、救助管理、收益分享、情景分析法、突发新闻、长记忆。

图1-6　2006—2015年突发事件应对研究关键词聚类图谱

在表 1-7 中，每一聚类的文献数量(Size)、轮廓值(Silhouette)等信息均呈现出来。轮廓值说明了每个聚类是否具有足够的相似性，若轮廓值太小则说明聚类无明确主题可言，即聚类不明显。"一般的，当轮廓值在 0.7 时，聚类是高效率令人信服的,在 0.5 以上,聚类一般认为是合理的。"[1]可以看出这里具备较明显的聚类结果。根据领域研究主题对聚类标签进行主观筛选和综合,主要对前四类展开介绍。

表1-7　2006—2015年突发事件应对研究关键词聚类前四类统计

Cluster ID	Size	Silhouette	Label（LLR）	Mean（Citee Year）
0	38	0.872	"突发事件报道"	2008
1	33	0.772	"突发公共事件"	2010
2	33	0.808	"高校"	2008
3	25	0.827	"舆情分析"	2012

（1）突发事件报道。最大聚类轮廓值最高为 0.872,聚类明显,内含有 38个文献,研究成果集中在 2008 年。其中许海（2010）的《突发事件报道中的"信息污染"与"媒介责任"——对菲律宾人质劫持事件报道的思考》是 LLR 和 TFIDF 计算结果共同呈现出来的活跃文献,活跃度为 0.26。

（2）突发公共事件。聚类轮廓值为 0.772,33 个文献,研究成果集中在 2010年。MI 运算特别指出了"群体性突发事件""地方政府部门"标签。重要贡献文献为范红霞（2010）的《解释、建构、变迁、反思:危机中的风险传播与媒体使命——"突发公共事件新闻报道与大众传媒社会责任"研讨会综述》,被引比例为 0.12。

（3）高校。此聚类主要是对高校突发事件相关问题的研究文献较为集中,聚类轮廓值为 0.808,33 个文献。高引文献为中国人民武装警察部队学院管理系（2010）的《应对突发事件的思想政治教育机制设计》,活跃度为 0.21。

（4）舆情分析。聚类轮廓值为 0.827,25 个文献,研究成果集中在 2012年。"踩踏事件"是 LLR 算法对此聚类进行的命名,MI 算法中此聚类标签为"非常规突发事件"。其中,兰月新（2011）的《突发事件网络舆情安全评估指标体系构建》有较高的活跃度 0.08。

（五）前沿趋势

1.近十年突发事件应对突现词可视化图谱与分析

在 CiteSpace Ⅲ 可视化分析中进行关键词的突变性（Brust）分析,这是基

---

[1]　陈悦、陈超美、胡志刚、王贤文等著:《引文空间分析原理与应用——CiteSpace 实用指南》,科学出版社,2014 年,第 43 页。

于关键词等知识单元考察其各年度频次变化，寻找出具有较大突变值的一类关键词,这类突变词表明其可能代表学科前沿。图 1–7 列出了突发事件应对研究成果中自 2006 年至 2015 年的突变词、突变强度和具体时间。

Top 20 References with Strongest Citation Bursts

References	Year	Strength	Begin	End	2006 - 2015
"汶川大地震"	2006	8.1631	2008	2009	
"突发事件应对法"	2006	5.5792	2007	2009	
"微博"	2006	4.6547	2012	2015	
"网络舆情"	2006	4.31	2013	2015	
"汶川"	2006	4.06	2008	2009	
"直播节目"	2006	3.1847	2007	2008	
"电子政务"	2006	3.0871	2012	2013	
"第一时间"	2006	3.0198	2008	2011	
"预警机制"	2006	2.8729	2006	2010	
"危机管理"	2006	2.8047	2007	2010	
"非常规突发事件"	2006	2.7549	2011	2012	
"意见领袖"	2006	2.6756	2011	2012	
"供应链"	2006	2.6756	2011	2012	
"冰雪灾害"	2006	2.6288	2008	2009	
"受灾群众"	2006	2.6288	2008	2009	
"社会管理"	2006	2.6269	2011	2015	
"比例原则"	2006	2.5642	2006	2008	
"突发事件报道"	2006	2.5579	2008	2009	
"协调"	2006	2.4984	2013	2015	
"突发环境事件"	2006	2.4818	2009	2010	

图1–7 2006—2015年突发事件应对研究关键词时区视图

通过突现词分析，由图 1–7 可以发现突发事件应对研究呈现出以下规律:①以社会事件为风向,每出现一件重大的社会突发事件,不少学者都会对此事件的应对方式展开探讨。如 2008 年汶川地震,大批学者开始对此事件的应对展开谈论,以"突发事件"和"汶川地震"为共同条件可搜索到的精确文献有 53 篇,集中在 2008—2009 年,8.1631 的高突现参数也说明了这个问题。同年我国南方地区冰雪灾害发生后,学术界的反应情况类似。2007年《突发事件应对法》的出台也成为备受学术界关注的一大时事,5.5792的突现强度有所说明。②持续超过4年时间界限引起学术界关注的问题有"预警机制""社会管理""第一时间"和"微博",其中基于社会科学的前两个关键问题作为热点研究领域持续了五年之久,"社会管理"至今保持着研究热点的地位,而基于新闻传播学的"突发事件报道"和以互联网为平台的"舆情分析研究"在过去也一直成为热点问题。③近三年的研究热点主要集中在以微博为主导媒介的网络舆情研究、突发事件频发背景下的社会管理研究、突发事件的资源协调研究。

2. 近十年突发事件应对研究动态演进路径时区图呈现与分析

时区视图(Time Zone视图)是"由一系列标识时区的颜色相间的柱形区域构成,这些时区按照时间顺序从左向右排列,节点的位置代表其出现的年份信息,由此可以直观地看出各年度出现的关键词"①。图1-8关键词共现时区视图选取阀值(27、15、2),聚类标签label=12,以年为时间单位,具体说明了突发事件应对研究前沿趋势的年代演进路径和相互之间的传承关系。

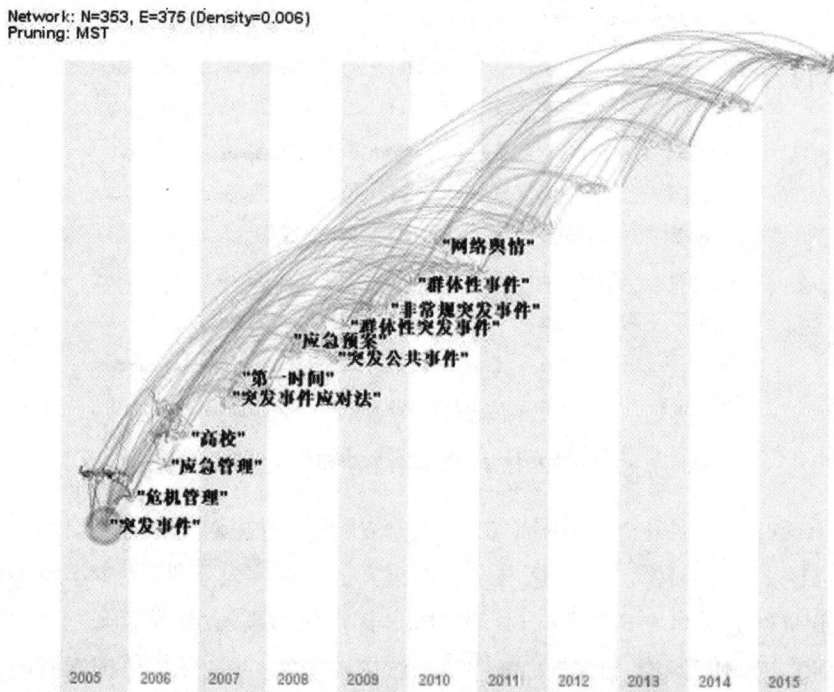

图1-8　2006—2015年突发事件应对来源期刊关键词共现时区视图

由图 1-8 可以发现：①从数量上讲，关于突发事件应对的研究自 2006 年开始出现高数量研究，2007 年节点迅速增多，且这种高度增长一直持续至 2012 年，近三年研究关注点减少；②结合图 1-1 文献年代分布判断出现研究热点减少的主要原因可能是研究热点趋于集中，学者更追求专业深度的研究，当然也有相对前几年研究稍显趋冷的原因；③就研究热点相互之间传承关系的疏密程度而言，2006—2012 年之间相互继承关系较为紧密，再到 2012—2015 年间，这种相互继承或相互影响关系稍显疏松；④由节点之间连线可以看出，研究上更趋于对突发事件应对这一主题的近三到五年最新成果借鉴，剥离掉边缘视角，裁剪掉分支学科，经济学和管理学的学科研究较为集中，影响也较大。

（六）研究局限与展望

本书以 CSSCI 数据库中 2006—2015 年以"突发事件应对"研究为来源期刊的文献为数据样本，利用可视化工具 CitSpaceIII 绘制作者共现图谱、关键词共现图谱和时区视图等，并就突现词等研究热点及演化路径进行直观呈现，以说明"突发事件应对"近十年的研究发展情况。

主要结论有：①研究成果丰硕，期刊来源多样，不同学科门类对"突发事件应对"这一问题具有不同角度的涉及；②季建华、林鸿潮、王延章、佘廉、卢文刚、童星等及其团队是研究主力，华中科技大学、大连理工大学、电子科技大学是国内最具影响力的突发事件应对研究机构，童星、张海波（2012）的《群体性突发事件及其治理——社会风险与公共危机综合分析框架下的再考量》被引频次（234）最高；③研究热点主要集中在"应急管理""网络舆情""第一时间""突发事件应对法""群体性事件"等方面；④近三至五年研究前沿集中于以微博为主导媒介的网络舆情研究、突发事件频发背景下的社会管理研究、突发事件的资源协调研究，热点之间的相互继承关系相对于前五年稍显疏松。

主要问题有：①研究力量分散，研究主体团队内的合作较为紧密，团队间的合作甚少；②以社会事件为风向，功能主义色彩严重，如汶川地震、冰雪灾害等社会危机发生时及《突发事件应对法》颁布时便引起研究文献的暴增，

---

①　陈静、吕修富：《基于 CSSCI（2000—2011）的我国统计学学科知识图谱研究》，《图书与情报》，2014 年第 2 期。

发生了什么事情就研究什么事情，部分学者的突发事件应对研究可持续性不强，进而可能引申专业深度不够、连续性欠缺的问题；③突发事件管理是政府维护社会公共安全的重要职责，其中突发事件预警已经进入了研究者的视线，以往的预警研究多集中于管控式预警以解决现代化建设进程中出现的社会问题，对于社会转型阶段政府在突发事件预警由管控型预警向服务型预警转型的研究并没有反映出人们的需求，研究滞后性使后者对实践的前瞻性指导效用难以发挥；④关于"突发事件常态化"与"突发事件应对合理化"之间的耦合度量的问题。"突发事件常态化"已成为社会公众普遍认知的问题，一方面，伴随着常态化的突发事件，社会各主体在建议借鉴、经验积累下的应对也愈显合理化，即更为合法合理；另一方面，不断理性化的突发事件应对方式并没有从根本上遏制突发事件的出现和升级，突发事件依旧以一种常态化的趋势存在于社会公共层面。是以"突发事件常态化"来拒绝和反驳"突发事件应对合理化"的命题，进而质疑当前突发事件应对理念和措施的不力？还是以"突发事件应对合理化"来推翻"突发事件常态化"的论断，进而否定学术论证的意义？理论与实践之间有着怎样的耦合关系？该如何衡量学术的价值和实践的成效？这需要学术界和施政者进一步思考。

表1-8 近十年来研究城镇化背景下群体性事件预警的政府职能转变的学术文章统计

(单位:篇/年)

关键词	来源	2002年	2003年	2004年	2005年	2006年	2007年	2008年	2009年	2010年	2011年	2012年	2013年	共计
城镇化	标题	1297	2641	2517	26446	2642	3982	5075	7907	12365	10402	11852	27684	114810
群体性事件	标题	219	200	298	504	1004	1164	2145	4659	4889	4013	3071	2609	24775
群体性事件治理	标题	0	0	1	0	0	0	1	4	5	3	3	3	20
群体性事件治理	全文	6	3	8	6	7	20	24	47	115	126	118	40	520
群体性事件预警	标题	0	0	0	0	0	0	0	1	3	4	7	0	15
群体性事件预警	全文	1	0	0	1	0	2	4	8	15	24	33	7	95
城镇化背景下群体性事件	标题	0	0	1	2	2	0	1	13	15	25	20	32	111
城镇化背景下群体性事件	全文	7	13	14	50	72	68	65	86	178	236	292	301	1382
城镇化背景下群体性事件预警	标题	0	0	0	0	0	0	0	0	0	0	1	0	1
城镇化背景下群体性事件预警	全文	0	0	0	0	0	0	0	0	1	0	1	0	2

资料来源:根据中国知识资源总库检索统计,截止日期2014年6月20日。CNKI——中国知网

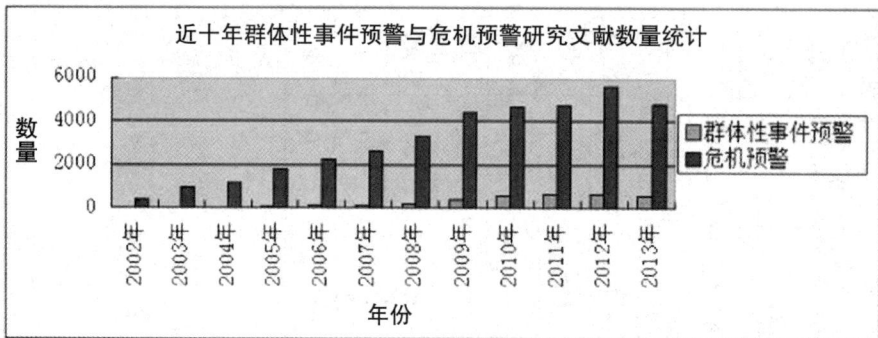

图1-9 近十年群体性事件预警与危机预警研究文献数量统计

资料来源:根据中国知网(CNKI)—中国知识资源总库检索统计,截止日期:2014年6月19日。

由表1-8、图1-9可知,在群体性事件预警研究上,研究成果虽然在2014年呈现增加的趋势,但是相对来说涉足还较少,成果不是很显著,直到2013年仅为1400多篇。学者多把注意力放在危机预警上,2002—2013年数量上增加了近5倍,而对于细化了的群体性事件预警关注不多。

学者对群体性事件预警的研究,主要集中在以下四个方面:

一是预警指标研究。如宋林飞在《社会风险指标体系与社会波动机制》(1995)一文中指出:"预警指标想要细化,就要依据经济政治等领域来划分层次,其中包括失业率、犯罪率、贫富分化水平等具体指标。"[1]朱庆芳在《社会指标的应用》(1993)一书中认为:"警报指标体系就是进行动态地去研究和分析决定社会稳定程度的敏感指标体系,从中剖析现存的社会问题,从而能够使社会长治久安……社会风险警报指标体系依据具体国情实事求是地制定,划分为四类,即反映经济水平、生活水平、民众意见的主观指标的40多个指标。"[2]史云贵、赵海燕在《我国城乡结合部的社会风险指标构建与群体性事件预警论析》(2012)一文中具体分析了城乡结合部的社会风险及其根源,以此为基础构建了城乡结合部社会风险预警的三级指标体系,初步设置了城乡结合部群体性事件动态预警模型。[3]

---

① 宋林飞:《社会风险指标体系与社会波动机制》,《社会学研究》,1995年第6期。

② 朱庆芳著:《社会指标的应用》,中国统计出版社,1993年,第18页。

③ 参见史云贵、赵海燕:《我国城乡结合部的社会风险指标构建与群体性事件预警论析》,《社会科学研究》,2012年第1期。

二是预警模式与预警机制研究。祝小宁、袁何俊(2006)对网格化管理下的预警机制进行探究。①麻宝斌等人在《政府危机管理理论与对策研究》(2008)一书中指出:"危机预警的理想模式包括完善的制度体系、畅通的信息网络、灵敏的反应机制和成熟的行为策略。"②向德平、陈琦从社会控制方面出发,在《社会转型时期群体性事件研究》(2003)一文中主张:"一是社会预警机制,科学地做到准确预测群体性事件的可能性;二是社会安全阀系统,即防止群体事件发生的措施;三是通畅的社会沟通系统,从而降低群体事件发生的可能。"③莫利拉、李燕凌在《公共危机管理:农村社会突发事件预警应急与责任机制研究》(2007)一书中,对预警的责任机制进行了阐述。孙常程在《浅谈群体性事件》(2007)一文中提出"群体性事件的解决上,要注意利益的表达和诉求,并合理地去协调利益"④。莫利拉、李燕凌(2007)认为:国家政府与社会公众之间的交流和合作要高效,同时要完善社会的利益协调机制,使群众在进行表达利益要求时更加理性和合法,从而使利益矛盾得到顺利解决,能自觉地去维护社会长治久安。⑤王雄军在《政策议程设置与群体性事件的治理机制》(2009)一文中,借鉴政策议程研究的理论范式解读群体性事件,为构建和谐社会的治理机制提供新的思想资源。⑥刘艳在《健全和完善我国公共危机管理预警机制》(2013)一文中具体分析了公共危机管理预警机制的现状与不足,并提出了对策。⑦潘攀在《基于系统论的公共危机预警机制探析》(2010)一文中指出:"基于系统论的公共危机预警机制,要把握系统的开放性、整体性和结构性等多种特征,一是全面提高公共危机防范意识、信息管理网络等各子系统和相关法律法规组织体系;二是把公共危机管理

---

① 参见祝小宁、袁何俊:《基于网格化管理的突发公共事件预警机制探析》,《中国行政管理》,2006年第10期。

② 麻宝斌、王郅强著:《政府危机管理理论与对策研究》,吉林大学出版社,2008年,第321~350页。

③ 向德平、陈琦:《社会转型时期群体性事件研究》,《社会科学研究》,2003年第4期。

④ 孙常程:《浅谈群体性事件》,《山东行政学院经济管理干部学院学报》,2007年第2期。

⑤ 参见莫利拉、李燕凌著:《公共危机管理:农村社会突发事件预警应急与责任机制研究》,人民出版社,2007年,第107~115页。

⑥ 参见王雄军:《政策议程设置与群体性事件的治理机制》,《中共浙江省委党校学报》,2009年第1期。

⑦ 刘艳、秦锐:《健全和完善我国公共危机管理预警机制》,《经济研究参考》,2013年第29期。

和预警的关系放到重要位置,打破时间限制,公共危机管理始终从头到尾都能够被公共危机预警机制所贯穿。"①

三是预警法律研究。如在《公共危机管理与危机法制研究》一文中,黄顺康分析和列举了预警法律法规。②张永理、李程伟在《公共危机管理》(2010)一书中指出:"制定危机预警的法律法规时,应坚持法治、保障基本人权、重视公共利益等。"③赵来军在《公共危机与社会治理》(2011)一书中主张:"在法律法规的贯彻中,只要是以前发生过的危机,都可以依据相关法律法规处置和参考。"④

四是预警主体研究。凯特尔(Donald F.Kettl)教授在《分享权力》(*Sharing Power*, 1993)中曾指出:治理是政府和社会力量通过面对面的合作方式组成的网络管理系统。⑤国内学者俞可平在《治理与善治》(2000)一书中,基于九大善治的要素, 从公民社会角度出发指出治理不同于通知和管理,"治理是由民间组织独自行使或他们与政府一道行使的社会管理过程"。约翰·H.索伦森(John H. Sorensen)在其《灾害预警系统》(*Hazard Warning Systems*, 2000)一文中则指出:"最有效的公共危机预警系统需要融入所有子系统。"⑥

第三节　研究内容与研究方法

一、研究内容

在快速城镇化背景下的群体性突发事件公共危机预警管理机制研究方面,本书主要研究分为六大部分:导论、快速城镇化对相关利益者的影响、快

---

① 潘攀:《基于系统论的公共危机预警机制探析》,《社会科学家》,2010 年第 8 期。

② 参见黄顺康著:《公共危机管理与危机法制研究》,中国检察出版社,2006 年,第 105 页。

③ 张永理、李程伟著:《公共危机管理》,武汉大学出版社,2010 年,第 271 页。

④ 赵来军著:《公共危机与社会治理》,社会科学文献出版社,2011 年,第 35 页。

⑤ See D. Kettl, *Sharing Power:Public Governance and Private Markets*, Washington, D.C.:Brookings Institntion, 1993, p.18.

⑥ John H. Sorensen, Hazard Warning Systems: Review of 20 Years of Progress, *Natural Hazards Review*, 2000, 5, p.119.

速城镇化背景下的群体性突发事件频发的原因分析、群体性突发事件公共危机预警管理的优势分析、快速城镇化背景下群体性突发事件公共危机预警管理机制的构建内容、快速城镇化背景下群体性突发事件的公共危机预警管理机制构建策略建议。

在以上六大部分中提出本书的两个主要观点：①对快速城镇化背景下群体性事件预警研究重点在于认清群体性事件产生的根本原因，把握其发生、发展的规律，不能只局限于群体性事件自身，而是应该把它放在城镇化的快速发展和政府公共危机管理的大背景之下，对其进行系统分析，提出预防预警的思路和方法，从而有效地维护社会稳定；②城镇化引发的群体性事件归根结底还是利益冲突的结果，利益是人类一切活动的根源，本书从利益冲突的角度研究快速城镇化背景下群体性事件，抓住群体性事件的根源性机理，确保分析基础上提出对策的可供参考性。

同时，本书在以上六大部分研究中实现了三点创新：①基于社会风险的公共危机预防预警理论，分析快速城镇化背景下群体性事件的防治，并对无利益相关者的动机与行为进行深入的探讨，以期分析快速城镇化背景下群体性事件的发生发展机理；②对比分析传统基于突发事件的应急处置管理的困境与基于社会风险的公共危机预警管理的不同，构建以预测、预见、预报、预防、预备、预案、预演为主要内容的预防预警体系；③提出危机风险意识培养机制、重大项目社会风险评估机制、政策制定中利益均衡机制、科学规划纠错机制、政府主动维权机制、利益协商机制、利益矛盾基层"安全阀"缓冲疏导机制等构建快速城镇化背景下群体性突发事件的公共危机预警管理机制的思路和方法，以在社会转轨、城镇化推进的背景下有效地维护社会稳定。

二、研究框架

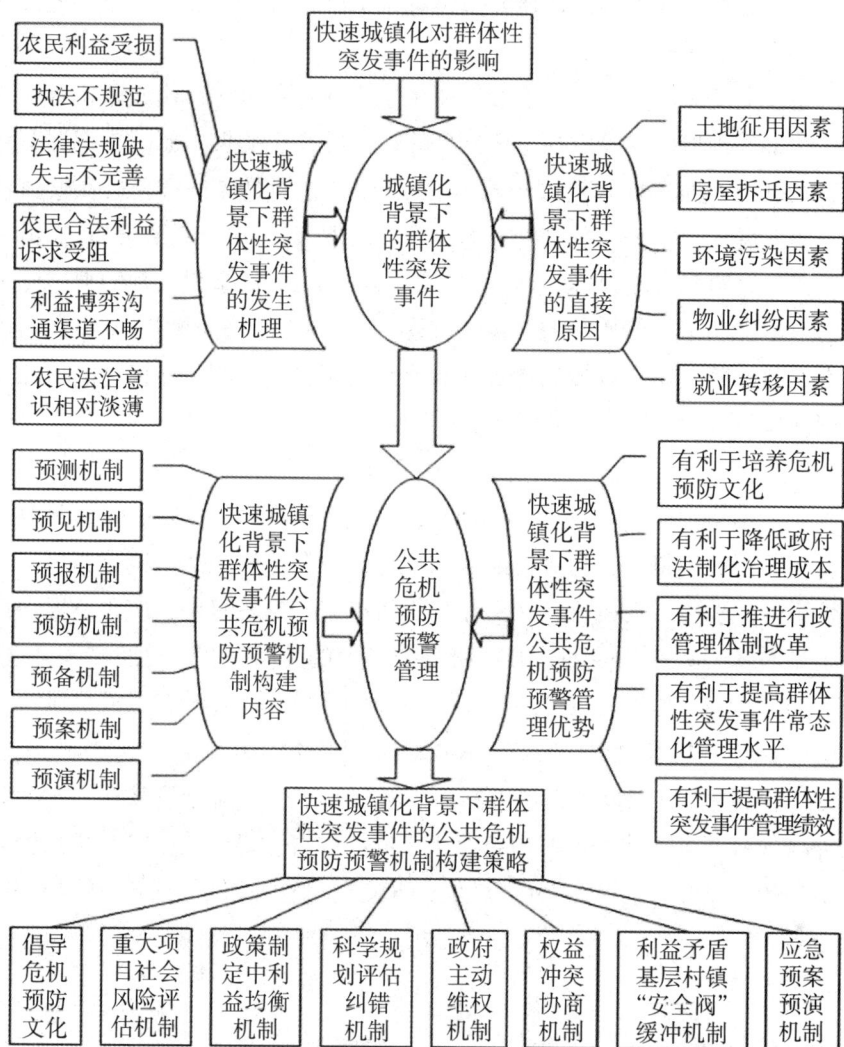

图1-10　快速城镇化背景下群体性突发事件预警与阻断机制研究框架图

三、研究方法

本书以马克思主义理论为指导,坚持理论与实践相结合的原则,运用文献分析和实证案例分析法考察我国政府预警群体性突发事件公共危机的现状，宏观分析和微观分析相结合具体分析快速城镇化建设对相关利益者的影响与群体性突发事件频繁发生的机理原因，研究以预测、预见、预报、预防、预备、预案、预演为主要内容的预防预警体系，探索政府群体性突发事件公共危机预警活动中具体对策和建议。

（一）文献分析法

文献分析法是本书的主要方法和基本方法。笔者通过查阅国内外有关危机预警和群体性事件预警的相关文献，占有充分的第一手材料，在此基础上，对群体性事件预警和政府职能转变这两方面的论述进行系统和详尽的梳理。这是本书的基础性工作，也是本书分析的客观性和所得出结论的可信性的基本保证。

（二）实证案例分析法

理论源于实践并服务于实践，这样的过程使得理论获得认可并不断被注入新的生命力。本书采用解释性和描述性，对快速城镇化建设对相关利益者的影响与群体性突发事件频繁发生的机理原因进行实证分析，从现实出发，以事实为依据，以小见大地分析中国危机预警职能现状，并结合政府危机预警和群体性事件治理现实中所面临的局限和困境，提出构建以预测、预见、预报、预防、预备、预案、预演为主要内容的预防预警体系，以成本最小化和功能最大化的标准满足我国社会转型期城镇建设过程中社会稳定的新要求。

（三）宏观分析和微观分析相结合的方法

从宏观层面全面考察我国快速城镇化背景下群体性突发事件的公共危机预警管理的成败，分析群体性事件发生发展的机理机制，并用群体性事件实证分析群体性事件发生发展的微观逻辑和规律，由点及面，最终找出预防预警快速城镇化背景下群体性事件的有效机制。

第四节　相关理论概述

一、群体性突发事件——基于快速城镇化建设的背景

追溯国外研究历史，"群体性事件"也称为"集群行为"或"集体行为"，通

常用"collective action""collective behavior"等词语来表达,用来表述那些涉及很多人、自发形成的无组织行为。

美国社会学家罗伯特·E.帕克(Robert E. Park)在《社会学导论》(1921)中将集体行为定义为集体行为:"是一种在共同和集体情绪冲动的影响下发生的个人行为,是一种冲动行为。"美国社会心理学家斯坦莱·米尔格拉姆(Stanley Milgram)认为:"集群行为是自发产生的,相对来说是没有组织的,甚至是不可预测的,它依赖于参与者的相互刺激。"①

美国社会学学者戴维·波普诺(David Popenoe)在《社会学》(1987)一书中指出:"集群行为"(collective behavior)是指"那些在相对自发的、无组织的和不稳定的情况下因为某种普遍的影响和鼓舞而发生的行为"。②赖特(Wright S.C.)(2009)认为"集群行为是指群体成员参与的目的在于改善整个群体现状的行动,是一种处于共同情绪影响下的个体行动"③,他将"集群程度与事件结果相联系",认为"如果很多人参与集群行为,预期该行动成功的可能性会很大"④。奥布赖恩(O'Brien K. J.)(2002)在研究群体性事件时,强调群体性事件的群体性特征。美国芝加哥大学的中国籍学者赵鼎新教授在《社会与政治运动讲义》(2006)中则认为:所谓集体行动,就是"有许多个体参加的、高度组织化的、寻求或反对特定社会变革的制度外政治行为"⑤。

随着社会飞速发展中利益分配变化以及多种社会局部矛盾的出现,"群体性事件"在1994年前后被提炼出来。中国行政管理学会的课题组明确指出:"我国从计划经济转到市场经济、传统农业转到现代工业社会时,来源于人民内部利益矛盾或处理不当,一部分群众根据某些目标,通过对党政办公机关的围阻、对交通的堵塞、群体闹事或上访等多种行为,影响到了政府办

①　[美]克特·W.巴克著:《社会心理学》,南开大学出版社,1984年,第176页。

②　[美]戴维·波普诺著:《社会学》(下册),辽宁人民出版社,1988年,第566~567页。

③　Wright S.C., The next generation of collective action research, *Journal of Social Issues*, 2009(4), pp. 859-879.

④　Wright S.C., Lubensky M., The struggle for social equality: Collective action versus prejudice reduction. In S.Demoulin, J.P.Leyens, J.F.Dovidio(Eds.), *Intergroup Misunderstanding: Impact of Divergent Social Realities*, Philadelphia: Psychology Press, 2009, p.291.

⑤　赵鼎新著:《社会与政治运动讲义》,社会科学文献出版社,2006年,第2页。

公和管理、社会长治久安，甚至发生一定程度的对峙的群体事件。"①苗贵安和王云骏认为："群体性突发事件的本质来源是社会矛盾，由特定或不特定的人群组成的临时群体，主要形式表现为人民内部矛盾，不合法聚集，影响社会秩序，存在语言或肢体冲突等方式，目的在于表达或维护利益诉求，或宣泄情绪，因而影响社会秩序、管理和长治久安的事件。"②

目前学术界对"群体性突发事件"的界定仍然有争议，但一般认为"群体性突发事件"是属于目的正当、形式违法的公共事件。本书所论述的"群体性突发事件"主要是指在城镇化建设进程中，伴随着社会利益格局的调整，围绕城镇化建设事业所引发的利益分化和利益分配的不均等社会(村、乡、县、市)矛盾而形成一定规模、造成一定社会影响的违法公共事件。其一般表现为以下五个方面的特征。

(1)以城镇化建设为背景。当前，我国正处于工业化、城镇化和城乡一体化同步推进的进程中，农村人口向城镇聚集和迁移是城镇化最基本的规律和最外显的表现，城镇化使农村产业结构发生变动、农业资源实现重组，是人口活动方式、社会活动空间、人们的思想意识发展、社会经济增长方式和社会整体发展模式的重大转变的文明过程。在中国，城镇化的进程并不单纯取决于经济发展的进程，中国城镇化进程同时受到政治、文化、社会、生态等多方面变化进程的影响。在如此大背景下，城镇化建设事业不仅仅是一项涉及城镇化对象经济生活的综合性工程，也涉及城镇化对象的政治生活、文化生活和社会生活，即城镇化建设是一项涉及广大社会民众的根本利益和全面发展的系统性活动。如此广泛的影响，必然会带来利益分化的不平衡和利益统筹的不协调，势必会带来利益失衡一方的利益诉求，产生权利维护与利益博弈的矛盾和冲突，处理不当或者不及时，极易引发突发的群体性维权事件。

(2)以利益矛盾为基础。"利益"是人类社会生活的重要社会问题。早在17世纪，英国唯物论者霍布斯就提出："对于每一个人，其目的都是为着他自己的利益的。"③城镇化建设是一项围绕"利益"而进行重组和分配的社会事

---

① 中国行政管理学会课题组著：《中国群体性突发事件成因及对策》，国家行政学院出版社，2009 年，第 2 页。

② 苗贵安、王云骏：《从群体性突发事件看我国公民有序政治参与的路径选择》，《江苏省社会主义学院学报》，2009 年第 4 期。

③ [英]霍布斯著：《利维坦》(上)，黎恩复等译，商务印书馆，1964 年，第 66~67 页。

业。我国快速发展的城镇化建设在带来经济繁荣的同时,还增进了社会成员在经济地位、政治关系、职业选择、价值观念等方面的异质性和多样性,引起了不同社会阶层之间基于利益实现渠道和实现程度而重新分化,造成利益关系格局的重新调整。利益分化与利益调整必然带来利益矛盾与利益冲突。当利益分化达到极限,利益冲突失控时,政治社会的存在肯定会受影响,进而影响政治稳定。因此,从利益矛盾入手,做好群体性突发事件的预警是十分有必要的。

(3)以某个热点事件为导火索。城镇化进程中,群体性突发事件的导火索主要是现实生活中各种具体的利益冲突。利益的分化会促成利益的冲突,再由利益冲突则会引发群体性事件,此类事件主要反映为以下三个方面:一是因对城镇化建设的规划与政策、基础设施建设、公共服务提供等不满而引发的群体性事件。如2004年四川汉源县群众因阻止瀑布沟电站截流而冲击县政府。二是征地、搬迁、就业、教育、物业等基本的民生问题而引发的群体性事件。如2008年的甘肃陇南事件、2012年重庆万盛群众聚集事件。三是因基层政府行政理念失范,社会行为不当,忽略民众的利益而引发的群体性事件。如2011年的"9·21乌坎村事件"等。诸如此类的导火索事件将小范围的利益矛盾纠纷一再扩大化,波及社会秩序的整体安定。

(4)以临时性的群体参与为特征。城镇化建设事业涉及社会主体多、范围广,且层级复杂。当群众的利益诉求达不到正义维护和公平保障时,社会群众往往采取临时性的集体行为,增加自我团体的社会表达能力,以自身势能实现利益维护。尤其是随着广大民众的维权意识和参与能力的提升,在面对合理利益受损时,必将拉起手来组成合力,以"集体—我"的组织形式共同维护自身的利益。突发性群体事件由于采取集结力量的方式,难免态势紧张急迫,这种矛盾的发生对社会的冲击力较强,对公众生活的影响面大;且处理解决起来困难较大,给各级政府行政管理方面的工作造成困扰,处理不彻底或者方式不恰当容易发生的遗留问题多,长期危害社会稳定与经济发展。

(5)以极端行为方式为表现形式。随着社会经济的发展和文化的进步,虽然广大社会公众的维权意识得到很大程度的增强,但是其维权理念和维权方式却是相对滞后的。因此,面对权益受到侵犯,往往聚合在一起促成决策。然而团体成员起初意见不一,集体讨论后,维权的热情高涨,人们的观点、行为会更加失去理性,朝偏向的方向继续移动,最后形成极端的观点和丧失理性的行为计划。这种"群体极化"与"群体迷思"现象往往会导致社会成员突破制度边界,以极端的行为方式来进行利益诉求,甚至寻求额外利益,从而威胁到社会秩序的稳定。

二、群体性突发事件公共危机预警

《辞海》中"预警"这个词语有"警告"的意思,也就是在相关事件发生之前对被告知人进行警告、提醒其提起注意和警惕意识,简而言之就是"预先警告"之意;而在现实生活中,"预警"就是在灾害发生之前和发生时由专门组织通过信息平台及时向受灾公众和组织发布有效信息,提供的一种信息服务。这种服务活动不仅能够在灾害发生时及时发布和传递信息、传递应急预案,同时能够帮助公共和组织积极应对灾害,最终减少灾害给人们造成的损失。这种信息服务来源于对危机信息的度量,即度量某种状态偏离预警线的强弱程度,根据以往总结的规律或观测得到的可能性前兆,在此基础之上在有预警必要时向相关部门发出警告信号,报告危险情况,使政府、非公组织和社会公众等预警主体采取必要的措施来避免危害在不知情或准备不足的情况下发生,最大限度地预防危机的蔓延与升级。"预警"的英文表述为Early-Warning,根本目的是防止危机,减少损失和伤害。

美国学者戴维斯·扬(Y.Davies)曾指出:"面对任何危机,首要的目标是尽快结束危机,而更重要的是防患于未然。"[①]群体性突发事件作为社会公共危机与社会公共风险中的一类,是影响社会公共安全与社会稳定秩序的人为性灾难,它随着信息传播的强化和人为判断的失误而夸大风险,将更多的松散利益相关者和非利益相关者纳入危机事件之中,因此对群体性突发事件公共危机进行预警十分必要。城镇化建设进程中的群体性突发事件公共危机预警是公共危机应急管理体系中的一个重要组成部分,其意义在于:通过分析城镇化建设进程中群体性突发公共事件发生的特征,对相关应急单位收集或者反映的信息进行整合,进而研究群体性事件发生的机理和原因,

---

① [美]戴维斯·扬著:《创建和维护企业良好的声誉》,赖月珍译,上海人民出版社,1997年,第129页。

监测和识别危机信息,来分析和诊断潜在危机可能出现的概率,然后按照对突发事件分析的结果做出相应的警示工作,采取事前防范措施,最终尽可能地消除促使危机发生的致灾因子,或者最大程度上减少突发事件给社会和人民带来的损失,实现对群体性突发事件的有效预警和事前防范。

早期预警工作属于一种系统工程,这项系统工程主要由以下几部分构成:首先是监测网点建立,然后对灾情信息进行采集,通过这一步来对危险进行认识判断与对预警信息分析明确;其次是发布预警信息和实施应急预案;再次则是整合分配政府内部资源与统筹安排社会公众力量,等等。各项子系统活动都要配备完善。

总体来说,"预警"包括两个环节:"预"和"警"。

第一个环节——"预"。一般来说,"预"就是"预测",但为完善城镇化建设过程中的群体性突发事件公共危机预警体系,本书认为"预"包括七个环节或者七层内涵:预测—预见—预报—预防—预备—预案—预演。"预测"就是基于各种渠道发现有可能对社会安定产生不利影响的危机信息,通过对人们事先掌握的信息进行分析和判断,基于客观规律和发展趋势设想和预测未来不确定的或未知的情况,对于各种事件尽可能地做到早觉察、早发现、早观察、早处理,指导群体性事件危机预警的方向和行动,尽量将群体性事件的发生概率和损害降到最低限度。"预见"不同于预测,是根据科学规律预先料到事物的变化结果,预见主体发挥对未来探知的主观能力来对事物的发展进行预判和前瞻,使即将发生的事件能够处于控制之中,而不是受事件的牵制。"预报",即预先报告、预先告知,是基于对未发生的事物进行的预先判断而进行情况和结果的预报,它可以是对未来确定发生事物的告知,也可以是对未来不确定发生事物的判断。"预防",更侧重于"防范""防控",群体性突发事件的预防机制强调对触发危机产生的因素的预防与管控,把握好危机预警的临界状态,对群体性突发事件进行超前防范和控制。"预备"就是做好处理危机情况的准备,准备进入危机预警工作预先安排或筹划的正式阶段。"预案"即为预备方案,是指根据应急规律或累积经验对潜在的或可能发生的突发事件的类别、性质和影响程度进行评估和分析,以此事先制定应急处置方案。"预演"是指在公共危机爆发之前所开展的预备性演习。关于"预"这一部分内容,在本书的后面章节将会有详细具体的论述。

第二个环节——"警"。"警"一字多用在军事领域,在社会科学研究中单独进行分析的较少。一般来说,"警"就是"警示",即相关负责主体利用信息发送平台发布及时、准确的预警信息给政府、公众、媒体和社会组织等受众,并且向他们提供相应的措施等建议。但是也有警情、警兆、警惕、警戒、警备、警报、警示等环节的区分。此部分非本书论述的重点。

三、社会转型期的社会风险分析

(一)基于转型的社会特点分析

对于转型而言,每个学科都从不同的角度为其下了不同的定义。一些人认为社会转型就是从高度集中的计划经济体制向开放的社会主义市场经济体制的转型;而另外一些人认为是从传统农业社会向现代化工业社会的转变;有人则从社会转型的范围入手,将其分为文化、社会结构、制度等多个方面的转型。相对于此,一些学者以哲学角度出发,将其概括为:"社会结构模式与社会系统的有序变化,是社会结构立体纵向的转变。"①

总的来说,"社会转型是一种社会框架的变化过程,对于任何一个国家现代化的实现具有必然性,它包含经济体制从计划经济走向市场经济的变化,社会体制由传统迈向现代化,农业化迈向工业化的转变、从自上而下的集权体制向民主集中的体制的转变"②。这些都可以是社会转型的一部分,也是社会转型时期必经的环节。通常所说的"转型",狭义是指经济体制由计划经济向市场经济转轨。在中国,"转型"的含义是指更广泛意义上的转轨,包括经济体制由计划经济向市场经济转轨,经济增长方式由粗放型向集约型转轨。"转型"的定义在不同的领域有着不同的含义,因此在转型所涉及的层面上,我们结合各家的看法,对转型社会做了如下的定义阐述,即"转型"是基于社会结构、社会模式、社会框架的综合渐变过程。而社会转型期,必然伴随社会经济、政治与文化的变革,也可以说它是社会的某一历史阶段转变到另一历史阶段的时期。

无论是实行激进式改革的前苏联和东欧国家,还是实行渐进式改革的中国等转轨国家,在转轨过程中,社会结构框架和政治体制都经历着全局性

---

① 高世屹著:《政府危机管理的传播学研究》,山东人民出版社,2005年,第2页。

② 梁文群、张永红:《转型经济中我国政府的经济职能探讨》,《经济师》,2005年第5期。

的系统转变。而当前的中国,就是处在经济增长方式乃至经济体制转变的关键时期。在这个双重转轨的过程中,我们面临着诸如经济发展过热、收入分配不公正、社会资源集中在少数人手中等问题,导致了民众怨声载道,各种群体性事件频发,影响社会秩序的安定与和谐;同时,浪费资源,对生态环境不择手段的破坏,造成人与自然之间发展不和谐,自然灾害频发,给我们带来了严重的社会问题和经济损失。

转轨过程中政府责任不明确,缺乏科学的管理知识和专业的管理人才,管理体系不完善,管理基础薄弱,公民道德文化底线失稳等,这些在社会转轨期显著又独特的问题为当前不安稳社会下公共危机的发生埋下制度内以及缺席外的潜在隐患。换句话说,社会转型过程中,经济发展的过渡性特点、发展过热或放缓,社会和市场资源分配不均等现象,都在"某种程度上使我国在经济发展的过程中无法避免公共风险的袭击,此经济领域的危机很可能成为大规模公共危机爆发的主诱因"[1]。一般而言,当前的制度设计使社会风险大部分集中在经济活动领域,一旦这种局部范围内的风险受到外部消极刺激,或领域内已有风险的不断累积和叠加使之超过一定数量或程度的时候,量变引起质变,便会造成整个经济系统运转失灵,导致公共危机的惯性出现。丁元竹教授担任组长的课题组联合上百名专家曾经经过论证指出:"由中国历年的公共危机发展情况来看,公共危机在 2010 年间,可能已经进入多发时期,公共危机中的社会问题如:经济失调、住宅问题、个人收入分配不均、就业难、失业多、社会保障体系不完善、基本公共服务问题、教育资源分配不均、人才培养方式有失偏颇的问题中经济危机(尤其是金融危机)是最受关注的问题之一。"[2]持有相似观点的张强,同样认为我国在经历公共危机不断爆发后逐步踏入"风险社会"。

近年来,全球化形势下国际问题风起云涌,社会转型时期国内矛盾纷繁复杂,在此时期没有有效的利益诉求表达渠道,没有有效的民主沟通平台,更缺乏准确显示风险程度的相关指标体系,同时,现有的危机处理机制并不能及时妥善地处理和解决危机,将会使社会遭受重大的经济打击。针对于

---

① 贾康、刘尚希著:《公共财政与公共危机"非典"引发的思考》,中国财政经济出版社,2004 年,第 124 页。

② 王茂涛著:《政府危机管理》,合肥工业大学出版社,2005 年,第 9 页。

此,我国应加强预防预备机制以及危机化解机制的建设,在危机处理实践中不断完善,尽可能地提升危机化解能力。

1. 不确定性因素频添

多元化的不确定因素伴随人类社会发展至今。这些不确定大体可以分为以下两种:一种是与人类朝夕相处的自然环境中隐藏的种形式的不确定,如地震、海啸、泥石流、高温、干旱、洪水等;另一种是与人类本身的生产生活有关的不确定因素,一方面表现为人类在征服自然和改造自然的过程中,与自然界更为密切的接触甚至是破坏自然界的活动产生的不确定性,诸如人类与动物接触过程中出现的新的疾病,甚至是瘟疫的急速蔓延等,另一方面则表现为人类社会自身运转过程中存在的各种不确定性,如停电、停水、社会动乱、经济危机等。

在现代社会中,经济快速发展、技术进步日新月异,交通、通信等技术的飞速发展进一步缩短了人与人之间的距离。经济出现了全球化趋势,人与人之间的交流和联系更为频繁。这些因素都提高了社会的风险系数。随着社会经济的发展,人们对自然界和社会的认识在不断提高,处理各种不确定性的手段日益丰富,应对风险的能力也大为增强,比如对自然灾害的预防、疾病的防治等。但与此同时,对于自然界中新事物、新现象的认识以及社会经济关系的日益复杂化,也会产生新的不确定性。所以,多元化的不确定因素无论在远古时代还是当今的现代化社会都是不可避免的,这些不确定因素随时引发的风险是人们生活中的常态。尤其是在现代社会中,经济、社会、科技的发展带来了防疫、药品、环境、核能等一系列新的问题,公众生活中每天要面对许多不确定的风险,对于风险的发生时间、地点、可能性后果仍旧是不确定的,同时,随着全球化与信息化的不断发展,当前社会生活中的公共风险和公共危机还可能由局部逐步向更大范围扩散,可能会产生系统性风险,导致大范围公共危机的出现,所以更多地表现出全球化传播特征,影响范围更大,需要更大范围内的政策协调。在这种条件下,作为公共管理者的政府就需要对这种风险和不确定性做出反应,以防范系统性风险的出现。尽管政府对于风险的规制和防范并不能阻止不确定性,或将风险消弭于无形,但至少能通过制度化的社会安全防护机制的设计来控制不确定性产生的负面影响,或者是通过分散风险的方式将风险减少到最小,最终将可能的灾难降到最小限度。

2. 社会矛盾突出

诚然,很多不同领域的学者都试图从不同的层面研究转型的定义,也都对转型的定义做了各种不同的界定。虽然侧重点各有不同,但是都一致认为在社会转型尚未成熟的阶段之前,也就是社会转型的发展阶段,必然孕育着各种各样的社会矛盾。社会冲突和矛盾是社会发展的普遍现象,诸如此类的社会冲突和矛盾在社会转型和变革时期表现得更为突出。程新英等认为:处在转型时期的中国社会矛盾有着一定的普遍性,但又有其独特性,这一独特性决定了转型时期的中国社会发展呈现出了相互交叉的多维性特征。首先,转型时期社会发展中矛盾并非是单一的,而是综合复杂且比较尖锐。其次,转型时期也是社会矛盾迅速发展的时期。再次,从社会矛盾冲突的解决方式看,中国应该尽量建设性地解决冲突,即把冲突控制在一定范围之内,避免冲突进一步扩大,并且能够通过各种有效的手段妥善处理各方利益,注意利益分割的均衡性,而不是用激进的手段去解决冲突。转型时期矛盾冲突的内容涉及社会发展的很多领域,如政治、经济、思想道德以及新旧文化碰撞中的矛盾冲突;从矛盾冲突的相互关系来看,既有系统本身的矛盾冲突,又有系统外部的矛盾冲突;从矛盾特征来看,既有新旧矛盾冲突,又有新矛盾之间的冲突;从矛盾的主次性来看,在相同的领域,矛盾所占的比例是不同的,既有主要矛盾,又有次要矛盾,所以在解决矛盾冲突的先后顺序上,侧重点也要根据矛盾的发展变化各有不同;从矛盾的总体性上来看,也要注意矛盾的解决要运筹帷幄、顾全大局,避免头痛医头、脚痛医脚的弊端,这样不仅不利于矛盾的解决,反而会加重矛盾的累积,最终造成不可估量的社会损失。这些矛盾和冲突可能发生在经济、政治、思想文化等各个方面:

从经济方面看,转型国家在经济增长和分配公平之间,往往存在着矛盾冲突。这种矛盾突出表现在收入差距的过大和国有企业职工下岗人数的增多。由于历史原因,中国民众对下岗的心理承受能力较低,心理适应还有一个较长的时期,而中国的社会保障体系还不健全,客观上也为下岗职工的生活造成了很大的压力。如果不能妥当解决这一问题,有可能产生一些不稳定因素。

从社会结构方面看,随着改革的深入,中国社会阶层开始进入迅速分化和重组时期。关于稳定的社会结构,世界普遍规律是,在一个稳定的社会阶层结构中必须有一个规模庞大的、人数众多的社会中间阶层,这个阶层的人口总数占到社会总人口的主体,是一个社会结构稳定的中坚力量,以此为基础,形成"橄榄型"的社会结构。相比之下,"以社会阶层理论为分析依据,处于中间阶层的人口要比上下两个阶层出现时间滞后,且比例少,仅为15%,这样一来,我国的阶层结构看上去就如同金字塔一般"①。社会中间阶层规模过小的一个严重后果,是社会不稳定因素的增加,因为这直接意味着社会结构中"两头"悬殊,贫富差距偏大,社会资源分配不平等,一旦遇到危机因素将会减弱社会抵抗风险和持续发展的结构性条件。

从政治方面看,广大公众政治参与的意识和要求迅速增强,集权与分权、中央与地方、法治与权威等各个方面之间的矛盾,将会日益表现出来,政治体制改革和民主化进程相对放缓也可能生成不和谐的社会因素,导致社会秩序的不稳定。所以说,在社会变革和经济发展的过程中,经济发展稳步提升,虽然会给一个国家的经济发展带来丰厚的利益,但正如事物具有两面性一样,在经济发展为一个国家带来丰厚利益的同时,也往往伴随着发生社会动荡和危机的可能。社会变革和经济发展并不必然会带来政治稳定,相反,在某些特定的时期,如社会转型和变革时期,各种动荡、危机和不稳定的可能性往往会大大高于社会稳步发展的时期。塞缪尔·亨廷顿曾这样强调:"一个国家的现代性属性的内涵其实是对于稳定性的要求,但是现代化的特征却并不同样等于稳定性……为实现国家现代化而不断努力的过程中往往会造成政治混乱。因此可以这样认为,如果一个贫穷的国家仍旧混乱不堪,那正说明它在做出扭转现状追求富裕的努力中。"②

从社会心理层面看,社会转型时期人们传统的思想观念受到了转型时期新的思想观念的挑战,人们喜欢安于现状的心理与转型时期的新的心理产生了很大的冲突,常常处于一种望而却步却又想止步不前的矛盾之中,转轨过程中的希望与危机同在、成功与失败并存,长久生活在心理困惑和心理紧张之中,民众很容易变得焦躁不安,在做一些决定的时候无所适从,甚至反抗政府政策。

---

① 陆学艺著:《当代中国社会阶层研究报告》,社科文献出版社,2002年,第73页。
② [美]塞缪尔·亨廷顿著:《变化社会中的政治秩序》,王冠华等译,生活·读书·新知三联书店,1989年,第41页。

3. 经济发展不平衡

当今社会市场化、工业化甚至后工业化以及科技化、国际化、全球化是整个社会转轨时期的关键力量，因此任何一个环节只要稍有纰漏就会严重影响社会转轨的进程和结果。所以说，每一个环节都应该被看作转轨时期的关键环节，都需要极为认真地对待。事实上，由于市场经济体制尚在完善之中，价格改革通常会使隐性通货膨胀显性化，促使价格上升，本币贬值。而"紧缩的货币政策最直接的影响就是造成企业的信用危机，乃至企业间的债务拖欠，导致生产不能顺畅运行，高物价冷却了国内消费市场，高利率淡化了国内投资需求"[①]；加上"转型致使政府的各项收入紧缩，对于政策要求给予企业的补贴、优惠部分也会出现赤字；而此时银行接洽的一些准业务，会对企业放行高额度的贷款政策。这些现象无不导致国家在经济运行上的失调"[②]。许多转轨国家财政赤字庞大，国际收支连年逆差，依靠外资流入维持经济运行。即使是相对好些的捷克、波兰和匈牙利，在 2004 年时贸易逆差仍占各国国内生产总值的 4%左右。20 世纪 80 年代，几乎所有转轨国家均无一例外地经受了严重的通货膨胀的挑战，甚至部分国家难以逃脱恶性通货膨胀的命运，以及 90 年代发生的通货膨胀现象，这些后果的发生原因直接指向国家在转轨时在宏观经济调控过程中使用的手段出现失误。可以这样认为，部分拉美、东南亚国家金融危机严重爆发的关键因素很大程度上也是来自转轨过程中国家的宏观调控手段的失误导致内部经济结构失衡，由此造成了恶性的通货膨胀，再加上政府不能及时采用有效的货币政策和调控手段去规避风险，周期性的恶性循环，最终导致了金融危机的爆发。

4. 市场体制不完善

转型国家普遍告别了短缺经济，市场态势逐步由卖方市场向买方市场转变。但由于转型时期市场经济正处于萌芽和初级阶段，因此市场并不是完美的，也不是万能的，其本身还存在着许多缺陷和不完善的地方。如市场结构和市场功能不全、市场的垄断性问题、公平竞争的问题、各种市场尤其是要素市场缺乏有效完善的法律机制去保障其有效运行，市场价格和市场信息被扭曲造成不能及时、正确地反映产品、劳务和资源的真实成本，导致资源被一小部分人所掌控，造成了物稀且贱的局面，也使贫富差距更为严重。

①② 杨哲英：《转轨国家中的通货膨胀》，《经济学家》，2001 年第 3 期。

种种这些市场本身所具有的缺陷,使市场不能准确、灵活地反映市场价格和信息,严重影响了市场资源配置的方式,造成不必要的资源浪费。而且许多原本应该是市场去进行有效的资源配置,但最后由于其本身的缺陷很难使其功能与作用发挥出来,甚至根本不能发挥作用,市场失灵现象加剧。另一方面,法律制度的供给短缺,一定程度上不仅不能帮助市场本身变得更加完美,反而加剧了市场秩序的混乱状态,使市场不能有效地公平竞争,从而产生垄断。表面上市场本身的缺陷可能会暂时掩盖社会经济中隐藏的各种问题和风险,可一旦这些问题和风险超越了市场本身所能承受的限度,矛盾会不可遏制地转变成社会公共危机。

由于市场本身缺陷造成的公共危机,主要是因为我国目前正处于市场经济体制取代计划经济体制、步入完善的阶段中,政府和市场的关系界限依旧不够清晰与明朗。首先,政府职能与角色的缺位,即是"政府需要提供于公众产品与服务,却并没有严格尽其职责"①,反而把这些任务交由市场去实施;其次,政府职能与角色的越位,政府职能和市场职能不分,政府与市场的责任边界不清,政府做了一些本不在自己职责范围内的不该做的事情,越俎代庖般包揽了本应由市场承担的事业,这就从本质上加大了政府人财物的负担,在有限的公共资源下无力顾及职能内的公共服务,诸如公共医疗卫生、社会保障、基础设施完善、义务教育、贫富差距平衡等公共问题;政府职能越位在一定程度上增加了政府的财政负担,而忽视了一些列属在政府社会职能范围中的本应担当的社会公共性事业,导致基础公共服务难以获得充分的资金支持与精力支撑。再次,转型时期政府孤注一掷,过分关注与强调经济建设,使得一些社会公益事业的建设与发展得不到政府的足够重视。而如果这一时期的经济环境欠稳,出现诸如通货膨胀、经济发展资金短缺、贸易发展不平衡、汇率变动等一系列经济问题,必将影响经济良性发展,加剧社会公共风险系数。政府关注点与投入点的偏颇使经济发展与社会发展的不同步,引发诸多社会问题,影响社会的繁荣稳定。

5. 法律法规不健全

在计划经济体制下,由于计划或政府的力量在很大程度上可以对微观经济主体和政府部门的活动起到约束和规制作用,所以法律的作用远没有

---

① 马庆钰:《关于我国政府职能体系的解释》,《国家行政学院学报》,2003 年第 5 期。

像在市场经济体制下那样受到强调和重视。经济转型的过程是国家废旧立新的过程,其间,适应计划经济体制的很多法规已经过时,而适应市场经济要求的法律尚未出台到位,原先可以由计划统一管理的许多活动变为微观经济主体的自主行为。因而,处在转型之中的国家普遍存在法律基础薄弱、法制建设滞后的状况。这种状况不利于维护市场秩序和社会秩序,不利于防范和化解公共危机。由于新的经济体制尚在不断完善的阶段,而旧体制的某些特征在"惯性"中依旧于经济领域中发挥着作用,所以说整个社会经济很有可能一直处于一种不稳定的状态,甚至呈现出"虚假的繁荣"现象。处在转型时期的大部分国家,潜伏的体制性矛盾和冲突较多,政府职能不到位,法律制度不健全,社会信用缺失,腐败问题也大都比较严重,为公共危机的产生埋下隐患。

6. 文化发展失衡

社会道德和伦理虽然不是法律性的正式制度,但它有利于约束人的行为。市场经济是建立在完善的信用制度之上的经济制度,可以说市场经济发展越是完善,对信誉程度的要求就越高。诚实守信是市场的试金石,因此良好的信用是市场经济顺利发展的重要前提。对一个社会而言,社会信用度越高,经济活动的成本就越低,就越是对经济的发展有很好的拉动作用,从而提高资源配置的效率。但由于转型时期社会价值体系呈现出多元化、复杂化的新特征,传统的思想意识、伦理道德以及旧体制所提倡的观念、标准与判断都受到了多元价值和新的思想道德体系和文化观念的巨大挑战。社会信用秩序混乱从另一个侧面说明了对传统道德规范的背离,多元的价值观在一定程度上弱化了道德在规范社会秩序这个问题上所起到的作用。大量失信行为破坏了经济主体之间以信用经济这种低成本的交易,不仅增加了货币的使用量,减缓了资本的周转速度,还扩散到社会生活的各个领域,致使基本素质下降、道德水平滑坡、社会风气恶化等"软实力"层面受损的社会性问题出现。因此,社会道德文化不平衡与不稳定的发展现象是"经济生活中社会风险、危机引发的直接原因与加剧因素"[1],但与此类似的隐性层面的非正式的、非制度性、非法律性的方面的诱因往往不被人们重视。

---

[1]　张燕:《我国社会建立公共危机管理机制浅议》,《中共杭州市委党校学报》,2008 年第 3 期。

7. 全球化的影响加深

"全球化"，其英文表述是"globalization"。我们通常意义上所指的"全球化"实际上多是指"经济全球化"（Economic Globalization）。"其早先见于经济学家奥多尔·拉维特 1986 年发表的《市场全球化》中。经济全球化在他看来是 1966 年至 1986 年间全球经济的变化，也就是商品要素、服务要素以及技术要素在国际范围内生产、消费、投资领域的扩散。"[1]从马克思主义的角度出发，全球化实际上是资本无限扩张的本性在世界范围内的释放，是人类社会实现自由王国的必经之路。早在工业革命的时代，马克思便已预见到了这一趋势。"工业革命中对于机器和蒸汽机的使用，扩展了劳动分工的形成，在一定程度上致使大规模工业模式跨越本国的界限，与国际市场、分工和交换相互连接，形成依赖。"[2]但全球化问题真正引起国际关注是在 20 世纪 80 年代末 90 年代初，随着国际资本大循环、国际经济大分工和生产、贸易一体化的出现，全球化对世界各国的政治、文化和社会生活的各个方面都产生了深远的影响。

全球化不仅为世界创造了无数的就业机会，为千百万人开辟了新的生活机遇，而且促进了各国经济快速增长，生产要素高速流动，创新层出不穷。然而经济全球化的另一面则是可怕的，它所蕴含的巨大风险是前所未有的。经济全球化不仅使世界面临金融风暴、环境破坏、国际债务、过量移民、跨国经济犯罪、社会发展不平衡等问题，而且使发展中国家有可能出现经济发展失衡并导致政治动荡。即使对美国这样的发达国家来说，全球化也给它带来了不利：如过量移民、廉价商品、跨国犯罪，以及"国家认同"与"社会凝聚力"[3]大为减弱等。

（二）基于风险社会理论的社会风险分析

从"社会风险"的词源开始考究，"风险（Risk）起源于拉丁文 Risicare 一词，而 Risicare 一词又与希腊词 Cliff（山崖）相联系，它的含义是'在山崖中航行'，那风险也就主要包含'有危险的可能性'，也可以认为是'有遭受损失、不利、伤害乃至毁灭的可能性'"[4]。"英语里的 Risk 开始时较多地用于海上探

①　李健：《经济全球化与我国参与国际竞争的对策研究》，《江海学刊》，2005 年第 5 期。

②　《马克思恩格斯选集》（第四卷），人民出版社，1958 年，第 169 页。

③　余潇枫著：《非传统安全与公共危机治理》，浙江大学出版社，2007 年，第 4 页。

④　同上，第 86 页。

险中,特指在航海中存在触礁等危险的可能性。"①所以,在英文词典中,一般把它解释为一种遭遇危险伤害的可能性。但是随着社会的不断发展,经济活动白热化和全球化,人们开始尝试用"Risk"来特指经济活动。现如今,"风险"一词被各个研究领域广泛使用。社会环境复杂化,国际形势严峻化,使得人们对生态恶化导致的全球变暖、群体性事件、社会骚乱、自然灾害、局部战争以及恐怖主义都有着深刻的担忧,因此"风险"一词作为与"危机"和"灾难"同等重要的概念,得到了各个领域人士的广泛使用。

大家关于风险的认识,很大一部分来自于德国社会学家乌尔里希·贝克提出的"风险社会"②的概念,他指出在工业社会之前风险主要来自于自然,转而到工业社会之后的风险则更多地与领导的决策相关。关于风险社会的问题,贝克按照轻重缓急排列出了优先次序:第一是生态危机,第二是全球金融危机,第三是跨国恐怖主义恐怖危机。贝克认为:"风险的概念与发展现代化有直接的联系,风险被其界定为社会系统本身在过渡到现代化的过程中所引起的危险和不安的结果。"③他同时定义后现代社会同为风险社会。而风险社会主要显现的特征为:人类受制于社会创造的威胁他们的生命财产安全的风险危机中。风险已成为不仅仅是西方社会的主要特征,更是全人类需要给予关注的主题。当代中国正"处于从计划经济向市场经济、从农业社会向工业社会和知识型社会、从同质单一性社会向异质多样性社会转型的关键时期"④。现代公共危机管理的终极目标是建立潜在风险的预防准备机制以及已出现风险的应急补救机制,两者形成完整的配套衔接,从而将风险的危害性降到最低,避免风险进一步扩大,减少不必要的损失,促进社会稳定。因此,完备的社会风险危机管理机制,对于把自然灾害带来的损失降到最低程度和用极小的代价迅速控制、平息突发的社会灾害有着不可估量的重要意义。所以,社会转型期完备的社会风险应急管理机制已经成为体现社会文明进步和检验政府部门执政是否有效的重要标志。

---

① 张彦:《"风险"研究的历史嬗变:转向与建构》,《学术月刊》,2008 年第 6 期。

② [德]乌尔里希·贝克著:《世界风险社会:失语状态下的思考》,张世鹏译,《当代世界与社会主义》,2004 年第 2 期。

③ [德]乌尔里希·贝克著:《风险社会》,何博闻译,译林出版社,2004 年,第 230 页。

④ 吴金芳、郭镜:《贝克风险社会理论及其对构建和谐社会的意义》,《合肥学院学报》(社会科学版),2006 年第 1 期。

　　世界经济全球化、一体化给中国带来的不仅有机遇同样也有巨大的挑战。面临变幻万千的世界环境,中国加快了经济发展的速度,"国民经济的稳步上升从一定程度上提升了人民的物质生活水平与精神生活水平,我国的综合国力也随之变强。另外,我国始终坚持国际交流与合作,维持和平的多边外交,使自身的作用在国际丛林中日益显著"①,在国际事务中的话语权也更是不容小觑。中国作为一个飞速发展的国家、一个蓬勃发展的国家,在整个全球化的机遇中,有着得天独厚的发展环境和不可比拟的发展前景。然而我们也同样应该看到,伴随着经济的飞速发展,各种矛盾也随之而来,更倾向于服务型而非管家型政府的压力不断加大,政府的公信力也面临着严峻的挑战。三十多年的改革开放,使中国日益繁荣,但也使得中国内外矛盾问题不断增多,经济的日益繁荣会很快淘汰掉旧的经济体制。与此同时,中国经济不可避免地要迎接激烈与严峻的国际竞争和由此出现的贸易斗争带来的挑战。因此,"在新的复杂多变的国际国内形势下,社会与全球化结合形成了世界风险社会"②,社会突发事件的风险越来越大。"有限公共资源紧张、生态环境发展滞后、族际与教种间冲突、国家分裂、金融危机、信息安全、网络袭击、核偷运、走私禁品、传染疫情扩散、官民贪污腐败等"③,这些问题都可归之于社会风险问题。因此这意味着,在全球化形势下,来自于知识与市场经济的冲击以及信息革命的涌动,当前社会已经处在变迁之中。在经济与社会转型的特殊时期,社会生活中存在的不确定因素,成为部分领域、地区甚至全国范围的经济与社会和谐发展的潜在隐患。毫不夸张地说,我们正在走向风险社会。

　　1. 灾害风险

　　"灾害风险指的是一种遭遇伤害损失的可能性,它来自灾害活动本身对于人类的直接生命或财产的破坏。对于某一具体地区来说,就是该地在特定时间段内可能遭遇的灾害,此灾害的破坏程度、对社会生活、社会发展的消

　　① 吴兴唐:《新安全观和反恐斗争》,《当代世界》,2003 年第 1 期。

　　② 王伟勤:《社会风险类型及其治理方式分析》,《云南行政学院学报》,2013 年第 3 期。

　　③ 温志强:《风险社会中突发事件的再认识——以公共危机管理为视角》,《华中科技大学学报》(社会科学版),2009 年第 2 期。

极影响的可能性大小。"[1]在人类活动的世界里,风险是一种主观预期背离未来实际,未来实际超出主观预期的结果。风险积累了社会各方面的因素,任何风险的产生都必须经过一个潜移生成、酝酿演化和浮出水面的过程,在这个过程中,社会各方面因素相互间的影响和作用,最终引发风险爆发并带来不同程度的破坏。虽然人类经过不懈的奋斗使自己生活的地球充满了阳光和雨露,但由于自然因素和人为因素的作用,地球上有灾害发生的可能。因此,灾害风险是一种客观存在,人类还将长期面临各种灾害风险的威胁和考验。比如,随着世界人口的增长,具有强烈破坏性的灾害在不断增加,这个巨大的人群及其活动造成大气中二氧化碳和甲烷等气体聚集而使全球变暖,这种变化将严重地改变着正常的生态模式,从而对农业、水文、流行病、物种、强烈风暴、海平面和沿海潮水等造成影响,从而导致自然灾害数量的急剧增加。又如,当今时代,具有潜在危险的技术以及物品越来越多,它们在很大程度上增加了人们失误的机会。人们为了享受更加舒适便利的生活,不断对科技提出新的要求。于是"当一些电子设备的应用频率越高,其内在系统装置越精密多样,也越容易失控,其评估修复的成本也越大,在人们对于技术的迫切需求以及一些企业唯利是图的要求下,某些不成熟的技术由于提前推出使用,因此其有效性及安全性具有高风险度"[2]。所以说,导致对人类的伤害事件越来越多,这种灾害风险逐渐地成为社会转型期突出的公共危机发生原因。

2. 城市化发展所面临的风险

在一般意义上,传统社会的风险主要来自于自然灾害和物资紧缺等客观性的外部因素,比如疾病、饥饿、灾荒等。而在社会转型期间,随着社会经济的快速发展与科学技术的飞速进步,加上城镇化和城市现代化进程的加快推进,人类社会控制各种外部性风险的能力也得到了很大的提高。然而人类在陶醉于战胜各种外部性风险时却发现,科技作为一把双刃剑,它的发展所带来的风险与人类用其战胜风险的本意却相互冲突。"人类在控制传统外

① 张继权、张会、冈田宪夫:《综合城市灾害风险管理:创新的途径和新世纪的挑战》,《人文地理》,2007年第5期。

② 王雅莉:《我国城市安全管理与应急机制的建设》,《青岛科技大学学报》(社会科学版),2006年第3期。

部风险活动的同时,其自身也逐渐成为现代社会各种风险的制造者"①:由于城市建设逐步在向信息化、管网化方向发展,由此带来了高层建筑、水、电、油、气等一系列生命线工程安全管理的新问题;中国政府主持兴建的一些重大建设工程,如三峡水库工程、南水北调工程、西气东输工程、西部铁路公路建设工程等多处于自然灾害频发、群发区,而这些容易发生的突发性自然灾害是重点建设工程的潜在性严重威胁,而且还具有再次诱发灾害的可能;科学技术的高速发展,在为人民生活提供全新的发展机遇和生活体验的同时,也带来了新的公共安全威胁,一旦信息网络被敌对势力、恐怖分子等利用或破坏,最直接的损失是经济发展与社会生活的秩序紊乱,最严重的后果可能会牵制整个国家的经济命脉、政治统领或军事操控,致使社会偶发间歇性的瘫痪状态;随着国际经济贸易范围与内容的不断扩大,便捷了外来有害生物和疫病、疫情入侵的机会,外来社会公共安全风险不断增加。这说明随着现代化的发展,社会风险也处在伴生状态,一些前所未有的由社会现代化引起的非传统公共危机开始增多。

3. 制度风险

现代社会风险的"制度化"特征直接来源于人类社会的制度发展和体制构建。社会转型也是人类社会制度框架构建重建的过程。人类社会的不断发展伴随着各种各样的制度产生,而这些制度几乎覆盖了人们生存和活动的所有领域,并逐步过渡成了一个复杂多元的现代社会制度框架。在这个复杂的制度框架中,预防风险和提倡冒险的制度同时并存,并同时发挥着作用。转型期"风险社会之所以产生不单是从社会层面将其设定为简单的社会问题,而更重要的是需要将其定义为对于制度层面、组织体系建设、社会实践等多方考察的综合性问题"②,现代社会风险是嵌入制度化的风险社会之中的一个复杂矛盾体。"当复杂多样的不确定以及潜在风险产生时,人们往往缺少一种'本体性安全'和'例行化'的模式,导致自身过于紧张和焦虑,加之制度内无法获取充分的安全资源,人们就会诉诸经验选择或是制度外的方式求得诉求的解决,因此这是一种隐藏的制度性风险。"③所以,有人说"原有制度已经

---

①② 胡杨:《风险社会与政府危机管理创新》,《行政与法》,2006 年第 1 期。

③ 李诚:《我国转型期社会风险及其治理的理论思考——基于风险社会理论的分析》,《长白学刊》,2011 年第 3 期。

在社会转型中暴露出种种弊端和漏洞，而这些弊端恰恰是新的社会冲突和公共危机发生的直接诱因"①。

4. 全球化风险

传统社会风险大多是在某一个特定的区域内发生，因此风险的破坏力往往能被控制在一定的范围之内。然而随着全球化的推动，世界各国之间的经济、政治、文化和科技等方面很难独立运转，经济全球化带来的各领域之间的相互依赖与合作是国际环境发展的必然。社会风险也具有了明显的流动性，现代社会在本质上呈现给我们的是一个全球性的风险社会。在全球化的趋势下，一旦社会风险失控，会在极为短暂的时间内急速扩展至全球，世界各地区各国的政治经济领域与社会文化生活也必然在此影响下遭到重创。面临这种全球性的风险社会，传统的民族国家和以传统国家动员为主要资源集中方式的应急处置型危机管理机制日益受到冲击。在全新的意义上进行的社会动员，甚至非国家行为主体对于危机的介入就成为一种必然的发展趋势。

5. 市场经济风险

市场经济具有一定的盲目性，因此发展市场经济会给社会发展带来许多风险性。如果政府决策时不考虑社会公众、社会环境的利益和要求，容易出现方向失误、时机失误、策略失误，各种失误的出现都可能导致市场主体的发展危机。这中间最突出的就是失业问题。从社会风险的根源上讲，就业已经是经济增长的目标所在。而社会转型期的市场还属于发展阶段，还有很多不成熟的地方，一旦疏于监管，导致市场混乱，经济受到影响，实体经济严重萎缩，大面积失业人口滞留社会，生计维系困难，资源矛盾日渐突出，发生群体性事件公共危机的风险加大。例如，2008 年由次贷危机引起的华尔街金融风暴，演化成全球的经济危机，并由经济危机转入社会的各个系统。2009年 3 月中国南方出口加工市场为主的省份频频发生的群体性暴力事件，2009年 3 月的法国大罢工事件，都说明金融市场自由化已经严重威胁和影响到社会秩序。而这种影响，从目前来看，越是市场经济发达的国家越是深受其害。所以，市场有效配置资源的角色是别的社会工具无法取代的，但是一旦配置失灵，带来的风险也是巨大的。

---

① 陈秀梅、甘玲、于亚博著：《领导者应对突发事件的理论与实务》，人民出版社，2005 年，第 32 页。

6. 社会阶层分化风险

在经济体制由计划经济走向市场经济的过程中，必然会引发利益格局的转变，随之而来的是旧体制下持有既得利益和特权的社会成员被触动，从而出现一些利益主体因利益分割不均引发不良心态。社会转型期，"组织结构形式从简单的一元体系逐步丰富多元，各种新生自发组织或代表经济利益，或代表民生诉求，或伸张特殊利益，蓬勃出现。它们具有各自的特点，模式多元，结构多样。特别是政府控制的权力向地区和机构组织倾斜以来，盲目性与破坏力度大。公共组织陷入无力进行社会整合与引发利益组织摩擦、加大社会不稳定的泥潭"①。在中国社会转型时期，"传统的利益链打断，利益格局混乱，出现了一些新的阶层，而转型前的下层群众规模仍在增大，贫富差距更加显著"②。比如，众多的下岗职工生活困顿不堪，与其他社会阶层相比，他们没有一定的经济能力，很难维持生活，经济上的各种压力导致他们易怒不安，对社会产生抵触情绪，容易产生不理智甚至是非法的行为，导致他们采取上访的途径去解决问题，而当每一个小的事件通过上访得不到有效解决的时候，便会酿成一系列性质恶劣的群体性事件，给社会带来不稳定的风险。近年来，政府进行了一系列大刀阔斧的改革，但由于改革配套措施不够完善，再加上执行走样，而且民众很难认识到哪些改革措施是与他们的利益息息相关的，他们就会形成一定的政治冷漠心理，不关心改革，甚至反对改革，这不仅会严重影响改革的进程，也会由此产生诸多矛盾，成为社会不稳定因素。利益双方的分割和旧体制向新体制的过渡是一个极为漫长的发展过程，同时也是一项复杂的社会系统工程。在社会转型时期，必然会出现新旧两种体制冲突但却又并存的现象：新旧体制的并存，完善的社会管理制度尚在逐步完善过程之中，因此会造成利益薄弱的主体难以适应，激化固有的社会矛盾；新旧体制的并存，同样也使得某些既得利益主体再一次获得更多的社会资源，加剧贫富分化；旧体制向新体制过渡的阶段，必然会导致政策上的一些纰漏和不足，使得部分利益团体有机可乘，非法获取社会资源，垄断资本和财富，加剧了社会的不公，进一步激发民众的不满，从而引发严重的"突发事件"，造成一系列的社会公共危机。

---

① 陈秀梅、甘玲、于亚博著：《领导者应对突发事件的理论与实务》，人民出版社，2005年，第32页。

② 童星：《基于中国问题的灾害管理分析框架》，《中国社会科学》，2010年第1期。

第五节　理论基础——中性美学

一、中性美学中的"和谐"：秩序与无序之间的现实状态

（一）"美学"与"中性美学"

"美学"一词最早源于希腊，由德国哲学家亚历山大·戈特利布·鲍姆加登首创，最开始的时候它是指"对感官的感受"。从实践的角度讨论美学，毋庸置疑，美产生于人的社会实践中，"是人的本质力量的对象化"[①]，它在极大的程度上符合了人们的视野和想象中的对于整体的协调性、舒适性，当然还有自然性和社会性的要求，这是一种形式上的和谐达到了与内容的真与善的统一，与此同时还能够让人感受到一种愉悦的心情。一般来说，"美有以下几个方面的特征：客观性与社会性的统一；理智性与形象性的统一；功利性与真实性的统一；形式美与内容美的统一"[②]。由此可见，美学的首要决定条件就是和谐，而且和谐是所有美的事物所必备的属性，所有美学元素的基础就是和谐，美的化身就是和谐，达到了和谐的状态，美的最高境界就达到了，美学的终极意义就实现了。

中性美学主要是中国古典美学中以孔孟为代表的儒家美学的观点，也是中国古典美学的主干，以"中和"为美为主要特征。孔子曾经有对美学的一些言论，他对美学批评的尺度是"中庸"或"中和"。说到音乐之美，在《八佾》中有这样的话："子谓《韶》，'尽美矣，又尽善也'。谓《武》，'尽美矣，未尽善也'。"这说明美与善是有差别和区分的，但是艺术作品最好是要做到美与善的高度统一，思想性与艺术性的集中体现，"尽善尽美思无邪"。而且孔子从中认识到这样一个结论：艺术在一定程度来说可表现情感，并且这种情感不是无节制、动物性的，这种情感应该是有节制的和社会性的。因此，他希望将乐而不淫、哀而不伤（《八佾》）和过犹不及（《先进》）的中和原则贯彻到具体艺术作品的表现内容和形式上去。以上所提及的基本思想将理性的人道控

---

① 翟洪涛：《如何认识"美是人的本质力量的对象化"》，《河北学刊》，2002 年第 3 期。

② 肖开学：《盆景欣赏要论》，《绿色科技》，2011 年第 5 期。

制贯穿始终并且表现在了中国艺术对于情感的表现方面。①在人与自然之间，孔子主张事物和"我"之间没有隔阂，情景交融。对于人格美的论述，孔子同样依照"中庸"的原则，他意念之中的"人们的处事原则中，中庸是其中不容忽视的一种，它在行事时突出把握正确的点来恰当地处理各种问题，最后尽可能地圆满解决问题并且完成所要做的事情，达到一种和谐的状态"②。道德和艺术双修是孔子在人品与作品关系上的主要要求，寓教于乐则是其对于社会教化的功能和审美功能两者关系之上的主张。所以，追求一种"极高明而道中庸"的"中和"之美正是以孔子为代表的儒家美学思想的核心。

在儒家美学的诸多标准中，"中和"为美是最基本的。在中国古代哲学里，"作为一种形态和境界，'和'的概念是指事物的多样统一或者对立统一；而'中'更多的是指一种标准、方法和正确的原则应用于事物矛盾的处理方面。'和'实现了事件中矛盾各方的统一，而实现这种统一的正确原则和恰好量度则是'中'。两者实际上就是互相交融浑然一体的关系"③。"中和"为美的准则是以社会伦理意义上的"仁"为旨归的，儒家对于艺术教育的重要性十分重视并且给予了高度关注，在教育过程中，他们提倡美和善、情和理的统一，并且认为将诗歌音乐的治国安邦、移风易俗的社会效用发挥到极致，充分肯定了在陶冶人的性情或协调人际关系等方面审美和艺术的价值，同时坚持审美功能和社会教化功能关系之上要求寓教于乐。

儒家在自然美的领域中主要主张"仁德"说，"并且更乐于在观照自然景物的时候从伦理道德和人格心理结构的角度出发，习惯用某种人格品行的象征或隐喻性表现作为其比拟"④，主张人类以仁道之心审视自然之物。在人格美领域，认为"人的发展和人格独立并非在所有时刻都有着审美的价值，只有当两者最终水乳交融浑然一体达成个体与社会的和谐统一的时候，二者的审美价值才能得到表现"⑤。儒家一方面肯定个体人格具有独立性，对满足个人欲望的必要性和合理性表示了充分肯定，另一方面强调人全面发展

---

① 参见张甜燕：《孔子的中庸精神与其对中国古典文学影响》，《金田》，2014 年第 11 期。

② 梁玉水：《中和之美：作为一种语言结构意义分析之初探》，《佳木斯大学社会科学学报》，2002 年第 3 期。

③ 张静波：《中国传统音乐的审美思维：以"和"为归》，《江海学刊》，2009 年第 305 期。

④ 张文勋著：《儒道佛美学思想探索》，中国社会科学出版社，1988 年，第 1~22 页。

⑤ 韩林德著：《境生象外》，生活·读书·新知三联书店，1995 年，第 254 页。

的社会意义,处处强调并重视将个人欲求满足导向伦理规范。因此,将培养正气凛然的大丈夫、温润如玉的君子和志向高洁的仁人志士等作为目标,在教育方面大力推行立体型艺术教育模式。

(二)"中性美学"中的"和谐"

在中国古代,儒释道三家的思想可以用一个词来概括,即"中和"。周来祥先生在《论中国古典美学》中说:"'和'是一个大概念,是中国传统文化的根本精神,它几乎涵盖一切,贯穿一切……'和'的精神源远流长,是古代社会中占主导地位的观念。"中华文化的基本面貌也同样可以看作"中和"思想基本特征的外现:它主要强调这样三个观点,首先是量变、坚持对立而不对抗为重点的和谐观,其次是着重于循环、发展、永久的自然观,最后就是突出差异、统一和整体和谐的宇宙观。

在周来祥先生看来,"中和"的思想就是"和谐"的思想,他认为:"中和"(和谐)所包含的内容十分丰富而且深刻,它是一个关系概念,主要表现了不同事物与因素之间协调有序的关系,而且它是一个哲学与美学的范畴,同时是中华文化的根本精神。"中和"并不是否定差异与矛盾,而是内含着矛盾与差异,并使之协调、平衡;"中和"中存在的差异的关系分为杂多的异和相反的异;在"中和"的思想看来,和与不和及中与不中是事物存在的两大关系类型,并且最终归于"和"与"中","中""和"贯穿于事物发展的全过程。同时,周来祥先生指出:中华文化的"中和"思想具备很强的现实意义:它是一个大概念与大范畴,属于古代人的心理结构和思维模式;"中和"文化反映中国古人对和谐社会与人生的期盼,对构建和谐社会,促进人与自然、与社会及与自身和谐关系的发展,具有深刻的意义。可以说,和谐是整个中华文化的精髓和核心,是中华各个民族相互促进、交流的结果,是中华文化对全世界文化的独创性贡献。

(三)"秩序"与"无序"

所谓"秩序",主要讲求制度、规范、公利和简单。情理和谐是从审美个体角度讲的和谐,主体和谐则是人与人之间,自由和谐或差异和谐强调的是人与社会之间,生态和谐注重的是人与自然之间。① "和"的前提是差异,没有差异就没有"和"。中性美学中的"和谐"指处于秩序(制度、规范、公利、简单)与

---

① 参见徐行:《和谐社会中的美学与高校美育》,《中国教育报》,2006年12月8日。

无序(混乱、自由、自利、复杂)之间的一种符合现实、接地气儿的实然状态。中国文化同样追求和存在着和谐，在这其中人们首先强调对于公利的维护而达到的整体的和谐(公利)；在整体和个体的和谐中，主要由整体对个体进行规定，个体应该用怎样的方式和所处的位置都要由整体决定，个体始终服从于整体的安排(即制度)时，两者才能够达到和谐的状态。如此的文化秩序规范着社会秩序，中国文化精神最主要的一个特征就是文化中发生冲突只是一时之变，要求调和乃是万世之常：首先，于文化层面上保持一种能够使宇宙保持和谐状态的永恒性和整体性，避免因为对立面相互排斥引发冲突致使否定整体的性质；其次，调和对立因素，将冲突的双方变为相济、相反、相成(即规范)的不冲突的两方，为人类历史保存。

　　无序则是秩序的对立面，我们将其概括为混乱、自由、自利和复杂，即过于追求自我的利益，为了自身利益触动规范制度，始于自我的冲动与自利，自由于整体之外，将简单的世事之道打乱，变简单为复杂的另一极端状态。

　　秩序与无序都是事物的一种极端状态。在秩序中失去了具有创造力价值的自由，压抑或许使冲突更为急迫，调和行为目的性强，主要服务于整体和谐"维稳"，整个社会很容易陷入一种表面和谐状态，看似简单，实则复杂。而无序更是和谐社会所急于规避的局面，一旦失控，后患无穷。因此，我们追求中性美学中的和谐必将符合时代的特色与需求。

二、群体性事件：从简单到复杂的演变

　　群体性事件是怎样从简单的利益方面侵犯诉求变化成为不一样身份及怀有不同目的的人参与之中，并且一般会带有破坏性的集体范围的公共事件？

　　(一)集体行为的逻辑

　　奥尔森的集体行为理论解释社会群体行为时提出了一个明确的条理结构。他指出：无论是什么样的集体行为，参与集体行为的人都是根据自己的利益而不是根据集体利益来断定的。一旦自身能够获取相比其付出的成本更多的利益时，他们就会参与群体活动，与此相反，如果他们得到的利益小于他们付出的成本，他们就不会参加群体活动。当然，我们并不认为奥尔森的观点就是完美的，因为集体行为不仅仅关系到自身利益，同样也会受到参与者主观想法和从小培养的价值观念的影响。但不可否认的是，奥尔森的集

体行为理论提供了一个突出强调客观的解释社会群体行为的模板，而且对于如何分析把握集体行为里面的个人独断决策具有巨大帮助。至此，我们可以看出，在当前的法律与制度下，不管是发起人、主要成员还是外部参与人员，他们发起群体性事件的成本都是微乎其微的，尤其是外部参与人员，因为他们的基数比较大，即使他们在参与群体性事件中没有直接的利益接触，并且在其他方面受益也并不是很大，但是因为他们基本不承担成本和风险，对于群体性事件的参与依然有很大的积极性。

（二）群体性事件发生前隐性矛盾的出现阶段

群体性事件矛盾出现可以划分成以下三个阶段：

（1）事件发动者的自身利益被侵犯（总体和谐下的牺牲）。由于地方政府办事效率低下或者办事积极性不高，发起人的合法权益受到了侵犯，因此事件发起人在内心萌生了发动群体性事件来解决该问题的想法。

（2）事件发动者无法通过合法的途径来解决问题。在自身的合法权益受到侵犯之后，事件发动者一般会采用合法的渠道和手段试图解决问题，比如行政或者司法。但是当通过这些方式都没有得到一个满意的结果后，事件发动者则会采用发动能够影响公共秩序的事件来让社会各界关注该问题，从而让政府不得不着手尽心尽力去解决此问题。

（3）决定采用群体性事件（有序与无序之间的选择）。在产生制造社会影响力的动机之后，行为主体将会面临一个关键的抉择：是继续通过正当的手段和方式来处理，还是利用群体性事件所产生的社会效应以达到满足其自身要求的手段。这一抉择大多通过两种方式所产生的收益或者对未来的预期成本的对比来决定。当行为主体认定通过正当手段和方式无法满足自身需求，或者得到的收益远远不足于利用群体性事件所达到的效果时，行为主体即采用利用群体性事件来让群众所认识到该问题的存在。

（三）群体性事件爆发后的演化阶段

群体性事件只要发生，其发展历程大致可以分为以下五个部分：开始组织、安排事件流程，主力军加入，边缘人员参与，采取暴力手段，官方强行操控。西德尼·塔罗（Sidney Tarrow）研究欧洲社会群体运动时，认为采用暴力手段与否是把社会群体运动隔开的分水岭，同样，群体性事件也可以利用是否采用暴力手段来划分。但是不同的是，因为我们国家的群体性事件很大一部分是不会包含反社会反人类的性质，所以整体上对暴力手段的应用并不会因为事件诱发者最初的意愿，只会是因为参与主体内的不断变化以及参与主体与事件外界若干因素交错所产生的繁杂的变化。

1. 群体性事件采取暴力手段前的变动过程

（1）早期准备工作。在早期准备工作中，群体性事件仅仅是为服从一部分人的意愿而发展。例如，个别人向周围人散播对政府不满的信息来加大政府承受的舆论压力，比如抗议游行等；同时，他们为了让更多的社会成员参与其中或者希望得到社会公众的认可而向外散布一些信息。

（2）主力军的参与。伴随事件发起者信息的散播，受到个人人际脉络和共同利益的影响，第一批主要人员参与到群体性事件之中。这样就形成了群体性事件变化过程中的第一个扩大阶段。

（3）外部人员的参与。群体性事件不断扩大蔓延，漫天的信息会通过不同的渠道向外散布，各界遭遇到不同利益的驱动，很多外部人员陆陆续续地加入进来。这样就促使群体性事件的参与人员从单独方面的共同利益人员变化为各种利益混杂的群体，从而使得本来事件发动者简单的满足其自身利益的要求逐渐变化成为各界利益混杂而成的多元体，这样一来，群体性事件真正转变为拥有巨大社会影响力的公共事件，并且存在引发暴力的可能。

2. 采用暴力手段之后的范围性事件的变化过程

群体性事件会因为很多种因素而采用暴力手段。我们可以将采用暴力手段的群体性事件分为两种，一种是早期安排暴力的事件，另一种是事件发展过程中暴力突发事件。至于为什么会采用暴力的方式，也会因为这种内外界不同的影响因素来决定的。就好像西德尼·塔罗在概括采用暴力手段的社会运动时强调，群体性事件中采用暴力手段"并不是因为事件的参与者享受暴力的方式，而是因为他们并没有其他可采用的资源和方法，只有暴力能够让他们在公共影响中突出，从而对政府进行施加压力"。而且暴力本身也具有容易组织发生和扩散其影响的特点。这是针对大多的事前设定的暴力行为来展开论述的。然而对于突发性的暴力行为，产生这样的行为大体是因为外部人员加入，他们自身的利益并没有与群体利益产生共鸣，以及他们根本不承担任何风险或者承担微乎其微的风险时，他们是最容易产生暴力的人群。着眼于事件发展的趋势来看，采取暴力的群体性事件也发生着不一样的变化：一方面，他们的行为方式以及对各界造成的影响会通过各种渠道向外传播;另一方面,同时也促使政府尽快对事件的处理解决。

3. 采取暴力方式阶段

首先,群体性事件不断扩大蔓延,其参与人员不断增加,其受到社会各界的关注度也随之升高, 群体性事件也由为满足简单的共同利益诉求变成各界利益混合的多元体。但是如果达到如此地步,仍没有满足事件发动者或者参与事件主力军的利益要求, 他们就会试图主动采用暴力方式来更进一步加强其社会影响力,来要求政府满足其利益诉求。其次,因为参与主体不断变化,突发事件和抱有其他目的外部人员的恶性行为往往会超过事件发动者以及主力军的控制范围。这样,一个本为满足自身利益诉求的群体性事件变成了对社会公共秩序具有破坏性的恶性行为。

4. 政府控制处理之后阶段

当事件产生暴力或成为造成社会破坏的公共行为时, 不管事件发动者的初衷是怎样的, 政府都会在第一时间采取行动加以控制和处理以防止事态恶化。客观上这个事件已经结束,但是主观上这个事件产生的影响会通过不同的渠道产生持续作用,并且对后来潜在发生的事件产生的一定的影响。

三、秩序与混乱的博弈:用制度公利规范自由无序的自利

分析秩序与无序之间的博弈, 我们首先将这种博弈转化为其所包含的行为要素实施主体间的博弈,即秩序等同于政府方,无序等同于群众方,即政府与群众间的博弈。

首先,我们用"囚徒困境"来描述为什么会发生群体性事件。政府在进行一项行政任务或项目建设时,若能以民众的根本利益为出发点去进行,而广大民众深知此事有利于自身乃至社会发展加以配合, 那么这项任务或建设必然能取得成功,从而在管理者和被管理者之间形成互利共赢的良好局面。然而我们也可以从这两个角色和两个"是"与"否"中得到另外三种可能性,即扮演管理者的行政人员或其他管理人员为了完成上级指示的任务, 为了完成每年的指标,而又不想或者没有能力去完成指标,但民众依然采取了合作的态度,所谓欺上不瞒下,这种状态对于政府及管理者个人前途自然是最好的,但对于民众来说则是没有实质性的改变;若是管理者以广大被管理者群体的利益为重,但民众不但不加以配合,反而百般阻挠,不愿意接受改变,

那么当地社会经济条件可能因此固步自封,发展缓慢;最后的可能性是双方都不合作,可能产生敌视、抵触等情绪,都得不到好处。在这一过程中,双方其实都是为了保证自身利益实现最大化,但天平不会总是维持在一点。双方都克服困难合作实现共赢的第一种局面自然最好,但事实往往是一厢情愿,当一厢情愿使一方持续失望的时候,最后一种互相抵触反感的情况就会出现,那么处于弱势的一方自然团结以求得利益的公平,群体性事件自然而然就发生了。

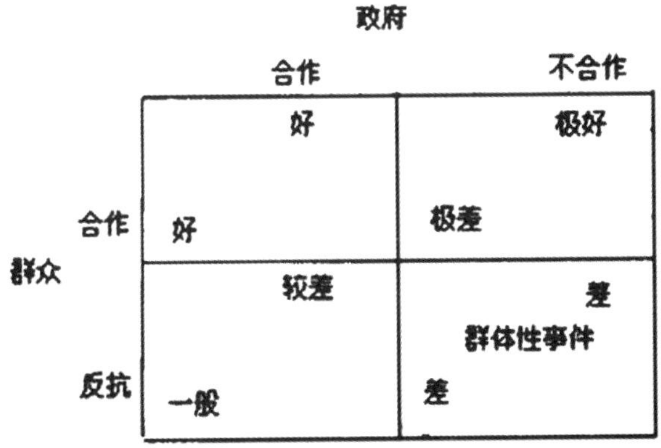

图1-11　群体性事件博弈示意图

通俗地解释"囚徒困境",就是当两名囚徒被分别关押且隔绝时,两人就没有丝毫沟通的可能性,那么两名囚徒就作为独立的犯人出现,也许会互相招供对方求得自保;但若把两名囚徒一同关押,给予两人沟通交流的机会,那也许会有相互信任和包庇的情况出现,通过合作实现有"帕雷托优势"的局面。应用在现实行政生活中也是如此,要让双方相互信任,首先,必须打开"牢门",让二者位于同一层面中,才能有沟通的机会,也就是收集信息体察民情之类,以此政府才能更深入更细微地了解民众真正需要的是什么,真正想改变的是什么;其次,管理者的坦诚也非常重要,信任是双方的,坦诚也是互相的,当政府告诉民众什么是当下所需、这么做会带来什么、政府又是怎样做的,那么沟通的桥梁自然更能促成双方的相互理解。

上文提出的"囚徒"意味着理性,理性则表明"囚徒"需要保护自身利益不被侵犯,但是如果"囚徒"懂得明哲保身和互惠互利的区别,在关注自身利益的同时也能联系他人,将自己和他人的利益相连接形成一个充满信任的团队,那么二者利益都能得到保全且有可能实现利益的最大化。

应用于现实中，若管理者能在现实的变革中遵循这一原则，不论事情大小，在涉及被管理者时都能广而告之、平等协商、耐心沟通、体察民意，在维护大多数人的利益和听取绝大多数人意见之后并能妥善处理部分矛盾而非强制或暴力，那么不论是大到造福人类小到鸡毛蒜皮的建设或争议都能得到妥善处理，群体性事件发生的可能性也会逐步降低。然而做到减少群体性事件的关键在于如何平衡权力使用，如何看待长远利益与眼前利益。例如，曾经有新闻报道说我国北方某村生活来源为加工有毒木耳。毫无疑问，食用化学制剂制成的木耳会对人体造成伤害，这是村民们心知肚明的，而且这不光彩的事迟早都会被有关部门处理。然而村民面对记者暗访中提出的疑问是这样回答的："反正纸里包不住火，迟早都会被抖搂出去，县里会被查出来，村里当然也会。就算我洗手不干，别人也会干，反正都是黑，多点黑少点黑又有什么关系呢？我倒不如趁现在多赚点钱好。"不难看出全村人的思维是怎样的：大家都干的坏事我一人不干，大家赚到了钱我却没有一丝回报，而且还要被大家排挤说不随大流。我一个人不去做坏事又不能将这些木耳市场净化。而且不管我生不生产这有毒的木耳，这个产业该火就火，该倒就倒，不为我一人所动啊。所以无论别人生产不生产毒木耳，我自己生产毒木耳都是优势策略。这个例子就很能说明"个体单位"们只顾保全自己而影响了全局的长远发展。

我国当前的社会体制决定了"囚徒"之间较量的框架，而框架又决定了当前社会人为了获取目标收益而采取的策略。但综观整个经济发展大局，管理者都需要维持阶层之间的理性合作，尽量稳定大局。因此在处理群体性事件的时候要一方面维护真正弱势群体的利益，一方面对个别不理性行为予以打击。但这只是权宜之计，试想，若社会某一群体长期处于劣势之中，本来处于理性的也会变得不理性，所以从根本上说，还是要维持经济的稳定持续发展，逐步提高社会弱势群体的生活水平，加强社会保障机制，在社会的各个阶层都能听到人民的心声，实现共同繁荣、共同提高，这才是我国社会稳定、长治久安的保证。

四、预警与和谐：群体性事件治理的最佳选择

综合上述三个部分，中性美学可以与群体性事件巧妙结合，以寻求治理

的新突破,选择必要的妥协才是正道。何为正道? 所谓正道即"中道",《中庸》有言:"中也者,天下之大本也。"在儒家看来,求中道,要避免"过于"和"不及"。在群体性事件治理中,即追求秩序与无序的平衡,既有制度规范,又能保障私利实现的一种理想状态,即"中性美"。

从实用的角度讲,"中道"应该可以理解为"中间道路","中间道路"是一种政治或经济主张,而但凡争取政治权利或维护经济权利的群体性事件,必会有激进派和保守派,激进有点过度,保守有点不足,两种主张对维护自身权益都没有本质上的好处,唯有秉持双方都可以接受的"中道",走中间道路,最终才能真正实现维权的目的,解决急需处理的问题。

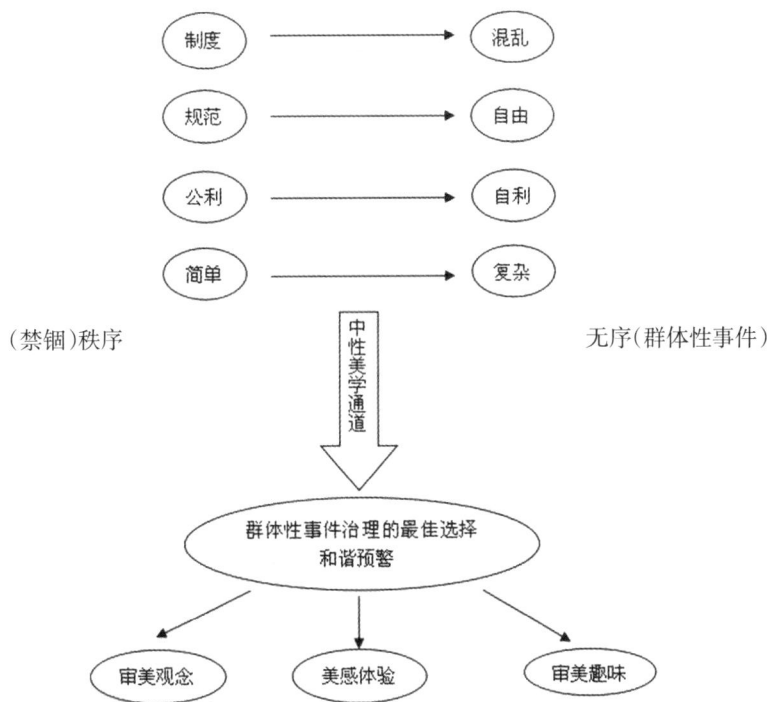

图1-12　构建群体性事件治理的中性美学通道路径图

和谐预警要达到这样一种状态:

第一,和谐预警的社会是经济持续稳定增长、社会协调发展的社会。和谐具体是指关系的协调、差别的缩小、地域的平衡、矛盾的缓和、冲突的化解、成果的共享。这样的和谐关系需要一个雄厚且稳固的经济基础,为社会的稳定发展和秩序维护提供基本的物质保障。与此同时,还要注重经济的发展与政治、文化、科技、环境等社会其他方面的发展相协调。

第二，和谐预警的社会是一个重视社会公正与自由的社会。公平公正、人民自由是社会和谐的重要表征之一。罗尔斯曾指出：政治自由主义社会是共存于民主的不同的综合价值观、道德观、信仰体系社会，更强调社会稳定性的真正基础是以宪法为基础的"重叠共识"。社会贫富的两极分化，城市乡村的区别对待，区域经济的不协调发展，主流与非主流价值观交织冲突等不良的社会现象已打破了我国社会不同阶层之间和谐相处的关系，造成了社会的不安定。因此，和谐预警要求对社会正义的支持和对人民自由的保障。

第三，和谐预警的社会是一个结构合理的社会。一个理想的现代社会，应具有合理、公正、开放的结构。社会结构的合理是其和谐的先决条件，衡量社会是否和谐需要看社会结构是否合理。社会阶层的结构作为社会结构的关键，在和谐社会的建设过程中备显其用：社会阶层结构中不合理的社会阶层关系，会导致个体之间的距离和隔阂增加，以致拉大社会张力，最终导致个体间冲突的爆发；如果有合理的社会阶层结构，个体或小团体间的距离及隔阂都会缩小，也就降低了冲突发生的可能性，使得"和谐"二字得到真正的实现，降低社会管理成本，减少社会管理问题。

第四，一个稳定有序、充满活力的社会才能称得上是和谐预警的社会。稳定是和谐的第一要素和基础。但是稳定不代表着死板无趣和千篇一律。在稳定的状态中保持社会活力是和谐社会前进与发展的重要动力。列宁说过："生气勃勃的创造性的社会主义是由人民群众创造的。"[①]社会要发展，人就得有灵性，调动个体的创造性思维，将所有社会资源的利用最大化，资源、劳动、学习都能被人充分激发加以利用，在统筹变革力度、社会经济发展及环境承载度三者间进行平衡，促进社会的和谐、稳定、有序发展。

第五，和谐预警的社会是一个自我调整、自我完善的社会。站在唯物史观的角度看，没有永远的和谐，也没有永远的非和谐，历史总是在和谐与非和谐之间徘徊。但重要的是，我们要充分利用人的主观能动性去建立和谐、维护和谐，最终保持和谐，并能在不同的阶段对和谐有不同的改进，不断进步的和谐社会才是真正的和谐社会。因此，和谐的过程是一个自发地进行角色调试、结构调整、功能完备的过程，需要靠自身的内部力量和功能去维持

---

① 《列宁选集》（第一卷），人民出版社，1995年，第269页。

社会的和谐。

从以上五点的参照和中性美学的角度来看，构建和谐预警之路应从以下三方面着手：

（1）审美观念：注重预警应急的统一，约以"中和"

"中和"观包括五个内容："人与自然之间、人与人之间、个人与社会之间、民族与国家之间以及人之身与心之间的中和观点。"①"中和之美"宣扬的是一种和合相善的伦理美学，"它是一种理想的审美状态，在这样一种和谐、统一和理想的状态下存在着世界万物，而这种理想状态是由于系统在时间和空间以及质和量的存在与运动而形成的，它是一种最高的美学法则，是自然、社会与人生的统一体现，同时它也最佳地体现了宇宙生成、万物化生、自然社会以及伦理道德等各个方面的内容，综合来讲，致中和，即自然界存在于一种最佳的状态之中，而该状态是动态的、平衡的，即天地万物都有其自身的发展规律和生长所得"②。

群体性事件关键在预防，但是我国各基层政府目前各方面的重心却放在了怎样控制的被动反应模式上，忽视了预警在群体性事件管理中的重要地位和作用。群体性事件管理是一项事前预防、事中应对、事后弥补的统一系统，因此应改变过去的传统观念，注重群体性事件事前预警、事中应急和事后补救三个阶段的统一，并强调群体性事件前预警的地位和功能，构建完善的社会预警体系。重视群体性突发事件的预警预防阶段，构建以完善的社会预警体系为中心的群体性突发事件治理模式，这相对于重视应对的群体性事件应急模式来说，其优势不可替代。以预警为核心的群体性事件治理模式是坚持和合相善的人性伦理的重要表现，是践行人道主义的重要举措，是以积极、主动的动态预防的行为模式取代消极、被动的紧急应对的行为模式，更易于用更低的成本、更小的代价换取更好的成效。

促进利益表达的加强和深入引导权威信息。随着经济能力和政治地位的不断提高，广大公民的权利意识逐步加强，从而也进一步促进了公民对维权行为的重视。就中和文化而言，"'中'也可以理解为人的情绪由于隐藏而不发泄出来而形成的一种从容的状态。儒家不是一味地要求人要抑制喜怒

① 张河、杨波著：《孔子养生与儒医》，天津科学技术出版社，1999 年，第 3 页。
② 邰东梅、吴景东：《儒家"中和"观与中和之美》，《中国美容医学》，2008 年第 9 期。

哀乐情绪,抑制自我的内在情感,而是崇尚'发而皆中节',也就是认为每种情绪的表达都要有'度'的范围控制,要合乎一定的节度和分寸,张弛有度,从而进一步达到'和'的境界和状态"①。因此,从文化意识层面培养公民有节度、有控制、有分寸的利益表达方式,健全法制,使其张弛皆有法约,是社会和谐有序的重要环节。之所以要加强利益表达的规范化,是因为社会公众对其所处的信息环境日益重视,而信息环境的无序和嘈杂给社会公众的信息捕获和理性判断带来很大的误导和干扰,导致更大规模的社会无序和混乱。因此,在群体性事件还没有爆发之前,要加强权威信息的引导,以杜绝公民的脆弱心态和不良情绪受到波及,预警群体性行为。

(2)美感体验:注重道德修养,理性应对群体性事件

荀子倡导"中和之美",他还进一步提出了"中则可从"的原则,该原则主要认为矛盾应该在矛盾运动中进行。"他不仅看到了矛盾的斗争性,而且发觉了矛盾的统一性,所以,他的思想不仅仅停留在矛盾的对立面,反而更深入地求得了矛盾的制衡。"②不同群体间的群体性事件在矛盾对立与斗争中出现,因而只有将这些对立与斗争的矛盾统一化或平衡化才能将其化解,因此需转变传统的落后观念,树立全局意识和创新观念,加强职能的整合力度。以三方调解作为重点,以家庭、邻里、友好为方向,构建维稳的调解架构,其中主要涉及街镇、企业和村居,形成以人民为主体的调解,并促进其保障措施的开通,即以仲裁诉讼为渠道,加强行政、社团和行业三方的补充建设,并加强对平衡利益纠纷的解决办法的创新,促进民间调解、行政调解、仲裁调解、司法调解四种调解形式协调并存的调解格局。被誉为"东方经验"的大调解机制,在矛盾出现之时尽可能将利益格局平衡化,将矛盾冲突点统一化,在观念共识、统一领导、兼顾统筹、部门协调、各负其责、政社合作、齐抓共管的工作格局中尽可能地规避群体性事件的发生。

在儒家看来,"'乐而不淫,哀而不伤'是'中和'之美精神的一个重要方面的体现,这里面包含着'克己'的自觉成分"③,这种审美理想就是要以礼义为度,规范情感的抒发。政府部门在面对群体性事件,特别是带有暴力倾向

---

① 赵学诒:《浅谈中国传统音乐审美体系的中和取向》,《名作欣赏》,2012年第33期。

② 顾永芝:《荀子音乐美学思想初探》,《交响——西安音院学报》,1985年第1期。

③ 牛芙珍:《一个美学的核心范畴——"中和之美"再探》,《廊坊师范学院学报》,2003年第3期。

的群体性事件之时要注重道德修养,秉持儒家"温柔敦厚"的人格情怀。这种道德修养和人格情怀融入法制规范建设中,主要还是体现在调解社会矛盾和预警群体性事件的机制之中。如建立健全以群体性事件预警为核心的预测、预见、预报、预防、预备、预案、预演机制,构建快速城镇化背景下群体性突发事件公共危机预警管理机制,建立矛盾纠纷排查制度、分析预警制度、矛盾激化防范制度、信息上报制度、联席会议制度、培训教育制度、检查考评制度、惩戒约束制度、奖励表彰制度、智库参与制度等制度性措施。

(3)审美趣味:注重功用、人工与现实

在民主法制模式下,建立对话协商机制,以促进平等对话道路的创建。在民主法制模式下,建立对话机制有利于加强在平等对话之中的互动,并可以进一步促进群体性事件的理性治理。对话是一种化解矛盾的形式和手段,它可以促进利益双方或多方加强协商,以缓和尖锐的矛盾纠纷,使损害降到最低、利益扩到最大,从而解决群体性事件。目前,对话对于多元时代而言是一种处理问题的根本方法,同时对于我国处理人民内部矛盾具有重群体性事件事实上就是一种互动行为,群众通常以加大事件影响力的方式来表达自身的利益需要和意图所在,并对涉事方进行威胁。对话是在群体性事件发生后进行的被动协调与沟通的矛盾处理形式,对话开展的目的是对涉事方施压。而在此情况下,当涉事方的沟通态度比较主动时,则比较容易促进涉事方情绪的引导与宣泄。对话可以有效促进对群众要求的认知,当其提出合理合法的诉求时,则便于及时地表明解决态度;若不能做到及时明确解决态度,则可与相关部门和单位进行及时沟通,促进问题的及时处理;在自身工作失误的情况下造成对群众利益的侵害,则应及时明确自身错误,并加以改正;对于群众的无理条件,要讲事实、摆道理,对其进行悉心的说服教育。所以,对话有助于消除涉事方的敌对情绪,为更深入地处理后续问题提供了可能性,可见,对话是一种良好的沟通渠道。一般而言,迅即对话具有以下作用:第一,有利于情绪的排解。也就是以真诚的姿态来接受其宣泄的方式来面对群众激烈情绪的宣泄问题并促进其得到真诚的解决。第二,促进气氛的缓和。在双方发生争执的情况下,主管部门的领导可以及时劝阻争执双方并出面对话,以化解紧张气氛,并且有利于促进问题的有效调解。第三,有利于避免产生误会与破除谣言。第四,有利于得到谅解,争取矛盾解决。第五,有利于促进协调。第六,保障问题解决的实效性。第七,有利于加强信息获取以及情报的收集。第八,有利于促进处理时间的争取和获得。综上,笔者认为对话对于促进人民内部矛盾的解决以及对合理的人民需要的满足等方面实属一个具有实效性的解决手段。

第二章 快速城镇化对利益相关者的影响

利益是人类社会进步与发展的永恒话题。马克思就曾思考:"人类一切社会活动的动因是利益追求"[①],"一切都同人们的利益有关的才是人们奋斗所争取的"[②]。城镇化是一个国家工业化进程中,各类生产要素、经济活动和人口向局部地区集中并且带动生产方式、生活方式、社会结构深刻变化的一个过程。城镇化建设的主要目的是增加国家或地区的整体利益,城镇化建设的飞速发展带动农村与城镇之间各种生产、生活要素的置换和调整,会直接造成我国利益群体的重新分化,并进一步使不同主体之间的利益关系复杂化,引起不同社会阶层之间利益格局的重新调整,介于多元化的利益目标,不可避免地形成各利益主体之间的利益冲突。利益相关者理论(Stakeholder Theory)给予现实指导的核心思想是:"组织应考虑多方利益相关者的要求,让组织获得更长远的竞争力。"[③]各利益主体的利益与城镇化的总体利益呈现为一定的函数关系,所以从此分析可以了解到,不论哪一方为了自身利益进而对另一方的利益造成损害,严重的利益冲突问题都将被引发。力求充分地考虑城镇化建设的各方利益,妥善解决城镇化过程中的利益分化矛盾,研究城镇化过程中的相关利益问题,如社会稳定和发展问题等,并逐步加强对相关利益主体的合法权益的保障,以及对其保障措施的加强,对于当前的研究而言是理论意义与现实意义上的重大突破。

---

① 庄荣盛:《维护农民利益应建立农民 企业与政府利益平衡机制》,《上海农村经济》,2013 年第 1 期。

② 《马克思恩格斯全集》(第一卷),人民出版社,1960 年,第 821 页。

③ Freeman R.E.,*Strategic management:A stakeholder approach*,Boston:Pitman/Ballinger,1984,pp. 31–43.

第一节　快速城镇化中的利益相关者

在任何一项社会事业的推进过程中都会产生利益相关者，这些不同的利益相关者为实现自己的利益必须在一定的社会联系基础之上，根据自身利益诉求的需要建立、培养并维护利益关系，以形成一个具有某种具体的共同利害关系、相近的经济地位和相互关联的发展前途、命运的共同利益集合体，以获得更多的利益。利益关系是人类社会各种人际关系中最为本质的一种体现。王伟光教授对利益群体的看法是："所谓利益群体，即指依托于一定的社会关系而存在并具有基本相同的利益要求和相对一致的利益认同感的利益主体所组成的利益集合。"①从我国城镇化的发展来看，依据不同层次的利益集合体寻求利益的形式以及地位等因素来看，利益群体基本分为既得、争取、弱势利益等群体。

一、既得利益群体

既得利益群体是一个集体，是一种相对而言的群体状态，它意味着在我国现行社会管理体制中，凭借统治者的政策、政权性质、自我的职权资源以及自身的能力和素质而获取最大收入的群体，简单来说就是指"已经得到了好处的人"。在城镇化建设进程中，既得利益群体从创收人群的角度来看，主要有两种形式：体制内既得利益群体和体制外既得利益群体，前者是指被纳入行政事业单位的行政编制或事业编制或进入村委会和国有企业的人群，后者主要包括干部落选人员、退休老干部、威望人士以及企业家，即企业所有者。

（一）体制内既得利益群体

作为一个发展中国家，我国的城镇化建设并不具备完全依靠市场推进的条件，只能靠政府主导，从城镇规划、农民转移、就业保障、医疗建设到户籍管理等各个方面，都需要政府为主导进行推进。从另一种角度来看，我们可以认为城镇化建设中最大的利益获取者就是政府。之所以这样认为，是基

---

① 王伟光著:《利益论》,人民出版社,2001 年,第 104~106 页。

于政府对市场的参与度,随着政府对市场某些直接或间接的参与,而使其本身行为甚至其运作方式也渐趋"市场化"了,而且政府在城镇化发展中的位置可以认为是最强大、最主要甚至是无处不在的。以土地征用为例,其是城镇化建设的主要内容,作为土地所有权垄断者,政府是城镇化建设中最大的土地获益者。具体来说,这里的体制内利益群体主要是指农村中的"两委"成员,即农村的社会管理者群体,体制内的各种资源主要掌握在这一群体手中。"从1987年,我国的农民土地总征收量保守估计达1亿亩,而土地的改用溢价总额则至少有30万亿元,即30万元每亩,但是,从政府对农民的征地补偿来看,如果对农民进行2万元每亩的补偿,则总共只需要2万亿元,而仅仅在这一个项目中,政府以及经济组织的纯利润则达到了28万亿元,而这仅仅是基于所谓的城镇化。"①这笔财富可能流向政府部门人员的工作获益,如办公环境、工作设施与工作福利等方面的巨大提高;更可能流向国有企业项目的扶持与建设;还可能流向地方政府、村级组织的土地征收收益;更可能成为政府部门机构的财政漏洞补贴等。《2005年农村经济绿皮书》以数据形式反映了农用征地的分配比例:其中地方政府约占25%,商业占地约占45%,村级部门约占27%,而占全国人口比例最多的农民则只占5%~10%。

　　但是国家发展与改革委员会城市和小城镇改革发展中心主任李铁在"2013中国城镇化高层国际论坛"媒体见面会上表示:"我坚决反对批评指责简单地把政府作为土地转让的受益方,而在实际上政府实则是代表一个群体在受益。"这个受益群体包括体制外的房地产开发商、买房的投资者、整个城市的居民等。

　　(二)体制外既得利益群体

　　体制外既得利益群体主要指体制外的既得利益者,特指在村(居)委会选举中落选的成员,以及不在现职的老干部和村中一些有威望的人士组成的利益群体。

　　体制外既得利益群体的另外一部分主要集中在新兴富裕群体,这一群体主要包括非本地或者本地户籍的企业主和个体工商户。乡镇企业、村办企业的所有者以及城市里的民营企业家等个体、私营阶层依靠政策倾斜或利用政策"擦边球",在城镇化过程中成为获得最多经济收益的人群。城镇化建

----

① 史啸虎著:《农村改革的反思》,中央编译出版社,2008年,第43~45页。

设进程中,民营企业、私营企业、乡镇企业、外资企业因其高效的生产效率已成为中国农民脱贫致富的必由之路,它们充满活力,在城镇化建设进程中备显优势,因而不断壮大,成为国民经济的一个重要支柱。城镇化的建设过程中最重要的是第二、三产业向城镇聚集发展,这必然会带动大量的村办企业、乡镇企业的发展和繁荣。尤其需要强调的是,关乎土地、房屋、基础设施等方面的企业业主是经济团体中最大受益方。在城镇化的实际建设过程中,许多地方过度推进土地的城镇化。在城乡二元化的土地管理制度运行中,在土地交易方面存在暗箱操作和腐败行为,当地政府的一些官员利用职权便利与房地产商进行合谋,导致农民用地被低价圈占,而房地产商则高价销售商品房来获取征地的增值收益,其收益高达 40%~50%。此种情况不仅仅出现在城镇经济发达区域,在经济发展欠发达区域也是如此,即房地产商会挑选适当时机将其高价转出。由此可以发现,城镇化建设进程中,体制外的既得利益群体是我国城镇化建设过程中的重要获益群体。

二、争取利益群体

争取利益群体是指那些借助于城镇建设契机,不断通过自己的努力和奋斗,社会地位和收入不断提高的中等收入群体。中等收入群体快速形成的过程就是城镇化发展的过程,他们的收入增长虽然不是最多的,却获得利益分配的较大比例,其中包括企业职工、农民、知识分子和私营商户。

(一)企业职工和知识分子

工人、农民、知识分子是中国特色社会主义建设的根本力量。关于企业职工的组成,在产业和产权都进行结构改造的当下,集体企业、混合所有制企业、私营企业、国有企业、乡镇企业、外资企业、非正规就业领域的劳动者以及城镇失业工人等共同构成了城镇化过程中的工人整体。他们所处的社会地位比较固定,依靠掌握的某项特长获得具有劳动收入的工作岗位,他们当中有许多人具有旅游度假的能力,并且拥有自己的住房。城镇化进程中的企业职工利用更为便捷的外部资源和更多的机遇平台,进一步完善自我,争取更多的利益。

城镇化建设进程需要各行业的不同层次的工人群体作为人力基础,也需要高文化、高技术、高学历的知识分子群体作为其中的人才支撑。建立健全全国各地城镇建设中的"人才资源战略",城镇化建设人才培养与建设事业备受重视。知识分子由于具有较高的文化素质,其优秀的政治素质也受各地城镇的建设者的青睐,参与城镇化建设能展现他们的大局观念和长远眼光,也能以务实的作风和客观的态度为城镇化建设建言献策,进一步保障了城镇建设的合法性和合理性。他们更为关注当地的发展前途,对当地经济技术的进步和发展贡献很大,不断提高收入水平,具有普遍较高的社会地位,并能借助自身优势谋取更大利益。

(二)私营工商户

2012 年江浙工商业领袖峰会上,经济学家厉以宁表示:"对民营资本来说,最好的投资机会就是中国的城镇化建设。"城镇化过程中出现的公共交通、居民就业、公共设施、住房、文化、教育等一系列问题,尤其集中于批发、零售、贸易、餐饮和社会服务行业,每一项都蕴含着大机遇;并且这些行业需要的投资比较少、成本比较低、见效快,所以容易赚取利润,也没有过高的技术要求,从业者能够快速掌握并且操作,民营企业一定要意识到这些机遇,并把握好它们。城镇化不仅仅为私营工商户带来更多机遇,同时也是扩大内需的最大潜力之所在,"以拉动消费的角度来说,城镇化过程亦是农民转为市民的过程,同时也意味着释放巨大的消费潜力,带来的更是消费的结构升级以及消费观念更新"①。随着城镇化进程的加快,城镇居民拥有更多选择的就业渠道,收入水平也有所提高,城镇居民的消费支出也随之增长,为企业发展提供了巨大商机。

(三)务农农民

务农农民与务工农民相对应,务农农民群体是指在农村依然从事农业的人群,是在城镇化建设中获益的农民群体。2014 年华中师范大学农村研究院的《中国农民状况发展报告·社会文化卷》指出:务农农民的生活幸福指数最高,农民工的幸福指数低于务农农民,经商的农民幸福指数居中,从事其他工作的农民工幸福指数最低,生活的乐观和内心的满足使务农农民的幸福感更高。

一方面,伴随着农业部门的劳动生产率得到提高,并且农业的存储运输

---

① 全国工商联:《大力引导支持民营企业参与新型城镇化建设》,《中国经贸导刊》,2013 年 4 月(上)。

的技术能力也在不断发展，所以农民收入也在不断增长，虽然增长幅度较小，但却呈稳定态势；同时，随着农业税的取消和国家农业补贴等惠农政策的实施，农民的负担已经减少许多，增益减压之下，务农农民的生活状况越来越好。另一方面，农村免费教育的推广，基础设施的不断完善，都大大提高了农民整体的知识文化水平，农业素养也会得到大幅度改善，在未来农业产业结构的持续优化当中，务农农民的收入还会得到进一步提高。

三、弱势利益群体

借鉴《中国统计年鉴 2004》的观点，弱势群体通常是指："那些容易受到影响或者不能给予广泛赞同的个人以及集体，一般包括儿童、罪犯、怀孕的妇女、身体残疾或精神失常的人、经济地位低下或者缺乏教育的人。"[①]在城镇化建设进程中，弱势群体是指生活贫困、社会资源少的社会底层群体，他们收入增长速度最慢，受益最不稳定，利益保障最不能实施，有时还会遭受利益损害，包括农村失地农民、城镇农民工和城镇贫困人口。

（一）农村失地农民

土地是农民生根立存之本，城镇化建设剥夺了农民生存的根本，又没有完备的社会保障体系，这一切损害了农民最基本的社会权益，使农村失地农民自然而然成为城镇化进程中的弱势群体。我国城镇化进程中利益受损最严重的群体是农村失地农民。根据有关资料显示，2011 年，我国的批准建设用地达到 61.1 万公顷，农业用地转为建设用地的为 41.05 万公顷，耕地转为建设用地的为 25.3 万公顷，同比涨幅高达 20%以上。因为农业用地的减少、建设用地的急速扩张，据测算，1999 年至 2010 年间，高达 3000 万农民失去了土地，失地农民的数量还将继续增加，这一利益受损群体仍在不断扩大。在土地资源有限的经济发达地区或者城郊的非农业建设占地中，每占用一亩的土地意味着 1.5 个人失去赖以生存的土地，那么就全国而言，13 年来已经超过 6630 万农民失去土地。另外，失地农民所获得征地补偿款只得到 5%~10%的收益。相关资料显示，不到 10%的失地农民失地之后生活水平有提高，生活水平远不如前的则高达 60%。经济来源被切断，利益补偿又不到位，

---

① 国家统计局编：《中国统计年鉴 2004》，中国统计出版社，2004 年，第 120 页。

一步一步成为社会弱势利益群体。

在城镇化建设进程中，农民失去土地，失去生活的经济来源，传统的社会保障制度以城乡制度差异和城乡居民身份差别为构建基础，改革中的社会保障制度并未考虑失地农民的未来发展，有关失地农民的养老保险体系尚未健全，并且单一的方式也未考虑不同类型的失地农民的心理意愿和真正需求，在工伤保险、医疗保险等相关保障政策方面仍有所缺失。如此形势下，随着土地的流失，农村失地农民自然而然地成为城镇建设进程中最需要受到保护的弱势利益群体。

（二）农民工群体

第二个弱势利益群体是异地务工人员群体，主要指的是农民工群体。农民工是我国在经济体制转轨、社会结构转型的特殊历史时期下城乡二元体制运行中出现的特殊群体。作为城镇化建设中的利益受损群体，农民工群体规模非常庞大。根据国家有关农村经济的调查显示：2003年，全国有1.2578亿农村劳动力外出就业，其中一亿多人为农村常住人口，全家外出的务工人员为2500多万人。2013年人力资源和社会保障部统计数据表明，"进城农民工1.66亿人，而全国农民工总量已达2.69亿人"[1]，部分地区本地户籍人口和外地户籍人口甚至出现了"倒挂"现象。农民工已是一个规模相当庞大的社会群体，但大多数的受雇进城农民工都未能签订正式的劳动合同，且数量众多的进城农民工仍游离在城市社会保险体系之外。就住房保障来说，"无论是廉租房制度的受众群众是低收入居民的，还是经济适用房制度受众群众是中低收入居民的，以及住房公积金制度受众群众是城镇职工的，都是面对城镇本地居民的，均将处于城市底层的农民工群体排除在外"[2]。很多公共服务与基础设施等城市居民待遇也将农民工群体排除在外。他们与城镇福利和政策绝缘，沦为背井离乡、生活毫无保障、工作备受歧视、利益频受侵犯的社会弱势群体。

农民工在过去的三十年中，从"第一代"到如今的"新生代"，从"离土不离乡"到现在的"离土又离乡"，从开始的暂住到如今的常住，农民工的生活已经发生了实质性的变化。城市对于他们有着强烈的吸引力，但这种对城市

① 王克生：《2013年全国农民工总量为2.69亿人》，央视网，http://m.news.cntv.cn/2014/02/10/AR-TI1391997079978577.shtml.014-02-10。

② 高文书：《进城农民工市民化：现状、进展与改革建议》，《城市观察》，2014年第2期。

的渴望目前必然受到多方阻碍,例如农民工的城市化能力、收入水平和国家政策的落地程度。农民工群体作为农村剩余劳动力的转移支出,其夹陷在输出地与输入地之间,合法权益均得不到应有的保障,沦为城镇建设事业中的弱势群体。

(三)城镇贫困人口

城镇贫困人口指的是居住在城镇当中的低收入人群和丧失劳动力的困难居民。在城镇化建设进程中,大量农民由农村流入城镇,在这些人口中发生贫困的比率大致在3%以上,他们以固化的阶层在集聚的空间中存在着。

一方面,由于劳动技能较差,使得他们在城市难以找到合适的工作,他们是劳动力市场上的弱势群体,难以与大学生相提并论,并且在某种程度上,他们的劳动技能还会弱于进城务工人员,所以凭借他们的技能所获得的劳动收入是难以维持其在城市生活的消费支出。"中国的贫困线在社会平均收入的15%,仅为欧盟标准的1/3到1/4,美国标准的1/2"[①],不能满足贫困群体的生存需求。贫困人口收入低,基本生活得不到保障,是社会的弱势群体之一。

另一方面,他们的权利得不到重视,能力遭受剥夺。早在1981年,学者阿马蒂亚·森(Amartya Sen)在其所著的《贫困与饥荒——论权利与剥夺》一书中,研究贫困问题时便首次使用了权利方法,他指出贫困更重要的含义是劳动能力的被剥夺。首先是缺乏劳动技能,存在部分的劳动者没有劳动能力,便没有劳动收入,他们的基本温饱生活都难以维持,只能通过亲友邻居的帮扶救济和低保勉强度日。外界的帮助不能根本解决问题,更不是长远的办法,远不能从根本上解决或缓解他们的困境。其次是能力不足现象的代际传承,二代的生存同样缺乏劳动技能。

目前,"贫困人群的亚文化和'贫二代'或'民工二代'等社会现象已经在我国悄然出现"[②]。贫困文化已然成为一种固化的现状在长幼代际间继承和繁衍,城镇贫困人口的数量不断叠加,历史也显久长,已经成为城市建设过程中固定的利益受损主体。

---

① 唐钧:《城镇低保的最新发展研究》,《中国市场》,2012年第24期。

② 侯学英:《当前我国城市贫困问题研究的评述与展望》,《现代城市研究》,2014年第3期。

第二节　快速城镇化对农民的影响

一、城镇化下农民受益分析

（一）增加农民收入

首先，城镇化建设通过土地的集约利用将大量农村土地腾让出来以供给农业生产。一方面，城镇的有规划的楼层式纵向发展居住模式一改过去传统的分散居住模式，充分利用了高空中可以利用的空间，不仅仅节约了大量人口的居住占地面积，而且还大大增加了土地使用效率，从而腾让出部分土地供农业发展。许多实践证明，城市居住方式较农村居住方式可以节约居住土地面积80%。并且，如果现有农业剩余劳动力全部转移到城市，以15亿计算，那么至少可以节约3330万亩①的土地。另一方面，伴随着城镇化建设，城市对农村的辐射带动作用将会进一步得到放大，诸多便利的基础设施、先进的农业技术及各种公共服务相继引进，各类优秀人才在政策的倾斜下纷纷投入城镇建设中，以此为基础，农业生产的物质性资源、技术性资源和人才性资源都得以保障，利于农业生产规模的扩大、农业劳动生产率的提高和农业生产结构的优化，降低农业生产成本，增加农民收入。

其次，城镇化进程中将农民转化为市民，农民的市民化进程不仅仅改变了农民的天然身份，也进一步带动了其生活方式和消费模式的转变。就农业市场发展的供求关系来讲，一方面，农民转变为城镇市民，他们不再局限于靠天吃饭的农业生产，而是将自身的劳动能力进行了新的开发并创造社会价值。农民增强自身的就业转移能力，拓展就业空间，他们不再是农产品的供给者，但是他们对农产品的需求并没有改变，甚至其有效需求有所增加，购买欲望不断增强，而新的就业能力会让他们对农产品的支付能力快速提升。另一方面，农民转变为城镇居民，不仅仅缓解了农民队伍的高密度劳动力状况，让留在农业产业中的农民人均收入增加，更进一步调控了农产品的供需矛盾，使农业市场趋于平衡，这样就使得大批农民进行农业生产的风险

---

①　参见李宏岳：《城镇化与农民增收问题研究》，《农业经济》，2011年第4期。

进一步降低,从而也就间接地保障了农业生产的安全性和农民收益的稳定性。

有学者指出:"城镇化是农村与城市相融的'最佳结合点'……那么我们就可以知道城镇化不仅是我国经济社会发展的'第二台发动机',是我国城乡经济社会融合发展的'催化剂'。"①

城镇化建设的社会实践提升了本地农民的经济收入,刺激内部需求,进而将亿万农民潜在的购买意愿转化为巨大的消费行动,平衡农产品供给市场,并促成农产品供需—农业发展—农民增收的良性循环。

(二)城镇化圆了农民的"城市梦"

中国梦作为中华民族的共同梦想,城市梦作为农民阶层的社会追求,两者密不可分,圆好农民的城市梦才能筑就中国梦。人们对于美好生活的追求和梦想是没有止境的,改变"面朝黄土背朝天"的生活状态,"希望过上和城里人一样的好日子"的城市梦是最广大的农民阶层的梦想和追求。

首先,城市以其发达的经济基础而成为现代生活方式和生产方式的策源地,同时,高度的精神追求和文化创造也使其成为现代社会中现代文明的传播源。"以人的城镇化为核心"的新型城镇化的实质,是不断地通过农村城镇化来实现农民生活方式的改变和对农民生活质量的全方面提高。究其实质,城市梦是中国亿万农民对步入现代社会和过上更好生活的新期待。当然,"生活质量的高低由社会对个人的'供给',和个人对生活'需求'两方面所决定,由一定的外在和内在的、物质和非物质的条件,以及个体对这些条件的感受和评估两方面来所构成"②。这就需要政府在推进城镇化进程中坚持以提质加速、城乡一体为目标,既要重视人口转移、空间布局、设施建设等物质层面的城镇化建设,还要关注城市文化、人口素质、生活习惯等精神层面的城镇化建设完善,既要有外部的户籍制度、就业平台、医疗机制等公共服务层面的完善,又要在内部人口融合、观念普及、教育公平等自我提升方面取得进步。将物质与非物质建设融合在城镇化建设进程中,双管齐下,以较低的成本解决城市化的发展中人口高密度聚集与农村农民部分进城高门槛之间存在的矛盾,彻底改变亿万农民的生活方式,丰富农民精神文化生活,提高农民阶层的生活质量,真正实现农民群体的城市梦。

① 周彬成:《试论城镇化对我国农村和农民的深远影响》,《甘肃农业》,2011 年第 1 期。

② 王雪莲、王绪朗:《论农村城镇化与农民生活质量》,《小城镇建设》,2004 年第 11 期。

二、城镇化下农民机遇分析

(一)更广阔的职业发展前景

第一，依据国家规定所提出来的准则，新型"职业农民培训方针包括免试入学、免费就读、弹性学制、定向使用等所有准则"①，坚持有效结合当地农业发展的所有特点、并且培养农民满足生产实践的具体需求各项能力，还要进行个人发展的职业规划，实现分层次、分阶段准则的职业农民的素养培养。

2014年，教育部、农业部联合发力盘活"涉农棋"，印发《中等职业学校新型职业农民培养方案(试行)》，推动面向农村职业教育加快发展、突破涉农中等职业学校现实困境的实际行动。职业农民培养指的是，将具有初中以上学历的人员，或愿意从事农业相关技术，或具备管理、经济、法律、经营等某方面的能力，将具备优良能力的农民改造成为具有高素质的专业农业生产人员，帮助农民摆脱土地的束缚，其中的先行者必然是农业精英。新型职业农民培训政策的落实以引导并鼓励高素质的农民向有技术、懂管理、善经营的新型职业农民方向发展，将改变一度"村村点火、户户冒烟"的粗放发展的路子，改变农民分散、低效的经营现状，通过集中、集约、集聚发展，推进农业产业集群发展，塑造资本和技术密集型的新型农业。

第二，人才回乡成为职业农民，支援农村建设，开拓新型农民在现实生活中的就业市场。现代职业农民在现实社会中的培养，既可以通过农民教育把农村当地的乡土人才、承包大户全部都变成现代农业社会的带头人，同时更要不断地注意对外来人才的吸引。②现代化建设中的农民通过返乡，以自己的优秀才干支援农村建设，开拓农业就业和农民职业发展新渠道，"流动社会性和人民城市体验的直接结果就是在农民在农村的产业环境中发生改变，从而使农民在社会中能够有机会去接触具有较高现代性的非农业组织，从而可以实现传统社会中农民的不断'脱胎换骨'"③，促进农业转型。

---

① 王鑫：《新农村视域下新型农民教育培训机制》，《科技致富向导》，2011年第15期。

②③　参见蔡秀珍、朱启臻：《论职业农民培养的意义及途径》，《教育与职业》，2011年第27期。

（二）率先享受现代社会的文明成果，实现更多、更高层面的追求

生理需要、安全需要、社会需要、尊重需要和自我实现需要就是马斯洛将人的需要从基础层次至高级层次的划分，马斯洛认为：某一层次的需要如果得到了满足，就会向高一层次发展。伴随着社会的不断发展与进步，人们的思维就不仅限于满足于简单地解决温饱，更希望可以有其他许多方面上的精神追求。这也就是人们在生存问题解决之后，还希望可以获得基于物质发展、精神富足、社会交往、文化进步、自身全面发展的机遇。

目前看来，现实社会中农民温饱的需要几乎都已经得到实现和满足，人们所追求小康阶段的需要也将在物质富裕和精神富足中全方面逐步实现，然而在现实社会中，农村农民并不能全部充分享受现代社会发展带来的精神文明和物质文明成果。农民依靠人均有限的资源享受现代社会的文明成果，实现富裕阶段更多、更高层面的追求则显得很不现实。现代社会发展的宗旨就是让全体人民能够充分、公平地享受到现代社会所创造的精神文明和物质文明成果。农民群众既是乡村文明建设和城镇化的创建主体，又是乡村文明建设和城镇化的受益者，这些受益基于突破城乡二元管理体制、跨越城乡之间距离后，基于城镇基础设施建设和基本公共服务项目的公平享受之上。公平共享是新型城镇化的基本理念，以此为基础建设的城镇化可以使农民充分感受到现代社会中现代文明所带来的生活上的便利、物质上的丰富和精神上的升华。现代社会中共同的文化、共同的生活方式也使得人们相处得更加容易，人与人之间的情感距离也将会变得更近，更易于沟通，这便得益于乡村农村文明建设、现代社会宗旨和社会的整体进步的实现。

三、城镇化下农民损失分析

（一）集中居住后农民失多得少

城镇化建设以土地的集中开发和纵向利用为主要模式，这一模式是以农民出让较大面积的宅基地为前提和基础的。集中居住后，农民得到的只是居住区面积有限的住房，并且囿于小产权房的土地性质，农民也失去了房屋交易权。同时，以宅基地为中心的农村居住模式将居住功能与家庭副业生产功能融于一体，一些懂得经营知识和技能的农民可利用宅基地上的家庭副业，如饲养家禽家畜，房前屋后种植蔬菜、果树等，增加家庭的经济收入。传

统上，集成小农自然经济的农村家庭的家畜的饲养和庭院式经济模式是农民重要的生活来源，兼具生活资料提供和经济来源效益创造的功能，而这种庭院经济依赖的是农民在农村生活独立且面积富足的宅基地。城镇化进程中不断推行的农民集中居住政策让农民住上了农村小区的公寓楼，高层住房的居住模式改变了传统的资源利用模式，改变了农村人口物质资源获取和经济效益创造的基础，传统的农村宅基地不再是居住宅基地而被另做他用，城镇化建设中宅基地的出让使农民失去了这一谋生创业的可能性。

不同于传统分散式农村居住模式，城镇集中居住不仅使农民收入来源过于狭窄，更在一些具体的生活细节上增加了农民的开支。现代生活中农民在集中居住前，可利用房前屋后种植的蔬菜、养殖的畜禽，解决日常的副食品消费，日常的用水也是井水，农民的生活成本就会很低。但农民集中居住后，蔬菜等消费全部要购买，水电费、物业费等支出大幅度增加①，伴随着城镇化进程的加快，很多农村难免会出现"上楼致穷"的情况。被城镇化后，农民在日常生活中需要支付的生活开销大大提升，与此同时，农民的收入来源却在减少，农民的生活压力逐渐增加。

（二）失地农民问题多

农村社会是围绕着土地进行运转的，失去土地的农民失去起码的生活保障。2011年4月初，时任总理温家宝在山区考察时就表示："让农民在生活中拥有土地是对农民生活最大的社会保障，维护农民的基本权益最重要的方面是维护土地权益。"②宪法、《土地管理法》等相关法律，都明确规定了农村的土地归于集体所有，使用权的主体是农民，而在是否会存在征收、征收的金额多少、补偿费用多寡等方面农民没有任何发言权。最终，有产业的人就被迫沉默，指手画脚的是无产的人，完全颠覆了有产者有自身权利的规律。

随着城镇化进程的不断推进，越来越多的农林地被征收和被改造功能，因此失地农民的数量日趋膨胀。这种趋势无疑会导致失地农民在社会保障、就业收入、医疗卫生、基础管理等方面的问题。而中国的社会保障制度起步

① 徐元明、刘远：《农村城镇化中农民权益保障缺失研究》，《现代经济探讨》，2010年第11期。

② 《温家宝在吕梁考察——努力实现贫困地区的全面发展》，中国国土资源部网站，http://www.mlr.gov.cn/xwdt/jrxw/201104/t20110405_829624.htm。

晚、进度缓慢,在面临着人口众多的现实状况时压力大、成本高、负担重,尚未在农村地区建立起完备的社会保障制度前,农民便失去了经济来源,这就逼迫他们必须自己去承担关于生老病死的全部开销,接受市场经济体制运转中的自主就业与竞争淘汰,这种状况就让原本就以土地为生、处在贫困中的农民的生活更加困难重重。农民以有限的能力和有限的资源担负了不能承受之重,农民只能在城镇化进程中进一步弱势化。

失地农民在土地失去之后得不到补偿,丧失经济来源,同时,农村中的集体组织中由工厂、房屋、土地、商业性用房、专业化的市场和电力设备等组成的集体资产收益得不到共享,拆迁得不到赔偿,造成了集体资产的缩水和发展空间的萎缩,集体收入急剧下降,集体财富大量流失。更有部分资产因为没有明晰的产权而凭空流失,这些都严重损害了作为集体成员的农民的基本权益。

四、城镇化下农民挑战分析

(一)农民的农村集体土地所有权面临被剥夺的危险

如前文所述,宪法、《土地管理法》等相关法律均规定:农村土地实行劳动群众集体所有制原则,农村的土地归属权归农民集体所有。农村集体土地所有权是农民集体以共有的方式对土地拥有所有权和支配权的准则,是劳动群众集体所有制在土地生产资料上的实现。而所有权的主体虽然是农民,但是在是否存在征收、征收土地多少、征收金额多少、补偿费用多寡上依然没有任何发言权。农民对土地的所谓的所有权就仅剩下"农业经营使用权"和"事实占有权",而处分权、土地本身的收益权和支配权这些最本质的所有权的权能却被非所有者"村民委员会、集体经济组织和政府"所创造的"组织物"所控制并且享有,农民对土地使用权也受到这些非所有者的极大控制。"双置换"(农民土地承包经营权置换土地股份合作社股权、农村宅基地使用权置换城镇住房和商业用房收益权)和"三集中"(农民向社区集中、工业向园区集中、土地向规模集中)是解决农村发展土地制约、改善农村环境、推进城乡统筹发展的必由之路。其带来的是"农村村庄在农村的整体搬迁,涉及集体建设用地、集体公用地、农户承包地、农民宅基地在内的整村土地的流转。整组整村搬迁后未承包土地、集体建设用地、公用地,要么会不给予补偿,要么就是补偿与农民无缘"①。只有民主充分发达,农民才能真正控制这些"集体组织",使其为自己服务,两者所追求的目标和权益才存在在实现农民的各种权益和生活幸福的轨道上保持一致的可能。"集体组织"是由人所创立并为人而服务的,这也是一条人所需要的公理性规则规定。

(二)失地农民产生身份认同危机

城镇化将大量农民市民化,大量农民慢慢转变为城市居民,"城乡二元结构基础上的乡土关系的突然终结和在征地过程中对失地农民造成的社会剥夺"②使这个转变变得困难重重,同时,这个转变"不仅仅是居住空间的地域转移,不仅仅是农民社会身份和社会职业的一种转变,而是包括一系列思想观念、角色意识、生产生活方式、行为模式和社会权利的变迁,是农民角色群体在现代生活中向市民角色的整体转型过程"③。如此系统化的一个转变并不是一朝一夕、一代两代人就能够完成的,因此丧失土地的农民已经不再是农民,可是也不能完成向市民的转变,农民就会夹在两种不同的身份之中,他们也就不属于任何一方又不能自成一派。就像陈锡文所说:"农民在失去土地以后,农民当不成农民了,然而农民领到的那点补偿金,农民也当不成市民,农民既不是农民,不是市民,只能成为'社会流民''社区游民'。农民尴尬的身份就使农民心态失范,他们就会心存希望,又总是不得不失望;他们需要来做出选择,可是很难做出让人满意的选择;农民要为适应新的生存环境进行不断地尝试与冒险,但是又要为城镇化、现代化的进程付出代价。"④未知的尴尬和身份的纠结让农民心态更加失范无从。

农民向城市居民转变应包括三个过程:第一个阶段是区域—社会转变,二是职业—经济转变,三是心理—身份转变,也就是农民从心理上认同自己是城里人。前面已经有所阐述,第二阶段主要涉及城市规划的设计、政府补偿的落实和居民传统观念的更新,而第三阶段的转变较为困难,它需要几代

---

① 徐元明、刘远:《农村城镇化中农民权益保障缺失研究》,《现代经济探讨》,2010 年第 11 期。

② 李向军:《论失地农民的身份认同危机》,《西北农林科技大学学报》(社会科学版),2007 年第 3 期。

③ 文军:《农民市民化:从农民到市民的角色转型》,《华东师范大学学报》(哲学社会科学版),2004 年第 3 期。

④ 陈锡文:《中国农村发展的五个问题》,《生产力研究》,2005 年第 3 期。

人的努力。卢永彪、吴文峰采用世界卫生组织开发的生存质量量表简版、一般自我效能感量表和失地农民身份认同问卷,就失地农民身份认同、自我效能感与生存质量之间的关系对 397 户失地农民家庭开展入户调查,结果发现:"失地农民的生存质量与其身份认同和自我效能感均存在显著的正相关关系。"①因此,在时间轴上,这三个过程相互交叉;在效能轴上,这三个过程又相互影响。实现农民向城市居民的转变,这个过程需要多元主体的积极参与和城乡几代人的共同努力。

(三)农民融入城市需支付更多成本

从经济学角度看,"任何事情都有一个成本问题, 即为达到一个目的而放弃另外一个目的"②。当前城镇化在提速,农民融入城市的速度也在加快,据研究报告表明:"因为是受城市扩张和交通项目建设的影响,那么有超过 4000 万农民将会变得一无所有。"③囿于生活能力的低下、经济收入的不稳定,加上政策的滞后、保障机制的不完备,在住房、教育、医疗卫生、文化、娱乐休闲等方面,越来越多的农民在融入城市的过程中成本加大,压力增加。

此外,失地农民融入城市,需要付出其他领域的高昂成本。首先,同工不同时、同工不同酬、同工不同权现象普遍存在,农民工相对于城市人员基本工资起点低、增幅慢,为获取相同数量的劳动报酬,需要支付更多的人力资源成本。其次,失地农民孑然一身,远离故乡,缺少亲情的关爱和抚慰,归属感与安全感的缺失使得他们必须自己营造良好的生活和工作心态, 这无形中也成为失地农民融入城市的隐性成本。家庭生活的不完整,构成了当前中国民工潮下面最大的隐痛和暗伤。年轻意味着健康,意味着更大的承受能力和更快的学习能力。因此相对于年轻农民工而言,年龄较大、思想传统的第一代农民工在现实社会中则面临更大的困境和挑战。深受"熟人社会"传统思想影响的他们需要适应陌生的社会生活环境,秉持小农意识、安于现状、

---

① 卢永彪、吴文峰:《失地农民身份认同、自我效能感与其生存质量关系》,《湖南农业大学学报》(社会科学版),2012 年第 5 期。

② 陆元兵:《新生代农民工融入城市的综合成本分析》,《中国国情国力》,2012 年第 6 期。

③ *Protection of Land Property Rights in China's Urbanization*,Research Report,Uni-rule Institute of Economics,Beijing,http://www.uni-rule.org.cn/Second web /Article.a sp ?Article ID=2575.

不善冒险的他们需要适应快节奏的生存方式,一向艰苦朴素、吃苦耐劳的他们需要适应愈发沉重的日常支出。另外,农村大龄劳动力大部分文化程度低,他们的人力资本在年轻时候就已经形成并固定在以从事体力为主的劳动模式上,"在处于人口红利的时代,这些农民工在社会中的劳动报酬是相对十分廉价的,但是等到人口红利逐渐褪色的时候,他们的体力和技术水平的状态,已经无法和社会中年轻农民工相竞争"[①]。既没有属于本身的一技之长,由于年龄、生理和思想的限制,他们无法很快学会和掌握新的知识和技能,并随着年龄增长和社会迅速发展,"累计折旧"不断加大。城镇化对于他们来说,不仅仅是一项体力挑战,也是一种生理挑战。如此形势下,失地农民怎么能融入城市?谁来保障农民有能力负担融入城市的成本?这已经是当前城镇化建设面对的重要挑战。

(四)就业、创业能力受限

据有关部门调查,截至 2011 年,我国农民工的数量约 1.2 亿人左右,加上离土不离乡在当地乡镇务工人员可达 2 亿人。对于在现实社会中的大部分农民来说,不管是进城还是返乡,最主要考虑的问题就是怎样去谋生,也就是如何获得经济来源。伴随着现代工业的发展和城镇化的不断加快,第二、第三产业迅速发展,国家对于民营经济和惠农富农等相关政策的推进和鼓励政策,以及农业现代化科技的普及等都给农民在社会中选择进城就业、本地创业带来了宽松的环境与政策的便利。可是,农民的就业创业除了需要政府给予的良好有利的环境,如就地转移、异地输出、返乡创业三项政策,需要社会广辟就业渠道,提供就业岗位,搭建创业平台,开拓就业空间之外,更需要农民自身就业创业的勇气、态度、谋略与技能。

就业是民生之本,创业是富民之源。就业、创业,能力为本,具体要求就是农民要拥有较高的文化知识和突出的素质才能。2008 年,农业部进行的许多相关调查显示:"中国农民的平均受教育年限是 7.8 年,小学、初中文化程度占 70% 上,高中文化的大概占 16.8%,比例不是很高,生活中存在文化程度偏低,不利于农民对新知识、新技术的接受和学习;一年之中接受过一次科技培训的农民不足三分之一,接受过三次以上技术培训的农民不足 3%,科

① 赵昂:《3900 余万高龄农民工归宿何方?》,新华网,http://news.xinhuanet.com/politics/2013-06/20/c_124882895.htm。

技培训的覆盖面很小,农民科技素质的掌握还是不高的。"截至 2010 年底,中国义务教育人口覆盖率达到 99.7%,而在未能覆盖人口中,农村人口占绝大多数。文化程度偏低,在掌握农业生产技术和技能上存在一定障碍,导致了农民务农缺技术,增收缺乏后劲。

在就业、创业中,对农民来说,光有意愿还不够,更需要在培训的基础上增强自身就业、创业的能力。与能力相对应的其他个体的主要因素大致有:关系、资本等外在因素和知识、素质、经验等内在因素。知识和才能是成功就业与创业的重要基础要素,教育和培训可以让农民获得知识与能力,提高素质与经验,形成技能积累和运用。

在教育日益普及和备受重视的今天,有些农民接受教育与培训的意识并不明确,自我成长与自我提升的意愿也不强烈。中国农村农民劳动力整体文化水平不高,农民参与培训的比例不高,这种现象在一定程度上影响了农民进城成功就业与创业的概率和成功的可能性,造成了"政府花本钱,农民不认账"的状况。另外,部分农民由于创业经验少,创业能力不足,再加上政策扶持不到位、创业重视不够等问题,偶尔的创业失败不仅将有限的投资资本倾注而光,更会消磨农民的创业毅力,降低农民的创业积极性。

另外,部分农民特别是一些失地农民的土地被征用之后,出现了一种对政府和集体"等、靠、要"的思想,更加缺乏主动寻找工作的意愿,通过自主创业、自谋职业和其他途径完成就业的现代化意识欠缺,能力薄弱。部分本地失地农民对就业岗位、收入要求预期较高,存在着"高不成低不就"的就业观念障碍,不愿意从事苦、脏、累的工作,这与外来农民工"肯吃苦、低报酬"的优势形成鲜明对比。受外来务工人员的冲击,就业岗位竞争越来越激烈,使本地失地农民就业之路变得更加狭窄。

(五)风险承受能力脆弱

中国是一个以农业为根基发展起来的农业大国,传统小农经济的以家庭为单位、自给自足的生产方式和日出而作、日落而息的生存方式,使中国农民具备勤劳、朴实、善良的优良传统,同样也形成了忍辱负重、逆来顺受、保守与短视、拒绝冒险、散漫、缺乏组织性等缺陷。农民家庭经济基础薄弱,农业生产经营分散,个体农户生产经营规模小,抗灾能力有限,风险承受能力相对较差。有关研究表明,具体风险的分布同阶级阶层结构同构,低收入人群较其他人群具有更高的风险厌恶水平。不同的社会群体在社会生活中注定有不同的生活经历，而无保障和风险就会集中在社会中最弱势的人身上[1]，这势必导致中国以农民为代表的低收入群体风险承担能力的脆弱性。这种脆弱性是因为农村家庭弱风险承受能力下风险多元化的扰动导致的正常生活的不可持续性状态。[2]主要包括两个层面的内容："一方面，低收入群体对环境中的风险因素的高敏感性，另一方面是低收入群体对环境中的风险因素的低应对能力。在社会发展过程中会以此为基础衍生出某一社会阶层或人群的消极心理和不满情绪等负面的社会能量，他们处于'水深及颈'的社会状态，任何'细微的波澜'的情况都可能使他们陷入灭顶之灾。"[3]社会负能量不断升级和扩散，成为影响和威胁社会秩序稳定和有序发展的"潜埋的地雷"。

农民在现实社会中生活风险的多元化根源于工业化、城镇化、市场化的不断发展：工业化发展推进农业化改革，农民面临着主要劳动力丧失劳动能力的就业风险，承受着劳动支出与收益不对等的经济风险；城镇化建设的急速推进从方方面面改变着农民的生活模式，使其陷入生态环境风险、失业风险、医疗保障风险、市民身份认同危机等；市场化经济体制的稳步改革使农民面临着农业生产技能更新的风险、农业产品市场化的风险等。风险成本之所以增加是因为与过去相比，在一些惠民政策尚未到位的情况下，农民应付风险的支出项目越来越烦琐，支出标准越来越难以接受，满足基本生活需求的机会成本越来越高。总之，城镇建设进程中，农民的风险承受能力脆弱。

---

① 参见龚文娟：《社会经济地位差异与风险暴露——基于环境公正的视角》，《社会学评论》，2013 年第 4 期。

② 于长永：《保障与风险：农民生活安全的脆弱性分析》，《农村经济》，2011 年第 1 期。

③ ［美］詹姆斯·斯科特著：《农民的道义经济学：东南亚的反叛与生存》，程立显等译，译林出版社，2001 年，第 18 页。

第三节　快速城镇化对地方政府的影响

一、城镇化下地方政府受益与机遇分析

（一）土地基础上的地方经济和政治效益的攫取

在很大程度上，土地是地方政府的主要经济来源。国家是城市所有土地的拥有者，这体现了中国《土地管理法》的主要内容。根据现在正在运行的土地产权制度的相关规定，那些归属于农村集体的土地若想要进入市场进行交易，首先需要政府征用这些土地，然后把它们转化为归国家所有的土地。

随着国家的城市化、工业化，许多工厂将要建立在郊区或者农村，然而建工厂、房屋需要占用土地，而政府征用土地是通过一种非常廉价的方法完成的，但是当地方政府转手给企业方的时候，却要求天价，这时候地方政府就可从中获得巨大利益：

首先，通过用较低的成本来获得新增加的城镇所需要的土地。地方政府在对土地进行征用时是按照土地原本的用途来进行支付补偿的，因此他们只需要支付非常低的成本。

其次，政府巨大的利益是通过土地的出让过程来获得的。[1]从原则意义上来说，中央政府拥有着我国国有土地的所有权，但是实际上地方政府却控制着各地的国有土地，各地国有土地的供应基本上是由地方政府所垄断，土地是他们用来产生和聚集财富、攫取巨大经济利益的主要手段。例如，政府使土地价格迅速上涨的一个方式就是"招拍挂"，然后由开发商来购买土地，地方财政的重要来源之一就是土地出让产生的收入。李力行是我国公共行政学著名学者，他曾表示：地方政府在进行融资方面非常依赖土地，在 2003 年到 2010 年这一大段时间内，地方政府在土地出让方面的收入一直都保持着增长的趋势，2010 年地方上的预算收入甚至有四分之三左右都来自于土

---

① 参见孙平：《城镇化进程中地方政府行为的制度关联解释》，《中共贵州省委党校学报》，2011 年第 6 期。

地出让。在《中国土地政策改革：政策演进与地方实施》(2010)一书中,蒋省三、刘守英、李青指出:"我国的东南沿海县市政府常常投入高达数百亿元到基础设施建设方面(2010),在这些投入资金中,中央政府的财政投入其实只占十分之一左右,当地土地出让所得金额占到了百分之三十左右,剩下的一大部分金额都是当地政府依靠土地融资所获得的。"①地方政府有强烈的意愿推高土地价格,赚取了高额利润价差。

再次,巨大的政治利益。"国家确立了地方官员政绩考核体系,它的经济指标是以GDP增长率和上缴财政收入等为主的,这一政治集权使得地方政府变成了城市的经营者。"②在城镇化建设的进程中,"地方政府主要是通过土地的开发与利用来经营和发展城市及其经济的,几乎每一届的地方政府,追求的都是效用最大化,在日常的一些政治活动中,偏向于利己、经济利益方面的越来越多,而且动机也是越来越明显"③。地方政府获取财政与国内生产总值收入倚重于辖区内土地资源与资产,某些地方政府为了增加所管辖区域内的国内生产总值,以低于最低价甚至是零价出让的方式来招商引资,以此来增加政绩。正如施莱弗·弗莱(Shleifer Frye,1997)所言,地方政府既可能是"援助之手",也可能是"掠夺之手"。基于以上经济、政治方面的考察,"在各个城市的经济发展道路上,地方经济(GDP)的增长、财政收入的增加、政绩的大小以及土地资源这几个方面是相辅相成、相互缠搏、息息相关的"④。中国的土地被大规模征用,地方政府的掠夺之手严重恶化了城乡关系。关于地方政府索求过度和缺乏系统的地方官员问责制这两大方面,出现了大量的农民抗议事件,从未停止。

(二)强化了地方政府在治理结构中的功能与作用

城镇化进程是一项社会性整体活动,首要的是城镇化以后的社区管理模式的新型化。城镇化与政府治理,尤其与地方政府治理密切相关。"治理整

---

① 蒋省三、刘守英、李青著:《中国土地政策改革:政策演进与地方实施》,上海三联书店,2010年,第3~13页。

② 娄成武、王玉波:《中国土地财政中的地方政府行为与负效应研究》,《中国软科学》,2013年第6期。

③ 陈利根、龙开胜:《我国土地资源高效配置的政策阻碍及改革建议》,《南京农业大学学报》(社会科学版),2012年第3期。

④ 谢国财、温正斌:《土地财政问题研究》,《中共福建省委党校学报》,2011年第12期。

个国家所采用的政策、制度、结构会随着城市化进程的加快而慢慢改变,治理的重心先从国家转向区域,再向地方转变,这种转变模式使得地方政府具有了比以往更多的管理职能以及要为人民群众提供更多的社会方面的服务。"①因此,地方政府是城镇化事业推进的首要组织,并有其独特的优势:"与中央政府相比较而言,地方政府在回应城市化及其带给人们的各种影响与结果这方面更加富有弹性和灵活性"②。地方政府在城镇化建设进程中不仅仅是变革和调整了自身的治理模式,同时也强化了其在整体治理结构中的功能与作用。"城市化进程与地方政府的治理变迁这两者,彼此相互影响,息息相关。也就是说,城市化进程在改变着地方政府治理变迁的同时,也被地方政府的治理变迁所改变着。"③地方政府是政府治理组织体系中城镇化进程最直接的推进机构组织,它需要在重构自身与市场、社会关系的基础上,于产业结构、人口转移、社会管理、城市建设等各个方面进行职能调整转型和治理体制机制超越创新,并充分调动市场、社会等主体的积极性,使其参与到政府治理过程中和城镇化建设推进过程中,以更好地回应城镇化带来的社会管理需求,为达成治理能力与治理体系现代化目标和城镇化顺利推进创造有利条件。

二、城镇化下地方政府面临的挑战与损失分析

(一)公共产品供给阙如与政府财政的矛盾

城镇化下地方政府面临的挑战主要集中在"公共产品供给阙如与政府财政的矛盾"④,这也是地方政府损失的主要来源。在公共财政体制运行中,政府是农村公共产品的提供主体,也是城镇化建设的主要责任主体。但在现实情况中,由于公共产品提供主体的局限、农业税取消对财政困难的加剧和地方政府融资平台债务过度膨胀,地方政府对扩大的公共产品需求更加力不从心。从制度供给上说,现行的农村公共产品供给体制对需求的结构动态变

---

① Gerry Stoker, *Transforming Local Governance: From Thatcherism to New Labor*, New York: Palgrave Macmillan, 2004, p.42.

②③ 郁建兴、冯涛:《城市化进程中的地方政府治理转型:一个新的分析框架》,《社会科学》,2011 年第 11 期。

④ 于志勇:《对农村城镇化与政府职能定位的聚焦与探究》,《农村经济》,2012 年第 3 期。

化适应性不强,供需脱节、供过于求和供不应求的现象同时存在;准公共产品供给较多,纯公共产品少;生产性公共产品多,生活性公共产品少;"硬"公共产品多,"软"公共产品少。与此同时,中央政府又不可能把公共产品供给全部包揽,在"财政困境"和"不作为"的阻碍下,又难以实现地方政府职能转向"公共化"倾向的设想,最终致使农村公共产品供给缺口不断扩大,甚至造成了农民分担公共产品供给责任的"农民负担反弹"现象。总之,农村公共产品供给的总量短缺、总体质量不高、供求矛盾突出、决策体系不健全、绩效评估机制缺失、责任主体局限等问题严重制约着我国城镇化建设进程,公共产品供给阙如与政府财政的矛盾是城镇化背景下地方政府面临的挑战与损失之一。

(二)城镇化呼唤乡镇政府职能转变

我国现行的乡镇管理体制依旧沿袭的是依靠计划经济来对市场进行管理的类似于对大农业进行管理的管理模式。在政府体制建设上,政府相关部门机构的设置和行政管理方面权利责任的分化与城镇化发展的要求并没有得到对应,地方政府的经济建设和社会管理职能难以实现。分税制的财政体制并未延伸至城镇化建设中的乡镇一级,在我国现行的财政体制下的乡镇级政府的财政和县市级政府的财政之间依旧存在着统一收入和统一支付的传统关系,乡镇级政府仍然缺乏可以独立运行的财政机构和乡镇级别的金库性的收入,听命于上级县(市)级政府的财政开支,大大弱化了乡镇政府的资源配置能力和财政管理能力,对乡镇级政府实施其关于城镇化建设长期性的规划起着束缚性的作用。除此之外,在管理的体制和制度方面,乡镇政府依旧存在着许多空白即缺失的地方,比如近郊农村的耕地不断被城镇化建设蚕食的原因就是缺少相关制度对开发和利用土地资源进行约束,导致土地资源利用的合理性不足和失地农民的进一步贫困化和弱势化。又如在城镇化规划方面缺乏相应的规章制度,导致城镇化建设中存在不同程度的盲目性,经常出现"今年建、明年拆"的现象,不仅造成了资源的严重浪费,更影响了城镇化建设的进程和在社会公众心目中的认知。城镇化建设过程中所出现的一系列问题给现有治理模式带来了巨大冲击与挑战,这些冲击与挑战进一步倒逼地方政府进行职能转型与治理创新,以此解决城乡居民的社会权、政治权与民事权平等等问题。

第四节 快速城镇化对自治组织的影响

村民委员会作为农村基层自治组织的存在,发挥着"自我管理、自我教育、自我服务"的功能,它适应我国的国情,符合群众的实际需要。1982 年颁布实施的《村民委员会组织法》确立的农村基层群众性自治制度是维护广大村民利益的优秀制度。有学者(2000)指出:对中国农村可以稳定发展起保障作用的手段中最有效的一个就是村民自身进行选举活动。因为"农民们可以通过这个选举活动来对自身的不满情绪进行宣泄,假如没有了这样的一个机制来供农民们进行宣泄,那么他们就很有可能通过暴力革命来进行宣泄"[1]。在城镇化建设进程中,村民生活和村庄的生活环境越来越接近于城镇社区的生活环境,这是乡村在变迁与发展中的主要体现,乡村依然是农村居民在社会化后期居住和生活的重要空间。与此相伴随的是新型城镇化过程中的社会生活方式的现代化,在农村就体现为农村城镇化后社会生活的民主化与自治化,乡村社会管理的公民化和社区化。作为乡村治理的基本制度,即村民自治,要逐步向社区建设靠拢,要与社区的管理进行统一,成为中国公民社会的生长点。

一、城镇化下自治组织的利益与机遇分析

(一)大量农民外出谋生减轻了乡村治理的压力

一方面,人口数量过于庞大历来是我国在社会服务及人口管理方面存在的十分严重的问题。"某些地区的人口密度过大,而土地所能提供的资源是有限的,不是取之不尽用之不竭的,人们的过度开采及使用不仅会对环境造成一定的破坏,还会影响当地的生态系统,造成比例失衡。"[2]尤其在自然资源日益紧张甚至匮乏的农村,人口过多地堆积在土地上,势必造成资源竞争抢夺和农民贫困化,这无疑成为农村社会的不安定之源。著名政治学家亨

---

① See Pastor,Robert & Qingshan Tan,The Meaning of China's Village Elections,*The China Quarterly* 162,pp.490–512.

② 郑杭生著:《中国人民大学中国社会发展研究报告(2004):走向更加安全的社会》,中国人民大学出版社,2004 年,第 18 页。

廷顿在《变革社会中的政治秩序》一书中得出了这样的一个结论："国家的城市化如果能够为农村提供更多的横向流动的空间，那么农村的社会结构会更加稳定一些。"①流动意味着社会资金、人力、技术和需求等社会资源的再配置。通过农民的流动外出，缓解了农村人多地少的农业困境与矛盾，有利于乡村的总体性安宁。"在二元社会经济和二元体制下，出现了乡村人口向外净流出的整体格局，这是由于城镇的生产和生活方式不断发展，逐渐走向现代化，而乡村的生产与生活方式却依然处于传统落后的状态，因此出现农民们不断地走出乡村、走向城市这样一种现象就不足为奇了。"②大量农民外出谋生，农村人口减少，乡村治理对象在数量上呈现出缩减的趋势，压力降低。

另一方面，农民收入。它不仅仅关系着农民的基本生活水平的保障和社会贫富差距的缩小，而且还直接关系到国家经济的发展和社会的稳定，还会引起对乡村治理的大变革。在城镇化的大背景下，农民的收入不再局限于单一的土地收入。随着人民生活水平要求的提高和社会需求的膨胀，当农民的土地收入无法达到他们的消费水平时，城镇化的优势便凸显出来，它能够为农民提供更多的外出务工和创业经商的机会，以此来拓宽其经济来源渠道，增加其经济收入，促进了农村社会的稳定。另外，农民外出谋生，农村人口减少，增加了农村劳动力从农业中获得收入增长的可能性，改变了农民的生存状态和生活环境，同时进入城市务工或者经商的农民，将他们在城市中赚到的钱带回本村，这样不仅增加了家庭收入，而且还弥补了土地收入的不足，既提升了农村的消费水平，繁荣了农村的交易市场，还减轻了国家对乡村治理的巨大压力。此外，农民在城市较发达地区学到新的理念与技能，将其带入农村，给乡村大发展与建设注入了生机和活力，进一步拓展了农民就业、创业的平台和机会，降低风险成本，有利于维护农村社会秩序的稳定。

（二）民主意识利于乡村法治和自治秩序的建立

经济基础的积累是乡村法治和自治秩序建立的前提，没有温饱问题的根本解决就没有文化意识层面的主动进步，"城镇化促进了农村社会的变迁，城市高度发达的市场经济孕育着自由、平等、法治等民主意识，有利于乡

① ［美］塞缪尔·亨廷顿著：《变革社会中的政治秩序》，李盛平、杨玉生等译，华夏出版社，1988年，第55页。

② 王坤娜：《新型城镇化与乡村治理模式的变革》，人民论坛网，http://theory.rmlt.com.cn/2013/1008/159836_2.shtml。

村法治和自治秩序的建立"①。城镇化建设将更多的现代化观念和意识带入城镇乡村中，使农民在生产方式、价值观念、行为模式上日益突破原有的狭隘，并不断接受新观念的洗礼。罗纳德·因格哈特（Ronald Inglehart）教授指出："经济发展有益于孕育民主制度的政治文化的形成，但并不能保证一定会促成民主化。只有在人与人之间的相互信赖感得以加强、参与政治的技巧和组织等客观条件基本完备之后，才能顺利过渡到大众民主主义。"②在城镇化引发的一系列文化与观念层面的洗礼与变革过程中，农民不断培养自治意识和能力，培育着适应市场经济体制的先进的城镇文化。社会学家费孝通在《乡土中国 生育制度》一书中指出："血缘是身份社会的基础，而地缘是契约社会的基础，契约是陌生人中所做的规定。"③城镇化建设就是要一步步建立基于传统的"熟人社会"中的血缘、地缘和新时代"陌生人社会"的契约精神之上的社会信任体制，最终有利于城镇公民自立自主意识和法治法则意识的建立和村民法治管理和自治制度的完备。

二、城镇化下自治组织的挑战与损失分析

（一）乡村治理资源受到挑战

乡村社会在千百年的历史发展进程中自主生成了以乡土权威和乡村习俗为基础的群策群力、矛盾化解的机制。城镇化建设打破了乡村社会的既定秩序，引发了农民流动。农民在农村与城镇之间的流动，改变着人们对这种乡土性权威的信任与服从。对于流出乡村的农民来说，他们的收入一般比在家乡多，更重要的是他们所获得的收入主要是依靠自己的体力劳动、知识技能以及一些胆识。农村老人们所拥有的丰富的农业生产经验，对于那些流出土地、进城务工的农民来说已经没有太大的意义，老人们的一些生活经验不仅没有参考价值，反而会对闯天下的流动农民有束缚作用。就像费孝通所言："实现礼治，要以有效地应对生活问题为前提，乡土社会的秩序能够用礼

---

① 柯芳、张翠：《城镇化背景下乡村治理面临的机遇和挑战》，《重庆理工大学学报》（社会科学版），2011年第10期。

② Ronald Inglehart, *Culture Shift in Advanced Industrial Society*, Princeton：Princeton University Press, 1990, chap1.

③ 费孝通著：《乡土中国 生育制度》，北京大学出版社，1998年，第18页。

治来维持是因为它满足了这一前提。在一个快速发展的社会中，传统的礼治所发挥的作用是得不到保证的。无论一种方法在过去多么有效，环境一旦改变，谁也不能保证人们会按照旧的方法去处理新的问题。"①如此，乡村个人的权威日益瓦解。另外，对于体现行政权威的乡村干部来说，即使不以行政权威施压，村民们也得给干部一个面子，以便将来好办事。同时，家庭、亲友、干部等通过各种方式进行教化，传递各种规矩和习惯，以培养人们的规则意识。农民流动后则会改变这一切，他们将脱离于由家庭、乡邻、政权组织等构成的控制网络而处于脱序状态，乡村社会的乡土规则和乡土秩序便失去了其原本的约束力和规范性。

（二）乡村文化的贫弱

农村在经过了三十多年的改革开放之后，它的社会环境和社会生活已经发生了翻天覆地的变化，农民的物质生活、精神文化都有了较大提高，农民对于文化的需求更加趋向于个性化、分层化和多样化。对于那些对乡村有着深刻情结的乡民来说，村庄是理想与现实、精神与物质、天堂与人间合而为一的生活寄居地，是"人，诗意地安居"的地方。如此诗意的栖息地，必然需要"文化"作为脉络贯系整个环境。但是，由于经济意识的增强而长远眼光的缺失，大量的乡村人只关注短期的经济投资和经济收益，不注重长期的智力投资意识和文化消费观念。乡村文化的贫弱具体表现为农民在劳作之余的消遣活动大多集中在走亲访友、喝酒、打牌、闲聊等单一方式上，许多村里举办的文化活动较少，农民们没有共享到所谓的"文化红利"，"文化民生"更是无从谈起。现阶段有很多农村缺乏文化的宣传和普及，文化贫弱的现象仍然存在，文化的大格局还未形成，具体表现在以下四个方面："第一，公共文化服务还没有形成完整的体系。很多农民的文化生活十分单调，甚至是没有文化生活，农村缺少一些文化硬件及设备的建设，比如学校、图书馆等，获取知识的渠道有限，文化生活贫乏。第二，作为农村文化大舞台主角的乡镇文化站，要担当起繁荣农村文化的重任。一些文化站徒有其表，空有文化工作人员却没有文化工作内容，出现'挂职上岗'的现象，上级对文化站的不重视，使得一些工作人员被派去做一些'打补丁'的工作，即便是能够开展活动的文化站，活动方式与项目都很单调，缺乏创新，吸引力较差。第三，农村文化

---

① 费孝通著：《乡土中国　生育制度》，北京大学出版社，1998年，第18页。

工作依然存在'面子上做文章'的形式主义倾向,不注重实际效益的提升和农民实惠的分享。第四,农村的文化事业缺乏专门的人才。人才资源相当匮乏,青黄不接。文化工作的创新难度大,经常走老路、唱老调,缺乏与时俱进的生机与活力。"①甚至,在一些乡镇、农村中"黄色垃圾"正日益泛滥,严重影响、败坏了社会风气。因此,在城镇化建设过程中,文化资源要横向流动,让农民也享受到文化红利。

(三)基层组织职责不明,城镇居民自治有待发展

首先,乡村自治制度把民主选举村委会放在了首要位置,目的是想"通过民主选举这一法定程序将那些村民们认定的、能够为村庄谋福利的人们选举为乡村级别的领导,以全村大多数人民都认同为基础,形成了属于村干部在领导上的权威,村干部想要更好地发挥自身作用,达到较好的乡村社会的治理,就要积极地、有效地开展自我管理与自我服务等社会活动,努力实现自我的良好发展"②。然而在城镇化建设过程中,一些基层的党政领导和干部不能准确、深刻认识城镇化的实质、实际作用和推行意义,其城镇化意识和观念与新形势下的新型城镇化不相适应,概念模糊,甚至有的干部片面地认为造高楼、建广场、筑道路等城市景观建设就是城镇化,再加上基层组织干部整体素质、工作方式方法、管理体制等与农业现代化、农村城镇化要求不相适应,以致在关乎民生的人口流动和转移、工人的劳动和就业、医疗救助、接受教育以及老年人养老等一系列社会问题在城镇化实践的过程中都不能真正处理好。在对城市和城镇的发展进行规划的过程中,领导自身的主观意识要多于对民意的倾听,依据传统的经验进行决策要比进行科学调研和论证多,政府行政干预的实施要多于市场机制作用的发挥,严肃、规范、科学、规律、稳定以及统一是整个政策体系所缺乏的,部分城镇化建设中的县城改为区、乡村改为城镇、城镇改为街道、村庄改为居的快速发展的城镇化、名义上的城镇化以及被动发展的城镇化等一些畸形发展的现象,与经济社会发展状况严重不符。

其次,随着农民对其应有公民权利的认知及自我强化,自治是当前社会生活的基本属性和特征之一。村民委员会和居民委员会作为我国的基层群

---

① 何香久:《让农民真正享受"文化红利"》,央视网,http://news.cntv.cn/2013/03/12/ARTI136307290 3724934.shtml。

② 卢福营:《村民自治发展面临的矛盾与问题》,《天津社会科学》,2009 年第 6 期。

众性自治组织,不仅发挥着组织地方经济发展的作用,而且还过多地承担了乡镇或者街道向下分派的原本不属于它们的行政性工作,这就导致了它们不能顺利畅快地去履行属于自己的治理职能。最近一段时间乡镇和村级组织之间的关系状态,仿佛表明了有关村民自治实践的民主预期的失败。农民群众依旧像一盘散沙,民主选举的方式很难吸引那些分散的农民集中到设定的投票站里进行投票,依旧没有解决基层干部腐败与干部和群众关系紧张等问题。近年来,"撤村设居"作为一条城镇化建设路径,得到了比较普遍地推行,尤其是在城市郊区重新改建或组建的社区型的居民委员会,其中有相当大的一部分都是由原来的一些村民委员会直接"翻牌"得来的,其运作方式依旧是传统模式,换汤不换药,行政化色彩浓重,在社会公共服务的提供过程中不能够满足建设基层社区的基本要求,自己治理自己的功能存在不足之处。

再次,由于政府职能转变不到位,政府的行政管理和基层群众自治之间没有一个明晰的职责界限,一些部门比较随意地向居委会或村委会下派了工作和任务,致使居、村委会有着过重的工作负担。居委会委员出现了"三多一少"现象,即年轻的多、没社区经历的多、不会讲当地方言的多,真正是社区居民的少,居民自治工作开展本末倒置。虽然法律法规已明确了居委会职责,约定了政府指导职能,但是许多时候,由于存在经费、待遇拨付等原因,指导往往变成领导,使居委会彻底成了政府部门的共同下属,舍本逐末,"末"忙于应付政府部门下的任务、压的担子,其中单整理台账、迎接检查考核就占去了居委会绝大部分工作时间,但法律赋予的"本"——社区自治服务、给居民排忧解难、组织居民参与管理社区事务的时间就屈指可数,最多也是处于参与者角色,组织自治根本无从谈起,用法律固定下来的居委会职责和任务成了摆设,政群分开,回归本质成了空想,法律威严荡然无存。

随着城镇化进程的加快,农民的数量将会大幅度减少,城镇人口将大幅增加,村庄将会出现规模缩小的情况,为了提早准备,政府必须要将一些农村组织起来,进行重新评估。未来的农村该如何重组? 多大规模? 如何协调不同民族、不同信仰、不同文化的农民? 重组后的新农村将如何发挥自身的作用? 如何将党政方针落实好? 新农村的财务将要如何管理? 怎样才能做到财政透明化、公开化? 如何构建一个务实的新农村? 这些问题不仅关系到新农村的建设发展,还关系到未来的中国新农村的长治久安。

（四）人力资源缺乏使村民自治共同协商体制难以落实

在对农村提高公共产品供给、兴办公益事业方面，需要的不仅仅是金钱，还有人力资源，更多的是大家的共同协商。村民是村民自治的主体，也是村民自治的基础。但是在一些边远农村，只要能出去的村民都出去了，尤其是年轻、有文化的村民几乎都外出打工或者经商，村里主要常住居民是妇女、儿童和老人，对于一些边远农村来说，留守人员还不足总人口的 1/4，使村级权力组织的补给和更新困难，基本处于听之任之的状况。农村主要的人力资源是那些受教育程度较高的青壮年，他们在村民自治的过程中占据中坚地位，如果失去了这一个群体，那么将会对村民的自治产生极为严重的影响。

其一，农村管理人才短缺。这是由于农村人力资源的短缺造成的，进城务工的农民大部分都是原来村庄内受教育程度较高的青壮年，农村里高素质人才流向城市，便会导致农村内的管理人员短缺。其二，大量来自农村的劳动力向城市的规模性涌向，政策供给不足、农民工与原居住地分离使得很多属于农民工的民主权利没有办法得到行使，按照《中华人民共和国村民委员会组织法》的规定，若要召开村民会议，必须要满足两个"半数"条件：一是参加会议的人有一半大于十八周岁，二是会议若想要通过某项决定必须得到与会的过半人数的同意才可以。由于时间和空间的限制，村委会选举不会等着所有农民工归家才进行，外出农民工缺乏行使其选举权的机会，这就使得农民工群体在自己的家乡失去话语权的问题出现，他们的民主权利被相关部门所忽视，这样也对村民自治产生了很大的影响。其三，民主是一项与制度相匹配的社会价值。村民自治和农村基层民主建设涉及多个政府部门与群众团体组织，要求具备综合性和系统性组织架构、健全完备的制度规范以及高素质的村民，自治管理才能取得积极效果。但是，在现行政府组织体制中，与村民自治工作相关的部门各自为政、单独推动，缺乏协调各个相关部门工作的机构和机制，这就产生了不断扩大的人民群众要求民主参与的需求与制度供给缺乏、一直增长的关于民主发展的需求与相对来说比较滞后的民主发展所需要的环境之间的矛盾。处在基层的政府和那些派出机关缺乏有效的管理机制和方法来加强对居、村委会的工作的指导。

（五）"进城"农民处于社会管理的边缘真空地带

农民工从事的大多是那些收入比较低、比较辛苦、风险较高的工作，是城市和那些经济比较发达地区的人们不愿意去做的那些又苦又脏又累的工作,法治意识和秩序意识淡薄。进城打工的农民中没有找到正式工作的人没有正式的组织,城市的组织也没有将他们纳入管理的轨道,家乡的组织管不到他们,大多数人处于"边缘人"的社会管理真空地带,难以受到更多城市文明的熏陶,而易受到城市的负面影响,经常会损害他们的利益。当缺乏正规的组织机构或者相关的法律法规来对自己的合法权益进行维护时,这时暴力事件就有可能会发生,容易铤而走险,甚至会相信强权就是真理,产生报复社会的念头。而这些强权逻辑很可能被带回家乡,冲击乡村原有的秩序。另外,在城乡二元社会结构的影响下,城乡双重治理体制的介入导致管理真空地带的出现。"农村内具体村庄的村委会要实现村民自治,其基层社会由乡镇政府进行管理,城市内社区居民委员会要实现社区居民自治,其基层社会由城市的街道办事处负责管理。"①

第五节　快速城镇化对建设企业的影响

一、城镇化下建设企业的利益分析

(一)城镇化首先为以房地产业为首的相关产业带来了商机

城市"新移民"在进入城市生活后,首先要解决住房问题,由此产生的房屋需求将对房地产业产生巨大的带动作用,对房地产业的长期繁荣和中国经济的快速发展是利好的。同时,由于房地产业是对相关行业带动作用最强、产业链最长的行业之一,可以想见,当"新移民"的住房需求得到满足后,必然会产生装修、家电等方面的需求,从而将会促进更多产业,如建材业、钢铁产业等的繁荣发展。此外,随着"新移民"收入的不断增加,在基本生活需求得到满足之后,会大量增加对耐用消费品以及各种服务的消费,这将大大促进第三产业的发展,而第三产业的发展又将创造大量的就业机会,从而进一步提升居民收入,而第三产业也将从中得到更大的发展。

城镇化为企业带来了商机,企业应抓住机遇发挥自身优势。首先,企业要转变自己的经营方式,要告别过去的模型,采取新的企业成长方式和投资

---

① 刘杰、向德平:《城乡结合部社会管理的困境及其策略选择》,《学习与探索》,2013 年第 10 期。

方式来以更大的规模对中国的经济建设进行参与。其次,企业在城镇化发展的过程中可能会得到更多的可以与其他企业平等发展的机会,由于存在着广阔的市场,企业间也可能会有更多的共享机会。再次,城镇化在基础设施、经济贸易、社会服务、学校以及医院方面的投入都对内需起到了拉动作用。最后,中小型开发商在新型城镇化发展进程中将会面临着全新的机遇。谢逸枫表示:中小型的开发商,特别是民营开发商,可以根据自身的优势,如发展空间大、创新能力较强、有利于结合地方资源等,转变传统的思维方式,大力发展以旅游度假、高科技、养老产业为主的新兴产业,要跨区域整合整体资源,做好自身的服务管理,将房地产作为平台,创造出与城镇化互动发展的新模式,以此来推动自身产业和本区域内城镇化的快速发展。

(二)政策支持铺平中小企业的发展新道路

国家对于城镇化在大政方针上给予的支持,不但有利于推进城镇化,同时也为中小企业指出了一条新的发展道路。2009 年中央经济工作会议提出:积极稳妥推进城镇化,当前要把重点放在加强中小城市和小城镇发展上,要把解决符合条件的农业转移人口逐步在城镇就业和落户作为推进城镇化的重要任务,要求提高城市规划水平,加强市政基础设施建设,完善城市管理。①这一信息说明中小城市将是城镇化的"主阵地"。以往,许多中小企业经营者都认为大城市中蕴藏的商机远远大于中小城市,只有在大城市中站稳脚跟,企业才能得到发展。殊不知,许多一线大城市不但进入门槛高、竞争激烈,而且行业内大部分市场份额已被大型企业占据,中小企业的利润空间被大大压缩。如果能够转换思路,将视线更多地投向中小城市,就会发现在那里有更好的投资机会。在国家推进城镇化的过程中,必然会使中小城市增加大量劳动人口,产生更多市场需求,而这一切都利好中小企业的发展。在中小城市中寻求发展的中小企业不但能够获得大量稳定的劳动力,同时能够占领先机,获得更大的发展空间。

(三)城镇居民对服务业的需求将日益旺盛

从需求上分析,时任中共中央政治局常委、国务院副总理的李克强在省部级领导干部推进城镇化建设研讨班学员座谈会上指出:"城镇化是现代化

---

① 杜宇:《中小城镇发展给"三农"带来新机遇》,新华网,http://news.xinhuanet.com/fortune/ 2009-12/23/content_12694668.htm。

应有之义和基本之策,城镇化是最大的内需潜力所在。"①

城镇化过程中居民收入的提高将带动服务业需求,居民收入的增加为社区服务业发展奠定了基础。媒体称在"十一五"至"十二五"的十年时间里,我国城镇化居民人均收入增长 1.8 倍,"中国城镇化率每提高 1 个百分点,就有 1300 多万人口从农村转入城镇,由此带动的投资、消费需求,至少可维持 4%—5%的经济增速"②。同时,随着文化教育水平普遍提高、思想观念和消费观念的转变,把自己的空闲时间用来学习某些知识、旅游、健身、休闲娱乐的人越来越多,人们将不断增加关于社区内部家政、方便人们生活以及保障健康等方面的服务需求,中低收入群体对社区服务的消费需求也逐步增加。此外,由于家庭结构小型化,削弱了传统的家庭养老功能,社会人口趋向老龄化将带动城市社区服务业需求,更多的老年人必然要求社会化的服务来保障其生活所需。

从供给上分析,日用消费品和服务业是城镇居民日常生活所必不可少并需求猛增的产品和行业,餐饮住宿、美容美发、家庭服务、家电维修、人像摄影、印章刻字、物流快递等生活服务业与居民日常生活密切相关,消费品和服务业在城镇居民消费市场中所占比重越来越大。猛增的需求对产品供给方带来机遇,因此要在新型城镇不断推出供给策略:首先,要开始不断推进现代商业零售网络,零售网络这种新兴的经济形态使整个流通环节不断缩短、交易成本大大减少、优势运用日趋成熟,逐渐成为一种新兴的消费方式从而发展新兴消费品产业,并且不断提升了服务品质。这些领域或者行业的发展程度直接关系到居民生活质量和水平,关系到和谐社会的建立。其次,随着发展阶段的更替和城镇化进程提速,许多商业服务要随着工业的发展而加速成长并且大力发展,这其中包括金融、咨询和物流等,并且文化、教育和娱乐业等创意产业为此要大力挖掘其蕴藏无穷潜力以及广阔的发展空间。最后,随着家庭需求的增加,在这一大背景下,必须要大力发展现代信息技术,与此同时还要不断鼓励人口聚居,并完善不同产业社会协作等制度的方法,从而来满足居民低成本享受优质服务的需求。

---

① 李克强:《城镇化是最大内需潜力所在》,中国网络电视台,http://news.cntv.cn/china/20120920/100754.shtml。

② 《城镇化与居民收入的关系》,中国经济网,http://www.ce.cn/macro/more/201306/06/t20130606_24456629.shtml。

二、城镇化下建设企业的挑战分析

(一)规划人力资源战略

企业发展,人是主要因素。人力资源作为企业的一项特殊的重要资源,其价值是能为企业带来价值增值和功能提升,人力资源战略处于企业战略的核心位置。规划人力资源战略就是为把企业和社会上的一些人力资源有效地挖掘出来,对员工个人智慧和工作能力的提高起到积极的作用,据此来采取的长远性的谋划和方略。在城镇化建设进程中,人才是十分关键、十分重要的,大概是因为在交通、休闲娱乐、信息交流沟通、再次接受教育的条件等方面的差异出现在了农村和城镇之间,所以就出现一种具备一定技能和高学历的人才不愿意到农村企业就业的现象,但是在城镇化建设过程中需要管理人才,农业科技推广需要农技人才,城镇企业生产发展需要专业技术人才。企业也不能充分考虑到各类人才的需求层次,并通过各种渠道去满足不同层次的需求以留住人才,而农村富余劳动力虽然数量较多,但是素质普遍偏低,行业研发、企业高层管理等知识密集型或技能密集型岗位面临着高素质劳动力短缺的问题。劳动力成本提高将会对劳动密集型产业如建筑、零售和餐饮行业形成压力。企业若想在城镇化下得到发展,需面对"高素质人才短缺"和"农村劳动力剩余"的矛盾与挑战。

(二)争取利益相关方的支持

任何一个企业不管在什么地方开展业务,都会十分需要当地政府、社会团体和受网络评论影响越来越大的媒体的认同和支持,这些都是关键的利益相关方。城镇建设进程中需要投入的基础设施巨大,担任主角的还是地方政府,当地企业与地方政府虽然各自都有不同的奋斗目标、作用和优点,但是互补性依旧在彼此之间明确存在。例如,地方政府对企业投资发展的政策倾斜、人才引进政策与社会保障制度的健全完备、地方政府的基础设施配套建设等。对这些关系的有效管理会深深影响到一个公司在市场准入、并购活动方面的能力和对自身知名度的扩大。因此,企业发展争取以地方政府为主导的相关利益方的支持,企业与地方政府的协调发展尤为重要。

第三章　快速城镇化背景下群体性突发事件频发的原因分析

当前中国正处于社会转型的关键时期,城镇化是转型期最显著的特征。"2012 年全国城镇人口 71182 万人,占全国总人口比重为 52.57%,中国的城镇化率在 2050 年将达到 72.9%。"① 2013 年 6 月,在第十二届全国人大常委会第三次会议上,国家发改委主任徐绍史做了《国务院关于城镇化建设工作情况的报告》,首次明确提出各类城市具体的城镇化路径,为加快城镇化进程指明方向。然而城镇化的发展不仅促进了土地改革、解放了农村劳动力,促进了社会经济的发展与进步,也使人民内部出现各种矛盾,各利益群体冲突加剧,频发的各类群体性突发事件对社会稳定与和谐造成威胁,并对政府的日常管理带来挑战。

一方面,城镇化背景下群体性突发事件的发生原因与机理复杂。城镇化就是各种资源要素进行重新组合与分配,其中必然涉及各利益相关者的利益分化问题,而利益矛盾是冲突的导火索。在城镇化背景下,诸如土地征用、房屋拆迁、环境污染、物业纠纷、就业转移及道路扩建等引发的群体性突发事件频繁且预警困难重重。但是究其发生的机理,都是围绕着利益展开的。

1. 农民的合法利益受损

综观各类群体性突发事件,农民的合法利益受到侵害是事件突发的深层原因,主要表现为农民的合理需求没有得到应有的补偿。在农民的利益需求结构中占主要部分的就是经济利益。一方面,城镇化的快速发展中,地方政府的财政收入面临巨大压力,此时加重农民的摊派、税赋成为地方政府增加财政收入的主要手段,加之城镇化进程所涉及的基础设施建设中,需要农民集资收费,地方政府对于农民的承受能力缺乏全面考量,随意征收,增加

---

① 温志强:《城镇化背景下基于利益视域的群体性突发事件预警管理研究》,《管理世界》,2014 年第 2 期。

了农民的负担;另一方面,城镇化伴随的大多是农村耕地的占用、农民住宅的迁移整顿,在此过程中,由于耕地的补偿标准和附加价值并不明确,政府估价低于实际损失,农民得到的补偿往往只是"冰山一角",满足不了他们转向"市民"后由于缺乏经济来源所需的足够补偿。总之,由于城镇化过程中缺少对各利益主体关系多样化的预期准备与配套措施,农民合法利益多多少少都会受损,无疑会引发农民不满,为保障自身利益而寻求诉求渠道。

2. 农民利益诉求受阻

城镇化进程中引发的一系列社会矛盾,如果从体制内寻求诉求途径是完全可以解决的,例如利用信访、行政复议、行政诉讼等矛盾解决权利救济机制。然而为什么还有一些体制外的非理性事件发生呢? 从当前司法对于社会冲突的解决现状来看,由于城镇化发展中对社会矛盾的掌控相对弱化,司法解决已经陷入危机,当利益冲突发生时,部分地方官员行为失范,对于拥有利益诉求的农民予以压制,此时体制内的表达制度无法满足农民的利益诉求,规范化的诉求机制失去作用,司法权威遭到质疑,农民宁愿"冒险",也不去信任法院,加剧了群体性突发事件的发生。

3. 无利益相关者参与"闹大"

在群体性突发事件的主要参与者中,除了切身利益受到损失的农民,还有需要特别关注的无利益相关者,他们的参与在一定程度上是对政府的威胁,是自身社会认同感、尊重感长期得不到满足的积累爆发。因群体性突发事件具有很强的传导性及效仿性,一旦部分无利益相关者参与,就会招致更多的无利益群体集聚,他们的利益点更加复杂。对于利益相关者来说,只要满足合理利益诉求,事件必然解决,而无利益相关者却并不如此,他们对于政府的侧面出击,正在以消极的方式摧毁着政府公信力的建设,这无疑成为群体性突发事件加剧的重要因素。

4. 利益博弈沟通渠道不畅

政府部门的沟通渠道不畅在农民合法利益诉求受阻后成为群体性突发事件爆发的催化剂。在城镇化背景下,政府要谨防沟通信息不透明、不畅通带来的隐患。对于各种政策制定、建设规划中的疑问、曲解和传闻,稍有迟误,就会让公众产生怀疑,甚至被非法分子所利用。另外,政府与群众沟通不畅也会使公众产生抵触情绪,这种情绪一旦爆发便难以控制,最终必然引发巨大的社会冲突。

　　另一方面,城镇化背景下群体性突发事件的预警管理机制的构建策略。城镇化背景下的群体性突发事件呈现出一些新的特点, 如冲突起因的复杂多元化、规模扩大化等,这就要求政府在社会管理中更加重视对群体性突发事件的研究,追根溯源,把握事件的根本成因,建立基于常态化管理的公共危机预警机制, 将群体性突发事件这一长期破坏社会稳定的危机扼杀在摇篮,切实提高政府危机管理水平,推动城镇化发展。

　　1. 建立多元的利益表达机制

　　利益矛盾和公众权利诉求渠道缺失与不畅通是群体性突发事件爆发的深层原因,也是政府无法回避的现实问题。因此,为各利益群体建立畅通的利益表达机制是建立政府与公众沟通互信的第一步。利益表达机制的建立不仅要解决政策制定中政府与公众利益博弈不平衡的问题, 使得公众能够最大限度地了解生活中与自身相关的政策活动, 并参与其中, 表达自身诉求,同时能推动政府通过听取民声民意,力争将冲突纠纷消除在矛盾初期,主动维护公众权利,也是规范群体性突发事件解决的路径。

　　(1)完善信访制度,创新民主政治制度。信访制度自新中国成立就已经开始建立,发展到现在还需不断完善,以充分发挥其沟通政府与群众、缓和矛盾的桥梁作用。首先,要全方位扩宽并保证渠道的畅通,主要表现为各级政府部门应高度重视信访工作, 保证信访渠道畅通无阻, 杜绝任何信息堵塞、信访遭拒现象,并根据社会发展及时创新信访方式,变"上访"为"下访",扩宽信访渠道,为公众提供便利;其次,要做到对于信访的严格监察,在全面监察的基础上把握重点,注重实效,防微杜渐;最后,建立信访工作人员的分级问责制,事实证明,群体性突发事件的发生有很大部分是由于公众在信访中的利益表达没有被给予重视或者是政府工作人员的不作为造成的。因此,急需建立一套严格的分级问责制度, 并将信访工作绩效纳入考核在职人员工作的硬性指标中,无论是领导人员还是工作人员,都要严格执行,如有失职行为,交予相关部门追究其责任。同时,除了信访制度外,还应加强民主政治建设,在涉及与民相关的重大决策上,建立社会公示制度、听证制度、专家咨询制度、利益均衡制度等,广泛听取民众意见,提高决策的民主化;在日常的政府管理中,政府应注意了解社会各阶层,尤其是最易引发冲突的弱势群体的利益诉求,完善民主对话、行政首长接待日等制度建设,关心民众所需,解决实际问题,及时满足各方的利益需求。

（2）鼓励建立利益表达的社会组织。随着城镇化的发展,各类利益群体复杂多样，其中不乏一些利益群体因自身的弱势无法在市场竞争中满足自身的需求,利益受到损害。这时,某些利益群体会选择直接向政府表达利益诉求,采取非理性行动,使社会冲突不断增加。除了信访这种直接沟通政府部门的规范程序外，多鼓励社会组织建立多种利益表达团体则是新时期缓解社会矛盾的有效选择。例如,引导权益冲突协商组织,专门解决利益群体间的冲突;在基层村镇中设利益矛盾基层村镇"安全阀"缓冲组织,对于城镇化进程中的各种矛盾及时排解,防止酿成大的冲突事件。一方面,这些社会组织能将分散的个人利益集中起来,具有特定利益的代表性,它们将特定利益通过法制化的路径传达到政治体系中，这在一定程度上将减少群体性突发事件的发生,也是利益表达方式多元化的表现。利用社会组织组建利益诉求传达机制的实践中,政府应严格筛选,鼓励正当组织的建立,发挥其正面作用,并积极引导其自主管理、民主管理、理性组织,合法合理表达利益诉求,真正为利益群体服务,维护权益。

（3）利用信息便利,发挥社会传媒的作用。信息时代高速发展,电视、报纸、广播、互联网充斥着现代生活,已经成为民众的第二语言,是一种不容小觑的表达媒介。城镇化发展所带来的各利益相关者的任何利益冲突,大众传媒都可以利用其方便快捷的特点为民众的利益诉求表达提供帮助，对利益受损事实及不合法、不合理行为进行监督评判。需要注意的是,政府部门在支持媒体为社会服务、发声,传播不同利益诉求的同时,应该看到大众传媒的双面性,杜绝不良信息的传播,及时规避谣言、传言,引导主流媒体集中为大众服务,及时发现问题,达到预警的目的。

2. 加强预警体系建设

群体性突发事件的预警体系建设要想不断完善，必须在预警信息的收集、分析、监控、舆情披露以及整个预警体系在实践中的应用上全面提高。

（1）逐步完善预警信息采集、分析体系。预警信息的丰富可靠是有效决策的基础,是了解事件具体情况的基础,建立预警信息收集、分析系统是群体性突发事件预警机制建设的第一环节，同时也是群体性突发事件有效预防的关键。首先,要建立覆盖面全的信息网络。群体性突发事件起因多样,涉及利益群体不同,且对社会具有综合性影响,因此只有将群体性突发事件的预警体系扩展到社会多领域、多部门,才能有效掌握各种群体性突发事件诱因的演变过程,及时发现问题,了解动态,采取行动。其次,建立预警信息采集系统,及时搜集各种情报。可以有效利用调研、下访、报告等方法,综合各种收集手段,拓宽搜集渠道和领域,特别注意网络、微博、论坛这些全新的表达媒介, 因为网络的便捷远远超过传统的信访等制度化程序, 网络上的泄愤、评论在一定程度上是民众真实利益诉求的表达。在收集网络信息时要全面、及时,防止重要信息的遗漏,重点采集异于日常社会生活的现象和各种不稳定因素。对于城镇化涉及的贫困地区、弱势群体和亏损企业等加强关注,密切关注其生活保障、经营状况等,及时发现隐藏矛盾。另外,政府部门应建立专门的预警信息收集部门,重视信息搜集工作,并通过教育培训,选拔专业的信息监控采集人员组成预警信息收集队,确保所收集的情况准确、全面、快速,对瞒报、漏报的问题及时纠正举报,并随时准备到有需要的村镇工作,协助农民共同维护自身利益。此外,在专门的信息机构及信息收集队伍之外,政府应主动培养民众对于有效预警信息的搜集意识,锻炼其收集信息能力,帮助政府部门第一手信息的采集,扩大监控范围。最后,与预警信息收集系统对接的是预警信息的分析系统, 专业人员对大量预警信息收集贮存之后,需要在此基础上进行更为关键的信息判断甄选,对已有信息进行归类分析,对群体性突发事件的苗头定性,使之更具价值性、规律性,为后续群体性突发事件发展趋势和发生概率等具体情况的预测预见提供参考。在对信息分析判断后,按照轻重缓急,在社会矛盾突显地区专门建立预案,注明预警等级,并落实预警问责机制,以保证预警信息的畅通无阻、正确快速。

(2)建立舆情披露机制。舆情披露机制主要针对的是民众得到的信息与真实情况不相符而建立的。很多群体性突发事件的发生往往是因为在事件的萌芽阶段各种谣传蒙蔽了民众视线,真实的信息未昭见于世,引发民众的不满以致事件升级。舆情披露机制的建立首要通过大众传媒,在充分保证民众知情权的基础上, 完善新闻发布会制度, 将涉及民众切身利益的政策规范、活动程序等及时透明地公开,并扶持主流媒体的引导作用,规避谣言,传播全面无误的预警信息,并建立预警专栏,做好预警机制建设的正面宣传。

(3)建立预警管理体系试点。对于群体性突发事件的疏导与解决负直接责任的就是各级地方政府,因此预警工作也是各级地方政府的基础工作。在城镇化进程中,有关地区的整合分配处于不稳定状态,预警管理体系的试点应选在条件相对成熟、能对边缘性地带起到辐射性作用的地区,可在省、市、县等多地建立，并充分利用地方的配套资源和相关项目做好群体性突发事件预警管理体系的宣传示范，最大限度地为社会调查、信息收集进行有效探索。各级政府的预警管理体系建立后，应配套建立网络平台，实现资源共享，增加信息流动性，为社会纠纷的分析研究工作与后续的预见预备工作、预警启动工作提供便利。群体性突发事件危机预警管理体系的管理工作可引进专家咨询团，增强预警研究的专业性与实践性，为群体性突发事件的预警治理开阔新的视野。

第一节　快速城镇化背景下群体性突发事件的发生机理分析

近年来，随着城镇化进程的加快，群体性事件具有突发性和广泛性的新特点。本书立足于城镇化加速建设的背景之下进行群体性突发事件发生机理的综述与分析，具体归纳起来主要包括背景性机理、直接性机理、政治性机理、体制性机理和心理性机理五类，这五类机理内部各自存在着强烈的不适应性和矛盾性，是产生群体性突发事件的深层次原因。

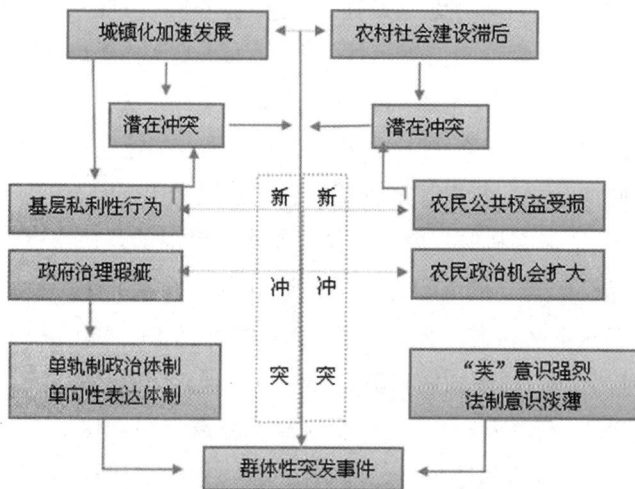

图3-1　快速城镇化背景下群体性事件发生机理示意图

一、背景性机理：城镇化建设加速与农村社会建设滞后之间的矛盾

城镇化进程加速而农村社会建设滞后是引发农村群体行事件的背景性

研究机理。"中国总体上已经进入工业化、城市化进程的中期加速阶段"①，"城镇化加速建设的过程，也是社会资源分配、利益格局调整的过程，社会资源的普遍稀缺势必会滋生多元化利益主体间的利益竞争和冲突，中国由此进入'利益博弈时代'"②。而不少学者指出："唯有'组织化'的方式，才会有真正成为利益竞争游戏中'有效的参与者'，并进而对公共行政过程及其结果，产生富有意义的重要影响"③。组织化利益维护是城镇化建设中群体性行动的重要形式。

随着计划经济向市场经济的转变，生产要素与社会资源配置方式的变革，经济体制转型之下政治体制不断完善，工业化、现代化和城市化进程得到了高速发展，经济成果丰硕。但是，不得不面对的是，农民分享的成果却很有限，受益程度也十分有限。"如果说在计划经济体制下国家通过'剪刀差'从农村汲取了大量资源，以支持国家的工业化，但在计划经济结束后城乡差别依然在持续扩大。"④其中还有胡联合等⑤的一系列的研究表明，地区差距、城乡差距的不断拉大就和违法犯罪活动有着极其明显的正相关关系，致使社会的"财富在上层聚集，风险在下层聚集"⑥，特别是政府主导的城镇化建设缺少合理有序规划，具有极大的"片面性"。仇保兴梳理我国城镇化建设过程中的城乡失衡问题，具体体现在以下五个方面："毫无根据地去对农居来进行某些的统一改造，只是以偏概全地去追求'新形象'；毫无根据地去进行牲畜的集中养殖，从而就以偏概全地进行人畜分离；毫无根据地进行撤并农村，但是却以偏概全地进行理解成为城镇化；毫无根据地进行了城乡之间的无差别的化学能源系统建设设施，以偏概全地导致某种结果；毫无根据就去安排村庄的建设整治时序等事情"⑦。我国的城镇化水平远低于经济发展水

---

① 中国社会科学院著：《2010年社会蓝皮书》，社会科学文献出版社，2011年，第18页。

② 孙立平著：《博弈——断裂社会的利益冲突与和谐》，社会科学文献出版社，2006年，第32页。

③ 王锡锌：《利益组织化、公众参与和个体权利保障》，《东方法学》，2008年第4期。

④ 李强著：《中国社会变迁30年：1978—2008》，社会科学文献出版社，2008年，第71页。

⑤ 参见胡联合、胡鞍钢、徐绍刚：《贫富差距对违法犯罪活动影响的实证分析》，《管理世界》，2005年第6期。

⑥ 王俊秀：《风险与面对：不同群体的安全感研究》，《民主与科学》，2007年第6期。

⑦ 仇保兴著：《应对机遇与挑战——中国城镇化战略研究主要问题与对策》，中国建筑工业出版社，2009年，第407~408页。

平。城镇化重数量轻质量,重表面轻内涵。只在某种方面来追求城镇人口数量和城镇规模的结果,从而就急剧增加了城镇的数量,重要的问题就是城镇质量的提高越来越缓慢,在这其中就显示出城镇的不断发展存在了许多问题,简单来说就是城镇、乡村发展失衡与区域整体发展失调,还有土地的不断扩张和人口的不断增长之间的不匹配,城乡之间收入差距不断拉大等问题,城镇在根本上没有良好地发挥出城镇本身应该发挥的作用,例如拉动内需和创造就业等多方面的功能。这种片面性的城镇化建设进一步牵绊了农村社会的发展,以降低城镇化的质量来换取速度的提升,高速发展的乡村工业并未产生城镇化快速推进的必然效果。农村工业呈现出弱质化现象:农业是市场竞争中的弱者,城镇化后劲乏力,农村社会处于一种"上拉下坠"的力量之中,并深陷持续性加强状态。

城镇化建设涉及的利益正处于关乎民生的焦点地位和敏感地带,对潜在和显现的社会矛盾和群体冲突会产生"聚焦"和"放大镜"作用,一系列相关的或者无关的民愤民怨会由此为导火索,顺势蔓延开来。

二、直接性机理:农民公益性受损与基层组织自利性倾向之间的矛盾

城乡二元体制出现利益分化,在那些被特定利益集团所威胁或与之相"绑架"[①]的政府官员眼中,城镇化建设是一个谋求私利的绝佳机缘。"地方政府腐败是群体性事件突发和恶化的症结所在。"[②]黛幕珍用"地方法团主义"[③]定义地方政府,一个地方政府似乎是一个从事多种经营的实业公司,具有公司的许多特征,官员们完全像一个"董事会"[④]成员那样行动。在地方法团模式下,地方政府利用各种手段控制地方经济资源。"财政体制改革的滞后性

① 蒋曼茹:《我国农村群体性事件的成因及对策分析》,《商丘师范学院学报》,2011 年第 11 期。

② Albert Keidel, *China's Social Unrest:the story behind stories*[J]policy Brief by Carnegie Endowment for International Peace,2006,p.48.

③ Jeane.C.Qi,Fiscal Reform and the Economic Foundations of Local State Cooperation in China, *World politics*,1992,45(1),pp.99-126.

④ Jeane.C.Qi.,The Evolution of Local State Cooperation,Andrew Walder, *Zouping in Transition:The Process of Reform in Rural North China*,Cambridge Mass,Harvard University Press,1998.

带来地方基层政府的资金不足"①,为此会膨胀其攫夺财富、资源的欲望。部分地方政府借助权力和地位优势,不放过每一个机会,尤其是城镇化建设的重要项目,不断开展资源的垄断和掠夺等腐败行为,一些主要干部将人民赋予的公共权力当作其聚敛个人私利、积累个人财富的"资本",打着公共利益的大旗追求个人利益,贪污和挥霍集体财产。乡村基层组织作为公共权力部门,其职能定位与工作理念并未定位于为农民服务,在公共性强的领域工作中将自利性目标取代公共性目标,为公众谋利的工作演变成为攫取私利的工作,产生基层组织对农民的直接索取、变相掠夺甚至暴力剥夺的现象,目标替代和价值调换所产生的负面影响极大。掠夺型地方政府基层组织和农民之间在思想上产生分歧,在情感上变得冷漠,在关系上渐变疏离,乡村社会不再有传统"熟人社会"的和谐,常态关系紧张,稍有不适便会引起民众的利益受损和对当地政府的极度不满与奋力抵制,很多农民群体性事件根植于这种不满而不断升级,最终构成冲突爆发出来。

城镇化建设的加速重置了群体性事件突发的背景,使群体性事件的内容涉及土地、房屋、教育、就业、医疗、环境、物业、交通等与人们最直接相关的各种生产、生活资料的利益纠葛。资源分配不公、利益调整不力必定会带来各种公正侵犯和权益受损。如"收入分配:经济权益受损;教育医疗:起点权益受损;失去土地:未来权益受损;劳动就业:生存权益受损;政治参与:机会权益受损;执行不力:政策权益受损;官僚主义:信任权益受损"②。在直接群体利益需求"未满足",直接群体利益诉求"被限制",制度外的"闹事文化"③氤氲下,受损利益群体基于合法利益的维护就会开展"社会资源的抗争活动"④。于建嵘曾指出中国大部分群体性事件的突发都是由于合法权益受损

---

① John Wagner Givens, Andrew MacDonald, *Squeezing the Same Old Stone: Evidence from Administrative Courts Explain Tax Reforms, Land Seizures, and Protest in Rural China*, Electronic copy available at: http://ssrn.com/abstract=1911642.

② 孙疏:《论群体性事件产生的深层原因》,《山东省农业管理干部学院学报》,2012 年第 5 期。

③ 王华华、陈国治:《我国城市化中土地征收引发的群体性事件防控研究》,《求实》,2011 年 10 月。

④ Ethan Miehelson, *Connected contention: social Resources and petitioning the State in Rural China*, Draft Copy and Unpublished, March 6, 2006.

后的"反馈式维权行动"①。这一再说明了农民公益性受损与基层组织自利性倾向之间的矛盾是导致群体性事件的直接原因。

三、政治性机理:政府理念行为失范与农民政治机会扩大之间的矛盾

"市场经济催生的民众权利意识的觉醒与政府转型过程中出现的政府俘获之间的矛盾是群体性事件发生的重要原因。"②

一方面,对于政府治理而言,当前政府理念偏颇和行为失范"助燃"了城镇化建设过程中矛盾积聚和冲突激化。目前的中国仍以经济增长为社会发展动力,因此中国所面临的风险更多的是"以利益为目的的功利主义、以自我为中心的利己主义以及一切唯 GDP 马首是瞻的绩效政策相结合的产物"③。各级政府在治理理念层面均不同程度上存在着"异化"群体性事件性质的现象,部分地方政府常常习惯性地将起因归于一般利益要求的偶发群体性事件定调为"敌我矛盾"④,并"将民众的利益表达与社会稳定对立起来,为了实现短期内稳定的假象,将弱势群体的利益进行压制和剥夺,把维持稳定简单地认为是'用暴力解决一切'"⑤,特别是在城镇化建设引发的群体性事件治理过程中,地方政府并没有 "把群体性事件作为自身治理变革的一个契机和转机"⑥,而多采用动用各种强力机关的"运动式治理"模式和花钱买平安的"权宜性治理"。谢皓认为:总结起来,政府在群体性事件中大概有六种行为:一是条件谈判,二是主动协商、私下和解,三是无视纵容,四是保持缄默,五是肆意拖延、解决之日遥遥无期,六是暴力强制。影响政府采取哪种行为的因素有:与政府利益相关的程度、上下级的压力大小、政府解决事务的能力,以及反抗者的反抗措施和态度。在群体性事件发生之后,地方政府最有可能采

---

① Huaiting Wu, Local abuses main reason for mass incidents, *Global Times*, September 1 2009, "Most of China's civil right protection incidents happened because the legal rights of the disadvantaged were harmed and they protested in response."

② 郑智航:《群体性事件中的民众心态分析》,《哈尔滨工业大学学报》(社会科学版),2014 年第 2 期。

③ 肖瑛:《风险社会与中国》,《探索与争鸣》,2012 年第 4 期。

④ 杨海坤:《原因及对策:群体性事件的公法解读》,山东大学学术报告,2011 年 11 月 25 日。

⑤ 徐行:《中国式维稳误区:异化与挑战》,中国新闻网,http://www.chinanews.com.cn/gn/2010/09-21/2548702.shtml。

⑥ 肖文涛:《治理群体性事件与加强基层政府应对能力建设》,《中国行政管理》,2009 年第 6 期。

取的处理方法是强制手段,使得基层维稳工作、地方城镇化建设陷入了越维稳越不稳、越建设越冲突的怪圈。

另一方面,对于公众参与而言,民主意识的不断渗透,参与意识不断膨胀,公众政治参与与表达的各种制度建设的不断完善的过程中,政治机会正向不断扩大的趋势迈进。政治制度健全过程中政治机会的增加在一定程度上为群体性冲突的爆发提供了契机。艾辛杰(P. K. Eisinger)用"政治机会结构"的概念强调"一个社会运动能否兴起,怎样发展,既不取决于人们的愤恨,也不取决于所能利用的资源的多少,而是取决于政治机会的多寡"[1]的观点。此观点在某种层次上说明了政治机会的多少与群体性冲突爆发次数的多少存在着相关性。城镇化建设关乎民众根本利益的敏感领域,满意度实现程度较差,极易产生的不满不断升高,造成群体性冲突持续积聚能量。分散的利益主体由于利益趋同,所以双方甚至多方进行合作形成组织,并用组织结构来稳固这种联盟。利益组织化将会成为反抗主体进行反抗汇聚力量的重要形式。存在于制度框架内外的适合的政治条件和政治机会的出现就为这种能量的喷发和宣泄提供了出口,引发"参与爆炸"。

四、体制性机理:单轨制政治体制与单向性表达体制的运转脱轨

"政治和法律制度滞后与经济增长一起刺激了群体性事件的爆发。"[2]美国学者塞缪尔·亨廷顿在《变革社会的政治秩序》(1988)一书中指出了"国家的政治制度化程度很低"这一重要原因,存在不能通过合法渠道予以表达或者是很难来对政府提出的要求进行表达的可能性,并且在这其中也很难在政治的体系内部寻求方法来得到减缓以及聚合。所以,政治不安定的主要原因就是因为政治参与的急剧增加。他还将政治制度化与政治不稳定看作反比关系,将政治参与与政治不稳定看作正比关系。可见,政治制度化程度越低,政治不稳定程度越高。[3]

①　赵鼎新著:《社会与政治讲义》,社会科学文献出版社,2006年,第32页。

②　Murray Scot Tanner, *Chinese Government Response To Raising Social Unrest*, Washington: Testimony Presented To The US-China Economic and Security Review Commission, April 14, 2005.

③　参见[美]塞缪尔·亨廷顿著:《变革社会中的政治秩序》,李盛平、杨玉生等译,华夏出版社,1988年,第55~56页。

一方面,在国家行政管理制度层面,嵌入在"政治"与"行政"融合结构和自上而下政治单轨制体制之中的地方政府处于"上下夹击"的困境。整体上看,自下而上的、制度化的民主参与渠道仍然没有建立起来。地方政府的权威更多的是来自上级政府,而不是纯粹的地方政治体。"压力型体制"下的地方政府在上层政府和社会公众之间扮演着"代理人""土地厂商"和"上级政府派出机关"的复杂角色:对上,要保持政治性的绝对正确;对下,要保证对公众的绝对负责。于此,地方政府面对艰难的选择困境,无奈之下,在实践运作中选择"附属行政化"[①]倾向。自上而下的"压力型体制"将压力层层传输,并随着层级传输不断强化,导致了处于政策失衡位置利益群体的"压迫性反应"[②]。

另一方面,在公众利益表达机制层面,政府与群众沟通渠道阻隔导致对话平台的塌陷是群体性事件的"催化剂"。阿玛蒂亚·森曾指出:扶贫一方面要给予物质帮扶,更重要的是要给予平等的机会。孙立平(2004)认为:"贫困不单单是经济上的匮乏,更本质的是在涉及自身利益的事务上表达权利以及解决权利的缺失。农民的利益表达和社会参与的制度安排滞后是农村冲突增加的最主要原因"[③]。利益表达是一个由利益主体和政治系统之间借助表达渠道进行利益信息的双向互动沟通的过程,这个过程存在着合法正当性的考究,这主要根源于利益表达机制健全与否,关键在于利益表达渠道畅通与否。詹姆斯·斯科特(James C. Scott)指出:在下者由于明白自身实力过于弱小,所以在抗议的开始一直抱着企图获得在上者同情的心理,进行的抗议活动都是温和且带着协商态度的。[④] "日常反抗"往往是弱者持有的武器,就存在于农民阶层,然而"农民阶级上诉总是充满艰难的,农民只有被逼无奈无计可施的时候,才会被迫走上官逼民反的道路"[⑤]。这种群体性事件发生的根源在于群众利益表达机制的不完善,存在名不副实、运行不畅的严重二元

① 张凡、王伟:《征地过程中农民权益法律保障的发展路向——以权利配置为中心》,《农业经济》,2010年第9期。

② 于建嵘:《集体行动的原动力机制研究——基于H县农民维权抗争的考察》,《学海》,2006年第2期。

③ [美]迪帕·纳拉扬等著:《倾听我们的声音》,岩梅等译,中国人民大学出版社,2001年,第69~70页。

④ [美]詹姆斯·斯科特著:《弱者的武器:农民反抗的日常形式》,中国大百科全书出版社,2000年,第18页。

⑤ James C. Scott, *Domination and the Arts of Resistance*. New Haven. CN: Yale University Press, 1990, pp.93–95.

化分歧。具体讲就是"利益表达渠道不畅通、利益表达主体权利失衡、利益表达缺乏组织依托"①，致使农村社会陷入一种"对话困境"。"抗争性请愿"②的利益表达方式是制度内利益表达受阻后的被迫选择和无奈之举，群体性极端行为也是旨在突破这一"对话困境"。不难判断，健全的利益表达机制是一个政治系统的"减压阀"。

城镇化建设有其自身的客观规律可以遵循，尊重客观规律，不仅要尊重其原本传统的东西，更重要的是联系现状，分析该体制给现今的社会带来的社会经济问题，并采取积极措施解决它。著名学者段秋关先生讲：传统是"传之未断，统而不乱"③。美国法学家哈罗德·J.伯尔曼先生也强调："每一代对传统的继承过程中都包含着对传统的再次创新，使之符合现今的社会。"④因此，坚持传统体制的优点，坚持国内外城镇化发展所遵循的一般规律和特殊规律，把尊重地方首创精神、地方实践与中央顶层设计相结合，解除当前单轨制政治体制与单向性表达体制的运转脱轨的现状，对于城镇化建设意义重大。

五、心理性机理：农民群体"类"意识强烈与法制意识淡薄之间的矛盾

《农民的道义经济学：东南亚的反叛与生存》一书的作者詹姆斯·斯科特认为：在这个现实的社会生活中，个体相对剥夺感一旦存在的时间过长且不被人重视，迟迟没有察觉，则很有可能威胁社会的稳定。⑤如果在某一现实社会生活中的大多数成员心里都有相对剥夺感的存在，那么他们极有可能联合起来，成为反抗大队的后备主力军。农民阶级反抗并不仅仅是贫困的原因，而是因为他们自身的公平正义感以及自尊自信被剥夺，受到了严重侵

① 吴佩芬：《群体性事件与制度化利益表达机制的构建》，《思想战线》，2010 年第 4 期。

② Willian Hurst，Kevin J.O.Brien，China's Contentious Pensioners，*The China Quarterly*，2002，2，pp.345–360.

③ 谢晖著：《法律信仰的理念与基础》，山东人民出版社，1997 年，自序第 1 页注①。

④ [美]哈罗德·J.伯尔曼著：《法律与革命》，贺卫芳、高鸿钧、张志铭、夏勇译，中国大百科全书出版社，1993 年，第 6 页。

⑤ 参见[美]詹姆斯·斯科特著：《农民的道义经济学：东南亚的反叛与生存》，程立显、刘建等译，译林出版社，2001 年，第 215~216 页。

害,最终才会走上反抗的道路。农民阶级的具体生活环境生活境遇,是农民他们对社会公正感及对剥削的认知和感受,同生存权和生存策略的维护是密切相关的。在工业化、城镇化进程中必然会涉及旧城改造、房屋拆迁、土地征用、环境保护等关系群众切身利益的事情,一些地方城镇房屋拆迁时不依法办事,滥用强制手段,影响公众正常生活;一些地方违反规定乱批乱占耕地,拖欠、截留、挪用土地征用补偿金,切断居民生活来源;一些地方大肆进行工业生产、项目建设和厂房拆迁,不顾及生态规律和环境维护等,这些行为都严重侵害居民的合法利益。被边缘化的农民,由于征地补偿、就业等问题长期得不到有效解决,缺乏经济来源、生活贫困是一方面,社会公正与心理上更存在一种强烈的被剥夺感。群体相对剥夺感一旦出现,就为群体性事件提供了心理基础。这种"相对剥夺感越大,人们造反的可能性就越大,对社会的破坏性也就越大"[1]。在现实生活中,个体的相对剥夺感一旦长时间存在且不被辨别,则很容易最终威胁社会稳定。"如果具有相对剥夺感的成员汇集在了一起,则更容易引发彼此同情。"[2]与此同时,"受个人理性影响的人,一旦看到别人愿意为了他们的利益采取行动,很可能自己会避免采取行动"[3]。

风险认知理论也说明风险认知和风险行为相对是处于负相关的关系,也就是说对风险的认知度越高,发生风险性行为的可能性也就会越小。而农民群体正是相对缺乏理性思维的群体,文化水平、风险认知、分辨是非能力较差,法律观念较薄弱,不注重利益诉求的法律政策依据,不善于诉诸法律维护自我利益,这就为群体性突发事件的升级剥夺了理性基础。在利益受损之时,社会不满者通过多种通俗易懂的方式悄无声息地将消息潜入传播到人们的生活中,使人民群众对未知事件产生一个先入为主的观念,进而再通过信息加工,煽动群众情感,更加稳固了支持自己的群众后备军。一旦有人挑头,就出现那些曾经拥有过相对剥夺感的人们以及担心将来会受到此待遇的人们纷纷根据自身能力以及自身价值观来站队。缺乏法律知识的农民群体在类意识支配下往往会采取非理性行为来表达和实现利益诉求,无直接利益者别有用心地参与加剧了富有"突发性"特点的"泄愤事件"的发生。

① Ted Gurr, *Why Men Rebel*, Princeton: Princeton University Press, 1971, p.24.

② 周感华:《群体性事件心理动因和心理机制探析》,《北京行政学院学报》,2011 年第 6 期。

③ [美]曼瑟尔·奥尔森著:《集体行动的逻辑》,陈郁等译,上海人民出版社,1995 年,第 2~8 页。

第二节　利益受损是快速城镇化背景下群体性突发事件的直接机理

一、利益问题是城镇化建设合法性的本源

"利益是人们为了生存、享受与发展所需要的资源与条件。"①"利益"在政治学层面上便落实到"合法性"一词上。城镇化建设能否代表人们的利益或者能否满足人们的利益,才能说明城镇化事业是否具有广泛的群众维护,是否具备夯实的合法性基础。城镇化建设合乎了群众利益也便满足了人们意识里的合法性,但如果农民的合理利益诉求长期得不到实现,最终定会使政党统治与社会制度在失去有效性的同时丧失合法性。因此,群众合法权益与政府城镇化建设活动的合法性息息相关。另外,利益贯穿于人类一切活动之中,人们对利益的追求根源于人的本性,利益是人类活动的本质因素和唯一推动力。城镇化建设实践活动也不例外,在城镇化的复杂情况背后是群众诉求的多样性。在进行城镇化建设的过程中,增加社会群体的共同利益是必然的,然而各个社会利益主体之间的矛盾冲突是无法避免的,以个人为媒介或者以团体为媒介的任何利益主体的活动都是围绕自身利益的实现而展开的,城镇化群体性冲突更是如此。如果能够处理好各种各样的利益诉求,那么一定会使我国的城镇化进程更进一大步。

新型城镇化与传统城镇化最大的区别就是城镇化的主体到底是谁,再说得更加明晰一点,新型城镇化就是要正确定位"城镇化建设要以谁的利益为核心", 只有利益核心主题定位正确了才能保证城镇化建设事业的合法性。答案不容置疑,那就是社会公众。城镇化的主体是社会公众,城镇化建设要以社会公众,尤其是处于弱势地位的农民的根本利益保障为核心,才能保证城镇化建设事业的合法性。城镇化进程中农民和企业是城镇化的主体,政府只是起到引导而不是事事亲力亲为的主导作用, 政府要正确引导人民群众的利益需求方向,要以人民群众的利益最大化为基本目标。新型的城镇化建设要求"以人为本",要对人民群众尤其是农民的生产生活给予更多的关

---

① 陈庆云等:《论公共管理中的公共利益》,《中国行政管理》,2005 年第 7 期。

注及重视,如就业、卫生、医疗、教育、社保等,缩小城乡居民之间的差距。城、乡、镇、村之间存在着较大的差距,不只是个人之间,而是整个群体之间;不只是财产方面,而是住房、服务等各个方面的差距。[①]新型的城镇化建设目标就是要从长远的角度来满足人民群众的各种现实需求,充分尊重每个群体的利益,通过直接或间接的利益分配打破已经固化的利益格局,强化广大群众在城镇化进程中的利益共享权,改变农民利益向城镇居民的单向流动路径,实现城镇居民与进城农民之间的利益重构。

合法权益维护是群众的基本性利益要求,城镇化建设的有序开展是本阶段经济发展所要求的,社会的和谐安定是我国政府社会管理的核心利益要求,而利益维护与利益实现是利益主体活动的原动力。据此可知,农民与政府在城镇化建设过程中有着相同的利益归属契合点和相同的利益主体行动共赢之处,即政府在快速推进城镇化建设过程中积极维护农民的合法权益,借助"利益"这一武器,以利益维护稳固政府合法性基础,以利益共享推动城镇化有序建设。

二、利益受损是城镇化冲突爆发的直接机理

"水桶效应"说明水桶的容量或者水流的外溢取决于水桶最短的一块板,对于整个社会来说,社会风险与公共危机最易爆发在社会群体中承受力最低的那类人群身上。城镇化建设过程中利益格局变动本身尚不足以导致冲突行为的发生,由体制不完善等原因导致农民利益多领域、多层次地受到侵犯,是导致城镇化冲突行为产生的直接根源。于建嵘在接受《环球时报》记者采访时曾表明:中国大部分群体性事件的突发都是由于合法权益受损后的反馈式维权行动。在法制舆情网《2012 年群体性事件研究报告》中显示,因征地强拆、环境维权所引发的群体性事件分别占到总体的 22.2%、8.9%。的确,利益受损是城镇化冲突爆发的直接机理。

(一)失去土地:经济权益受损

经济权益作为物质权益的代表,是农民最基本的权益。就城镇化建设进程中的经济权益问题来说,近些年发生了不少群体性维权事件,特别是因土

---

① 参见李铁:《城镇化需要利益结构调整》,财经网,http://www.caijing.com.cn/2011-01-27/110629467.html。

地利益受损引发的农村土地问题尤其明显。比如,2011—2012年广东省乌坎村民抵制征地事件。土地是农民的生存保障和就业平台,土地生产是农民的根本利益。城镇化建设征收城市郊区或毗邻农村土地,以土地为命根的农民在城市建设用地扩张的过程中逐渐失去土地,同时,补偿标准偏低,补偿不到位,失地农民利益受损。地方政府在土地征用工作开展中存在强制性的行为失范情况,在处理土地征收补偿方面存在公正公平性偏颇情况。加上部分政府在分配土地增值利益方面"侵吞"被征收方利益,引发巨大的利益分配差异。农民在土地征收利益诉求得不到制度内的途径解决时,容易寻求制度外的利益维护方式,引发"征地风波",促成"征地事件"。

（二）房屋拆迁:居住权益受损

围绕着房屋利益问题,在政府、拆迁开发商、被拆迁群众三大主体间进行着利益博弈,政府与拆迁开发商处于主导地位、被拆迁群众处于弱势地位的利益分配格局潜存着各类利益矛盾与群体冲突,严重挑战着城镇化的有序建设。城市房屋拆迁对居民群众的利益影响是正负面共存的。就正面作用来说,居民可由城市房屋拆迁获得一定的利益补偿,通过拆迁改善环境,提高居住生活质量。当然, 正面意义的产生前提便是政府保证居民的中心位置,杜绝被拆迁人被边缘化的危险,维护群众利益,将补偿关注开展到位。就负面影响来说,房屋拆迁意味着生活居所的流失,房屋重置的成本,生存环境的改变,社会保障的淡化,就业收入的切断等。拆迁工作的行政化强制色彩下的违法拆迁和不公正补偿, 房屋拆迁估价部门的透明公开性缺失和技术知识有限性,这一切都威胁着居民群众在城镇化房屋拆迁决议中的参与权、知情权、选择权和异议权等根本权益。毋庸置疑,城镇化进程中的房屋拆迁工作开展合理合法与否,关乎着居民群众的民生利益和根本需求是否得到满足,是城镇化建设过程中群体性突发事件预警机制的重要一环。

（三）环境污染:生存权益受损

据法制舆情网观察分析,环境维权这一问题在2012年受到人民群众的广泛关注,而在之前却并不突出。[①]"价值冲突是环境政治的核心"[②],利益矛

[①] 参见《2012年群体性事件研究报告》,法制舆情网,http://www.legaldaily.com.cn/The_analysis_of_public_opinion/content/2012-12/27/content_4092138.htm。

[②] Smith Graham, *Deliberative Democracy and the Environment*, Routledge:Taylor & Francis Group, 2003,p.1.

盾是环境政治的根本。在工业化发展、城镇化推进过程中,相关企业与农民、地方政府在利益留存与价值取向上存在冲突,农民的环境生存权与企业利益至上之冲突、农民的环境生存权和政府的国内生产总值至上之冲突。城镇化与工业化同步亦趋。快速城镇化阶段必然会快速催生大批低质量的工业化企业,对当地造成噪音、辐射、空气、水质污染等,或破坏当地自然环境、生态植被,带来水土流失等,这些城镇化建设的"外部性成本"严重威胁和损害群众的生存条件与生理、心理健康等实际权益。超出忍耐程度、越来越多求助于政府无果的群众被迫为水和空气等自然产品同政府和企业抗争,各种民众"自力性救济"与"自救式维权"引发群众阻碍城镇化建设顺利进行的群体性事件。

(四)政治参与:机会权益受损

在传统意识形态中,农民的政治参与应该是以民众代表为媒介的单线性自上而下层级传播,而不是农民民声自下而上的利益诉求表达。因此,这种群体性参与式、互动式的自下而上的利益表达行为则很容易被定义为反对政府、扰乱社会秩序,甚至被认为是社会动乱的先声,被行政力量强制打压和控制。在城镇化建设进程中,利益问题的这种政治化倾向与意识化定式使得农民的知情权、表决权、参与权、发言权、监督权等政治权利受到不同程度的制约:城镇建设政策不公开、不透明,政府同农民缺乏沟通协商交流,深陷对话困境;利益表达、权益保障与维护渠道有限性较强、有效性较低,相关民意机构职能虚化、能力弱化,农民维权法制途径成本过高,农民的政治参与机会一再被抹杀;政府将自身利益与农民利益割裂开来,忽略农民切身利益,并没有创造与农民合作共赢的条件和机会。在工业化、城镇化进程中被边缘化的农民基于权益诉求的表达受阻或者政治权利的追求无果的群体性事件,一再搁置、拖延当前城镇化建设进程,并引发了不同程度的社会危机。

三、利益受损与城镇化冲突之间的传导机制

从城镇化建设的公共问题出发,当客观存在的现象或事实的出现导致了社会利益失衡时,人们将尚未得到满足的利益转化为利益诉求,通过一定的渠道进入城镇化行政权力主体的视野,并得到尊重和认可,相关公共政策议程随之建立起来。由此,公共权力主体把利益要求输入社会政治系统,在群众利益最大化的宗旨下,汇总、分析、整合、决策利益分配格局。

在城镇化建设公共政策制定过程中，公共政策制定系统从特定的利益主体出发，根据对已经满足的利益要求同尚未满足的利益要求之间的矛盾分析，对不同利益群体的错综复杂的利益诉求给予加工整合、分析确认，以特定的价值标准和现实的客观条件来确定哪些利益要求是合理的而应该得到满足、哪些利益是不合理的而应该受到抑制、合理的利益诉求是否具备满足利益诉求的条件、应采取什么形式满足、以什么方式抑制等问题，由此确定利益分配的终极指向（也称"目标性利益分配格局"）。

之后，为了实现此目标而拿出具体的城镇化建设利益分配措施。此类措施以城镇化建设政策的形式由城镇化建设主体投放到社会系统中，带来利益关系的调整，以解决怎样实现想要实现的利益要求，平衡不同利益主体之间的利益分配不公，消除现实状态与期望状态差距。

最后，城镇化建设政策评价是检验利益的期望状态的实现程度的活动，也是对调整后的新的利益结构的体会。利益主体以公共政策所带来的利益实现状态为根本标准来衡量公共政策的效益和质量。

以上展示了政府主导的城镇化建设利益分配格局形成的逻辑过程，也是我国政府城镇化建设利益分配努力实现的目标。然而从利益表达、利益维护到利益保障等各个环节中，当利益竞争与利益博弈处在一定的可控范围之内，能够通过利益主体之间的沟通协商化解的时候，这样的矛盾是建设性的，有助于社会进步；但当利益竞争与利益博弈过度而不可控时，就会导致利益主体之间的严重对立甚至群体性对抗，这样的冲突是破坏性的。当前，城镇化建设过程中的农民利益过度侵犯问题必然会激化利益矛盾，引发破坏性的社会危机。

四、利益诉求表达与城镇化冲突的传导性机制

（一）利益诉求表达机制

利益表达是一个存在于利益表达主体和利益表达客体之间的双向互动过程。在城镇化建设进程中，一方面，社会群众期望得到相关部门的回应，社会群众根据自己的实际需求向政府表达自身的利益诉求上；另一方面，各级政府通过各种渠道和平台接收人民群众的利益诉求和愿望，对不同社会阶层的利益进行集合和汇总，并运用行政职权将不同利益进行整合，最终使整

合利益代表的是最广大人民群众和整个国家的整体利益。利益表达机制就是将此利益表达过程规律与利益表达实际运行相结合，分析利益表达过程中各要素之间相互联系、相互作用的关系。

由以上分析可以发现，利益表达主体、利益表达渠道、利益表达信息和利益接收主体构成利益表达机制的四大要素。

1. 城镇化过程中利益表达主体——农民群体

首先，农民利益表达缺乏组织依托。近年来，伴随着我国城镇化的加速发展，农民的土地、拆迁、环境等权益极易遭受侵犯，而维权农民多放弃组织化利益表达渠道，采取个体化的利益表达方式，进行"自力自救"。根植于农民利益分散化的现状，农民的弱组织化缺陷不能制衡其他社会利益集团，使其在城镇化利益博弈过程中永远处于弱势地位。这极易导致社会秩序的不稳定，不利于城镇化建设的健康、有序推进。

其次，农民权利失衡。在城镇化进程中，农民群体作为一个弱势群体，在城镇化的社会资源分配上处于劣势地位，他们不仅经济利益贫困，政治与社会权利也匮乏。农民群体的利益表达与诉求权得不到重视与认可，利益表达缺乏政治性保障，更不能有效纳入政绩考评评估主体范围，在利益表达、政治参与、政绩评价等过程中存在被边缘化的倾向。

最后，农民群体表达能力缺失、法制观念局限。根据发现公民受教育的程度或学历和他们在处理政治问题的能力上有密切联系。这就说明"公民的受教育程度越高，在一定程度上就越具备进行利益表达活动所必备的各种资源，会具备较强烈的民主要求、政治自信心和利益表达意识"①。农民受教育程度越高，法制意识越为明晰。法制的政治文化教育能帮助民众懂得如何运用法律渠道争取和维护自身的合法利益，也能使其认识到法律法规对自身行为和活动的约束力和制裁力，规避越法、违法行为的发生。

2. 城镇化过程中农民利益表达渠道——自上而下为主

纵观近二十余年人民群众向政府表达利益诉求的方式，以 20 世纪 90 年代中期为分界点，农民利益表达呈现出不同特点。在 90 年代中期之前，主要就是以和平性的相互沟通性方式为主，然而在 90 年代中期以后，他们的行动越来越带有了迫逼性的某些特点，并且敌视性的某些方式也已经出现

---

① 陈彩莉:《基于利益表达机制完善的群体性事件处理探究》,《改革与开放》,2011 年第 4 期。

了。人民利益表达的方式失序化、内容偏激化等不合乎时宜与想象的行动出现在社会生活的各个领域与层面。当前城镇化进程中,农民群众的利益表达方式大多不是和平、理性的"沟通性"方式,而在向带着火药味的"迫逼性""敌视性"推进,这与我国公众政治参与方式有极大关系。我国公众的政治参与多是政府主导下的"自上而下"的单向性传播形式,对于"自下而上"的农民利益诉求方式存在着极大的否定,甚至是反感的态度,将之与反对政府、扰乱社会稳定,甚至社会动乱相联系。这极大影响了农民利益表达的系统性和持续性。

人民代表大会、政治协商会议、信访、人民团体和媒体等是我国现有的群众利益诉求渠道。群众利益表达渠道的不畅通是利益表达机制的重要瓶颈。一是人大代表的代表性不够强。人民代表大会制度是实现人民当家做主、人民表达利益的最佳场所。目前,我国人大代表构成呈现出强烈的政治性和经济性特点,人大代表主要来自于政府机关、国有经济部门、垄断行业、公众人群等,而来自社会草根群体、弱势群体的代表则较少,在所有的人大代表中,农民出身的少之又少,所占比例十分低,而且仅有的农民代表也面临着"被淘汰"的危险。二是我国现行的信访制度形式化色彩浓厚,依附性特点强烈。中央倡导"矛盾不上交,就地解决,把问题解决在基层"的枫桥经验,把信访量纳入各级地方政府绩效考核指标体系,并赋予较高权重。为了通过上级组织考核,争创辖区绩效,地方政府往往采取拦、堵、截等手段打压、制止上访人员,人为性地"堵塞"农民利益表达渠道。另外,对城镇化进程中群众反映的问题,部分机构采取"一拖、二推、三转"或"不闻、不问、不作为"的办法,导致出现"信访长征"。在民意淤塞的情况下,政治体系无法给个人或团体的利益表达提供渠道, 个人和社会群体在社会压力日益膨胀和愤怒情绪日益强烈的情况下, 往往会失去个人理性而采取冲破社会秩序的过激政治行为,造成社会动荡。

3. 城镇化过程中农民利益表达信息——信息上下不对称

对于政府组织,城镇化信息公开制度存在一定程度上的不完善。"信息是个大箩筐,谁要给谁往里挑。上级领导要报喜,底层群众要隐藏。"如此的信息公布制度带来了种种弊端。首先,信息与事实不对称。城镇化建设的真实状况如何,只有城镇化建设者自己最清楚。在上报组织与回馈群众的过程中,城镇化建设部门采取不同的信息进行呈报与公布,这导致不同群体对城镇化实况的了解存在着极大差异。其次,领导掌握的信息与群众感受到的信息不对称。上级领导了解的只不过是城镇化部门上报的"喜鹊信息",老百姓关注的更多的是城镇化建设部门隐藏并不断压制的关乎自己切身利益的"鸵鸟信息"。在政府与群众这样各自为营的状态下,难免有部分领导对于城镇建设中民众的利益诉求会产生不理解,甚至认为其"不可理喻",农民群众认为政府部门不作为。对于农民群体而言,由于受表达能力和组织化水平的局限,农民群体利益表达往往存在信息表达不准确,不能向政府发送反映本质利益关系的信息与信号等问题。

在现行体制与农民自身状况限制下,城镇化建设难免产生政府组织与基层群众之间的信息不对称,造成两者之间的沟通鸿沟。政府组织难以倾听与判别来自各利益群体的声音,没有办法了解群众的内心失衡与不满,这种基础性的社会需求调查工作尚不能完成,更不用说采取信息公开和透明交流的工作方式,与民间的关切者就城镇化建设进行沟通和交流。利益表达机制中信息不对称的问题是政府预警城镇化冲突的关键卡口。

4.城镇化过程中农民利益表达客体——综合素质不能满足需要

利益表达客体,又称为"利益接收主体"。利益表达客体的综合素质能否满足农民利益表达需要关乎着民众利益表达活动的成败。

第一,利益表达客体的工作理念、职能定位与行为规范等,对城镇化进程中农民利益表达活动有着举足轻重的作用。管制型工作理念将政府与农民群体的关系定位于对立性关系,而服务型工作理念将政府与农民群体的关系温和化、人性化,是城镇化过程中农民利益表达活动开展的润滑剂。另外,当前机构职能定位的不明确与不规范的大环境进一步弱化了利益表达客体的功能与职责,淡化了权责意识,打开了失职、渎职的制度缝隙。

第二,政府权力公正性和公益性程度关乎农民利益表达后相关组织的价值取向判断。城镇化进程是一个利益分配与重置的过程,利益的存在使城镇化公共利益部门化呈现出放大与加剧的趋势。公务员录入机制的不完善、问责与监督机制的不健全进一步放纵了公共利益私有化的倾向。城镇化建设工作是否以维护并促进群众利益为出发点,有没有发生利益目标置换,社会环境是否有利于社会各利益群体进行公平公正的利益博弈,弱势群体的声音是否能够被听到,利益群体的利益博弈机制和规则是否严谨制定并严格遵守等,这都关系着农民利益表达活动的成效。

(二)利益诉求表达机制运行

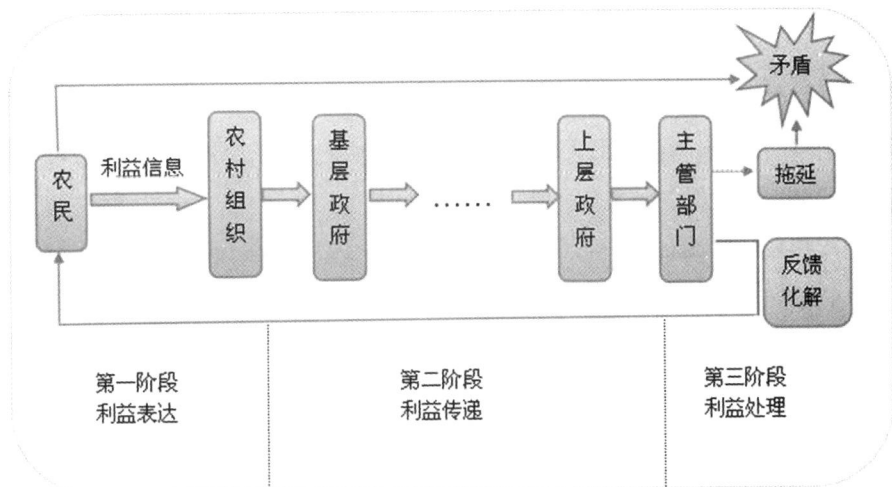

图3-2 城镇化进程中农民利益诉求表达机制运行图

1. 利益诉求表达运行机制介绍

农民的利益诉求表达机制是一个以利益为轴心的动态的持续性运行机制。城镇化建设的进程中无不渗透着利益的重置与分配。在人民当家做主的社会主义国家,为了争取城镇化利益或者合法利益受损后维护权益,农民便产生了利益诉求表达的意愿,以求借助外力帮助重新获取自身合法权益。自上而下的单向性政府运行体制下,农民利益表达便要从身边的政府组织开始,农村基层委员会便成为农民利益诉求表达的第一对象。由于农村基层委员会权力的有限性和能力的局限性,根据利益冲突的具体内容将之呈报至国家政权机构组织——地方基层政府,以化解利益冲突。地方基层政府详细分析利益争议,将自己职责与能力范围内的利益矛盾尽力协商化解,如果利益冲突超越了职责与能力范围,基层政府组织便会再次将利益诉求上报,由上级组织按照职责分配归属利益冲突化解事项。主管部门接收到群众利益诉求后,经过有效协商与沟通,采取一定措施化解矛盾;反之,一再推托或不闻不问,会激化群众利益诉求的矛盾,引发城镇化冲突。

利益诉求表达机制具体来说大体可以分为三个阶段:

第一阶段,利益表达阶段。这一阶段主要是农民群众根据自己利益情况判断,自发形成利益需要,以个人或者组织的形式向基层组织表达利益诉求。

第二阶段,利益传递阶段。这一阶段主要是利益表达客体接收或者感知到农民群体的利益需求，根据自身职责与能力进行处理的过程。利益表达客体的处理活动主要有两种：一是职责与能力范围内化解城镇化利益矛盾；二是职责与能力范围之外，以自己理解的农民利益需求向上层组织呈报利益诉求信号。

第三阶段，利益处理阶段。此阶段将没有归属的利益问题落实到具体责任部门，由具体部门处理农民利益诉求意愿。

2. 利益诉求表达受阻与城镇化冲突之间的因果关系分析

利益表达主体、利益表达渠道、利益表达信息和利益接收主体构成利益表达机制的四大要素。利益表达、利益传递与利益处理是利益表达机制的三个阶段。在城镇化建设进程中，农民群体利益诉求表达机制的哪个环节处理不当，或者哪个要素出现问题，必然会导致农民利益诉求表达与实现受到阻碍，甚至引发城镇化冲突。常见的问题集中有以下三个：

第一，农民利益诉求信息有误。其具体原因有：农民主体利益诉求表达有误，这可能源于农民群体的非理性化带来不合理利益诉求，或者农民群体知情权被剥夺，或者农民群体的弱组织化影响利益表达效果等；中间组织利益诉求信息解读有误，这种现象有能力不足导致的失误，也有人为的利益目的性带来的失误，还有利益传递渠道干扰过多、强烈的噪音污染引起失误。每种失误对于农民群体来说，都意味着自身利益的被侵犯或再次被侵犯，容易激化、扩大城镇化利益冲突。

第二，每个组织处理城镇化利益冲突的时效性不足。产生此种状况的原因多在于：相关部门不敢正视利益问题，害怕被牵连；利益问题的多元化、复杂性与综合性；组织机构日常事务的繁忙程度等。城镇化建设进程中的利益侵犯多集中在关乎农民实际生活的切身利益。拖延利益冲突，是侵犯利益的变相形式，由此引发的城镇化冲突在实际生活中不在少数。

第三，城镇化利益冲突处理方式的不恰当。主要表现在：部门化解利益冲突多借助权威性的行政强制力量，压制利益诉求；相关部门敷衍农民利益诉求，以温和的方式拖延利益实现，力求博得农民同情而放弃利益争取行动等。这种行为职能导致农民合法的利益诉求没有得到承认或者认可，利益意愿最终没有实现，由此带来更为严重的城镇化利益冲突，激化利益对抗。

第三节　执法不规范是快速城镇化背景下群体性突发事件的法制机理

一、快速城镇化背景下执法不规范问题的理性分析

快速城镇化背景下的执法问题涉及城镇建设规划的落实到位情况，涉及当前法制的严肃性和权威性，涉及千万普通群众生活的幸福指数。城镇化建设过程中执法问题的突出表现是执法的规范性问题，这一问题是处于风口浪尖的矛盾焦点，是城镇化建设冲突预警的关键所在。

（一）城镇规划中的利益驱动违背法理，引发城镇化建设科学合理性危机

在推进城镇化过程中，科学合法的城市建设规划起着龙头作用，是引导城镇合理发展的重要依据。1989 年的《中华人民共和国城市规划法》（以下简称《城市规划法》）第一条规定："为了确定城市的规模和发展方向，实现城市的经济和社会发展目标，合理制定城市规划和进行城市建设，适应社会主义现代化建设的需要，制定本法。"[1]此种立法的目的在于使《城市规划法》发挥宏观经济调控法的功能，而不是为制定城市规划的参与者提供行为规则或者为已制定的城市规划的实施提供法律上的保障。另外，"国外城市规划管理一般都比较注重社会参与和全民参与，即在规划编制、实施和管理过程中，公众全程参与，并通过立法和机构设置保障全民监督的实施"[2]。而《城市规划法》立法定位"过分偏重行政管理法的色彩，比较倾向于维护行政权力，对政府或政府部门的可操作性的制约和对公众及作为行政管理相对人的公民、法人和其他组织的保护性规定非常薄弱"[3]。城镇化建设过程能依据的法条本身就较为稀少，制度供给有限，而立法的权力内向性特点突出，忽视了外向性功能和作用。

城市规划法理依据的先天性不完备，导致城镇化建设行为的后天性畸

---

①　《中华人民共和国城市规划法》，《中华人民共和国国务院公报》，1989 年第 26 期。

②　朱文华：《谈我国城市规划管理体制改革》，《规划师》，2003 年第 5 期。

③　刘家海、蒋明杰：《对城市规划法若干问题的反思》，《学术论坛》，2005 年第 7 期。

形。城市规划是一种行政计划,它不仅仅是物质性的空间规划方案,后面有更重要的社会、经济、政治因素多重影响下的涉及政府与社会、政府与市场关系调节与定位、城市与乡村空间与利益调整和分配的现实活动。在市场经济体制下,城市规划中、城市物质空间形态中有关公共利益的公共价值域是应该受到政府控制的部分。一方面,规划编制的深度不够,可操作性不强,缺乏明确的判断标准和衡量办法,给规划实施留下太多的想象空间。"例如与城镇规划相衔接的问题,由于衔接问题十分复杂,对于衔接过程中可能遇到的各种情况及其处理方法,《中华人民共和国县级土地利用总体规划编制规程》没有做出具体的规定"①,致使先取得土地使用权再做规划和未批先建、少批多建的问题不能得到很好的解决。另一方面,对规划管理的政策研究不充分,缺乏政策所应具备的灵活性,控制过多,特别是控制性详细规划有理想化倾向,偏重于规定城市某一区域的未来状态,而忽视了生活在这一区域的居民的现实需求。时下,城市规划的趋势正慢慢转向依靠政府与市场的共同力量完成,政府城市规划体制自身的不完备,市场化机制的运行无可避免存在"经济人"本性中的利益驱动,"不按国家建设部相关规章规定,不按法定程序编制、审批、修改城乡规划,委托不具有相应资质的单位编制城乡规划或制定规划缺乏公众参与"②等恶劣现象依旧存在。这些不良行为与城镇规划与建设的工作宗旨相抵触,直接或者间接侵犯了社会公众的合法权益,严重影响了城镇规划与建设的科学性和合理性。在实践中,各种城市建设的违背规划与违反规定现象愈演愈烈,如随意更改规划、未取得规划许可自行建设、不按规划许可进行建设等。同样,"由于补偿等方面的利益驱动与违法建筑在法律地位上的模糊状态,在城中村、城乡接合部等城镇化综合开发区域内,没有'一书两证'而擅自建设的违法建筑竞相林立"③。无异于违法建设的城镇区域,日照和通风受阻,道路、广场、绿地减少,区域环境质量下降。城市规划往往具有涉益对象的广泛性、权利影响的持久性和多阶段性特点,这些受利益驱使、违背法理的行为破坏了城市发展的健康肌体,利益重组基础上共识的"失坠现象"连锁性地衍生了一系列影响和谐、有序城镇化建设的

---

① 陶志红、范树印:《关于土地利用总体规划编制的科学性和可操作性问题的思考》,《中国土地科学》,2000 年第 3 期第 14 卷。

②③ 郝雅立、温志强:《规范执法:城镇化冲突危机预警的重要途径》,《现代商业》,2014 年第 20 期。

问题和现象，在未被合理解决的情况下引发了对城镇化建设的科学性和合理性的质疑等危机。

关于执法不严我们看看这样一个案例：

案例分析：任务环境与行动决策的悖论

伴随着中国现代化与后现代化的共时性，危机与风险也在相互裹挟、相互叠加中侵袭着这个社会，中国现代化与后现代化推进的过程同时也是一个不断创造新风险的过程，面对高度不确定性、突发性和超常规性的社会风险的衍生与叠加，不少人不禁发出了"生存即风险"的论断和感慨。"这个世界正急匆匆地走向它的尽头"①，安东尼·吉登斯(Anthony Giddens)此言说明现代社会生成的一系列风险景象易于失控而令人生畏，意味着危机管理与风险防范已成为转型社会发展避免走向失败而不得不面对的一个时代问题。

2015年8月12日，位于天津市滨海新区天津港的瑞海公司危险品仓库发生火灾爆炸事故，造成165人遇难、8人失踪、798人受伤，直接经济损失68.66亿元。8月18日，经国务院批准，成立由公安部、国家安全生产监督管理总局、监察部、交通运输部、环境保护部、全国总工会和天津市等有关方面组成的国务院天津港"8·12"瑞海公司危险品仓库特别重大火灾爆炸事故调查组，邀请最高人民检察院派员参加，并聘请爆炸、消防、刑侦、化工、环保等方面专家参与调查工作。为期不到半年的时间，2016年2月，国务院批复了国务院调查组关于天津港"8·12"瑞海公司危险品仓库特别重大火灾爆炸事故的调查报告，查明事故直接原因为硝化棉积热自燃引爆硝酸铵，严重违法违规经营的瑞海公司是主体责任单位，对监管不到位、职务失范、失职渎职、违法操作的五名省部级官员进行了处分。天津港"8·12"特别重大火灾爆炸事故不仅仅是局部受害人的人道灾难，而且是影响社会发展和人类进步的精神毒瘤。此事故再一次以高昂的代价警告世人危机管理的重要性和必要性：理论层面认识清楚风险管理与应急管理的异同，并通过外在风险与人造风险的分析把握实践活动中如何减少不同类别风险的叠加与嵌套，防止不同程度风险的交织与冲突，防范风险级别衍生和危害扩大。

---

① ［英］安东尼·吉登斯著：《失控的世界》，周红云译，江西人民出版社，2006年，第1页。

1. 来自理论与实践的逻辑：风险管理与应急管理

（1）理论的角度：风险管理与应急管理

第一，时域上非共时性：风险强调未来，存在概率；应急强调当下，已成事实。西方"风险"（risk）一词的词根在古葡萄牙语中意为"敢于"。《辞海》中讲："风险"就是"人们在生产建设和日常生活中遭遇能导致人身伤害、财产损失及其他经济损失的自然灾害、意外事故和其他不测事件的可能性"。有学者认为："风险是与某种不利事件有关的一种未来情景"①，是指"在与将来可能性关系中被评价的危险程度"②。总之，"风险"是一个面向未来的可能性范畴，是对未来状态的一种感知与预测，它经常与不确定性、可能性不可分开。因此，"风险管理"是对未来存在着发生概率和可能的风险进行早期处理的系列程序，它将不利事件防患于未然。不同于此，"应急"（Emergency）概念是一个事实性范畴，其核心是现在。宋代周辉在《清波别志》中写道："一值水旱，及起解稽违，不过借南库钱以应急耳。"《钱伯斯词典》把"应急"定义为"突然发生并要求立即处理的事件"。应急管理是"为应对即将出现或已经出现的灾害而采取的救援措施"③，有时也被称为"紧急状态""紧急事态风险管理"。应急管理强调对危机管理的即时性，即是对突发事件进行有效预警、控制和处理的过程，更为狭义上说是对当下眼前突然发生的需要紧急处理的危机进行应对和处理的活动。

第二，阶段隶属关系：风险管理是对社会风险和社会危机的系统性管理过程，包括建立背景、识别风险、分析风险、评估风险和治理风险五个行动，④应急管理只是风险管理的组成部分。应急管理或简单地被定义为"处理和规避风险的学科"⑤，主要针对的是对突发事件的管理。应急管理是斯蒂文·芬

---

① Huang C.F.,Ruan D. Fuzzy,Risks and an updating algorithm with new observations, *Risk Analysis*, 2008,28(3),pp.681-694.

② ［英］安东尼·吉登斯著：《失控的世界》，周红云译，江西人民出版社，2006年，第18页。

③ ［美］詹姆士·米切尔著：《美国的灾害管理政策和协调机制》，李学举译，中国社会出版社，2005年，第231页。

④ Emergency Management Australia,Emergency Risk Management,Commonwealth of Australia, 2004,pp.1-2.

⑤ George H.,Jane B,*Introduction to Emergency Management*,Oxford:Elsevier Butterworth-Heinemann,2003.

克(Steven Fink)危机管理四阶段论(征兆期、发作期、延续期和痊愈期)的第二阶段;是罗伯特·希斯(Robert Heath)有效危机管理"5R"(危机缩减、危机预备、危机反应、危机恢复、危机恢复力)模型的反应阶段;是米特罗夫(Ian I.Mitroff)危机管理五阶段论(信号侦测阶段、探测和预防阶段、控制损害阶段、恢复阶段、学习阶段)的第三阶段;是诺曼·R.奥古斯丁的危机管理六阶段论(危机的避免阶段、危机管理的准备阶段、危机的确认阶段、危机的控制阶段、危机的解决阶段、危机中获利阶段)的第四、五阶段。国内陈安"按风险发生概率的大小和危害程度将其表现分为干扰情形、危机状态和突发事件三种情形,与此相对应配有三个层次的管理概念,即干扰管理、危机管理、应急管理"①,其中应急管理是对已经发生的突发事件进行处理的阶段。

第三,本质的共同归属:主观决策。风险管理是人们面对或预测社会风险而采取的一系列选择或做出的一系列决策的总和;应急管理是在非常规状态下人们为了最大化减少灾害损失而做出的一套决策性反应。无论是应急管理还是风险管理,其本质都归属为应对客观形势的主观决策性行为,旨在通过主观作用于客观而改变不良状况。

(2)实践的角度:全面风险管理模式略胜一筹

国外尤其是一些发达国家在危机管理实践中注重常态化、持续性、多参与的全面风险管理模式。美国突发事件应急管理构筑在整体治理能力的基础上,通过法制化的手段将完备的危机应对计划、高效的核心协调机构、全面的危机应对网络和成熟的社会应对能力包括在体系中。②加拿大以《综合风险管理框架》为界标形成了突出风险规划、注重决策、融入实践、持续学习为主要内容的综合风险管理的模式。英国基于"无法了解应扮演的角色,无法取得公众的信任"的管理风险,在风险管理中以服务为目标,确立风险管理标准,采用标杆管理,专设国内意外事务秘书处,将风险要素包纳进政府部门日常管理中,构建风险管理职能流程,在风险管理方面承担制定规章、服务照顾、实施管理三方面的职责③,尤其注意在政策制定过程中充分考虑到风险防范和管理。日本基于不同种类的突发事件建立了组织完备、责任明

① 计雷、池宏、陈安等著:《突发事件应急管理》,高等教育出版社,2006年,第3页。

② 参见薛澜、张强、钟开斌著:《危机管理——转型期中国面临的挑战》,清华大学出版社,2003年,第41~45页。

③ 游志斌:《英国政府风险管理建设新举措》,《中国应急救援》,2010年第4期。

确、运行有序、精干高效的应急管理协调体系。综合国际经验来看,各国政府在进行风险管理过程中多以管理理念的前沿化、组织机构的专业化、协调体系的有序化、应急行为的规范化等举措来避免政府自身风险管理行为引发次生风险。但是,大部分国家(包括中国)在面对社会风险时多将注意力放在应急处置上,即使这样往往表现为捉襟见肘、低效无序。在社会转型的特殊阶段,我国要借鉴国外的常态化全面风险管理实践模式,引进"排异"后加以利用,在社会的综合风险和全面风险、政府内部的组织风险和外部的运营风险(如管制风险和服务风险)[1]等领域在做好防范外部环境风险的同时,也要规避政府组织的自身行为,尤其是极易衍生新风险的政府风险管理过程中制造风险和危机。

2. 任务环境与行动决策的悖论:风险规避与风险制造的恶性循环

前面已经说明,风险管理与应急管理共同归属为主观决策的本质。无独有偶,安东尼·吉登斯(Anthony Giddens)也关注风险管理的主观性维度,他将现代社会的风险分为外部风险和人造风险。"外部风险就是来自外部的、因为传统或者自然的不变性和固定性所带来的风险"[2],是工业社会里经常发生且可预测的经验性风险;人造风险是基于人类社会发展过程中(在中国就是现代化与后现代化建设进程中)由于科技的迅速发展的持续刺激和人类欲望的不断膨胀,同时在不断完备的知识的不完善、趋于理性的判断的不理性、渐进科学的预测的不科学的情况下产生的人为的不确定性风险,也称为"被制造出来的风险"(manufactured risk)。不同于传统社会的外在风险,"我们所处的年代的危险更多地来自于我们自己(manufactured risk)而不是外界(external risk)"[3],"人为不确定性或者说人为风险源自人类改变历史进程以及自然形态的企图"[4],它伴随着人们的生产方式更新和决策选择的执行而产生,在风险治理的方式选择中趁机改头换面或卷土重来。"所有早先的文化和社会发展阶段以各种方式面对着危险,今天的社会则通过它处

---

① 参见唐钧:《政府风险管理的实践与评述——以加拿大和英国政府的改革为例》,《中国行政管理》,2009 年第 4 期。

② [英]安东尼·吉登斯、克里斯多弗·皮尔森著:《现代性:吉登斯访谈录》,尹宏毅译,新华出版社,2001 年,第 195 页。

③ [英]安东尼·吉登斯著:《失控的世界》,周红云译,江西人民出版社,2006 年,第 59 页。

④ 同上,第 105 页。

置风险的方式而面对它自身"①,且在外部风险之上叠加人造风险。因此,很多时候我们并不知晓自身化解风险的同时正在制造着风险,也不晓得他人的行为在生产着怎样的风险,我们没有可资借鉴的经验和知识,更谈不上对风险的精确计算和结果预测。人为性风险使人们陷入前所未有的主观性风险环境之中,这种基于主观性的风险环境体现为规制风险管理等行为的制度约束规范和体系,这种制度化的风险防范体系又带来新的社会风险。立足于文化与知识的旨在管理风险的人类行为活动带来富有风险的文明成果以衍生新的人为性风险,整个人类的行为便在这种风险规避与风险制造中往复循环与共生发展。

人为性风险是人类主观的目的性行为活动中制造的社会风险,是人类活动和疏忽的反映。詹姆斯·汤普森(James Thompson)认为:"目的性行动一方面根植于对因果关系的信念,一方面根植于所欲求的结果。"②危机管理也是一种目的性行动,因此可以将两个变量放在风险管理和应急管理的领域中对其进行新视角解读。在风险管理中,因果信念的完全性程度和欲求标准(也可以简单理解为"行动目标")的明确性程度影响着个体和组织的行为,间接影响着风险管理主体实践中人为性风险的制造。

欲求标准	明确的 模糊的	对因果知识的信念	
		完全的	不完全的
		I	II
		III	IV

图3-3 因果认知、欲求标准与风险制造的相关关系

(I)当组织或者个体具备风险防范变量之间的因果关系知识,在面对社会风险时会持有无所畏惧的态度去采取行动,再加上对己之所欲所求明晰于心,这时行动主体会在社会风险前无所顾忌、不计后果地去追求所需,在应急管理中也多会采取大胆决策的行动。在第I种情况下,基于人类联系的密切和社会"外部性"的存在,因果关系信念的完备和欲求目标的明晰会大大刺激"试错"行动的不断进行,在此过程中所制造的社会风险最多,且最

---

① [德]乌尔里希·贝克著:《风险社会》,何博闻译,译林出版社,2004年,第225页。
② [美]詹姆斯·汤普森著:《行动中的组织——行政理论的社会科学基础》,敬乂嘉译,上海人民出版社,2007年,第99页。

不可预测、不可控制。

（Ⅱ）当组织或者个体有明确的欲求目标但不了解事物发展之间的因果关系时，即使预见社会风险或面对非常规情况也会采取十分谨慎的态度，在没有充分的、科学的把握时往往关注已发生危机的被动处置，不做前瞻性预测或采取预警性行动的目的是防止新风险的制造。对于处于转型过渡阶段的中国就处于第Ⅱ种情况，由于现代化与后现代化的并轨同进，各个领域相互交织，社会风险不断变异，旨在减少风险、规避损失的危机管理体系在缺少转型社会发展趋势的科学性预测和把握、对转型社会中各种变量和因素之间的相关关系梳理不足的情况下多会参照其他持有共同欲求的行为主体的做法，而情境的不适应性很难使其保证做出完全规避风险的行为，政府失灵现象的发生也不足为奇。

（Ⅲ）即使对社会发展影响变量之间的因果关系胸有成竹，当组织或者个体不了解社会欲求时也不能确立合乎欲求的行动目标，采取合乎需要的社会行动。因果知识由不完全到完全的扩展就等于人类支配领域的不断扩大。在第Ⅲ种情况下，完全的因果知识信念使人们的行为更加理性化和科学化，但欲求标准的模糊会使得行动主体在面对社会风险时袖手旁观、静止不动，进而可能带来知识的浪费，导致一种"变相无知"的现象出现。这就俨然风险管理中对专业化人才的忽视，必然做不到遵循风险管理"理性最大化"的原则，且在政府权力欲下也必然存在制造社会风险的可能。

（Ⅳ）就像每一位行动者一样，在第Ⅳ种对风险管理的因果知识不完备和行动目标模糊的情况下，组织多会采取追随参照者的行动，被动的态度和传统的策略是应对社会风险的惯有做法。在这类行为中，人们不会去主动化解社会风险和应对非常规危机，也不会主动去规避自身行为所制造的社会风险。

总之，转型社会的任务环境为政府风险管理活动带来巨大的外部性风险，行动主体的主观决策在本质上又是存在制造风险的可能。政府主体在"克服风险和不确定性的同时，也会产生新的风险和不确定性"①，风险与治理构成了"挑战—应对""规避—制造"的悖论性关系，人为性的政府失灵和制度失灵造成并扩大了风险规避与风险制造的恶性循环。

---

① 肖巍：《风险社会中的协商机制》，《学术界》，2007 年第 2 期。

3. 天津港"8·12"特别重大火灾爆炸事故中的风险管理和应急管理

(1)舍本求末：重视应急管理，忽视风险防范

常规化的风险管理重视对风险的事先防范以减少事故发生的概率，因此需要系统完备的监管技术、严格执法的监管态度和负责有力的监管措施。《中华人民共和国安全生产法》《危险化学品安全管理条例》《危险化学品经营企业安全评价细则》《危险化学品目录》等文件相继出台，我国已形成初具系统的危险化学品管理的法制化体系。危险化学品管理的有法可依已经具备客观条件，而执法不严，尤其是对危险化学品经营企业的监管存在法制化漏洞才导致如此大的社会损失。

第一，选址忽略风险。国务院公布的《危险化学品安全管理条例》(以下简称《条例》)规定：危险化学品生产装置或者储存数量构成重大危险源的危险化学品储存设施距离居民区应当符合国家有关规定(至少在1000米)。该规定同时要求，港口的危险化学品的仓储装运，包括运输，都是由港口的主管部门来进行发证和监管。而瑞海物流国际公司(以下简称"瑞海公司")危险货物集装箱堆场内共储存危险货物(7大类、111种)共计11383.79吨，其中数量大的有硝酸铵800吨，氰化钠680.5吨，硝化棉、硝化棉溶液及硝基漆片229.37吨[①]，严重超过临界量的单元，而危险品爆炸发生地点距离居民区大概只有五六百米。瑞海公司在地点选址上存在非法建设危险货物堆场的行为，滨海新区规划和国土资源管理局明知其仓储地点违反安全距离规定，未严格审查把关，违规批准，使其成为爆炸危险源头。

第二，企业违反规定操作。瑞海公司未批先建、边建边经营危险货物堆场；违反有关国家和行业标准，混存不同种类的危险货物，严重超负荷经营、超量存储；未按要求进行重大危险源登记备案；危险货物作业人员未经培训、没有作业资格证书；未按规定制定应急预案并组织演练；事故发生后，没有立即通知周边企业采取安全撤离等应对措施，贻误了疏散时机，导致人员伤亡情况加重。

第三，政府监管规避不力。《条例》第十二条规定：新建、改建、扩建储存、装卸危险化学品的港口建设项目，由港口行政管理部门按照国务院交通运

---

① 参见《天津港"8·12"瑞海公司危险品仓库特别重大火灾爆炸事故调查报告公布》，新华网，http://news.xinhuanet.com/mrdx/2016-02/06/c_135080255.htm。

输主管部门的规定进行安全条件审查。天津市交通运输委员会玩忽职守,违规发放经营许可证;天津市安全生产监督管理局和滨海新区安全生产监督管理局监管不力,对安全隐患和违法违规经营问题未及时检查发现和依法查处;天津新港海关对危化品进出口监管活动不负责任,日常监管工作失察失控,放纵从事违法经营活动;天津港(集团)公司疏于管理,对安全隐患和违法违规经营问题未有效督促纠正和处置。政府单位违法违规进行行政许可和项目审查,日常监管严重缺失,进一步放大了危化品存放的风险。

第四,外部评估涉假。外部评估这里主要指的是安全评估和环境评估。《条例》第二十二条规定:生产、储存危险化学品的企业,应当委托具备国家规定的资质条件的机构,对本企业的安全生产条件每3年进行一次安全评价,提出安全评价报告。天津港爆炸企业安评环评由港口主管部门审核监管,瑞海公司委托中滨海盛有限公司作为第三方评估机构进行安评,此评估公司弄虚作假,安全审查、评价和验收等程序中违规操作;交通运输部水运局在安全评审中滥用职权,违规给予通过。

由此可见,天津港乃至相关企业对危险化学品的日常风险防范欠缺重视,处处失察失控,最终导致爆炸发生,再细致周密的紧急应急也不能扭转重大悲剧的结局。

(2)风险叠加:"外部风险"叠加"人造风险"

危险化学品作为一种外部风险伴随着人类的发明和发现而存在于社会中。人类危险化学品的管理活动(生产、储存、使用、经营和运输等)更为这种外部风险叠加上更多的人为的不确定性,行动起来更为谨慎。在此次事故中,危险化学品在30秒内相继发生两次剧烈爆炸,天津港公安局消防支队率先到达现场进行营救,但消防力量对事故企业储存的危险货物底数不清、情况不明,致使先期处置的一些措施针对性、有效性不强,甚至起到反作用,这就加剧了危机的扩散和蔓延,大小爆炸相继发生使消防队伍伤亡惨重,灭火与救人成为应急管理的两大任务。第二天凌晨1时左右成立包括事故现场处置组、伤员救治组、保障维稳群众工作组、信息发布组和事故原因调查组五个工作组的总指挥部,其中的事故现场处置组也就是我们所说的狭义而关键的应急管理的决策单位。总指挥部本着以人为本的原则和减少危害的目标开展战区应急指挥和联合救援指挥,相继动员全市、借助灭火救援专家展开爆炸区危化品种类、数量和位置的搜集,以防止在不明情况下采取不当措施而制造人为性风险。事后积极做好环境应急与修复以防止这一人造风险波及范围的扩大。

欲求标准	明确的 模糊的	对因果知识的信念 完全的　不完全的	
		应急指挥部	消防队伍
		仓储知情者	公司主要负责人

图3-4　天津"8·12"特别重大火灾事故的人造风险相关因素分析

作为肇事者的公司主要负责人,当社会灾害发生之后,困于他们欲求目标是眼前的个人利益自保,与整体事态处理的目标不一致,并在外界压力下摇摆不定,而对应急处理的因果知识因其未必事事亲临而稍显不完备,肇事者处于欲求目标模糊、因果关系不详的第四维度。真正及时把握危化品存放情况的人是仓储知情者,可能是库存经理,也可能是仓库管理员,他们对于危化品的存储分布了然于胸,但基于欲求目标与整体目标的差异而不能使应急处理效率最高。事发之后第一步入现场的是消防队伍,他们以减少灾害损失为目标,却不了解起火原因,不详知危化品的仓储种类、数量和位置,对因果知识的缺乏必然不能控制已有危机,甚至造成更为严重的人为风险。相对有明确的欲求目标和完备的因果知识的主体是应急救援专家和应急救援队伍的指挥部,他们能基于眼下的紧张局势根据更满意的目标和更科学的知识做出更理性的决策。

瑞海公司作为化学品危险源的代表而进入公众视野,虽然它得到了应有的惩处,但危险化学品的存在就意味着更多的类似的社会风险源的存在。事发后再完备的应急管理措施的采用也不能挽救更多的社会损失,日常的风险防范在危化品管理中更为可求。

4. 转型社会视域下的危机管理:目标引导与知识管理

无论是应急管理,还是风险管理,在本质上都是一种政府公共服务行为。在我国危机管理事业以应急管理为主导的服务模式下,忽视了风险管理的重要性,这种"重应急轻风险"的政府模式制造了新的社会风险,它们抑或当即产生社会不良效应,抑或在现实环境的培养和激励下而成为未来的某些危机隐患而存在。因此,致力于化解风险的政府应急管理行为不能以制造社会风险为结束语,而是基于社会转型的大背景将风险最大程度消除。

（1）目标引导：寻找安全与直面风险殊途同归

部分学者将"风险"等同于"不确定性"。组织理论提出组织受制于理性的标准，需要可决定性和确定性。对外部风险加以控制和防范便是人类组织对确定性的渴望。公司、政策制定者和专家结成的联盟为人为不确定性的转嫁和确定性的获取提供了"有组织的不负责任"(Ulrich Beck,1988)的话语体系，对愈发不可控的人造风险的规避取向也反映了人类群体对转型社会风险的恐惧。政府部门"懒政无为"的行政现实也是风险规避、寻找安全策略的一种。同时，组织理论直面不确定性分析，认为开放的组织系统是非决定性的，并面对不确定性。政府在进行经济建设和社会管理过程中总是努力地去认识不确定性，之后逃避、转嫁，或者消灭不确定性，抑或将其化解为确定性；或者以现有的知识去寻找确定性，把握未来可以决定的状态。总之，面对社会风险的不确定性，社会组织采取的是以消极被动的态度去计算、去防范。政府的这种逃逸式的行为从长远上来说是难以为继的。在这个维度上，迈克尔·曼德尔(Miehael J.Mandel)的高风险经济范式也认为寻找确定的事情不是有效的长期战略。因为在全球化和现代化社会中，任何组织系统是开放的而非封闭的，都存在系统之间能量和信息的传递与交流，在此过程中难免会产生人为性风险孕育的机会和可能。寻找确定性是一个规避社会风险的过程，化解不确定性是面对风险而采取措施加以消除的过程，两者在本质上殊途同归。

因此，在社会风险管理中，无论是发现了社会风险去防范还是应对着风险去化解，这都是风险管理符合人类终极目标的价值取向。政府不应该努力把人们与风险隔离开来，而应以正当公益的态度直面转型社会的不确定性，主动决定、创造"积极福利"①，利用符合人们正当要求的安全手段帮助他们。

（2）知识管理：对因果关系知识的把握

寻找确定性与化解不确定性的过程产生一种共同需求，即对因果关系知识的把握。人类科学研究的过程便是探索事物间因果关系的过程，虽然在开放的组织环境中因果关系存在很大的不确定性和变动性而使人不可预测，社会风险具有跨领域转化和跨界扩散的特征，组织内的问题根源也有寄存于另一个组织系统中的可能，但是对因果关系最大程度的理解和把握有

---

① ［英］安东尼·吉登斯著：《失控的世界》，周红云译，江西人民出版社，2006年，第117页。

助于社会风险的预警和应对。风险管理需要以历史性的人类知识对社会发展做出长远的趋势性预测和分析，已将有限的资源投放在更为需要的风险防范领域中；应急管理更是重视在面临紧急状况时对自身知识和经验的重组和挖掘，以做出科学化的临机决策。因此，知识的储备和经验的积累是做好社会风险管理的基础，科学地把握事物之间的因果关系是提升社会风险应对能力的关键。对现状的分析是获取即时性知识的快捷渠道。天津汲取此次事故教训，在《2015—2020年安全天津建设纲要》中指出目前危险化学品行业的八项安全问题，将有针对性的问题化为知识猎取和经验积累的关键领域。对因果关系越为丰富的认知就越能化解组织和个体对社会风险的抵触和消极情绪，越能提高其应对社会风险的成功概率。"社会的安全机制注定要始终尾随在新的巨大风险和灾难及随着发表的新的安全声明之后亦步亦趋地不断修正和完善"①，而我们并不希冀现实的危机一次次侵扰，不希望在现实悲剧中总结教训，因此一方面要按照《危险化学品企业安全建设实施方案》等12个专项实施方案加强法制化监管，从日常监管中发现漏洞，增强问题思考以获取知识；另一方面要监督企业按照标准行事，督促企业建立完备的动态化的风险预案，将危机预案的实际演练效能发挥到最大，在实践演练中积累经验；另外还要搭建风险管理案例库，积极探讨，注重从他人实际的风险应对案例中不断学习和总结。

(二)城镇化建设依据法律互悖于现行法律,引发城镇化建设合法性危机

宪法是我国的根本大法,是一切法律制定的"母法"。1989年制定、1990年实施的《中华人民共和国城市规划法》是城镇化规划与建设最为直接受用的法律。由于立法较早,宪法依据不够充分和直接,宪法视角的欠缺直接导致《城市规划法》在规划编制、规划审批、规划执行等重要问题上对权利归属、资源配置和利益分配等问题的规定与宪法精神不相符合,甚至与宪法内容有所矛盾。

城镇化建设违背现行法律法规,主要体现在征地过程中。作为经济、社会和物质的空间聚集体,城市既是经济、人口、物质等生产要素最为活跃的

---

① [德]乌尔里希·贝克著:《从工业社会到风险社会》(上篇),王武龙译,《马克思主义与现实》,2003年第3期。

场所,又是土地资源最为紧俏和稀缺的地区。《土地管理法》规定:"征收耕地的补偿费用主要包括:土地补偿费和安置补偿费。土地补偿费为该耕地被征收前3年平均产值的6至10倍;安置补偿费为该耕地被征收前3年平均产值的4至6倍,最高不超过15倍。如果按照这个标准仍不能使需要安置的农民保持原有生活水平的,经省级人民政府批准,可以增加安置补偿费。但两费总和不得超过土地被征收前3年平均年产值的30倍。"[①]而在实际操作中,在市场经济体制中个体的趋利性作用下,稀缺紧俏的必要资源和巨额利润的回报像两个车轮一样推动着涉及其中的利益相关者展开激烈竞争甚至抢夺。征地主体借助于农作物种类差异、区域经济差距等理由在土地年产值上做文章,在土地补偿款上打算盘,企图以最低的成本抢占城市土地,无论是从地皮之上的高层建筑还是地皮之下的深度挖掘扩展,尽可能加大土地开发和使用强度,以求最大收益;加上行政化征地体系中利益表达渠道闭塞,目的性与程序性审批制度缺陷,土地征收监管体制缺失,致使征地过程中存在很大的自主权和随意性。这不仅仅推翻了土地征收使用中的公共利益倾向,威胁到农民的切实权益,还严重威胁着城镇化建设的政治合法性与群众工作合法性。

(三)城市管理逆向化,侵犯群众切身利益,促成城镇化冲突隐患

城镇化快速发展使大批农民迁入城市,城市市民呈现出不断膨胀之势,在农民适应城镇生活的过程中,城镇管理的约束规范与引导协调起到至关重要的作用。城市管理是涉及城管、公安、交通、环卫、质监、园林、市政、公用等各个环节与主体的系统性活动。国家建设部在《城建监察规定》中指出:"城建监察,是指对城市规划、市政工程、公用事业、市容环境卫生、园林绿化等的监督、检查和管理,以及法律、法规授权或者行政主管部门委托实行行政处罚的行为。"[②]在目前这个以权力和资本为主导的社会中,上层政府组织着眼于提高低层群众生活质量和福利水平的举措,在基层政府的实施过程中却难出成效,甚至适得其反。从人民网下的群众路线网的《七个专项整治系列六:31省区市整治侵害群众利益行为情况汇总》报道可以看出:时下很多问题都是伴随着城镇化建设的推进而不断出现的,例如北京生活垃圾处

---

① 中国法制出版社编:《最新土地法律政策全书》(第3版),中国法制出版社,2009年,第8页。

② 《建设部关于修改〈城建监察规定〉的决定》,《城乡建设》,1996年第11期。

理、污水处理、再生水利用等城乡生态环境问题,天津征地补偿问题与社保补偿问题,河北进城务工人员随迁子女上学问题,山西城镇职工工资、津贴补助、社保待遇、取暖费用等问题,安徽强制征地、违法拆迁、违规建筑等问题。①城市管理综合执法所引发的社会矛盾冲突也备受关注,可见城镇居民等社会公众对城管人员的评价与态度不容乐观。城管执法主要集中在罚款、没收等执法方式中,执法面广、量大,零距离接触群众,而执法过程中随意性大,自由裁量权过宽,缺少创新性的执法方式实践,如"眼神执法""柔性执法"等文明执法方式,易于采取强制执行等粗暴方式而深陷暴力循环的怪圈,这严重侵犯违法者的生存利益。甚至部分城管执法不公现象的存在,极易引发群众抵触,造成执法冲突,也有违于"包容性城市"建设目标的实现。群众利益无小事,发生在群众身上的每一起利益诉求,都涉及他们最直接、最现实、最突出的利益权益。城镇管理是"民心工程",其中的任何举措和行为都会影响到城市不同群体的最根本利益。在现实中,由于城管执法的不规范,甚至逆向于群众的利益维护,这一民心工程很难成为"顺心之举"。城管执法问题成为城镇化建设过程中矛盾与冲突的焦点。

二、城镇执法不规范现象究根于认知层面的三类矛盾性关系

(一)自身利益、群众利益与执法绩效之间的不统一

自身利益、部门利益与群众利益,价值取向、行为原则与绩效评估之间的关系是绝大多数政府公共部门工作人员意识层面中的模糊之处与矛盾节点。这样的认知错误会带来各种执法问题,具体体现在城镇化建设进程中为:个别执法人员视群众赋予的执法权力为私有权力,这样的认知表现在行动上就会出现野蛮的执法过程;视群众赋予的执法地位为称霸地位,这样的意识体现在行动上就会引发"以庙堂之高取民之粮粟"等以强欺弱的侵权式执法现实;视群众享有的执法利益为个人利益,这样的定位夹杂在行动中就会促使以权牟利、暗箱操作、以指标定方向的选择性的执法腐败行为。群众利益的实现包括城镇化执法部门利益的实现,执法绩效是城镇化建设部门

---

① 参见《七个专项整治系列六:31省区市整治侵害群众利益行为情况汇总》,人民网,http://qzlx. people.com.cn/n/2014/0116/c364565-24134828.html。

的绩效评估内容之一。由此看来,城镇化执法部门利益、群众利益与执法绩效之间是归属性的统一体关系,三者之间是存在交集和统一的。城镇化建设就是在实现包含着城镇执法部门利益的群众利益过程中一次次实现绩效刷新、绩效突破而不断完成,是三者的结合与共进。执法主体意识层面里自身利益、群众利益与执法绩效之间的不统一是城镇化建设进程中执法不规范的心理作祟。

(二)城镇化环境、执法理念与执法方式之间的不协调

城镇化危机意识来源于对快速城镇化建设的环境认识。城镇化与市场化是目前我国转轨的两大特色。在充斥着利益博弈与绩效竞争的如此大环境下进行执法管理,往往存在着执法理念、执法方式与执法环境的不协调,甚至相互冲突的现象。中国特色的法制环境是公平地进行执法,公正地为群众提供服务。而部分城建官员借助自身权力和资源之便,在征地、拆迁、建筑、审批等程序中不合法操作,将公共利益转变为私人利益;抑或在城镇化建设中采取旨在征利的选择性执行、替代性执行等行为来扩充自身政绩,比如,表面性的形象工程建设、粗暴性的摊贩取缔行为、强制性的压制矛盾维稳行为。面对特殊的执法对象,学者"六八加一"①的归纳充分说明了城镇化环境中城管执法理念、方式、结果之间的恶性循环,不符合法制环境,更威胁着城镇化建设进程,理应警戒。"城镇化建设不仅仅是圈地扩张盖楼、城市要素整齐划一,更重要的它是一个环境改善、内涵丰富、品位提升的过程,是一个不断探索并践行城市规划、建设、管理各个环节中的理念与方式的过程。在这个过程中,主体寓管理于服务、客体接受并评价服务,从而实现主客体之间不断沟通、协调与和谐共进。"②城镇化执法理念与执法方式之间的不协

---

① 对于城管执法一方,80%的精力集中在常年的摊贩整治,80%的查处案件归为违法设摊,其中又有80%属于屡教不改,80%的摊贩整治遭遇程度不同的执法对抗冲突,80%以上摊贩处罚难以申请人民法院强制执行,80%以上的摊贩整治实际效果不尽人意;只要稍有机会,摊贩100%会卷土重来。而对设摊人员一方,每个游动地点背后,往往维系着一张嘴甚至整个家庭的基本生计。80%的人来自非本地区,80%的人属于以此养家糊口的职业流贩,80%的人不止一次被城管执法查处,80%的人认为即使被罚仍有获利空间值得继续设摊,80%的人反映城管执法粗放不文明,在触犯人格尊严或可承受底线时,80%的人会选择抗拒执法,只要有可能摊贩100%将设摊进行到底。

② 郝雅立、温志强:《规范执法:城镇化冲突危机预警的重要途径》,《现代商业》,2014年第20期。

调挑战着中国法制环境的权威性和严肃性、城镇化建设环境的安全性与有序性。

（三）执法体制、执法部门职权与人员素质之间的不互补

城镇化建设背景下的执法环境存在体制、职权与人员素质之间的互补性缺失，甚至在一定程度上存在冲突性和对立性。"囿于体制约束和法理规范，城镇化执法只是执法性职权，不具有管理性职责。单纯的执法行为是行政处罚的代名词，缺失制度性保障和协商式过程，在执法中的调查、求证、调解和执行等环节方面存在实施困难，并极易引发群众反感。而城镇化执法过程就是一个与民众不断沟通、协商处理问题的过程，现行的制度并没有给予农民实质性的表达利益诉求的机会和渠道，这就需要执法人员较高的政治素养、民本意识和较强的业务技能、行政压力承受能力，然而这往往又是新兴城镇化执法部门的一大缺陷，城镇执法人员的综合素质不能够满足城镇执法职权要求和业务需求。"[1]

第四节　法律缺失和不完善是快速城镇化背景下群体性突发事件的重要诱因

城镇化进程加快使各种新现象、新问题不断涌现，一些法律、法规不能适应或者不能满足当前城镇化形势发展的需要。城镇化冲突预警法律制度的缺失已引发诸类失范性的城镇化冲突，影响了理性、和谐、有序的城镇化建设进程。防止城镇化冲突形成且有效地解决城镇化利益纠纷是城镇化法制建设的功能和使命之一，法治是维持社会秩序的重要手段，唯有将城镇化冲突预警纳入法治的轨道才是解决问题的最终出路。

一、法律缺失和不完善是引发城镇化冲突的重要诱因

（一）法律上明确"公共利益"界定并非易事

《中华人民共和国宪法》第十条规定："国家为了公共利益的需要，可以

---

① 郝雅立、温志强：《规范执法：城镇化冲突危机预警的重要途径》，《现代商业》，2014 年第20 期。

依照法律规定对土地实行征收或者征用并给予补偿。"①公共利益是什么？不同学者对其认识各有千秋。如何给予"公共利益"一个准确明晰的定位是学术界争执已久的问题。按照美国弗兰克·J.索洛夫(Frank J. Sorauf)教授的总结："'公共利益'大致有五种比较典型的定义，包括公共利益是共同拥有的价值(commonly-held value)、是一种明智(wise)或者优越(superior)的利益、是一种道德需要(moral imperative)、是利益的平衡(a balance of interests)及是不可定义的(the public interest undefined)。"②由此结合日常问题与环境的多变性与特殊性，我们可以发现，对于"公共利益"这一名词进行高度规范已经是一个难之又难的奢望，而对于立法者或者法律研究学者来说，也非易事。"因为作为一种为取得多数同意的代价，立法者经常有意留下一些没有答案的题"③，以备法律使用者针对具体状况做出解释，昭示答案。

表3-1　各国对于"公共利益"的界定方式一览④

公共利益界定方式	含义	代表国家及地区
列举式	在法律中详尽列举哪些事项属于公共利益范畴可行使征收、征用权	日本、韩国、印度、德国、波兰、巴西等及中国台湾、香港
概括式	在涉及征收、征用的有关法律中仅原则性规定具有公共利益目的的方可征收、征用土地或公民的私有财产，但对于哪些属于公共利益未做出明确界定	美国、英国、法国、加拿大、澳大利亚、荷兰、菲律宾等
界定不明	公共利益范围规定不明，同时也没有相应的公共相益认定制度和程度	俄罗斯等

对于"公共利益"，法律规定的模糊性和宽泛性，"公共利益"的标准、程序等一直没有在制度性的层面上得到充分具体的界定，给城镇化建设部门滥用权力提供了空间。"公共利益"是一个概念性的抽象化词语，我国法律中给予的规定采取的却是概括式的立法模式，并没有进一步做出相关实践具体问题的规定。将"公共利益"轻描淡写地含糊带过，无不导致城镇化建设相

①　《中华人民共和国宪法》，中华人民共和国中央人民政府门户网站，http://www.gov.cn/ziliao/flfg/2005-06/14/content_6310_3.htm，2012 年 6 月 14 日。

②　Frank J.Sorauf，The Public Interest Reconsidered，*The Journal of Politics*，Vol.19，1957.

③　[美]波斯纳著：《法理学问题》，苏力译，中国政法大学出版社，1994 年，第 257 页。

④　胥明明、杨保军：《城市规划中的公共利益探讨——以玉树灾后重建中的"公摊"问题为例》，《城市规划学刊》，2013 年第 5 期。

关组织在具体操作中,打着公共利益需要的旗号,搭乘公共利益的便车,借助因地制宜的自由裁量权,将公共利益共谋为个人利益。中国一直坚持个人利益必须服从集体利益、集体利益必须服从国家利益的政治传统,"公共利益的需要"也是诸多城镇化行为,如征地、拆迁、城市管理的前置性条件。"公共利益"界定的明确性缺失影响深远,"公共利益界定的模糊性或明确界定的缺失, 导致现实拆迁实践中拆迁人多以公共利益为由为其拆迁行为进行抗辩;同样由于公共利益明确界定的缺失,也可能导致司法部门在处理城市拆迁纠纷个案时通过其充分的自由裁量权来纵容政府的制度性寻租行为,损害政府的公信力,无法在推进公共利益获得全民共识这一方面获得正当性与权威性;但也同样由于公共利益明确界定的缺失,钉子户也就有了正当的社会生存空间"①。法律的基本原则就是要强调法律的实用价值,关注法律对社会运行带来的实际作用。法律对"公共利益"的概括性规定为扫除地方政府任意解释、随意误解、借由实践和操作自由化等问题设置了制度上的障碍。

(二)程序法缺失难保执法公平,相关执法陷入"借法执法"的困境

公正公平,包括实体公正和程序公正。程序正义论就是通过程序实现正义。卢曼提倡"借助程序的正统性"②。美国法官威廉·道格拉斯也曾说:"权利法案的大多数规定都是程序性条款,这一事实绝不是无意义的。正是程序决定了法治与恣意的人治之间的基本区别。"③程序公正是为了弥补实体公正的不足,克服行政主体行为中过多的主体人格化色彩和单方意志性倾向,使公正最大化。然而在现有法律体系中,实体法概括且滞后、程序法短板现象十分明显。城管执法本身是一种集中处罚权的行政执法模式,统一行使原本由城市建设、工商管理和公安交通等部门所享有的处罚权。在此种情况下,城管局的权限即由城市建设、工商管理和交通管理等方面的法律法规赋予,权力来源具有多样性。在城镇化建设过程中,实体法立法阶位低,缺少权威性、关于城市管理综合执法的具有普遍约束力的专门性法律条文的缺失不能适应相关行政行为展开,《行政处罚法》和《行政强制法》中所规定的程序理所当然地适用于城管执法行为, 这两部法律所规定的程序具有相当的原

---

① 彭小兵、谭亚:《城市拆迁中的利益冲突与公共利益界定——方法与路径》,《公共管理学报》,2009 年第 2 期。

② Niklas Luhmann, *Legitimation durch Verfahren*, 1. Aufl., 1969, 3. Aufl., 1993.

③ 季卫东著:《法律程序的意义》,中国法制出版社,2011 年,第 18 页。

则性,其很难适应城管执法工作的具体要求,亦很难对城管执法予以有效的程序规制。"借法执法"困境阻碍城镇化进程的推进;而程序法的短缺无法保障城镇化行为主体的自由裁量范围,无法弥补城镇化建设过程中的不公正现象,相反,程序瑕疵助长了行政主体瑕疵和行政内容瑕疵。甚至,在不同阶位层级的法与法之间存在相互矛盾,这一定程度上导致了"执法却违法"的现象。例如,在城镇化建设过程中,城市管理部门查处违法建设时依据《中华人民共和国城乡规划法》,查处施工工地扬尘污染依据《中华人民共和国大气污染法》,行使移转的行政执法权、借法执法现象严重。在行政执法证的发放、管理中,国务院部委制定了部门规章制度,地方政府又制定了政府规章制度,两者的不统一造成了执法人员需要执双证才能上岗执法,这严重影响了法制的统一性权威和尊严,也造成了资源浪费和效率低下。在现实中,一讲周详规定就变得条文烦琐,一谈灵活运用就变得比附失当,这是我国法制建设中的一个怪圈,也是当前城镇化执法管理的一个不良循环,许多城管执法队伍在执法过程中无法可依,有法不依的行为屡有发生,这是导致城市管理行政法律关系紧张化的重要原因。

(三)农民维权与社会保障法律体系短板

随着我国立法机关及各级行政部门逐步加强与完善对农民工群体的权益保护法律法规及政策性规定,在保障农民工群体权益方面取得了一些进展,有关部门包括社会和劳动保障部门、建设部门、工会、司法等都有了相关的文件和政策。但是,至今并没有出台统一的法律、法规及其他规范性文件,没有建立农民工社会保障制度,行政规定和司法解释互不照应,甚至还出现法律冲突或不衔接等问题,出现劳动仲裁与法院诉讼在适用法律上不一致的情况。在同一法制下对同一类案件适用不同的法律、不同的处置程序和产生了不同的法律结果,出现了法律上和事实上的不公平。

在城镇化建设进程中,即使有相应的法律建设与完备行为,但是为群众设定义务、限制权限的"负担行政行为"(也称"侵权行政行为")较多。城镇化进程中的农民群体性事件大都是维权型事件,是解决法律规定的合法权益受损后的利益补偿问题,属于不具有政治属性的单纯法律问题。"法治的本质就是实现权利对权力的制约,这就要求我们在实现法治的过程中既要保障人民的利益又要严格遵循国家法律。"①而从法理的角度来看,在我国现有的有关群体性事件的法律法规中,禁止性、义务性规定多,授权性、可行性条款少,还未形成一个从权利的设置、组成到行使、保护、规范的完整体系,最终导致的结果有:群众,尤其是农民,法制意识淡薄,这与不断增强的权利观念呈现明显冲突,激发群体性事件;立法主体的倾向性使群众在城镇化建设过程中缺少参与性的争取权益的有效法律保障,缺少权益表达和诉求表达维护机制;群众权益受损后,依法维权程序烦琐,取证难、投诉难、查处难、诉讼难、赔偿难等使依法维权经济、时间、人力成本过高,难度大,效益不佳;保障性的配套法律规定缺失,劳动监察部门作为政府劳动执法的行政机关,没有查封、扣押、冻结、变卖财产等可以维权的手段和权力,工会、妇联等组织也没有有效的维权措施,劳动仲裁、人民法院相互推诿和扯皮的现象不同程度存在,不能及时保障农民的后续性权益等。因此,在制度建设层面上,法律法规应该严格约束城镇化进程中的"负担行政"行为,为群众提供更多的维权和保障性法律。

二、城镇化法律体系是具有中国特色的良性法律体系

马克思说过:"法律是人的行为本身必备的规律,是人的生活的自觉反映。"②中国特色社会主义管理应为善治社会,中国特色社会主义法律制度应该是良性法律。城镇化法律体系应是在认识和总结城镇化各主体行为规律之上,以民主的形式制定的,反映公平正义、均衡利益的人本性良性法律体系。

(一)在价值建构上,弘扬公平正义、利益分享、秩序安全等法理价值

公平正义是评判社会善恶的首要标准。学者徐显明曾说:"一个良善的社会必定是将公平正义奉为圭臬的社会,而一个公平正义不彰的社会必定会走向经济的衰退与凋敝、政治的专制与腐化、文化的消沉与堕落、社会的混乱与无序。"③城镇化建设一定是以公平为基本特征、以正义为最终价值的社会性事业与活动。所谓公平正义,就是指不同社会阶层之间的利益关系能

① 陈泉生著:《行政法的基本问题》,中国社会科学出版社,2001年,第97页。

② 《马克思恩格斯全集》(第一卷),人民出版社,1972年,第72页。

③ 徐显明:《公平正义:社会主义法治的价值追求》,《人民日报》,2006年12月4日。

够得以调和，不同性质的矛盾都能得到有效化解，整个社会呈现和谐发展的最终景象。正义论学者罗尔斯也曾言："正义的一个重要原则，就是有利于社会中的最不利成员获得最大利益，尽管这可能损害一些人在经济利益以及财富分配方面的权利。"①城镇化是社会向现代化迈进的重要途径和方式，在处理民众切身利益问题时，难以避免会带来群众利益的不均衡分配，带来在经济发展与公平正义之间倾向于前者的不平衡取向。公众没有合法的权利或机会维护自己的合法权益、参与城镇建设反映出了法律正义之缺失。"行政宽容要求行政人员必须宽容地对待行政管理过程中涉及的人与人、群体与群体的差异，并进一步把人的差异转化为合作体系中积极的互补因素"②，公平正义必然是在这种宽容理解、互补合作中实现。公平正义是城镇化建设稳步推进的重要基础，也是衡量城镇化建设的重要标准，直接关系到民众群体的切身利益、内心平衡，关系到城镇化建设稳定的维护，关系到人民群众对城镇化建设和现代化未来的期望。在城镇化法律体系在价值取向上，定位在弘扬公平正义，注重利益共享，维护城镇化建设的稳步推进和社会管理的秩序安全。弘扬公平、正义、秩序、安全、自由、利益是城镇化法律体系的法理价值。

（二）在技术结构上，立法过程的程序民主与正义是城镇化良性法律的形式标准

基希曼说："立法者三句修改的话，全部藏书都成废纸。"由此可以说明立法活动必定要严谨而科学。当然，除了严谨、科学的技术性立法取向外，正义、民主也是立法程序的价值性取向。立法正义是指依照宪法、法律的规定，享有立法权的国家机关按照法定条件和正当程序，运用各种科学的方法制定、修改、废止法律，并以此来保障公民各种合法权益等一系列行为的总称。黑格尔也曾经说："法律的真理知识，来自于立法者的教养。"从这句话可以看出，立法就像水源，如果水源本身有问题，那么整条河就会被污染。法治的程序正当首先体现在立法环节上，立法是维持社会安定、定纷止争的第一道保护线，是实现执法、司法正义的前提，其确保法治的正义和民主尤为重要。

---

① ［美］约翰·罗尔斯著：《作为公平的正义——正义新论》，姚大志译，上海三联书店，2002年，第70页。

② 杨长福、雷春燕：《政府危机管理中的行政伦理问题探究》，《重庆大学学报》（社会科学版），2009年第5期。

实践证明，一些冤假错案的发生往往同法律程序不完备或执行不力密切关联。程序正义应坚持四项基本原则，即正当过程、中立性、条件优势、合理化。程序民主与正义就是要正确地选择和使用法律。程序民主与正义排除立法过程中的不当与偏向，保证执法者在最大可能上选择最贴近事实的法律条文处理城镇化冲突，或者援引最有比照价值的判例作为处理依据。立法过程的程序民主与正义本身意味着它具有一整套能够保障法律准确适用的措施手段以及正常机制。在社会主义体制下，我国法律体系的建设要注重立法的超前性和执法的引导性。法律实质上不仅仅是要求政府依据法律合法合理地行使职权，还要突破实定法，在社会公共利益基础之上鼓励政府引导下层政府甚至整个社会的价值取向，扩大正面设计效益。立法过程的程序民主与正义被社会成员了解与感受，这种看得见、感受得到的民主与正义能够对社会产生积极的示范、导向作用，在一定程度上启发社会良知，建立公民群众的正义意识和正义观念，强化城镇化冲突预警与解决的公正性。

（三）在文化精神上，体现人本位的价值观

功利主义者边沁认为法治的目标在于"导养生存、达到富裕、促进平等、维护安全"，最大限度地增进"最大多数人的最大幸福"。这是因为法就是为民服务、为民增加幸福的摇篮。法律的作用之一是保障公民的合法权益。在社会主义中国的当代法律观当中，"国家与个人本位双向法律观的巩固和发展，是三十年来中国法律文化建设的最重大的收获"[①]。以人为本的价值观将成为指导当今法律文化建设的科学理论。城镇化冲突预警法律体系建设坚持以人为本的立法价值取向，是法律建设合乎客观规律的具体体现，也是可持续性发展、包容性增长的根本要求。首先，"以人为本"必须以人的共同需要为本，人的共同需要就是最广大人民的根本利益，就是社会民众共同的、普遍的要求。其次，"以人为本"还必须以人的全面、自由的发展为本，当每个人的自由、全面的发展成为其他人自由、全面发展的条件时，便是安定有序、和谐健康的社会告成之时。城镇化冲突预警法律体系建设过程中坚持以人为本的价值理念，就是要关注政治参与、担任公职、接受教育、劳动就业、医疗卫生和社会保障等领域的公民权利，关注妇女、老人、儿童、农民、工人、身体残障者等特殊对象的弱者群体权利。坚持人本位的立法价值观要求在城

---

① 武树臣：《移植与播种——个人本位法律观在中国的命运》，《河北法学》，2011 年第 9 期。

镇化冲突预警法律体系建设过程中应当以必要的程序保证听取群众，尤其是农民群众的意见，保证其能享有知情权、参与权和提议权；要求完善城镇化信息公告法律制度，以供群众了解城镇化工作状态，参与城镇化决策，保证自身合法权益的实现；完善城镇化建设群众监督的检举、揭发、控告、申诉和来信来访等可操作性的法律规范，为群众监督城镇化行为与活动提供多种法律途径、手段和程序；当合法权益受损时，以人为本的城镇化冲突预警法律体系要给予适当的制裁和惩处。

第五节　无关利益者闹大是快速城镇化背景下群体性突发事件的外部因素

一、基于无关利益者闹大引发的城镇化冲突特点分析

群体性事件是现代社会的常态危机，任何国家在发展过程中都难以避免。2002 年以来，黑龙江大庆等地发生的大规模群体性事件对全国其他省（区）、市、县产生了不良的示范效应，在东北、华北老工业基地和化工、煤炭、建筑、军工等多种困难行业中引起了连锁反应，接连发生群体性事件。2011年 6 月的云南陆良群体性事件起因是八名村民、三名煤矿企业员工和七名现场维持秩序的民警之间的冲突，不明真相的群众在一小撮别有用心的农村恶势力的煽动下，围攻煤矿施工人员和公安民警，使事态严重扩大，破坏社会稳定与安定。2012 年 4 月，重庆万盛群众聚集事件事出于当地群众诉求表达的小事件，但是由于无关利益者的参加，此次聚集的人数最多在一万人左右，严重影响社会秩序。各种内外因素驱动着当代中国的群体性事件，在很大程度上，群体性事件已经进入了一个快速增长期。最显著的表现是在群体性事件中"非直接利益者"（旁观者）的卷入。一系列基于无关利益者闹大引发的群体性冲突中，我们可以发现其共有的特征。

（1）低燃点。史密斯在谈到冲突扩散时认为："冲突能够从多重场景中转移来，就像细流汇入江河，它们汇集在一起形成巨大的压力，并在一个薄弱

点释放出来,就像堤坝崩塌。"①农民的相对剥夺感作为一种积聚的社会负向情绪,引爆点低。在农民群体已经对当地行政机关表示不信任、农民与政府机关之间的关系剑拔弩张的情况下,稍微一个偶然、简单的小纠纷、小摩擦就会导致群体性事件的爆发。例如,从最简单的事情来看,现在老百姓在马路上不小心摔一跤,他们不是自嘲"倒霉",而是骂"干部腐败,修的豆腐渣马路"②。

(2)升级快。农民群体参与的城镇化冲突虽然起因简单、事发偶然,但源于群体的特殊性、形势的复杂性和环境的动态性,升级迅速。传统与新兴的媒体借助于信息变异优势利用无关利益者"减少自身风险的不确定性"的心理,为群体性事件制造声势;各种谣言、流言等"幻想型流言"③利用"与个体基于长期经验事实对冲突做出的判断相吻合"的手段在群体性事件中多渠道广泛传播,尤其是在传统"熟人社会"的传播,将各种谣言、流言、猜测、预言等信息迅速升温为"内部消息""真实信息",进一步增加了变异信息的可信任度。④作为围观层与附和层,大量无相关利益群体基于被剥夺感与抱团参与的心理,或者紧张与不安的心理,甚至好奇、同情心理的驱使,或者借机发泄不满,种种不信任心理作祟下使其参与其中,群体性事件规模扩展迅速,行为激烈,升级很快。

(3)规模性大。卡内提(Elias Canetti)认为:"群众有永远增长(人数增多)的特性。群众一旦形成,它就想要由更多的人组成。向往增多的冲动是群众首要和最大的特点,它想要把每一个它可以得到的人纳入它的范围。"⑤当前的群体性事件已由自发松散型向组织型方向发展,事件的聚散进退直接受指挥者和骨干分子的控制和影响,城镇化冲突参与主体多元化的趋势使其规模不断扩大。参与主体中有直接利益者,但多数与最初事件并没有直接利

---

①　Kenwyn K.Smith,The Movement of Conflict in Organizations:The Joint Dynamics of Splitting and Triangulation, *Administrative Science Quarterly*,Vol.34,No.1(Mar,1989),pp.1–20.

②　[美]约瑟夫·傅士卓著:《瓮安事件折射"泄愤"现象》,杨政文编译,《财经文摘》,2009 年第 1 期。

③　See Allan J Kimmel, *Rumor and Rumor Control——A Manager's Guide to Understanding and Combatting Rumors*,Lawrence Erlbaum Associates,Publishers Mahwah,New Jersey,p.51.

④　许尧、刘亚凡:《群体性事件中的冲突升级及遏制机制研究》,《国家行政学院学报》,2011 年第 1 期。

⑤　[德]埃利亚斯·卡内提著:《群众与权力》,冯文光等译,中央编译出版社,2003 年,第 1~61 页。

益关系。他们基于路见不平或借题发挥的心理，借机发泄对社会现状的不满，甚至其中还夹杂少量唯恐天下不乱的不法分子。在一些参与人数多、持续时间长、规模较大的群体性事件中，往往事先经过周密策划，目的明确、行动统一，组织程度明显提高，甚至出现跨地区、跨行业的串联活动；有的还集资上访，并聘请律师，寻求媒体支持。

（4）破坏性强。大量无利益相关者的参与使得城镇化冲突具备了强烈的破坏力。加上其低燃点与迅速升级的特点，政府在面对城镇化冲突爆发之际犹如"当头一棒"，时间紧、任务重，事件处理复杂性强。这一切都会加剧城镇化冲突的破坏程度。一是冲击党政机关，扰乱办公秩序。为了迫使政府和有关部门解决其问题，许多群众较多地采取在政府机关和有关主管部门办公场所前聚集、静坐的方式；少数群众情绪激烈，甚至强行冲击政府机关，打伤政府工作人员，砸坏办公用具和交通工具，严重危害社会稳定。二是堵塞铁路、公路等交通设施，给国家和社会造成重大损失。三是极易引发暴力，造成严重的人员伤亡。群体性事件的参与者在发泄不满时，常常难以控制其情绪，从而造成重大人员伤亡。

二、政治信任格局现状分析与意义探索

信任是一种重要的社会资源与文化资源，它是造就社会经济差距的重要原因，也是塑造良好社会关系的重要基础。政治信任是政府政治合法性的具体反映，是社会公众对政府形象的认知判断，对政府行为的肯定与依靠。

对于顶层政治领导来说，理想的政治信任格局的搭建主要顺延"宏观的理想意识形态宣传认同→中观的政策与制度创造绩效信任→微观的合乎民意的政治行为信任"的"三部曲"。步步落实，便能树立良好的政府形象，建立良好的政治信任格局。对于广大民众来说，"政治主体的政府行为→政策与制度绩效→意识形态的政治宣传"是其在实际生活中认知政府、判断政府的常规程序。起始于对政治主体行为的直接感知与判断，群众的政治心态、社会心态对政治信任格局的塑形有重要作用。

以理想的意识形态宣传教化的形式争取民众认同，以赢得群众信任，此举措在革命战争时期效果显著。当今，理想意识形态的宣传认同必不可少；政策绩效与制度绩效，尤其是以政策和制度带来的经济绩效，群众可以直接

享受其福利,是政治信任直接"创收"并快速发展的举措;而基层政治主体的政治行为是很有争议也易两极化的举措:以民为本的政治行为极易取得民众支持,得到民众信任;反之,以私利为原则的政治行为极易遭受民众反感与抵触,而且困境在于,这两者之间的平衡点极难拿捏与把握。由于群众的直接感知,政治主体行为是中国信任格局的基石与关键,同时也对政府政治信任的重建很重要,"因为政府控制了所有信任形成的制度环境。政府的权力太大,对政府的约束不够,人们就没办法预测未来,就会无所适从,政府就不值得信任"①。"国家机器的适当使用可以维护和加强一个自由繁荣的社会所需要的秩序,使社会成为一个有秩序有信任的社会;国家机器的滥用则将瓦解一个自由繁荣的社会的基石——资源团体和信任,导致一个有秩序无信任的社会。"②政治行为不当,前两者的所有成绩便会一笔勾销,甚至逆化、误解其效果;政治行为得当,则进一步见证与说明了之前的努力,为中国政治信任格局构建锦上添花。这一方面在不断扩散的城镇化冲突中有很好的说明与体现。

"僵化的理念及其延伸物僵化的体制才是导致丧失民心的深层因素,等到外在和内部压力达到一个令体制无法支撑的点上,任何一件小事都可能会引发大规模的社会和政治动荡。"③城镇化冲突本身就可以被看作由政治不信任所导致的极端、不宽容、不妥协的政治行为。政治不信任在传统的政府主导型社会里极易滋生、膨胀并扩散,衍生出大量的无直接利益相关者,壮大了社会不稳定因素队伍。

亚里士多德曾讲:"一切欺骗平民大众的方法都永远得不到信任。"④政治不信任意味着广大民众对政府机构的认知产生偏见,民众与政府之间不能实现有效的交流,政治信任赤字的出现使得政府的表率作用越来越低,人们对国家的归属感和安全感越来越少。社会公众"尼斯湖怪兽"⑤猜测使得社会质疑愈发泛滥。在城镇化建设快速推进的进程中,当群众面对利益分配或

---

① 张维迎著:《信息、信任与法律》,生活·读书·新知三联书店,2003 年,第 115 页。

② 肖唐镖著:《二十余年来大陆农村的政治稳定状况——以农民行动的变化为视角》,转型中的中国政治与政治学发展国际学术研讨会(北京),2002 年。

③ 施雪华:《民众信任流失的中外警示》,《人民论坛》,2012 年第 4 期。

④ [古希腊]亚里士多德著:《政治学》,九州出版社,2007 年,第 545 页。

⑤ 张国庆著:《公共行政学》,北京大学出版社,2007 年,第 287 页。

者利益受损时,所有的政治信任全部瓦解与崩溃,代之以政治蒙蔽,甚至政治欺骗。在这种不信任的政治心理驱使下,缺乏理性的群体组织极易采取极端的、危险的处理方式,带来一定程度上的社会动乱与不安,并且"政治不信任的心理具有传染性、弥散性,如果有人把这种政治不信任表达出来,甚至付诸政治行动,那么,那些受政治不信任心理传染的人,就会跟着采取政治行动"[①],致使有限程度的政治不信任急速扩大,衍生大量的无利益相关者,导致大规模城镇化冲突的恶劣事件。

三、城镇化冲突中农民政治不信任心理分析

法国社会心理学家勒庞(LeBon,又译"黎朋""勒邦")在《乌合之众》一书中比较系统地提出群体心态研究范畴。[②]在勒庞看来,所谓"群体心态",是指某一个人在获得一个"心理群体"后所产生的一种心理状态和心理倾向,主要包括两层意思:一是指聚集在一起的人都具有一种相同的心理倾向和趋势,这是一种群体行为形成后的群体心态。这种倾向是与人在个别独处时的心理状态完全不同的。二是指只有具有相同的心理倾向的人才能聚集在一起,并形成行为。这是一种群体行为形成前的群体心态。这种心理状态和倾向是每个个体所拥有的,但平时是处于一种潜在状态,是被理性所压抑,但又是充满活力的,只要条件成熟,它就可以冲破理性的控制和压抑而表现在行为中。

城镇化进程中农民政治上的不信任,特别是对国家基层权力组织的不信任,直接导致城镇化冲突中无利益相关者队伍的壮大,成为农民群体性事件爆发、激化的重要力量。无利益相关者被政府部门称为"闹事的",就是指那部分与事件的直接诱因无直接或间接的利益关系,甚至与当事人素不相识的人出于对弱势地位当事人的同情心与平常生活积聚的不公平,以求对不信任的政府部门进行情绪宣泄,参与实施群体性事件。"绝大多数参与者与最初引发事件的原因并没有直接利益关系,往往是为了发泄对一些长期积累的问题的不满"[③],已成为近几年许多群体性事件区别于以往群体性事

---

① 刘孝云:《群体性事件中的政治信任问题分析》,《探索》,2009 年第 5 期。

② 黄建钢著:《政治民主与群体心态》,中信出版社,2003 年,第 35 页。

③ 《2012 年群体性事件研究报告》,法制舆情网,http://www.legaldaily.com.cn/The_analysis_of_public_opinion/content/2012-12/27/content_4092138.htm。

件的不同特征。无利益相关者的政治不信任心态集中体现在"怨恨式批评"现象的出现,就是"缺乏任何积极目标的不分皂白的批评。这种批评并非真想消除不良现象,只是以之为借口,而且,对于所抨击的状况的任何改善,不仅不能令人满意,反而只能导致不满,因为它们破坏了谩骂和否定所带来的不断高涨的快感。怨恨式批评不会对内在价值和品质做出任何的肯定、赞赏和颂扬,仅是一味地否定、贬低、谴责"①。主要表现为以下两种心理:

(一)被剥夺心理:无相关利益者的泄愤动力

与维权事件相对的"泄愤事件",也称为"无直接利益冲突事件"。"参与你的事,把你的事闹大就想解解我那事的恨",无利益相关者之所以泄愤,根植于其被剥夺心理在作祟。格尔(Gurr,1970 年)在《人们为什么会造反》一书中认为:当社会变迁导致社会的价值能力小于个人期望值时,人们就会产生"相对剥夺感"。相对剥夺感越大,人们造反的可能性就越大,对社会的破坏性也就越大。②在城镇化建设进程中,每个社会成员,包括农民,都有其特定的利益期待,而城镇化建设所能满足利益期待的能力是有限的,当政府主导的这种利益满足能力不能及时实现农民的利益诉求时,农民就会产生一种被剥夺的感觉。

第一,被剥夺的感觉是相对的,伴随着"公平"而存在,城镇化冲突预警建设中难以避免。被剥夺感的产生并不是"被剥夺主体"将自己所得与某一既定的标准相比较,而是自行选择某一参照物进行比较,它可以是自己的过去经历,也可以是身边的其他人群。在城镇化建设进程中,当农民将自己的利益所得与自己的过往经历,或者其他利益主体相比较时,发现自己处于劣势地位,就会产生甚至增强被剥夺感。同样,即使自己是利益受益人,自身的利益所得处于相对优势的地位,但是"比上仍有不足"时,也会产生相对剥夺感。而城镇建设本应该带来生活水平的改善的行为却使生活水平下降,若以城镇市民的生活作为参考系数,只会加剧农民的被剥夺感。农民被剥夺的感觉越强烈,采取抵抗政府城镇化建设的危险性行为的可能性就会越高。罗尔斯曾言:"在其他条件相同的情况下,一个社会越是公正,那些参与着这些社会

---

① 成伯清:《"体制性迟钝"催生"怨恨式批评"》,《人民论坛》,2011 年第 6 期。

② See Ted Gurr, *Why Men Rebel*, Princeton: Princeton University press, 1971, p.24.

安排的人们就获得了一种相应的正义感和努力维护这种制度的欲望"①,促进社会稳定的群体力量将日益壮大。但是,这个世界不存在绝对的公平,无论城镇化建设如何尽最大努力实现农民利益诉求、满足农民利益愿望,也不可能实现每人每家整齐划一地均分利益。

第二,被剥夺感具有潜藏性和号召力,在城镇化冲突预警建设中要紧加防范。在城镇化建设进程中,囿于体制淤塞、政府统筹性不足、工作全面性不到位以及农民表达能力有限等因素,某个个体的相对剥夺感不容易被察觉或引起重视,可能会潜藏较长时间。但是,如果农民群体中每个成员都有类似的被剥夺经历,则容易演化成农民阶层的群体性剥夺感。群体性剥夺感一旦出现,就成为城镇化冲突的群体性心理基础。在城镇化建设进程中,"一些地方违反规定乱批乱占耕地,拖欠、截留、挪用土地补偿费,在征用土地中侵害农民的合法权益;一些地方城镇房屋拆迁时不依法办事,滥用强制手段,严重侵害居民利益;一些企业在重组改制或破产中不落实中央有关政策规定,侵害职工合法权益;一些地方拖欠和克扣农民工工资,侵害农民工的合法权益"②,这些城镇建设的不合理行为使事件参与者产生了强烈的相对剥夺感,成为城镇化有序建设与社会和谐稳定的隐患。

(二)抱团从众心态:无相关利益者的维权保障

欧洲社会心理学的社会认同理论(social identity theory)研究群体心理的形成机制,认为通过知觉"类化"(categorization)的过程和机制将个体"自我类别化",去除个体个性与责任感,个体消失,共性逐渐塑造出来,形成新的"心理群体"(psychological group formation)。城镇建设富裕了太多的人,而农民阶层的生活却一日不如一日。在部分农民群体的眼中,"社会的进步使所有其他阶层富裕,却使自己灰心丧气;文明唯独与自己作对"③。群体心态是群体在社会中地位的心理反应,这种对现状的考虑使得农民强化了自身的弱势群体定位,固化了农民的"自我类别化"意识和框架。"部分社会成员在经济上经受绝对贫困与相对贫困的双重煎熬,被剥夺感强烈,心理严重失衡,心

---

① [美]约翰·罗尔斯著:《正义论》,何怀宏等译,中国社会科学出版社,1988年,第443页。

② 周感华:《群体性事件心理动因和心理机制探析》,《北京行政学院学报》,2011年第6期。

③ [法]托克维尔著:《旧制度与大革命》,冯棠译,商务印书馆,1992年,第116页。

理积怨严重,出现一些异常行为进行反抗。"①当一个人面临的压力超过一定程度(应激阈值)时,他的行为会在某些诱发因素的作用下产生爆发、失控而出现过激行为。利益与风险的分摊是农民群体面对强大势力的政府的首要选择。当风险来临时,在劣势群体定位的认知散播与受剥削、被压迫的情绪集聚过程中,农民个体会自动按照自己的身份、地位、价值与利益取向等来站队,农民的劣势地位使其不得不借助抱团的方式组合成集体进行维权。在群体状态下,思想上的迷茫和现实情形的需要,或是重要群体目标的出现,或是避免被视为"异常者"的压力下,参与群体事件个人的行为与群体保持一致,表现为群际行为,即从众现象。农民的抱团从众心态有极大的连锁效应,"群体的兴奋力量随群体中个体的数目呈几何级上升"②,"在你需要帮助的时候,我参与进来,成为你维权的合伙人;等我利益被侵犯,需要帮助的时候,你也会念及我的帮助而拉我一把,成为我维权队伍中的一分子","帮你维权,就是为了避免我以后会遭受同样的权益侵害","搭个顺风车,闹闹事,说不定能捞把利益财","把问题搞大才能解决问题"等等,这种心态认知与心理判断现象在城镇化冲突中十分明显,"群体中的个人会感到一种势不可挡的力量,觉得人数越多越不会受到惩罚,这使他胆大妄为,敢于发泄本能的欲望,不再有约束个人的责任感,不再有'不可能'或'不能够'这样的概念"③,催化并升级群体性事件的规模和进程。由此在农民群体中聚集起一定的能量,群体性事件便是农民群众对风险判断与认知的反馈表现和不满情绪的释放路径。

---

① James C.Scott, *Weapons of the Weak：Everyday Forms of Peasant Resistance*, New Haven：Yale University Press, 1985, p.110.

② 杨鑫辉著：《西方心理学名著提要》,江西人民出版社,2001 年,第 178~191 页。

③ 陈月生：《群体性事件中的群体心态研究》,《理论与现代化》,2013 年第 6 期。

第四章 群体性突发事件公共危机预警管理的优势分析

群体性公共危机的"连锁反应"或"涟漪反应"使越来越多的管理人员、学者慢慢意识到:从源头上遏制公共危机的发生才是公共危机治理的关键,危机预警是危机管理的重心。以预警准备为重心的群体性社会公共危机管理是政府履行社会管理、公共服务两项基本职能,发挥社会宏观调控功能的有力武器,其优势不可替代。

第一节 有利于培养危机预防文化

一、预防预警突显"社会仁道"的价值取向

"仁"作为具有一定道德意味的观念,其实在孔子之前就已经出现。孔子说过:"古也有志:克己复礼,仁也。"(《左传》)可知"仁"的观念是古已有之的。仁道通行的社会才能是和谐社会。但从当今的情况来看,随着经济的快速发展和个人现实发展的功利要求, 使最为本真的仁道精神在社会的广泛层面陷入了严重的危机。意大利著名西方马克思主义者安东尼奥·葛兰西(Antonio Gramsa)认为:"统治集团统治领导地位的确立主要依靠大家的相同意见,并辅之以强力的政治统治。做到道德与理性的统一。"[①]这就是说,文化是一个冲突力量的混合体,"在处理群体性意见的时候,要将所有人的意见进行协调、统一,做到人人都能参与并接受"[②],发挥作为软权力的介入作用,

① [意]安东尼奥·葛兰西著:《狱中札记》,曹雷雨、姜丽、张跣译,中国社会科学出版社,2000年,第194页。

② 谢金生:《论文化作为软权力在群体性事件处理中的运用》,《福建公安高等专科学校学报》,2007年第2期。

杜绝官僚行政体制下技术化的道德行走其间，规避替代性社会良知横行其道，有效地预警与化解矛盾。

首先，普及群众教育，开展"农村启蒙"工作。统计数据表明，很多群体性事件都是由个别工作人员的"失误"造成的，或是没能够正确地认识到问题的严重性，或是采取了不当的解决措施，许多群众缺乏法律知识，农民法律素质的提升滞后于国家法制化建设的进程，不少农村群众存在"只要不杀人不放火，你政府就拿我没办法"等偏执观念。再加上外在配套体制和制度更新改革缓慢，监督力度不足等，这都大大增加了爆发群体性突发事件的可能性。预警群体性突发事件不仅仅需要制度的完备、法律的强制和监督的有力，除去这些外在的强制性的约束外，还需要一些内在的柔性化的自我制约。法制宣传教育是一种思想政治工作的方法，它使法制观念潜移默化在人们的头脑中，如果人们知法懂法，便会减少群体性事件发生的概率，相比于用暴力解决问题，法制宣传的效果更加具有优势，特别是那些与群众的日常生活、切身利益紧密相关的普及性法制宣讲，意义更为重大。它不仅可以有效地缓解党群对立情绪，使群众理解政府的执法行为，还有利于利益问题在和平的社会气氛中得到彻底解决，减少群体性事件出现反复的后遗症。群体性事件预警要通过一些农民喜闻乐见、易于接受的极具感召力和启发性的活动来释放农民天然的社会伦理道德，培育农民的法制意识和维权理性。另外，公共危机预警机制构建了一个社会群体表达自我意识的空间，能够在危机最小化阶段发挥功能，提高广大群众依法保护自身合法权益的认识，增强广大群众遵纪守法的自觉性，形成良好的政治生态，使广大群众掌握依法解决问题的方法和途径，有效化解社会愤怒，疏通社会机体脉络，发扬社会仁道精神，满足公民不断觉醒的社会意识，让个体在一个富有仁道的社会环境中成长和发展。

其次，以危机预警取代危机爆发，将危机损失降低到最小化，符合社会仁道主义。近期，一件接一件的群体性公共危机爆发，如茂名市政府 PX 化工项目、温州三江堂强拆事件等，事件的起因、过程和结果于行政主体、于群体公民都是一次人性良知的考验。在城镇建设的过程中，地方政府决策的不确定因素增加，能不报就不报，能瞒报就瞒报，能压就尽量压，在"必要的时候"断水断气、电话骚扰、轮流跟踪、该硬上就硬上，这些不仁道手段与行为已经不适合处理公共危机，这种传统的行政模式让社会充满恐惧，引发了社会各阶层对社会仁道日趋衰落的反省,对关怀群众的强烈呼吁。预警性公共危机治理要求"行政人员以宽容作为自己的职业修养,地方政府需协调好当地群众与政府的关系,以地方群众的意志为导向,为当地群众更好地服务为己任,使群众与政府的关系达到和谐的状态,将冲突事件发生的概率降到最低"①。这种符合社会主义仁道精神的预警性公共危机治理旨在倡导破除"亡羊补牢"式的后事弥补治理模式,预测事件的先期征兆,积极预警防范危机。

人类社会的进步建立在对自身行为与活动选择的反思和总结中,仁道主义是社会进步与发展的终极价值追求。群体性事件作为人类社会的一种公共性危机,至今尚未有一种让诸人皆宽慰、体现仁道主义倾向的解决策略,这需要政府、公共组织乃至社会公民进行反思和改正。

二、预防预警能促使公众感知并适应社会公共危机风险

文化是民族、国家的命脉。后工业社会理论创立者、美国学者丹尼尔·贝尔(Daniel Beu)讲道:"在我看来,文化是为人类生命过程服务的,文化可以帮助人类更好地面对并摆脱困境。"②文化作为一种软权力,正如霍尔所言:"其作用是引导人类日常行为规范,帮助人类确立一定的规则和秩序,并逐渐形成有序的社会生活。"预防预警文化普及的过程是一个构建社会规则与秩序的过程,是一个整体社会安全化的过程,即社会作为一个行为主体适应另一个行为主体,对具有威胁的内容产生共识并加以防范的过程,是社会公众进行风险感知和风险适应的过程。

当今中国社会的政治、经济、文化发展不平衡,各地发展不均衡,导致贫富差距较大、人员素质和文化程度参差不齐等问题出现,这些问题的出现使得社会间接产生了各个层次、各种各样的社会化风险,这些风险自身就具有一定的危险性,它们之间还会相互作用而产生更严重的风险,表现出多重复合性和动态聚合性特征。风险文化理论的代表人物道格拉斯曾说:实际上风

---

① 杨长福、雷春燕:《政府危机管理中的行政伦理问题探究》,《重庆大学学报》(社会科学版),2009 年第 5 期。

② [美]丹尼尔·贝尔著:《资本主义文化矛盾》,赵一凡、蒲隆、任晓晋译,上海三联书店,1989年,第 24 页。

险的数量没有变,其影响也没有加深,只不过是人们感觉自身正在遭受更多的危险。①一个社会群体会共享一系列分散的行为规范和认知,但不同社会群体对其所处的环境有不同的认知、判断、解释及应对措施,这往往是由于每个社会群体所处的环境不同, 内存于每个群体头脑中的对生存环境和文化价值观念的主观建构有所差异。风险是一种必然存在的东西,做任何事都会有一定的风险,它可能会发生也可能不会发生。②因此,应该加强社会风险的客观认知和理性应对,避免社会风险的"主观建构""虚拟制造"和"感知加工",提高社会公众逐渐认识社会中存在种种风险的能力,明确社会公众的理性感知,关注风险感知度较高的不确定性单重风险,在有备而来、未雨绸缪的境况下适应这种风险社会的状态。

一方面,摒除"制造风险"的文化。首先需要摒弃的是本身性质偏激的狭隘的文化,如个人中心主义、功利主义和拜金主义倾向、GDP 主义政策、工具理性等价值观念,它们以个人利益为中心,以自我利益的实现为基本逻辑,具体表现为"为满足人们的感官需求而弱化人们的精神质量,注重眼前得失而忽视长远的整体性平衡等"③。另外,需要正视的是,在文化交流与互动中,缺乏制度保障的个性文化泛滥,整合度不够,由此,各种性质迥异、立场不同的价值观念在交锋中产生了冲突性文化。

另一方面,发扬"规避风险"的文化。风险规避文化的道德信仰的缺失是中国风险社会在横纵切面上不断放大的主要原因之一。中国正处于经济转型、社会转型的关键时期,与之伴随的必然是思想文化和价值观念的转变,在这个转变过程中,"不可避免地面临新旧思想观念之间的碰撞与交流,旧的社会体系受新文化、新观念、新思想的影响和冲击,逐渐分崩离析,而在旧的社会体系分崩离析的同时,新的社会体系又不健全,新旧交替出现了社会真空期,使得社会道德规范失衡"④。危机预警文化的发扬就为填满这个"道德真空"提供了绝好机会,避免分化的价值观造成文化混乱失序状态,避免陷入道德信仰迷失的思想危机。

---

① 参见斯科特·拉什、王武龙:《风险社会与风险文化》,《马克思主义与现实》,2002 年第 4 期。

② 参见刘岩、赵延东:《转型社会下的多重复合性风险——三城市公众风险感知状况的调查分析》,《社会》,2011 年第 4 期。

③④ 陈盛兰:《应对与传媒责任中国社会风险的症结——从风险文化视角予以考量》,《中共福建省委党校学报》,2013 年第 10 期。

第二节 有利于降低政府法制化治理成本

一、预警性公共危机治理能够降低政府公共危机治理成本

史蒂文·芬克(Steven Fink)认为："处理突发事件是管理的艺术，能够从侧面证实组织前途，有次序地摆脱风险与不确定性，是组织更好地管理和营造自己的未来。"[1]政府若想降低公共危机带来的负面影响，在充满风险的社会中掌握自己的前途和命运，就一定要在危机到来之前，有效地进行危机预警。在奥斯本(David Osborn)看来，前瞻型政府应该从长远打算，而不是只着眼于眼前利益。但是，在我国目前的这种"压力型体制"下，政治环境中存在根据其"政绩"决定的短期行为。未来可能发生的问题有些是可以预见的，而且是一种对潜在危机的分析和预测，这需要时间来证明，为此所做的工作也是一种"隐形的"或是经过长期才能显现作用和意义。政府预见性治理工作既难以得到民众的支持和配合，也难以被上级领导理解和奖励，因此所能创造的绩效寥寥无几。所以，那些沽名钓誉的官员对此并没有很高的兴趣，欠缺预警性公共危机治理模式的运用与完善的环境。

政府对公共危机的预见意识淡薄、预见问题的前瞻能力不足、预见问题的效率效果低下。改革政府理论曾经提出：各级政府要进行改革，其目标都应该有一个，那就是当政府对待公共危机有一定的预见性时，他们的重心是放在前期预防上，而不是在后期治疗上。[2]传统的行政服务模式习惯于问题的后续"治疗"，而事前"预防"经常被忽略，以往的公共危机治理模式习惯于被动地做出回应，主动预测问题的意识较为淡薄。新公共管理理论认为，政府是"掌舵者"而非"划桨者"，预警性公共危机治理要求地方政府和领导干部不仅仅要行使"划桨"职能，更要树立"掌舵"意识，稳妥掌握好公共危机治

---

① Steven Fink, *Crisis Management: Planning for the Invisible*, New York: American Management Association, 1986.

② 参见[美]戴维·奥斯本、特德·盖布勒著：《改革政府——企业家精神如何改革着公共部门》，周敦仁译，上海译文出版社，1996年，第83页。

理这艘"大船",在与社会合理的接触面和合适的"吃水线"中,改变政府旧的管理模式,要积极预防风险、预警危机。

查尔斯·狄更斯(Charles Dickens)在《双城记》中曾经说过这样一段话:这是一个最坏的时代,也是一个最好的时代。没有人愿意遭遇危机,但是危机常常不期而至。诸多社会性公共危机事件已经充分说明,危机到来了,政府临阵磨枪式的应急处置不仅成本巨大,而且效益依旧备遭质疑。百姓频频摇头,政府"有苦难言"。谈到危机,人们更多地想到的是将要面临危险或者是将要处于危险之中,然而却忽略了它还有扭转结局的力量——机遇。当危机来临时,政府准备充分全面,应对措施得当并利用巧妙,便会将危机转化成转机、转化成机遇。其中的关键便是注重危机预警机制的建设。危机预警,即在危机还没来之前,做好准备,不仅能规避大规模风险和危机带来的损失,也能够降低政府公共危机治理成本,提升政府公共危机应对能力,甚至将不利转化为有利,将危机转化为转机。

二、预警性公共危机治理能够降低政府社会秩序维护成本

"风险社会已经成为现代社会的基本特征"[1],"规模风险""危机叠加""共振效应"等进一步凸显现代风险社会的特殊阶段特征。预警性公共危机治理通过公共危机的事前预防和准备,对社会利益、公众诉求的潜在危机进行防范,对民众与政府的矛盾进行协调和疏通,使民众能够合理合法地释放潜在的压力,有序表达自己的利益诉求,从而有效地避免因个体的社会压力或者单一的利益诉求引发规模化的公共问题。危机的防范使政府能够投入更多的精力控制和防范引发社会问题的因子,提前缩减风险规模,弱化危机叠加效应,降低政府社会秩序维护成本。

"大闹大解决,小闹小解决,不闹不解决"已经成为当前各种社会群体性事件的演化规律与参与者的分析逻辑。因此,很多人认为"会哭的孩子有奶吃"——只有主动提出请求并想办法引起社会关注的人,才能更容易得到想得到的利益。此条"金科玉律"已成为诸多群体性事件酝酿与发生的基本逻辑定式,也对政府进行社会公共危机预警提出了重要挑战。"扩大事件的影

---

① 　Beck Ulrich, *Risk Society: Towards a New Modernity*, London: Sage, 1992.

响力的过程，从侧面体现出民众与政府之间的矛盾纠葛。在这场民众与政府的对决中，民众的力量是相对缺乏凝聚力的散沙，他们没有合适的领袖意见，也没有自觉组织发起活动的组织者，更没有支持行动所具备的成本；而政府则刚好与之相反，不利于民众的因素正是对政府有利的因素。相较之下，民众的力量就显得弱了许多，有些时候便很难通过有效、合法的途径维护自己的利益。目标无法达成，民众就必须通过其他的手段和方式去向政府施加压力，引起政府对事件的关注，从而解决民众自身的问题。"①预警性公共危机治理规避了这种"闹大"的博弈逻辑，即在事件发生之初，甚至是酝酿之时将其消除，避免公民与政府或者企业博弈环节的出现，不给群体性事件"闹大"以可乘之机。这样，不仅减少了社会不良影响，还大大节约了社会秩序维护的成本。

三、预警性公共危机治理能够节约危机应对的社会成本

城镇化建设引起了一系列社会问题，如农民工看病难、大学毕业生就业难、各行业间的待遇及收入差距过大、外来务工人员子女上学难等。如果这些与人民群众生产生活息息相关的问题得不到妥善解决，那么会大大增加群体性事件发生的概率，也就会阻碍我国经济、文化等领域的发展。公共危机事件是指一种危及全体社会公众的整体生活和社会秩序的事件，危机往往会引起链条反应，形成危机的"蝴蝶效应"。据统计，我国每年有超过 220万人伤残和非正常死亡，直接的经济损失高达几千亿元，这都是由各种突发性群体事件造成的。②值得强调的是，除去直接的短期内的经济损失和人员伤亡以外，社会突发事件还有损政府形象，给社会公众所带来的心理负面效应无法衡量。

相对于应急性危机管理，危机的预警预防不但更仁道，而且社会危机应对成本小得多。管理学家诺曼·R.奥古斯丁（Norman R. Augustine）曾经说过：

---

① 韩志明：《利益表达、资源动员与议程设置——对于"闹大"现象的描述性分析》，《公共管理学报》，2012 年第 4 期。

② 《中国突发公共事件防范与快速处置优秀成果选编》编委会、中国突发公共事件防范与快速处置研讨会组委会编：《共襄应急管理 科学防灾减灾 促进社会和谐稳定》，载《中国突发公共事件防范与快速处置 2008 优秀成果选编》，2008 年。

危机的爆发,既能从中看出政府管理方面存在的缺点和漏洞,又能促使政府创造出新的管理模式,这也就是危机处理的精华所在,错误地分析、解决危机,不仅不能扭转局面还会使情况变得更加糟糕。危机爆发后,政府要花费大量物资和储备进行危机应对处理,同时,不能忽视的是,对于社会来说,危机产生不仅仅是对已有社会成果的颠覆性毁灭,更重要的是深刻地改变了社会群众对政府的态度、对危机的认知和对社会的判断。因此,社会群体性事件的预防和社会危机升级的预防比单纯地在某一特定危机事件爆发之后再进行解决显得更加重要。如果在危机未能发生之前就及时把产生危机的根源消除或及时杜绝危机升级、蔓延的可能,这不仅仅能够节约大量的人力、物力和财力,有效保障稳定有序的社会秩序,减少更多的社会损失和伤害,也能树立社会群众应对公共危机的信心,赢得社会群众对政府公仆的好感和信任,防止社会群众对政府信任的崩塌,节约社会危机应对的“隐性”社会成本,有效规避应急性公共危机应对的“后遗症”。与危机过程中应急处置、事后恢复的阶段相比,危机预警与危机避免用“非规模”投入化解或抑制“规模性危机”,是一种既经济又简便并且易于发挥实效的方法,是政府危机管理的最高境界。

第三节　有利于推进行政管理体制改革

一、有利于增强体制吸纳能力,扩大公民制度化参与

目前我国频繁发生的群体性事件,冲突矛头大都指向政府,这是因为我国的社区组织、行业协会、社会自治组织都极不完善,社会缺乏相应的自我调节机理机制和习惯环境。对于一个不能很好地容忍冲突的社会结构而言,冲突一旦发生,则容易导致社会结构的失衡,造成这种结果的并不是冲突本身,而是整个社会结构的僵化。每发生一次冲突,这种僵化程度就会累积一分,当超过某个界定值后,就会造成难以预料的社会后果。[①]民众与政府的矛盾引起的社会分裂与对抗社会体系的基础的破坏程度、社会的机构机制僵

---

① 参见[德]刘易斯·科塞著:《社会冲突的功能》,孙立平译,华夏出版社,1989年,第139页。

化有着必然的联系。这种僵化导致民众与政府的矛盾越积越深,一旦爆发便必然导致极为严重的社会动荡。因此,制度是否具有包容性和吸纳能力对于群体性突发事件具有催化或者抑制作用。

中国人民大学毛寿龙教授指出:群体性事件发生的根本性原因在于个人无法通过合法渠道维护自身的合法权益。

国家政治体制对关乎着公民自身合法权益追求中的一系列纠纷的吸纳能力、承受弹性,直接关系着群体性事件的酝酿与爆发。美国学者塞缪尔·亨廷顿在《变革社会中的政治秩序》(1988)中指出:"由于国家的政治制度化程度较低,民众自己的声音难以通过合法渠道发出来,也难以形成强有力的力量引起政府的关注。因此,民众的政治参与度过高容易加剧社会的不稳定。"①在当今中国,政治体制不健全和公民政治人格得不到保证仍是群体性事件产生的体制性因素。"不一样的社会民众表达自己声音的机会不等,表达自己声音的方式也不同,自然表达的声音也有所差异,因此民众表达自己声音是有多样性的。"②当某一阶层、某一群体面对现实利益纠纷和切身的利益诉求,自身的合法权益却得不到政府部门的保护,民众自己又申诉无门时,便产生了民众无法通过正当渠道发出自己声音的现象。而现有不健全的体制在操作程序上的弊端,封闭的制度结构安排,政府认识有误,把民众的权益和社会整体的安定放在了对立面,使用强制手段对民众的合法诉求进行管控和压制,虽然通过强制的方式达到地方内短期的社会稳定,但同时也埋下了更多不安定的因素。这种现实体制的反复刺激使公民心理产生了负面认知和判断,使他们认为参与渠道的有效性不强,会产生走正规途径并不能使问题得到有效的解决,相反的是引起更多人关注反而会让政府重视起来这种错误认识③,公民会习惯于体制外的政治参与,从而引发群体性事件。

以基层政府部门为代表的各级政府部门公共组织,"在面对和解决民众与政府之间的矛盾冲突时,特别是矛盾刚刚产生的初期,种种问题例如消息不准确、消息处理不及时、处理方式不当等,不仅不能有效地解决矛盾,反而

---

① [美]塞缪尔·亨廷顿著:《变革社会中的政治秩序》,李盛平、杨玉生译,华夏出版社,1988年,第55~56页。

② 岳华东:《社会转型期群体性事件的成因》,《中国党政干部论坛》,2007年第5期。

③ 薛澜、张杨:《构建和谐社会机制治理群体性事件》,《江苏社会科学》,2006年第4期。

会加剧冲突"①。政治参与体制制度化程度低、自立性差,并与形式主义共存,造成了公民政治参与行为的失序化、无规则性、无制约性。这种"体制性迟钝"因素是造成群体性事件频发的主要因素,防止此类事件的根本手段在于政治体制改革。中国目前处于社会的转型期,社会上存在着各式各样的维权活动。尽管一部分民众的收入有所增加,生活条件也有所改善,但是一些其他的问题也暴露了出来,因此就产生了各式各样的维权活动——尽管这些行为在西方国家看来也许并不具有威胁性和攻击性,但是对于处于社会转型期的中国,这些看似平常的行为却时常引起政府的反感,并严格防范,甚至强力压制。

减少突发性的群体性事件,构建和谐社会的治理机制,需要政府的转型,从强制型政府向民主型政府转变,改变目前的自上而下的高压式管理体制,破除"稳定"结果取向的政府绩效考核模式,积极推进维稳治理机制的改革。假如,人们缺乏真正代表他们的利益表达机制,整个社会政策的运行将其剔除出去,在长期边缘化下,他们的不公平感和被剥夺感就会凸显、蔓延、集聚,直至诱发冲击社会秩序的事件。因此,从根本上防治群体性公共危机,必须要加快法制化建设,从静态的"法制立法"到动态的"法治运行"的每一个层面都要真正做到让民众有序地参与到政治中,使民众的参政意愿得到充分满足,并发出自己的声音,这样才能更好地行使民主权利。预警型群体性事件治理致力于行政管理体制的改革,力主解决体制内制度化参与有效性不强的问题,在决策、执行、监督等程序上增强"体制吸纳"能力,"通过政府组织形式的创新将旧体制无法解决的社会问题及公共问题予以解决"②,促使"社会产生不满的情绪可以通过政治系统内部的正常途径得到疏导,从而使得整个社会趋于稳定和团结"③。总之,应增强制度的吸纳能力与包容弹性,让社会公众有序合法地参与到政治生活中,同时要让民众和政府之间保持着通畅的交流,使两者形成良好运行的合作机制,丰富并完善协商机制和民主参与机制,在社会保障与公共预警等方面为合作创造良好的制度环境,以确保各级政府之间及政府与民众之间良好的沟通与交流。

---

① 黄豁、林艳兴:《"体制性迟钝"的风险》,《瞭望》,2007 年第 24 期。

② 赵成福:《公民政治参与: 体制迟钝与体制吸纳》,《河南师范大学学报》(哲学社会科学版),2009 年第 3 期。

③ [德]刘易斯·科塞著:《社会冲突的功能》,孙立平译,华夏出版社,1989 年,第 31~34 页。

二、有利于改革和完善权力运行体制，促进职责履行

没有被赋予有效限制和制衡的公共权力，尤其是针对群众的基层政权组织的权力显而易见是中国社会目前最大的伤害源头。公共权力运行不当，便会使权力转变成一种专横的力量和暴力的工具，被侵害的社会公众对政权组织的信任度会下降，导致政府的控制能力弱化，这逐渐成为影响社会和谐的群体性事件频发的根本原因。制度的失范、权力运行的不规范、监管无效的权力、约束机制的缺位与群体性事件有着密不可分的关系。[①]权力监督体制的不健全，导致权力运行中出现的首先是无法可依，其次是有法不依，再次是执法不严，最后是违法不究，这些都是群体性事件的成因。"社会挫折感并不是由于看起来简单的原因而与政治不安定之间产生关系的，很大程度上来说，产生这种关系的原因是因为缺少社会和经济流动的时机与具有适应性的政治制度这两个中间变量"[②]，其中包括基层民主政权、"一把手"的监督、财政体制和民主监督运行等问题在内的权力运行体制问题的改革与完善，限制自由裁量权。"忙中出乱""乱中出错"是应急性公共危机处置的重要弊端，同时"忙中作乱""乘机下手"也是部分官员在应对群体性事件过程中违背权力运行理念的行为。预警型群体性事件治理对此都会有所关注，在危机产生之前以合理的权力配置和监督体制在各个方面做好防范，做好公共职权的清理确认，开展风险点查找、风险等级确定、风险防范措施制定工作，推进权力公开透明运行，强化权力运行监督检查工作，强化预警处置、绩效考核、责任追究工作，以合理、规范的权力运行来保障城镇化建设中社会秩序的稳定。

另外，"政府作为社会管理的主体，起到预防和维护社会稳定的作用。今后，我们应该将避免政府在社会矛盾中处于首当其冲的位置作为新的稳定思维，同时要强化政府作为规则制定者和程序制定者的角色，以及做好矛盾调解和仲裁的角色工作，促进民间组织的发展，使得化解社会矛盾和冲突的

---

① 参见吴秀荣：《试论突发群体性事件的原因及治理方略》，《陕西行政学院学报》，2009 年第 8 期。

② ［美］塞缪尔·亨廷顿著：《变化社会中的政治秩序》，王冠华等译，生活·读书·新知三联书店，1989 年，第 55 页。

社会性机制形成。但是,这一政府职能的转变并不意味着政府要推卸和放弃维护社会稳定的职责,恰恰相反,政府要从根源上解决维稳这一问题,首要任务就是建设高效能的服务型政府"①,规范公共权力运行环境,防范公共权力运行风险,使各类风险得到全面排查、全面梳理、全面登记和全面公开,促使党员干部少犯或不犯错误,最大限度地减少城镇化过程中腐败行为的发生,把公共服务和社会管理放在更重要的位置,创建社会进步与人类发展的良好环境。

三、完善法制,有利于规制群体性事件环境的创建

立法的不完善使得不同社会群体间产权关系和利益关系变得模糊,导致利益在分配时失去平衡,从而导致农民、工人等弱势群体的利益不能受到有效保护;在立法领域,依法行政不到位,导致群众对基层政府组织的不信任;司法部门的立场偏差、灵活审判、法院判决执行不严或判决后的拖延与法律的公正性、严肃性和有效性相违。由于缺少完善的法制维权环境,"一旦自身的权益被侵害,同时又无法进行有效的诉求,人们普遍就会产生怨愤和失望的情绪,这时候一般不会去寻找一条正常的途径来解决自身聚焦的问题,那么,当他们无法在正常、规范的通道之内寻求解决问题的捷径时,便会在正常、规范性的制度性通道之外创造出各种集体行为的形式"②。官员在化解基层矛盾、缓冲个体和社会激烈对抗时,法制观念淡薄,依法办事意识欠缺,处理方式粗暴。"大闹大解决,小闹小解决,不闹不解决"的错误思想在群众中普遍存在,理性而全面的法律知识欠缺,司法救济成本较大,权威性与公平性有待商榷,自我保护意识增强与其法律素质之间的矛盾导致维权行为失控……一系列的法制建设与法治管理问题是群体性事件频发的主要原因。

我国"现在施行的法律法规确实存在着许多问题和缺陷,例如对于群体性事件尚未做出清晰明确的法律界定,而且在对其性质认定与事发处理的行动中有着极大的随机性。同时,并没有提出一种解决事件的新方式并将其

---

① 徐行:《中国式维稳误区:异化与挑战》,《人民论坛》,2010 年第 27 期。

② 习智勇:《社会转型时期群体性事件的成因及应对——基于社会冲突理论视角的研究》,《法制与社会》,2010 年第 29 期。

进行制度化发展。缺乏一种刚性的约束在规范处置引发群体性事件的责任单位和事件发生后的结果时发挥更加有效的作用"①。因此,要根据经济和社会的发展,加强立法研究,把与群体性事件相关的规范性文件进行归纳,修订和废除不合时宜的规章及条款。对立法空白区域进行补充性立法,及时制定并出台专门规范群体性事件处置工作的法律法规,使群体性事件的范围、处置的工作原则、组织领导、职责分工、现场处置、后续工作及责任追究等方方面面有更为明确的法律规定,使社会矛盾的处理和解决有法可依,进一步推进有法必依、执法必严、违法必究,促进经济、社会有序发展。

在预警型群体性事件治理的良性法律建构的过程中, 最重要的一点是必须要"按照法律层次去规范处理群体性事件中相关机关的地位、界定群体性事件的性质、运行机制、权利和义务等方面,对群体性事件中违法乱纪的事件的惩戒做出明确的法律规定, 特别是要加紧制定群体性事件处理的专门法律"②。在价值取向上,弘扬公平正义、利益分享、秩序安全等方面的法理价值;在技术结构上,立法过程的程序民主与正义是良性法律追求的形式标准;在文化精神上,体现人本位的价值观;在立法层次上,实现高位阶统一立法,增加实体性与程序性细则,建立城镇化冲突预警的权威性法律体系;在执法过程中,坚持预防最大化、应对理性化、适度执法、智能化执法等原则,规范常态化与非常态化的执法行为。这样,通过一系列举措,全面创建有利于规制群体性事件的环境, 从根本上改变有关部门在应对群体性事件过程中的消极被动局面。

第四节　有利于提高群体性突发事件常态化管理水平

一、预警性公共危机治理引导政府做好危机应对的日常储备

公共危机物资储备是预防和处置突发事件的一项重要工作, 事关群众在面临危机时的基本生活保障,是公共危机救助体系建设的重要组成部分,

---

①② 付超军:《宪政视角下的群体性事件探析》,http://article.chinalawinfo.com/ArticleHtml/Article_68499.shtml。

也是各部门依法行政,履行公共危机预防预警、应急抢险和救援职责的重要任务。群体性事件公共危机是不同于其他社会公共危机的人为性灾难,俗称"人祸",群体性事件公共危机预警储备主要包括政府人力资源的储备、医疗救助能力储备、调解纠纷部门权威储备、信息管理专业储备等。群体性事件公共危机预警储备内容与形式的特殊性决定了其预警储备的日常例行化与长期累积性,其储备程度与质量如何密切关系着群体性事件危机应对与治理的效果。

	无防	小防	中防	大防
无害	无害无防	无害小防	无害中防	无害大防
小害	小害无防	小害小防	小害中防	小害大防
中害	中害无防	中害小防	中害中防	中害大防
大害	大害无防	大害小防	大害中防	大害大防

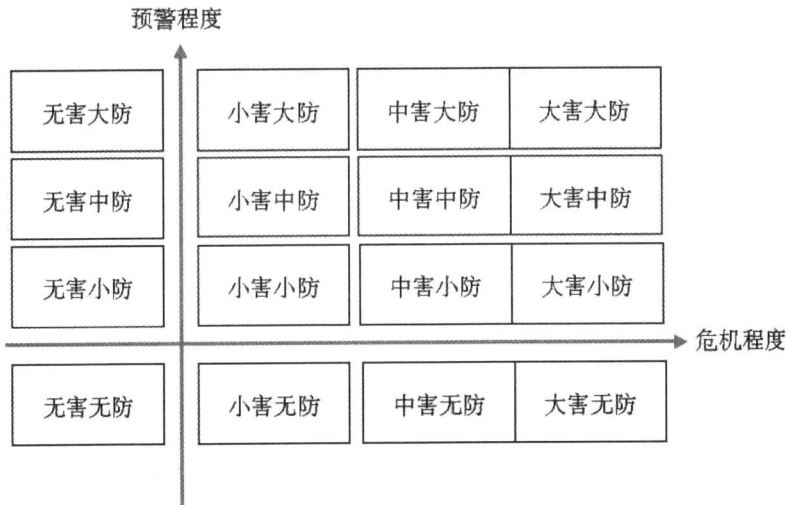

图4-1　政府公共危机预警的十六种可能状态一览图①

　　政府的预警策略对于社会生活中不同类型的公共危机亦具有兼容性。和钱钢论述的相同,图4-1中展示了四种"最好"的状态,即"无害无防""小害小防""中害中防""大害大防",同时展示了四种"最坏"的状态,分别是"小害大防""大害小防""中害不防""无害中防"。还有在人们付出努力之后可能

① 钱钢:《政府:有效预警的困境与可能》,财经网,http://www.caijing.com.cn/2008-09-03/110009 110009964.html。

会得到的另外六种"中间状态"："小害无防""无害小防""中害小防""小害中防"乃至"大害中防""中害大防"，这六种状态在现阶段的科学水平和政府危机管理水平之下有可能经常出现。但是，中间状态并非是理想的状态，它对危机的判断不准确或者反应过度会形成惊扰，又或者反应不足导致损失出现。这都是需要接受的现实状况。

在公共危机管理实践中，应急处置型危机管理关注的焦点集中在危机应急处置上，重视对已经发生的公共危机进行全程的监控，从而淡化了危机预防的关键性作用。在应急处置中问题频频出现：临时处置机构的权威性受到挑战、处置预案的实际应用性受到质疑、专业的危机处置及危机管理人才匮乏、社会反应过激反制危机处置、物资匮乏使得公共危机管理可支配资源不足，等等。危机并不可怕，可怕的是我们对危机隐患和苗头的熟视无睹，对危机预警的无知和低估。预警型公共危机治理是一个合格的政府、称职的政府有效面对和化解公共危机时最起码、最根本的公共服务职能之一。对一些典型的群体性突发事件的应对实践充分证明，只有不断增强风险防范意识，大力加强公共危机各项日常储备工作，并使之纳入常态化管理轨道，才能有效处置各种突发事件，最大程度减少危机损失，维护经济社会的稳定和发展。预警型公共危机治理需要起到未雨绸缪的作用：在预警危机中，做好各项物资储备、人力储备、机构建设与职能规划工作，以充分的资源有效地保障公众安全。加强公共危机重心前移管理研究，完善公共危机预警准备机制建设是政府提高危机处理能力的需要。

二、预警性公共危机治理增强政府部门的整体应对能力

在群体性事件危机预警中，政府要做好各项物资储备、人力储备、机构建设与职能规划工作，这些都是基本要素的准备，更值得明确的一点是，仅仅有这些基本的预警储备是不够的，预警型公共危机治理强调增强公共危机预警政府系统部门的协作能力，在合作互补中实现群体性事件公共危机预警的"多赢"。中国台湾学者丘昌泰指出："危机事件从发生到解决的过程不可能仅仅依托单一的机构或个人来进行处理，因此在危机事件发生之后必须利用各个机关进行合作共同化解危机，所以，这种部门和机构之间的'横

向联系'是危机解决工作的重要部分。"①治理理论也强调治理主体的多元化,公共危机具有突发性、公共性、社会危害性和非线性动态过程几个特性,而公共危机治理的主体社会性正是由公共危机的上述特性所决定的,也可以将其称为公共危机管理中有序参与。作为公共危机管理的主要环节,公共危机预警也需要多方主体的有序参与和积极互动。

"预期那些意外的危机事件将防止人们在危机来临时的茫然失措"②,相对于紧张的应急型处置,在常态化的危机预警阶段,政府可以做好体系化的职责体系规划,实现从"统治"到"掌舵"的角色转换。在思想认识层面,要使各子系统之间形成相互协作的关系,将各子系统整合成围绕一个共同的目标的形式,逐步加强各子系统之间的整体协调能力。③在职权配置方面,精简政府的功能和结构,提升政府的办事能力和效率,此外,合理地界定其行为的边界,把不应该是自己承办的或者不能解决的事情交给社会力量去承受;把本就不是自己的权力下放到各种自治组织和法人实体。④我国的公共危机管理制度正处于不断完善阶段。

威廉·阿瑟·刘易斯(William Arthur Lewis)曾经提出这样的理论来论述制度变迁与制度创新的重要程度:"制度并不是一成不变的,变化一旦开始,它就会以一种自动强制实施的方式进行自身的变迁。时间和环境的变化带给制度和信念各种变化,而新出现的信念与制度之间在这时候会与和它们处在相同方向上的未来变迁逐渐相互调整,整体趋于和谐一致。"⑤自由裁量权作为一种主观性色彩浓重的权力类型,如果没有制度性制约也会导致其扩张与滥用,从而引发权力乱用问题;也有可能导致风险区域无人监管、重大损失无人负责等不作为现象,因此必须配备完善的问责制度。"把问责制引入政府的危机管理之中就是为了建立一个权责统一的行政体制,在这个基

---

①　丘昌泰著:《灾难管理学:地震篇》,元照出版社,2000 年,第 67 页。

②　[美]伊恩·米特若夫、格斯·阿纳戈诺斯著:《危机防范与对策》,燕清联合传媒管理咨询中心译,电子工业出版社,2004 年,第 28~30 页。

③　参见金太军、赵军锋:《公共危机中的政府协调:系统、类型与结构》,《江汉论坛》,2010 年第 11 期。

④　参见罗建平、薛小勇:《治理理论视角下的公共危机管理》,《商业时代》,2011 年第 7 期。

⑤　Lewis W. Arthur, *The Theory of Econonfic Growth*, London: Geoge Allen amp; Urwin, 1955.

础上能够把危机管理的各个部门的职责权限进行明确的划分。另一方面,在制度之中,对于责任追究的主体、客体、事由以及追究环节和时限等明确规定,这两个方面的做法都是为了达到公共危机管理中的新的制度平衡的保障。"①危机处理问责往往是危机事后处理的一大痛点。预警阶段利用常态化的时机将政府公共危机预警乃至危机应对职责明确规划,避免湮灭责任的"责任转移机制"②在权威体系的狭窄空间中发生。最后,预警型公共危机治理通过危机预案的设计、演练,能够增强公共危机预警管理系统政府部门的相互协作,在真正的危机来临之时有效合作,消除危机。

三、预警性公共危机治理有利于增强社会公共危机协同应对能力

皮埃尔·卡蓝默(Pierre Calame)就在《破碎的民主》一书中提到:当下的治理与科学生产的体系相同,都是以区别、分割、隔离为基础。在公共危机管理中,政府往往承担着责任主体的职责。公共危机在潜伏、萌芽、酝酿、产生、善后等各个环节都依赖于政府主体功能的发挥,整个社会处于一种自上而下、相对被动的公共危机应对状态。单一的主体应对往往很难在危机到来之时面面俱到、处处周全。因此,良好而理性的公共危机治理应将重心放置在预警预防阶段,而公共危机的预警准备需要政府与社会成为危机预警的共同主体。

危机管理研究表明:中国目前危机处理过程中的最大问题是职责归属、部门协调问题。我们都知道,公共生活中需要的绝不是一个要素繁多、子系统林立的系统,而是一个有序、合作、协同的工作系统,因此公共危机治理主体并不单纯由诸多子系统构成,它还充分利用法律、行政、信息、舆论、知识、科技等手段,将系统内无序、混乱的要素和各个子系统进行协调,使其共同发挥作用,实现各种力量的整合和增值。这样一个有序协调的系统最终能够高效地统筹资源,从而提高其使用效率,并且有效地对公共事务进行治理,使得维护和保护公共利益的终极目标得以实现。相关社会组织之间、组织与政府之间、政府内部各部门之间、政府与公众之间加强交流与合作,政府与

---

① 周亚越:《论公共危机管理中的问责制》,《北京航空航天大学学报》(社会科学版),2010年第6期。

② [英]鲍曼著:《现代性与大屠杀》,杨渝东、史建华译,译林出版社,2002年,第213页。

社会同心协力,使公共危机预警能够获得社会公众的有效参与。当联合各方达成了创造性结果的时候,就可以说是达到了协同的优势。这种创造性的结果可以是某种目标的达成,而这一目标如果通过各参与方的一己之力是无法实现的。有的时候,协同实现的目标显然超过了各参与方各自组织目标的层面,因而为实现公共危机预警的协同优势,政府在加强公共危机预警法律、制度、组织、机制、系统等方面建设,增强公共危机预警部门整体应对能力的同时,也要关注群众教育,让群众了解危机知识和技能,在全社会营造一种"见事早、反应快,走一步、看两步,抓当前、想长远"的危机预警氛围,提高危机预警效率,增强社会公共危机应对能力。

第五节　有利于提高群体性突发事件应急处置绩效

美国绩效评估专家哈瑞·P.哈特瑞(Harry P. Hatry)曾经指出:"政府绩效评估的核心是效率和有效性,这两点是相互依赖的关系。在公共服务中,无论是通过降低公共服务的质量去达到实现单位产出的成本,还是说通过提高单位投入获得产出的方法,这两种都是对政府绩效真正内涵的歪曲。"[1]在传统的压力型行政管理、以地方生产总值的增长作为考核干部最重要甚至是唯一指标的绩效考核体制与群体性事件等社会公共危机治理模式下,一些地方曲解了"效率优先、兼顾公平"的发展原则,由此在一定程度上导致了经济绩效至上的政绩观,从而引发形象工程、政绩工程大规模出现,官商勾结、市场寻租、以权谋私等政府失范行为频繁产生。如此的掠夺性开发虽然一时增加了经济产量,但"带血的 GDP"的绝对增长也导致了资源利用低效、利益冲突加剧、群体矛盾复杂、干群关系紧张、社会信任旁落、政府形象受损、党和政府合法性受到严峻挑战等一系列严重的社会问题。这些政府失范行为与社会问题的出现,以实例告诫着人们当下应急型群体性事件治理的弊端与问题的凸显:应急型群体性事件公共危机治理以事发后的应急管理为重心,事发后社会冲击与资源受损已经牺牲了部分公共利益,部分官员在应对群体性事件过程中以上级指令、部门利益为绩效标准,在本质上已经扭

---

① 　Hatry P. Harry, *How Effective are your Community Services? Procedures for Monitoring the Effectiveness of Municipal Services*, Washington: Urban Institute, 1977.

曲了政府绩效"效率"与"有效性"的真正内涵。

相反,预警型群体性事件治理将政府危机管理的重心从"应急"转移至"预警",关注事件发生之前的管理与应对,不仅在很大程度上节约了社会成本与政府资源,还有助于一方稳定,实现社会秩序管理的政府绩效。政府绩效管理强调服务,政府绩效评估在不同的方面有着不同的重点要求:首先,在行政理念层面,结果导向、绩效导向和公民导向是其工作着重强调的部分,政府需要强化自身的责任机制,提高公共服务意识,将行政效能进一步提升;其次,在制度模式方面,不仅要对行政体制和行政机制工作进行系列变革与创新,而且公共评价体系、公共预算体系和公共管理体系的建立要始终以绩效为导向;最后,在管理工具层面,为了进一步提升工作效率,有效的经济性、效率性和效益性测评是必需的,而这正依靠于"它提供的多种提高公共管理效能的技术工具和管理方法"①。简而言之,政府要"自发地争取成为极具使命感的政府,拒绝做只知道照章办事的僵硬的政府组织,这就需要建立一个以结果为导向的控制机制,对以往的以过程为导向的控制机制做出改变。总之,政府绩效的评估必须是通过去改变按照章程去办事的政府组织,需要的是有使命感的政府,也就是要将以过程为导向的控制机制改为以结果为导向的控制机制"②,真正做一个有使命感、讲究方法的政府。

而在现实公共危机管理与政府绩效评估中,"一般导致政府组织的政策选择将上级政府的政策意愿作为自己标准的原因就是压力型的体制结构的存在……这时候,主要对上负责的政府部门在面对来自上级政府传递下来的信息表现得较为敏感"③,而对于群众本身的利益信息总是忽视或者敷衍了事。对上负责、对下不负责的领导体制,政府既当裁判员又当运动员,易导致社会转型与体制改革的异化,引发公共权力与民众之间的矛盾和纠纷。预警型群体性事件危机治理关注政治体制改革的同时,强调政府绩效管理与评估体制的改革,强调群体性事件危机预警与管理的绩效评估。

---

① 桑助来编著,中国地方政府绩效评估体系研究课题组编:《中国政府绩效评估报告》,中共中央党校出版社,2009 年,第 7 页。

② [美]戴维·奥斯本、特德·盖布勒著:《改革政府——企业家精神如何改革着公共部门》,周敦仁译,上海译文出版社,1996 年,第 18 页。

③ 王雄军:《政策议程设置与群体性事件的治理机制》,《中共浙江省委党校学报》,2009 年第 1 期。

第五章 快速城镇化背景下群体性突发事件公共危机预警管理机制的构建内容

　　"系统"可以理解为"有相互作用的元素的集合"①。系统论的创始人路德维希·冯·贝塔朗菲(Luduig Von Bertalanffy)指出:"系统,实际上就是一个要素或者部分的总体(集),这些要素和部分则是相互联系的并与环境发生关系的。"②我国著名科学家钱学森认为:"若干组成部分之间相互依赖相互作用然后相互结合形成的这样一个具有特点功能的有机整体就是系统。"③"系统,并非只是解释物质实体的一种概念,它也适用于称呼任何由相互作用的部分构成的整体。"④因此,"系统"是一个具有广泛应用意义的概念。"机制"这个概念与"系统"相联系,是指系统内部两个及以上的要素之间的相互作用与相互关系;"机制"还与"过程"联系较为紧密,即在一个系统内部两个及以上的多个要素之间的相互作用与关系可以看作一个过程,在这个过程中可以通过要素之间的共同作用将系统的整体功能和特征表现出来。在外显层面,任何一种机制的运行都呈现出一种系统性的特点,反映着各个元素或者部分之间相互联系、相互合作、相互协同、相互补充的动态过程。机制是使制度得以有效运作的可操作性的具体手段,是"把制度预期与制度实际联系起来的中间变量"⑤,这个"联系"的过程就是机制运行的过程。

　　英国危机公关专家迈克尔·里杰斯特(Michael M. Regester)说:"预防是

---

　　① [奥地利]L.V.贝塔朗菲著:《一般系统论——基础、发展和应用》,秋同、袁嘉新译,社会科学文献出版社,1987年,第69页。

　　② 同上,第143页。

　　③ 张建立著:《政治系统学》,知识产权出版社,2013年,第15~16页。

　　④ [奥地利]L.V.贝塔朗菲著:《一般系统论——基础、发展和应用》,秋同、袁嘉新译,社会科学文献出版社,1987年,第89页。

　　⑤ 倪邦文、石国亮、刘晶著:《国外廉政建设制度与操作》,中国言实出版社,2013年,第43页。

解决危机的最好办法。"快速城镇化背景下群体性突发事件公共危机预警管理机制是一个包含危机预测、危机预见、危机预报、危机预防、危机预备、危机预案和危机预演这七大了机制的系统性、综合性的动态机制。

第一节　公共危机管理的分型与预警机制建设

一、公共危机管理的分型

关于公共危机管理的分型问题,综观诸多学者的论著,目前尚无明确的划分。为了便于在研究中区分危机预防准备阶段与其他阶段的不同作用,也为了强调这个阶段在整个危机管理中的核心地位和重要意义,笔者曾经提出危机管理重心前移的思想,但并没有明确提出管理重心在前或在后的标准划分和怎样称谓。与此相近的观点只有个别学者将公共危机管理以某一地区的做法为个案进行的研究,并将其称为某某模式,如"上海模式""南宁模式""北京模式"。①古人云"模以成形,式以成法",所谓的"管理模式"应该是已经成熟的经验和一套完整的管理体系,拿来就可以照搬使用。但是,公共危机管理过程中情况变化多端,环境迥然不同,所谓照搬肯定是行不通的。本书认为,由于我们国家研究起步晚,危机理论和管理实践体系都有不成熟的因素,我们在面对社会转型期大量而频繁的公共危机时,只能以解决当前的实际问题为主。因此,从学者到政府更多的是以应急为主,故称为"应急管理"。应急管理当然把重心放在危机发生后的决策处置上。为了便于比较分析,本书将这种管理称为"应急型公共危机管理"。但是,这种头痛医头、脚痛医脚的管理方式并不能从根本上解决应急管理中遇到的实际困难,如资源短缺等相互掣肘的问题。每当公共危机发生时,总是重复着"临时机构决策—动员社会捐赠—人海战术救援"这种资源短缺型管理的老路。

要想从根本上解决这些问题,只有在危机没有爆发前,从预防的角度出发,提前做好常设机构建设、专业人才培养、救援物资准备等预防性措施,避免危机管理中的"缺医少药"问题。因此,我们曾经从这两种公共危机管理关

---

① 王绍玉、冯百侠等著:《地方政府应急体制建设理论与实务》,哈尔滨出版社,2005年,第96页。

注的重心所处的阶段位置不同入手,将公共危机管理分为"应急型公共危机管理"和"预警型公共危机管理"两大类。①因此,"预警型公共危机管理"是指在危机发生前,政府通过对可能引发公共危机的社会风险进行预测、预见、预报、预防、预备、预案和预演,来消除危机隐患,避免危机发生或降低危机风险、减少损失、缩小影响,或者为不可避免的公共危机的管理提供有效管理机制和物资保障,以预防和准备为主要特征的公共危机管理模式。

因此,公共危机预防准备管理应该具备四个基本特征:前瞻性、问题性、风险性和效能性。

(一)前瞻性分析

古代名医扁鹊曾经三次对齐桓公的病情提出过危机预警,但齐桓公不当一回事。后果果然不出扁鹊所料,齐桓公的病情发展已入骨髓,无药可治,不幸病故。扁鹊也因此名声大振。后来,魏文王在一次召见扁鹊时问:"你们家兄弟三人,都精于医术,到底哪一位最好呢?"扁鹊答说:"长兄最好,中兄次之,我最差。"魏文王再问:"那么为什么你最出名呢?"扁鹊答道:"我长兄治病,是治病于病情发作之前。由于一般人不知道他事先能铲除病因,所以他的名气无法传出去,只有我们家的人才知道。我中兄治病,是治病于病情初起之时。一般人以为他只能治轻微的小病,所以他的名气只及于本乡里。而我扁鹊治病,是治病于病情严重之时。一般人都看到我刺激经络、在皮肤上敷药等大手术,所以,以为我的医术高明,名气因此响遍全国。"魏文王说:"原来如此!"②一场危机与得一次病相仿,总有着发病前的预示信号,也有着发病后进行治疗的过程。预防危机与预防疾病一样,树立前瞻预防观十分重要。预防的前瞻性就是指事前(灾前)控制,它是加强对灾害源头治理,减少或减轻事故与灾害的有效手段。这是因为"冰冻三尺,非一日之寒",在全球化、知识经济、信息革命、市场经济的浪潮冲击下,社会正在发生重大变化,在经济转轨、社会转型的关键时期,存在许多不稳定的因素,对局部地区乃至全国的经济发展和社会稳定构成了潜在威胁。而这种威胁更多时候是潜伏的,甚至一点苗头和征兆都没有。尤其在社会转型时期,潜在的社会风险

---

① 参见温志强:《危机储备:突发事件的政府管理应重心前移》,《中国青年政治学院学报》,2006年第4期。

② 孙继伟著:《从危机管理到问题管理》,上海人民出版社,2008年,第1页。

日益增多,风险的冲突点与始发点往往并没有明显的联系,有时人们生活在远离风险源头的地方,却同样不能幸免。也就是说,在现代社会中,公共风险是普遍存在的,因而公共危机具有普遍存在性和不可避免性。同时,风险的传递与运动经常是潜在的、内在的,在不知不觉中,风险已在逼近。虽然发生很突然,发展很迅猛,但是发生前的导因早就起作用了。许多人听到过"温水煮青蛙":如果把一只青蛙扔进沸水中,青蛙会马上跳出来;但是如果把一只青蛙放入凉水中逐渐加热,青蛙会在温度不断升高的水中不知不觉失去跳出来的能力,直至被热水烫死。小洞不补,大洞吃苦!千里之堤,溃于蚁穴!这些千古遗训一再告诫我们,管理公共危机,不能等到发生后去应急处置,而是要从发生公共危机的可能原因入手,把危机消灭在萌芽状态。

(二)问题性分析

危机问题和危机的关系就像"燃烧"和"火灾"的关系一样:在可燃物较多的地方或本来就在燃烧的地方如不注意就会形成火灾,本来不应该燃烧的东西由于意外事件也可能引发火灾。危机是问题的剧烈或极端表现,危机往往包含着或伴随着突发事件。火灾总有起火点,爆炸总有起火点,但起火点和爆炸点往往并不是火灾的真正原因,真正原因是燃烧的蔓延或可燃物堆积得太多。危机也有起火点,突发事件也有引爆点,但是起火点和引爆点往往并不是危机的真正原因,真正原因是问题的扩大和风险的积累。明确这一关系,危机管理与应急管理的关系也就清晰了:应急管理的重点在于"灭火",危机管理的重点在于"防火";应急管理面对的是紧急事件,危机管理面对的是日常工作;应急管理要防范连环"爆炸",危机管理要防范"燃烧"升级;应急管理非常关注灾后救援,危机管理非常关注消除隐患。从应急管理到危机管理,并不是要用危机管理取代应急管理,而是要由以应急管理为主,转向以危机预防管理为主,形成"以防为主,防消结合"①的管理模式,防范小问题变为大问题,防范大问题演变成为危机。如人们对地震的预测,由于地震活动的复杂性,地震局等机构很难对地震发生的时间、地点、强度做出准确的预测。中国是世界上地震灾害最为严重的国家之一。20 世纪,全球两次造成死亡人数达 20 万人以上的大地震全部发生在中国,一次是 1920年宁夏海原 8.5 级大地震,死亡 23.4 万人;另一次是 1976 年唐山 7.8 级大地

---

① 孙继伟著:《从危机管理到问题管理》,上海人民出版社,2008 年,第 1 页。

震,死亡 24.2 万人。①这些地震,任何人、任何机构都无法做出准确的预测。另外,正因为预测的不确定性,或者即使能够准确预测,也因为危机事件本身的复杂性,难以对即将发生的危机事件采取确定的措施,以防止危机事件的发生。一些危机事件,如灾害导致的危机事件,因为难以预测,也就难以预控;一些危机事件,如战争事件、恐怖事件、骚乱事件,即使能够预测,但因为引发事件的原因不能得以解决, 或者引发事件的彼方主体的行为不受此方主体的意愿控制,因而也就难以进行预控。

(三)风险性分析

公共危机管理的风险性和转折性是由公共危机决策的本质特征所决定的。危机本身是人们不希望发生的"坏事",但从"坏事处理得好转变成好事"的辩证意义上理解,危机之后可能会带来"机遇"。也就是说,如果处置决策得当可以成为反败为胜的"转机",也可以成为获得另一种发展模式的"契机",这就是危机的"可转化性"②。危机和转机之间存在着一种辩证关系,危机和转机总是相伴而生的。危机管理具有很大的风险性, 因为在危机状态下,有关决策问题的时间、信息、备选方案、人力资源等都是极其有限的,决策者对仅有的信息和备选方案的认识也是局部理性的, 这就要求决策者在不损害决策的合理性的前提下适当地简化决策程序, 在一定程度上依靠自己的经验判断来做出决策。如果在危机来临时判断失误,处置决策不当,危机就会变成灾难,人们就会遭受更大损失,失去转机。从历史上看,危机管理失败的例子相当多,危机管理失败常常会形成政府的信任危机,甚至造成政府的倒台,可见其风险性之大。所以,一些学者认为一国政府在危机中的决策是"理性的、逻辑的推理与非理性的压力和影响的混合物"③。这是因为,在危急状态下,危机事态本身的发展具有随机性和不确定性,很多危机信息是随着危机事态的发展而演变的, 再加上危机的突发性和不确定性会造成人们的高度紧张,这就要求决策者必须根据事态的发展,及时更新危机信息,实行权变式的决策。所谓"权变"是指行为主体根据情境因素的变化做出适

---

① 参见李经中著:《政府危机管理》,中国城市出版社,2003 年,第 40 页。

② 余潇枫著:《非传统安全与公共危机治理》,浙江大学出版社,2007 年,第 22 页。

③ William R. Kintner, David C. Schwarz, *A Study on Crisis Management*, Philadelphia: University of Pennsylvania Foreign Policy Research Institute, 1965, p.65.

当的调整。机动权变的原则,就是要求根据公共危机的情况选择有效的指挥方式,把处置突发事件的决策权最大限度地放到现场,使在现场的指挥者能根据千变万化的现场情况,进行随机决策。

(四)效能性分析

现代公共危机管理与传统危机应对的另一个重要区别就是,现代公共危机管理的主要思路已经从被动应对转到了主动防范上,也就是说,传统危机应对的重点是放在危机爆发后如何减少伤亡、减少损失上。正因为如此,人类在来势迅猛的危机面前总是显得那么软弱、那么渺小、那么无能为力,人类在应对危机时也是成功少,失败多。由于事先没有充分的准备,要避免危机发生几乎是不可能的,要避免危机扩大、防止危机升级和失控、尽可能减少危机造成的损失也是力不从心。人们在对公共危机进行认真、全面和深刻的研究以后发现,要战胜危机,减少危机的损失,就必须把应对危机的重点转到事前的主动防范上,要在危机爆发前做好充分的思想准备、组织准备、制度准备、物资准备和技术准备,通过平时采取的预防措施消除危机的隐患,避免危机发生,通过树立全民的危机预防意识,建立危机预案和完善的危机管理体系,为可能发生的危机设置层层"屏障",建立各种"防火墙",提高整个社会抵抗危机的"免疫力"。一旦危机爆发,就能及时启动应急预案,从容应对,避免危机扩大,防止危机升级和危机失控,尽可能减少危机造成的损失。"预防为主,准备在先"①已经成为现代危机管理的一条重要原则。

二、公共危机预警机制建设

政府应急管理的重点在于应对危机,而公共危机管理的关键在于及时预报和尽量减少危机。就像战争的最高境界是"不战而屈人之兵"②一样,政府危机管理取得成功的最重要的标志就是尽量将危机消灭在萌芽状态。"预防为主,有备无患"的战略思维要求建立科学的自然灾害和社会危机的预防体系,对于各种危机尽可能做到早察觉、早发现、早观察、早处理,尽量将危机的损害降到最低程度。正如国务院前总理温家宝在考察云南省疾病预防

---

① 黄顺康著:《公共危机管理与危机法制研究》,中国检察出版社,2006年,第83页。

② 郭济著:《中央和大城市政府应急机制建设》,中国人民大学出版社,2005年,第71页。

控制中心时曾指出的："要做好组织工作和科学检测工作,要建立监测网络,真正做到早发现、早报告、早隔离、早治疗。"①用联合国前秘书长安南的话说,就是"首先,我们必须从反应的文化转换为预防的文化。从中期和长远看来,最重要的任务是将拓宽和加强减少灾害的数量和损失放在第一位。预防不但比救助更人道,而且成本也小得多"②。

（一）预测

所谓"预测"就是要求建立科学完善的自然灾害和社会危机的观测体系,对于各种危机尽可能地做到早觉察、早发现、早观察、早处理,尽量将危机的损害降低到最低。首先,对于自然灾害的预测,需要政府和相关部门进行科学监测和预报工作。建立自然灾害可信预测网络,例如气象监测预报网、水文监测网、地震监测和地震前兆观测系统、农作物森林病虫害预报网、海洋环境和灾害监测网、地质灾害勘察及报灾系统等,形成高水平的监测队伍,积累丰富的经验;建立以有线电话、无线电通信、国际互联网、电视和基层广播作为发布手段的预警信息网络,为各级政府及时组织防灾抗灾提供支持;采用常规监测、卫星遥感、地理信息系统、全球定位系统等高科技手段,建立自然灾害抢险机制和调度指挥系统。其次,对于社会危机的预测,需要政府及时化解社会矛盾。与自然灾害相比,社会危机的发生规律更难掌握,也更难预测和发觉。政府应该利用各种渠道发现有可能对社会安定产生不利影响的因素,及时进行疏导和调整,尽量将矛盾化解在基层,减少导致大规模社会动荡的可能。

（二）预见

"预见"包含两层含义:一方面,对于自然灾害来说,把已经预测到的信息进行筛选分析、科学判断,从中发现危险信号,"搞大问题"以便及时发出警告;另一方面,危机预见最重要也是最难分析判断和加以防范的是对没法预测的"人祸"的预见。天灾可通过越来越精确的科学预测来防范,技术灾难则可以通过强化管理来防范,但"人祸"具有难以预测及不确定性非常大的特点。但是,"人祸"的发生有社会经济状况作为判断的依据,其往往由矛盾

① 《温家宝强调:切实加强预防做到有备无患》,南方网,http://www.southcn.com/news/china/zgkx/200304290082.htm。

② 郭济著:《中央和大城市政府应急机制建设》,中国人民大学出版社,2005年,第71页。

激化导致。有时异地的公共灾难也会诱发本地同类事件的发生。社会矛盾的产生、积累和激化往往是一个时间比较长的过程。因此,从宏观上掌握社会经济趋势和动态,在微观上注意细微的端倪,完善各地发生的恶性突发事件的信息分享机制,能够给危机的预见提供很好的前提条件。另外,已经发生的每一次突发性的公共危机事件,都是一次新的体验,政府可以从中获益,发现原有危机管理体制中存在的种种问题,进而加以修正和改进。"发现、培育,进而收获潜在的成功机会,就是危机管理的精髓;而错误的估计形势,并令事态进一步恶化,则是不良危机管理的典型特征。"①因此,对于已经发生的公共危机事件,应当认真反思和总结经验教训,改进工作,最大限度地减少和杜绝类似灾难、事故的再次发生。

(三)预报

在预测和预见以后,有没有科学及时的预报,对于预防公共危机的影响是十分巨大的。例如,在社会性公共危机事件的预报中,浙江省诸暨市枫桥镇的干部群众所创造的"枫桥经验"就是这方面的杰出代表。早在 20 世纪 60 年代,浙江省诸暨市枫桥镇的干部群众就在社会主义建设过程中创造了"发动和依靠群众,坚持矛盾不上交,就地解决"的"枫桥经验",该经验最显著的一个特点就是"小事不出村,大事不出镇,矛盾不上交"。抓早、抓小、抓苗头、抓源头,力求把矛盾纠纷解决在基层、解决在萌芽状态。其基本做法是"四个前",即"组织建设走在工作前,预测工作走在预防前,预防工作走在调解前,调解工作走在激化前"。在各居委会、村,甚至一些重点企业都建立了相应的调解组织,将应急预报工作纳入政府日常管理活动,初步建成了遍及全镇的调解网络。2004 年,枫桥镇共成功调处民间纠纷一千多起,调处成功率达 97.2%,其中 80% 的纠纷在村一级就得到了解决。②

(四)预防

公共危机的预防是在信息预测、科学预见和准确预报的基础上,通过设计一套程序来接受和处理来自监控地点的有关紧急情况的报告和其他相关的信息资料,观测以前发生的同类危机赖以发生的各种相关前提条件是否存在。如果已经有了征兆,那么就应该积极采取措施来消除这些前提条件继

① 全国干部培训教材编审指导委员会组织编写:《公共危机管理》,人民出版社,2006 年,第 142 页。

② 参见《人民日报》,2004 年 6 月 12 日。

续存在和发展的基础。对比较容易判定的技术灾难,可以通过安全管理和生产等各项规章制度及法律的督促和落实来加以防范,如定期或者不定期的检查监督等。对于爆炸或投毒,可以通过严格的毒药和爆炸品等管理制度来降低其流失的概率。对于毒酒和毒大米等有害食物,则应强化食品安全检查,降低此类公共危机发生的概率。还有,在危机发生过后,针对其发生的原因而采取相应的预防措施,消除其再度发生的前提条件,以此来预防同样危机的再度发生,即所谓的"亡羊补牢"法。①

(五)预备

当危机发生后,社会资源不仅会遭到严重破坏,而且危机处理中资源的需求量也是非常大的,在危机中不但无法有效获取资金收入,并且还要动用积累资金应对危机,资金资源异常紧张。同时,训练有素的危机应对人员毕竟有限,而更多的人面对突发的危机会感到惊恐和压力。因此,危机中的各种资源会严重缺乏。在危急状态下,由于需要迅速采取政策措施,因而决策者往往没有足够的时间去调动各地各方面的资源,一方面"远水难救近火",即便危机所在地方以外有更多的资源,此时也难以发挥作用;另一方面"巧妇难为无米之炊",即使最精明的管理者和决策者,当没有资源可用时,也只能望危机而兴叹。因此,加大应急物资的准备能够大大提高公共危机管理的实效。预备包括两方面的内容:一方面要求加强抗灾的基础设施建设,比如北京建设"应急避难所",以便在大地震或火灾发生时供民众避难之用,上海建造可以抵御百年一遇的风暴潮灾害的高标准海塘等;另一方面,准备的主要内容是对于没法避免发生的公共危机处置过程中所需的各种资源和体制的准备。

(六)预案

在整个公共危机预防中,最有效且最实用的准备内容之一就是制定各种应急预案。在编制应急处置总体预案的时候,将"以防为主"作为一条重要原则突出强调。这就意味着将灾害的预防作为工作的中心环节,使"测、报、防、抗、救、援"成为一个统一、高效运转的整体,形成合力,提高对公共危机发生发展全过程的综合管理和紧急处置能力,体现了置应急管理于常态管理之中的管理原则,避免了以往"头痛医头、脚痛医脚"的弊病。有效的政府

---

① 参见肖鹏军著:《公共危机管理导论》,中国人民大学出版社,2006年,第79页。

危机管理的首要条件是"防患于未然",有一套行之有效的危机管理预案。只有在未发生危机时就制定出危机应对方案,才能临危不乱。危机管理预案建立在对危机的预见基础上,包括危机管理组织预案、危机处理措施预案和危机处理程序预案。有了危机管理预案,才能在危机发生后迅速成立危机应对机构,按照既定的程序和规则开展工作。这样既可以提高效率,缩短反应时间,也有利于少走弯路,避免急中生错,增强危机应对的效果。

（七）预演

对难以预测准确的公共危机,为了弥补预测不准的不足,更是要从资源准备和爆发后的复杂环境出发,制定科学的应急预案,预案应具体详细,有预见性、针对性、操作性、灵活性和开放性。这些固然重要,但是,仅仅有了战略预案还不够,预案制定应制度化,定期修改及进行必要的演习以检验评估预案的可行性及效果。也就是说,要想将纸面上的预案转变为实际的应急管理能力,还需要政府和全社会共同努力,在平时就加强预案的实习和演练。重视平时在预案的指导下,对于可能出现的危机进行定期的预演,对提高实战能力有很大的好处。

第二节　预测机制

"预测"这个概念其实就是指对还没有发生的、目前并不明确的情况或事物进行预估,并且根据一些条件对事物未来的发展趋势与走向进行推测,从而帮助管理者基本掌握相关情况,及时选择对策。对群体性事件的预测要求建立集信息、人员、资源等要素于一体的科学完善的危机观测和防范体系,利用各种平台和渠道搜寻有可能对社会安定产生不利影响的因素,发现各种潜在危机因素并且尽可能地及时对其进行调整和疏导, 必须要做到的是及时察觉、及时发现、随时观察、随地处理,尽量在萌芽阶段就将矛盾解决。将群体性事件的发生概率降低到最低程度,减少产生大规模的社会动荡的可能性。

"预测机制"是指通过对人们事先掌握的信息或情况进行分析和判断,在人们的社会经验和对自然规律的把握之中对未来不确定的事物或未知的情况做出设想和判断, 以指导群体性事件危机预警的方向和行动。一般来说, 对于危机本身相关信息的收集和人们对危机反应的信息收集是危机信息收集的两个构成部分。"危机本身及相关信息"指的是对危机的性质、特征、类型等和危机发生时的种种表现、发展趋势、社会影响等及其潜在可能信息的收集;而"人们对于危机反应的信息"是指人们对于潜在的或是已经发生的危机的认知变化、态度变化和行为变化等应对性或反馈性信息的收集。

预测机制功能的正常有效发挥有利于群体性事件危机预警的针对性和时效性的提高,能够为提前预防和争取主动提供保证。在公共危机预警与处置中,信息的获取至关重要,竖到底、横到边、多层次、动态性的社会信息互通网络是公共危机预警信息获取的最基本要求。在此基础之上,通过分析和处理相关信息,将有效信息筛选出来进行系统处理、快速反馈,能够为危机预防和处置提供及时而基本的决策支撑。当前社会信息高度发达且内容繁杂,人们在对其加以利用时对于各种信息的甄别尤为重要,剔除无关信息,辨别虚假信息,尽最大可能保证信息的完整性与真实性,及时、准确、全面地归纳和整理与公共危机相关的信息,能够为危机的事前预防、事中处置、事后弥补等环节提供决策依据。另外要强调的是,预测功能不仅是指公共危机发生前的预测,而且它始终贯穿于整个危机事件的处理之中。

一、健全危机预测信息机制

警惕预警有助于避免大部分危机。这种警惕性的发挥主要专注于危机信息的警惕与预测。完善的信息收集是实现危机预测的核心,群体性事件危机预测的前提是信息的收集,关键是对信息的分析和判断,要特别注意预测信息机制并遵循以下三个原则:①迅速:发生可疑事件后,预测人员应在事件发生后 1 小时内报告当地政府,若因情况复杂,1 小时内难以上报的,必须先电话报告,最迟不得超过 2 小时,待情况核实后,书面材料 4 小时内上报。②准确:信息内容要客观翔实,不得主观臆断,不得漏报、瞒报、谎报;③直报:发现可疑事件后,在报当地政府的同时应报地区级政府。

(一)群体性事件公共危机预警信息"支付—收集"机制

群体性事件公共危机预警信息机制包括信息支付与信息收集两大部分。信息在支付与收集的过程中进行互动,构成群体性事件公共危机预警信息机制。

1. 信息支付机制

"支付"意为付出、付给，在日常用语中，常常意为付款。信息作为一种有价值的资源，也有被支付的意义，并且被赋予了互动性与交叉性的新特点，尤其是在当下社会发展中信息的重要作用日益明显，信息支付已经成为信息共享的前提和基础。

在公共危机管理中，信息更是群体性事件危机预警的基础性资源和依据。就内容来说，由于群体性事件是一种突发性很强的"人祸"，社会公众对此的信息需求，尤其是在萌芽阶段，并不旺盛，甚至几乎没有需求。但是，随着社会不安全因素的增多和膨胀，社会公众，尤其是事件的潜在受影响群体，也会分散性地关注政府部门的相关政策和信息，他们关注的焦点有的是关乎某一领域、区域或者行业的政策调整，有的是政府公共危机预警系统、机制、能力、日常监测等。政府就这些公众需求开展相关的信息支付工作。群体性事件公共危机预警信息是以群体利益诉求为主要内容的信息体系。

根据具体内容，信息支付的形式有群众之间的信息支付，群众、企业向媒体机构、政府部门的信息支付，媒体向政府部门的信息支付，政府部门之间横向与纵向的信息支付等。信息来源主体的多元性要求政府建立便捷高效的公共危机信息支付平台，健全完善信息支付的法律保障体系，使各支付主体不会囿于客观条件而限制其信息共享。

2. 信息收集机制

在危机预警阶段，完备而高效的信息收集机制利于体现"早发现、早报告、早控制、早化解"的"四早"原则，它能及时发现隐藏的危机，早期的观测使得在危机爆发之前就将其解决，从而得到危机应对的潜在性机会。

首先，建立信息员岗位与制度。信息员岗位的设计安排是收集信息的首要人力资源。突发性的群体性事件预警对信息员的要求是政治素质良好、有高度的信息灵敏度和责任心，具备一定的信息网络技能，同时制定信息员奖惩办法，以调动信息员提供信息的积极性、主动性和创造性。

其次，建立危机信息管理平台。利用向外、垂直和水平这几个维度，可以建立一个综合性的网状数据信息收集端。政府相关部门要及时地关注并利用危机信息管理平台，随时去关注各种危机表现出的预示性信息，尤其是群体性利益中的诉求信息，并且还要与专业的技术部门、监管部门随时保持良好的交流，同时使危机管理的专家咨询机构充分起到智库作用，随时关注并向可能受到影响的人群发布预警防范信息,并宣传相应的应对知识。

最后,发挥媒体信息敏感优势。企业媒体作为专业的信息搜集与传递主体,源于行业竞争中生存的需要,它们能够保持高度的敏感性来觉察到社会事件的发生与发展,可以超前"嗅出"和发觉危机前兆的潜在性气味,为此我们要积极利用媒体的信息敏感优势。

(二)群体性事件公共危机预警信息"分析—公开"机制

1. 信息分析机制

基于信息收集的前提性工作,通过对已建立的数据库和信息平台进行分析和规范,将混乱和无序的信息进行详细的分类、整理、分析和评估,剔除干扰性信息,保留有价值的预警信息,列出公共部分所有可能的风险、威胁和危险,制定风险目录单,共同分析和挖掘可能的风险源,估计每一种风险发生的概率,并对危机损失程度进行估算与评价,有助于群体性事件危机判断与决策的科学性和准确性,决定每一种危机的管理方法和管理的先后次序,借鉴正确解决措施提供的经验,结合现实需要制定相关的减轻、缩减和抵制威胁、危险的系统化、可操作的管理标准、规范和制度。

2. 信息公开机制

首先,我国传统的政府信息公开以正面信息内容为主流,忽视负面信息的报道。这种正面居多、规避负面信息的公开理念忽视了信息的真实性,不完全信息甚至虚假信息的公开不但不利于维护社会的和谐与稳定,有时甚至会对公众的认知判断、态度取向、行为选择起着负面影响。因此,信息公开要客观求实,保持真实性。

其次,基于绩效考核体制与维稳的管理理念,地方政府对于公共危机信息,尤其是群体性事件这样的"人祸"灾害不报、漏报和错报,这也是群体性事件公共危机预警信息公开机制需要解决的问题之一。把握好公开与保密的尺度,继续强化政府部门"以信息公开作为基本原则,特别部分进行保密处理,既不会单纯地因为公开而不顾原则地公开所有信息,也不会因为私利而擅自进行保留而减少信息公开部分"[①]。

最后,加强群体性事件处置过程中政府部门与普通民众的沟通机制建设。信息沟通与信息传递是以信息沟通渠道的畅通为前提的,信息沟通渠道

---

① 谢吉晨:《公共危机中影响政府信息公开的因素及其消解》,《理论导刊》,2009 年第 1 期。

的畅通是保证信息传递高效且不被扭曲的重要方面，能保证传递到受众群体那里的信息的正确性和真实性。官民沟通机制的缺失会导致两个问题：一是会加大群体性事件的处理难度，掩盖实情信息导致信息不对称；二就是容易引发更多的社会矛盾，产生新的社会不安定因素，导致危机处置决策过程、执行过程的不透明化，从而引发谣言，扩大猜忌与揣测的可能，造成极度的不信任。

信息公开是政府决策的基础工作，信息沟通是政府决策的前提性环节。同时，媒体既具有敏锐发现潜在危机的优势，也具有传递危机信息的职责。媒体作为整个社会信息系统传递的主体之一，能够以专业性的优势来超前了解事态信息，政府和媒体的互动关系不仅要满足于向公众提供危机事件零散信息，实现社会公众的知情权，也涉及伴随事情发生的情况分析、事件因果关系与将要发展到的趋势分析，做出自己的评估，并关注社会公众的思维和情绪，及时引导公众理性，建立舆论导向。良性而真实的事态评价和信息引导有利于在危机潜伏期的疏导情绪和社会宣泄，反之则不利于社会稳定的维持。在现实传媒行业发展中，各类媒体受到我国社会环境的制约、自身的社会责任感和理性程度的限制，往往带有强烈的市场化色彩，公信度较差，为此加强政府发言的代表性媒体公关的公信度建设是信息公开的重要内容。

二、重视群体性事件危机预测知识管理

不确定性根源于知识的不完全性，弗兰克·H.奈特（Frank H. Knight）指出人们缺少对事件基本性质的认识，更加缺乏对事件可能产生的结果的认识，很难通过现有的理论或者经验对危机进行预见和定量分析。盛小平曾这样界定"知识管理"的内涵，他认为："知识管理就是一种通过对组织内相关知识及其无形资产的审核、获得、生产、吸收、应用和保护等过程的系统管理来达到提高组织知识创新能力，增强组织核心竞争力和实现组织可持续发展的最终目的。"[①]郝继明曾说："我们的社会不能只存在记忆，只存在记忆的社会是没有向前奔跑的动力的；但社会却不能缺少记忆，没有记忆的社会将更

---

① 盛小平著：《知识管理原理与实践》，北京大学出版社，2009 年，第 129 页。

加没有前行的动力,而且还没有前进的方向和前进的乐趣。所以,我们必须要在前行中记忆,在记忆中前行。"①知识管理就是将社会记忆集成,并探求其中的价值,指导社会前进的活动。彭宁波指出,面向危机预警的知识管理"以关于危机预警的知识库为中心,通过知识管理活动,也就是知识获得、知识聚集、知识共享和知识创新,与知识管理的领导、文化、技术和评估四个必要机制一起实现危机预警"②。从危机预警防范到危机发生,从政府的第一反应到各种应对决策和措施的采纳,从社会公众的偏执认知、盲目随从到理性对待等,在各个阶段和层面都应建立完善的各类危机事件预警知识管理库,这有助于发挥知识管理对危机预警的智能支持作用,是对公共危机预警进行系统性、协作性、理性化管理的高效可行性策略。

(一)树立危机预警知识管理理念

危机预警作为公共危机管理的首要环节,预警知识的普及程度和利用效率的高低决定公共危机预警成果的好坏。关注危机预警知识管理,明确危机预警知识管理的重要性,自觉树立危机预警知识管理理念是危机预警知识管理的初步工作和基本要求。重视危机预警知识资本积累,促进知识资源的有效利用,日常工作中紧抓预警知识的交流和沟通,提升知识管理在危机预警绩效评估中的地位,都有助于危机预警知识管理理念的培养和增进。

(二)建立危机预警知识管理平台

危机预警知识由基本的危机预警与应对常识、危机信息辨别知识、危机预警预案知识、危机预警案例与经验知识、对危机管理机构和危机管理专家的了解等组成。建立危机预警知识管理平台,促使广大社会公众和相关工作人员学习积累危机预警知识和经验,扩大危机预警知识的普及范围,增强社会整体的危机预警理性程度,在接受知识、相互沟通中实现危机预警相关知识的共享、更新与利用,促进预警知识的相关主体之间的交流与合作,并不断创新和改善危机预警知识的管理系统。

(三)普及危机预警知识管理能力

在危机预测的过程中,知识发现技术能实现隐性和显性危机知识之间的转化。预警协作技术能准确分析和预测危机信息,实现危机信息与危机知

---

① 参见郝继明:《提高领导干部应对突发性公共危机的能力》,360doc 个人图书馆,http://www. 360doc.com/content/10/0815/22/2091063_46346212.shtml。

② 彭宁波:《面向危机预警的知识管理模式与策略》,《情报理论与实践》,2013 年第 2 期。

识之间的转化。知识传递技术能促进危机预警知识的交流与共享,解除危机警报发送、危机信息传递的客观限制性。危机预警知识管理技能是危机预警的必要条件。

第三节　预见机制

预见不同于预测,是根据科学规律预先料到事物的变化结果,是对事物发展的预判和前瞻。预见是一种主观技能,它是对未来事物的预知,它可以使将要来临的事情发生在可控范围内,而不是使自身受到所要发生事件的控制。

依据危机的性质,预见包含两层含义:一方面是对自然灾害类"天灾"的危机预见,这类危机的预见利用成熟的技术将早已预知的内容进行评判和筛选,并在此过程中了解到危险的预警信号,来促进问题的严重性的提升,以更及时地提供警报,进行危机预警。例如,对台风、暴雨、酷热等自然灾害的天气预防及采取相应的处理措施。另一方面则是预见"人祸"类的人为危机,这实际上是危机预见中最重要,也是最难加以分析和采取防范措施的一类。地震、台风等自然灾害可通过愈发先进的科学技术进行愈发准确的判断来进行预防,而信息外泄等危机的预防则能够通过改善管理和运营来进行提升,然而"人祸"不易预防、影响因素难以确定等特性极大地增加了预见"人祸"的困难程度。

群体性突发事件的预见机制便是对"人祸"的预见。"人祸"往往是因社会矛盾而形成的,同时它的发生背景是一定的社会经济状况。①社会矛盾的产生、积累和激化往往是一个比较长的时间过程。因此,增强群体性事件公共危机的预见能力,完善群体性事件公共危机的预见机制,可以从以下三个方面入手。

一、精准把握国内外环境

在推进我国现代化进程中,精准把握国内外环境各要素,创建一个和平

---

① 参见温志强:《预警型公共危机管理体系构建》,《前沿》,2012 年第 15 期。

安宁的内外环境是重要条件。国际上,经济一体化进程带来了风险一体化,全球金融风险暗潮涌动,危机爆发的体制机制根源并没有得到实质性解决,宏观调控同经济增长的内生动能相互抵消,在利益的维护和重塑过程中难以找到利益契合点,经济及非经济因素相互干扰,全球性经济危机与社会危机叠加发生,发达国家之间的矛盾及发达国家和发展中国家之间的矛盾日益突显,争夺资源和市场、解决生态环境问题产生的摩擦增多,在全球经济治理方面的分歧与冲突明显上升,"新干涉主义"迅速增长,国际形势中的不稳定、不确定因素明显变多,导致全球经济陷入了震荡和调整的长期过程。在中国,促进我国内生经济快速发展的能量相对充足,基本能够体现在土地、资本等传统生产要素、科技以及信息化和工业化等为突出特点的现代化进程生产要素的潜在的增长力得到有效激发和释放上。改革开放、体制转型、产业升级等所产生的制度红利还有待挖掘。但不容忽视的是,在中国经济的高速增长中,第一、二、三产业比例不合理,资源环境的约束,成本上升的压力,区域发展不平衡,投资消费关系不协调,外部环境和内部经济结构等诸多深层次的矛盾也是中国经济发展和社会进步中需面对的重要挑战。

一个不能将全部或大部分的精力投入到工作中的人,将是一个感知迟钝的人,对于内部、外部的刺激都难以准确地做出反馈,也就无从做出正确的决策。对于由人组成的政府组织而言,在群体性事件公共危机预警机制建设工作中也是如此。政府如果想在群体性事件公共危机预警工作上做好科学决策,必须以最有效率的投入提高自身的危机感知敏感度,这就要求中央政府掌握整体的经济趋势和社会动态,做好宏观上的调控与管理,地方政府在微观上注意危机的端倪和细节的变化,自上而下地在体制上有各地发生的恶性突发事件的信息分享,社会群体利益表达机制的完备和健全,能够给群体性事件的预见提供很好的前提条件。

二、储备充足的知识与经验

面对公共危机预防预警,物资储备事关重要,人力储备更是重要环节,其中人的知识与经验的储备更是关键。危机管理的独到之处在于它对于成功的机会的获得是从发现到获取一步一步实现的;然而"对于危机形势的误判以及使事物发生恶化,反而是不良危机管理的显著特征"①。如何避免危机管理中对形势的错误估计、恶化危机事态问题的发生? 答案就是要储备充足的知识与经验,增强危机预警自信。

有人说,有远见的规划、危机的预警和意义重大的战略,是一个国家维持其生存地位的根基。储备的目的是为了未来生存和发展的需要,同时也是为了应对不时之需, 更是为了将来危机发生时我们不至于束手无策。古人云:国家将亡,必有妖孽。国家无备,必受其殃。《墨子·七患》曰:"仓无备粟,不可以待凶饥;库无备兵,虽有义不能征无义;城郭不备全,不可以自守;心无备虑,不可以应卒。"缺乏储备的国家是短视的国家,没有远虑,必有近忧。一个优秀的国家,由于建立了各种完备的预警体制,所以能做到临危不惧、遇难不忧、化险为夷。

知识与经验在决策中的地位是十分显著的, 没有足够的知识储备就无法预见未来事件的发展趋向。群体性事件公共危机预警工作中所应必备的知识与经验的缺失,往往是制约预见能力的主因。已经发生的每一次突发性的群体性事件对于包括政府在内的整体社会来说都是一次新的危机体验,体验之中社会成员可以掌握新的知识和经验, 收获以往危机处理不到的内容,同时探寻原有体制中的缺陷并进行改善,多视角、多方面减少群体性事件的再次发生。

三、周期性地回顾和总结

在我国,社会经济的发展、社会的和谐稳定、生产力稳步提升都离不开预警系统的保障,只有不断深入探索和完善预警方法的研究,才能更好地协助和配合政府部门各项工作的处置, 才能高效地发挥群体性突发事件预警系统的作用,实现群体性突发事件的预警管理目标。

探索和完善群体性突发事件预警机制的重要方法之一就是对国内外过去的危机预警案例,尤其是自身经历的案例,进行周期性的回顾和总结。一个无论多么精巧完美的系统,自从其诞生之日起,就已经埋下了最终毁灭的种子,换言之,即具有生命周期,自然界如此,生物界更是如此。然而尽管结

---

① 全国干部培训教材编审指导委员会组织编写:《公共危机管理》,人民出版社,2006年,第142页。

局都是一样,但生命周期的长短却是大相迥异的。之所以如此,原因取决于系统的完善程度、自我更新能力和抵御内外部风险危害的能力。延长群体性突发事件公共危机预防预警系统的生命周期,需要增强系统的完善程度、自我更新和抵御内外部风险危害的能力, 这个过程需要周期性地回顾和总结以往案例。回顾过往发生的一切能够使人更加清醒地把握现实和未来,加以理性地总结是群体性事件公共危机预警系统认知能力与预见能力提升的催化剂,在对未来提出判断的系统性思维里,习惯性的回顾与总结为做出结果预期提炼了极其逼近真实的各种场景,能进一步减小预见未来的误差,保证预见与现实的重合度。

第四节　预报机制

预报,即预先报告,预先告知,预报情况结果。最为常见的就是"天气预报"。预报是对未发生的事物进行一个预先的判断。它可以是对未来确定发生事物的告知,也可以是对未来不确定发生事物的判断。

危机预报是指在危机监测与评价后, 危机管理部门所做出的发出警报的决定。危机预报有两种形式,即常规预报和危机警报,前者与非紧急状态相对应,是常规发布的预测报告;而后者则与紧急状态相对应,只在确认危机即将发生时发布。危机预报与告知对应着"危机信息预报公布""危机预警社会动员"。

一、危机信息预报公布

第一,分析危机信息的警情状况。警兆是群体性突发事件发生之前必然表现出来的或明或暗的迹象。只有准确把握好群体性突发事件所表现出来的种种蛛丝马迹,才能让群体性突发事件预警机制真正发挥其应有的作用。只有准确把握每次警情发生前由警源产生的各种社会环境现象或在其扩散过程中的各种共生现象,并加以量化,才能达到预警的目的。

第二,寻找群体性突发事件公共危机警源。对群体性突发事件的警情状况进行分析以后,要进一步确定引发群体性突发事件的因素,这就需要寻找警源。群体性突发事件产生,无非是利益诉求得不到实现后利益需求表达的一种变相形式,具体体现在人口增长警源、经济周期警源、体制警源、产业结构警源等经济层面的警源分析,根据利益诉求和警源状况,对群体性突发事件的产生原因和生成机理进行具体分析,以具体的原因和机理为切入点,寻求群体性突发事件的解决之道。

第三,确定群体性突发事件公共危机临界点。警度是群体性突发事件公共危机警情指标的变化程度和强度。临界点是判断是否进入公共危机预警紧急状态的分界点。界定警度主要是将警情与给定的目标参照系进行比对研究,把危机的预测值与临界点进行比较,危机指数超过此点,社会就应进入紧急状态。

第四,发出群体性突发事件公共危机预报。"人祸"类危机一旦爆发,就会来势汹汹,难以进行控制,这时候更要对预警的时效性给予重视。危机预报的形式分为常规预报和危机预警两种。影响危机的因素众多,关系错综复杂,在综合考虑其他因素的基础之上,根据群体性突发事件公共危机警度的轻重缓急,做出不同的危机预报决策。

二、危机预警社会动员

首先,危机预警信息"放大"问题。我国对群体性突发事件公共危机的应对十分脆弱,不管是官方公布的真实内容,抑或是没有根据的不实信息,都会导致公众非理性恐慌,甚至引发社会动荡。危机谣言源于过往危机事件遗留的影响,源于危机知识的不普及,源于公众信息封闭、信息畸形传播,源于公众对政府应对危机的信心缺失,源于民间社会的不当调节,同时还与危机科学的欠发达和预警信息的不确定相关。公共危机预警信息传播中"放大"效应成为政府公共危机预警须正视的新困扰,直接导致我国社会危机预警能力的降低,是有效实施预警的严重障碍。

其次,社会动员不够充分。公众对于危机事件的参与是公众参与政治的形式,市民社会是影响政治结构和政治参与形式的重要因素。[1]在我国群体性突发事件公共危机预警工作中,很多人认为,过多的社会动员与公众参与势必会导致其规模扩大,更加剧了群体性事件的恶性影响。这种认识的普遍

---

① 参见刘虹:《我国政府危机管理中的公众参与研究》,《云南行政学院学报》,2010 年第 4 期。

存在使得原本积极性并不高的公众参与在数量上更加"个体化",在频率上更加"偶然化"。积极利用强大的民间资源,不仅能减轻政府的负担,提高危机预警效率,同时利用危机事件能够增强公民积极参与社会公共事务的理性程度,提高公众自身的安全意识和安全防范能力。

第五节　预防机制

"预防"一词多被使用在医学中,医学上将"预防"分为三级:"一级预防"根据它的分类原因也可以称之为"病因预防",它"分为针对环境的和针对机体的措施,是一种针对致病因素分类的预防措施"[①]。人们所说的临床前期(或症候前期)预防实际上也就是我们所说的"二级预防",它"属于针对发病期的预防",而且这个阶段中,我们可以采取一些手段和措施避免或者减缓疾病的发展,要坚持"早发现、早诊断、早治疗"的三早原则。"三级预防"又称为"临床预防","是对疾病进入后期阶段的预防措施"[②]。其实简单来说,"预防"就是"预先做好防备"的意思,是指预先做好事物发展过程中可能出现偏离主观预期轨道或客观普遍规律的应对措施。此阶段可称为"易感染期"。

将"预防"概念引入群体性事件公共危机预警管理中,与上述的预测、预见和预报内容体系相继承发展,预防更侧重于防范、防控。群体性突发事件的预防机制强调对触发危机的因素的预防与管控,对群体性突发事件的防范和控制。危机管理就是对危机进行防御和控制,所以需要建立相应的公共危机防御机制,并注重工作的提前完成和责任的强化,把握和利用好每一个危机预警的临界状态和机会,动员和利用社会多种力量,多措并举,建立化解矛盾的新机制。

一、确立"超前工作"理念,建立"走在前"的危机防范控制机制

如上述"预防"定义介绍中所言,危机如同人类疾病一样,提早预防与事先控制是成本最低、最简便的方法,但它常常被忽略,最终造成灾难性的后果。在群体性突发事件预警建设中,各项预警工作一定要做到前面,信息走

---

①② 薛广波:《疾病预防学及其进展》,《中华疾病控制杂志》,2001年第1期。

在前、物资走在前、制度走在前、管理走在前等预防预警的"超前工作"是群体性突发事件公共危机预防预警的首要原则。

一要排查走在前。协调各方力量,健全人力网络体系,经常组织力量深入基层调查社情民意,深入前沿一线,变"登天式"上访为"接地气"下访,变被动为主动,深入细致地做好公共危机隐患的排查工作。进村入户与群众面对面交谈,听取群众的呼声,对群众反映强烈的热点、难点问题实行班子成员包案,及时有力地化解难题。加强信访矛盾纠纷分析研判,从源头上、根本上消除事端,实打实破解信访难题,争取把问题解决在基层,解决在萌芽时期。

二要合作走在前。在群体性事件预警管理中应该重视社会力量,并发挥多元主体的作用,坚持对于群体性事件的防控进行齐抓共管、齐头并进。首要工作就是要重视信访、普法、综治、大调解等基层组织在群体性事件预警中的重要地位,积极激发和挖掘基层组织的职能作用,充分发挥它们在基层工作的优越性和便捷性。同时还要关注共青团、妇联、工会等组织的群体性事件预警作用,借助小范围的个人组织化解社会矛盾。另外还要充分利用多样化媒体,如广播、报刊、电视、网络等,大力推进危机预警预防的宣传教育工作的开展,使自身和公众都树立合作预警的理念,促进关心、支持、参与防控群体性事件的良好局面的形成。

三要制度走在前。强化建章立制,抓好领导干部的廉政建设和责任追究。建立健全群众信访快处快办机制,及时查处群众反映的问题,无特例绝不拖延;进一步完善领导干部的监督机制,加大反腐败力度,密切干群关系,增强群众信任度,减少不安定因素;加强责任追究机制建设,规范责任落实制度,对于由个人作风问题而导致的群体性事件要开展责任追究。

二、把握好危机预警的临界状态,建立化解矛盾的新机制

在系统论中"自组织"问题的研究下,自组织临界现象(Self-Organized Criticality,简称"SOC")借用"沙堆模型",即"准备一个圆盘,向里面逐个添加沙粒,最开始的时候,我们能够看到,沙粒会紧紧地停留在落下的位置,但是随着沙粒的增多,它们就会相互重叠,形成具有平缓斜坡的沙堆。这个沙堆的形状也不是固定的,它会不时地在某处变陡,陡处的沙粒也会滑落下来,引发小小的沙堆崩塌的出现。那么随着沙子增加,不可避免的一些沙粒开始

落到圆盘之外。而当持续增加的沙粒和与圆盘之外的沙粒数量达到平衡时，沙堆就会自动停止增长，这一沙堆系统也就是在这时达到了临界状态"[1]，来说明复杂系统的演化行为。公共危机研究学者汪大海、柳亦博曾在对群体性事件的矛盾堆积过程做出解释时使用了"沙堆模型"进行演绎，根据"沙堆模型"可以相应地将事件矛盾划分为四个阶段："首先是矛盾亚临界状态（这个时候事态正处于潜伏积累期），然后是矛盾临界状态（此时诱因事件出现），紧接着出现矛盾超临界状态（突发群体性事件爆发，对应的沙堆模型出现崩塌），最后是沙堆模型再次处于亚临界状态（事件影响扩大从而引发社会关注和上级政府的介入，在采取各种措施和手段之后，矛盾得到化解或缓和）"[2]。

在每一个公共危机临界状态的每一个阶段，政府都要坚持预防为主、调解为先的原则，进行突发群体性事件的预防或缓和。

城镇化建设规划起步之时，政府要充分考虑群众的承受能力和接受程度。在城镇建设中，涉及群众利益的每一个重大决策都要立足于群众意见，并处理好长远利益与眼前利益的关系。城镇化建设的每一项决议决策要经过严格的科学论证和严密的组织实施，争取做到价值理性和工具理性的兼顾。在城镇建设过程中，要恰当调节改革和稳定的关系，即改革力度、发展快慢、群众的抗压力和社会效能之间的关联，尽快让人民享受到城镇化建设的红利，在信息公开中增强人民群众对城镇建设的信心，稳定社会公众对社会未来发展的预期，使群众在利益共享中保持良好的社会心态和积极进取的精神。

在事态处于潜伏积累期的矛盾亚临界状态时，政府要创建利益与意见表达机会，跨越层级体制的障碍，积极听取群众的心声，对群众关注的热点、疑点、焦点问题，要强力关注并及时解决。有必要时，基层政府组织要"探索大调解的方式整合调解资源，建立非诉讼调解的组织网络体系，搭建矛盾调处工作平台，快速回应问题，维护民众的合法权益"[3]，发挥多元力量共同预警群体性事件。

---

　　① Per Bak，ChaoTang，Kurt Wiesenfeld，Self-organized criticality：an explanation of 1/f Noise，*Physical Review Letters*，1987，59（04），pp.381-384.

　　② 汪大海、柳亦博：《突发群体性事件预防及应急处置机制研究——基于复杂社会网络理论的视角》，《山东行政学院学报》，2013 年第 2 期。

　　③ 孙柏瑛：《基层政府社会管理中的适应性变革》，《中国行政管理》，2012 年第 5 期。

在群体性诱因事件出现的矛盾临界状态，政府要直接面对诱因事件，妥善处理诱因矛盾，同时各级部门应采取有效措施和通俗易懂的方法加强群众的思想政治工作，增强群众的政策法律观念，防止群体性危机事态的扩大。

在预防预警不利，突发群体性事件爆发，"沙堆模型出现崩塌"之后，政府要利用"走出去、请进来"的办法化解群体性事件：走到基层群众身边，以认真诚恳的态度与群众对话，了解群众的想法，虚心听取各种意见、批评，将各种良好的意见和建议做好记录，尽可能满足群众合理合法的要求，并积极疏导社会不良情绪；热情接待来访的群众、处理来信，待人做事不拖延、不敷衍，采用不同的对策妥善处理相关利益分歧。要贯彻"以疏、顺、解、散为主，切忌堵、激、结、聚"的解决方针，在法律法规范围内正确运用经济、行政和法律手段，有区分、有方法地做好群体性事件参与人员的劝导分化，预警不良事端的再次发生。

在社会矛盾的亚临界状态，群体性事件引发社会各方关注，上级政府介入大群体性事件管理中，"沙堆模型"面临第二次崩塌或积极稳固的不同走向，此时政府要诚心面对群众，广开交流渠道，增强干群之间的信任感，拉近干群心理距离；再配合以完善的社会风险保障机制、严格的责任追究机制，"沙堆模型"才有可能不会陷入二次崩塌，群体性事件才不会再次激化。

三、建立新型、系统、高效的群体性突发事件预防预警组织网络

社会维稳的原则就是积极做好预警工作，防止由各种原因引发的社会冲突由小变大并且蔓延升级，各类矛盾在大环境中相互叠加、反应激化现象也要尽可能规避，同时"预防一些个别问题转化为共性问题，经济问题转化为政治难题，局部性问题转化为全局性问题"[①]。这几个方面的工作必须注意认真处理。种种"防止"的实现就需要建立既各司其职、相对独立开展工作，又整体联动、全覆盖、立体化的矛盾纠纷排查化解工作网络。有了政府危机预警管理核心，危机预警管理才有组织保证。

目前，我国有很多机构负责危机预警问题的管理工作，比如药监局、公安部、国家地震局等。在这些按照领域或行业分类管理的公共危机预警组织

---

① 郭渐强、黄敏：《论金融危机背景下我国群体性事件的防治》，《求实》，2009 年第 9 期。

体系中，没有针对群体性突发事件公共危机预警的专业部门。有的学者认为："预防机制需要这样一个组织，它应当由中枢决策机构、综合管理机构、党政职能部门、辅助组织、咨询机构和大众传媒等部分构成。"[①]另外，对于中国这样一个大国来说，在转型时期，特别是在转型时期大的建设事业中，尤其需要发挥中央权威的作用。早在1988年邓小平在听取关于价格和工资改革初步方案的汇报时就指出："中央政府必须充分发挥权威作用。必须有领导有秩序地进行改革才能确保改革成功……假如党中央和国务院不利用权威，而危机问题的产生就会使得局势难以控制。"[②]所以，必须加强中央政府的危机预警主导，并且能够适时发动地方的危机处理力量促进社会积极协作。群体性突发事件预防预警组织系统的构建在各地的实践中均要按照因地制宜的原则，有区别、有针对性地进行。例如，青岛市根据预警技术网络的特点重组了群体性事件协调机制。青岛市处理信访突出问题及群体性事件联席会议陆续成立了4个分联席会议、12个专项工作组，从源头上减少和预防涉法诉求案件的发生。

第六节　预备机制

"预备"就是做好处理危机情况的准备，预先安排或筹划，另外，"预备"一词也有"防备"之意。"预备"强调时间性，表示准备进入正式阶段。在群体性突发事件公共危机预警中，预备机制就是要防备危机的到来和发生，未雨绸缪，要为处理危机情况做好预先安排和筹划，以减少危机给社会带来的负面影响和损失。预备是公共危机预警的重要内容，加大应急预备力度是提高公共危机管理实效的重要保障。

具体来说，群体性事件公共危机预备包括以下两方面的内容。

①　李莹：《试析群体性事件的预防机制》，《社科纵横》，2006年第2期。

②　陈小林：《邓小平晚年对维护党中央权威的新要求》，光明网，http://www.gmw.cn/xueshu/2015-01/13/content_14502563.htm。

一、加强群体性事件公共危机预警的基础预备建设

防止群体性事件这一"人祸"危机的基础建设,包括人力资源、物质资源、财政资金等方面的保证。

首先,政府要有意识地培养高素质的公共危机预警人才,组建高效能的官方的和民间的政策智囊咨询机构,包括党政机关的政策研究机构、高等院校中公共危机预警研究机构及民营的咨询研究机构等, 发挥各类主体在公共危机预警方面的智囊团功能,为进一步增加危机预防的科学性、实用性进行人力储备。具体来说,"通过在中央及地方成立跟踪研究社会心态和社会稳定量度指标的专门机构,加强信息的时效性"[①];也可吸纳那些具有社会学、心理学、管理学等学科背景的人才,通过不同层次培训基地的建设和高等院校预警专业课程的建立,注重人才专业化的培养。在人力资源筹备中,要注意加强学者专家的交流沟通,在具体应对阶段要关注不同见解和建议,群策群力,有效预防群体性事件。

其次,群体性突发事件公共危机突如其来,不易预测,平时人们对其潜在威胁感觉不到,易产生麻痹思想,放松警惕,减少对物资预警的关注度。预警机制关键的后勤物资储备充足与否与预警是否成功有很大联系, 如果投入不足、保管不当,不仅会降低群体性突发事件危机预警的效率,还会在后期浪费更多物质资源,损失更多利益。通过保证充足的物质资源来促进群体性事件的减少,在危机预警前要保证物资供给与储备的时效性,保证资源分配的合理性,确保群体性突发事件危机预警能够顺利进行,这是群体性事件预警的最基本的保障。

最后,政府要重视群体性事件预警机制的资金保障,确保各级地方政府预警基金的充分储备,并交由专门机构负责,专款专用,防范预警资金本身的制度设计风险、管理风险、操作风险与道德风险所导致的进一步叠加原始公共危机的风险,适应群体性事件预警的需要。

---

① 唐正繁:《试论地方政府群体性事件预防机制的构建》,《理论与当代》,2010 年第 4 期。

二、加强群体性事件公共危机预警的体制预备建设

群体性事件的防治是一项长期的、涉及多元主体的综合性系统工程,因此必须有一个权威的领导核心，也就是群体性事件的预警必须牢牢地在各级政府、党委的统一领导下,根据不同情况、不同条件因地制宜,施策过程必须综合运用政治、经济、法律、行政、教育等手段有选择地进行。其中,加强制度建设更是重中之重。

制度是群体性事件预警的预备系统之一。建立、健全、创新、完善针对群体性事件的行之有效的体制机制，形成一套能够针对群体性事件不同阶段的不同法律法规体系,从而达到预防和逐步减少群体性事件的目的。群体性事件公共危机预警的体制预备是对于设法避免发生的群体性事件处置过程中所需的体制准备,主要是法制建设与法治管理。群体性事件预警机制需要在法制的轨道上运行才能真正切实有效。我国缺乏专门的预警法律,现有的群体性事件法律处理依据主要是宪法、刑法等,在具体出现的问题上规定抽象。因此,为完善我国处理群体性事件的法律法规,"应加强专门立法活动,借鉴国外发达国家的预警法律举措，健全与预警内容配套的法律法规保障体系,如维护社会秩序法、群体性事件处置法,同时通过大量完善和补充经济法制立法、加强民商立法、完善劳动法等与群众生活密切相关的经济法规,切实保护各利益群体的合法利益,尤其是保护弱势群体的利益,有力地缓解社会矛盾,促进社会和谐,真正将群体性事件的预警上升到制度层面。这样,在预警机制开展时,地方政府有法可依,民众有法保护,各阶段的群体性事件会在法律范围内得到充分预测评估,从而选择出最佳策略"[①]。

第七节　预案机制

在整个群体性事件预警准备中，最有效且最实用的内容之一就是制定各种应急预案。一个完善的预案,可以减少群体性事件发生的概率,可以把

---

① 李凤菲、温志强:《快速城镇化背景下群体性突发事件预警机制构建——以乌坎事件为例》,《人民论坛》,2013 年第 23 期。

事件造成的损失最大可能地减到最小。群体性事件一定具有风险，但在危机中也肯定存在转机，群体性事件也是体制改革的转折。凡事都要提前预防，要做到防患于未然，把钱花在预防上，其成本要远远低于群体性事件造成的整体损失；在应急预案上花钱，其应对突发事件时远比等到群体性事件完全爆发或蔓延升级时的困难程度要小很多，它的效果远比发生群体性事件之后再进行恢复弥补要好得多。

一、加强培训工作，提高对群体性事件处置预案的认同

群体性事件预警是一项需要在意识层面加强引导、观念层面加强重视、知识层面加强丰富、技能层面加强完善的系统性事业。当前很多群体性事件的发生大部分是究于政府部门对现实群体性事件的发生萌芽和激化状况的不在意造成的。部分相关部门缺乏对群体性事件的感知能力，并且部分民警对相关现象采取忽视态度，没有及时了解不确定因素。[①]凡事预则立，不预则废。只有未雨绸缪，才能防患于未然。为确保辖区发生群体性事件时能够做到领导到位、措施到位、警力到位、保障到位，各级部门必须提前制定预案，并经常演练，确保一旦发生群体性事件后通过及时有效的预案实施，将其给社会带来的冲击和损失减到最少，将其对社会的负面影响降到最低。

完善的群体性事件预警预案是提高相关预警部门决断能力、进行群体性事件成功处置的基础，对群体性事件处置预案的认同感是相关预警部门执行预案的前提。具体来说，可以通过与高等院校相关专业进行合作，重视培养和引进群体性事件预案研究的专门人才，发挥人力资源优势，并通过"走出去、引进来"的方法，开展各种形式的关于群体性事件预案建设的研讨班和培训班，在预案的研讨中让更多的人明确预案的地位和具体的预案规划，在预案的培训中训练提升应急能力。按计划对群体性事件进行分析研究，并做出经验总结，以更好地安排群体性事件预案。加大对群体性事件预案培训工作的资金投入，在人力、物力、财力等各个层面加强对群体性事件预案建设的支持。

---

① 参见叶氢、肖定东、刘艳：《预防与处置群体性事件中的警察公共关系》，《政法学刊》，2006 年第 5 期。

二、加强预案的编制

(一)明确应急预案编制的基本要求

我们所追求的和谐社会"并不是没有一点冲突和矛盾的社会,和谐社会是能解决社会冲突和矛盾、使社会均衡发展的社会"①。为实现和谐社会,编制应急预案(emergency plan)便是提升解决社会矛盾能力、完善化解社会冲突机制、实现社会动态均衡发展的便捷途径。应急预案是"建立在对危险源辨识基础上事先制定的用于应对危险发生时的行动计划"②。制定预案必须科学严谨,以全面调查为基础,采取领导与专家相适应、内部研究和外部沟通相结合的方式,进行科学讨论,合理科学地制定应急预案。同时预案应服从于"一案三制"的整体目标,与使用对象的实际相结合,比较实用并且好操作,从而能够准确并且迅速地应对群体性事件。

(二)科学组建群体性事件预案编制小组

科学组建群体性事件预案编制小组在预案工作中扮演着重要角色,对其管理方面也十分重要,成为相关部门沟通的桥梁和纽带,便于协调应急各方的意见和建议。为此,首先,要充分收集和参阅已有的应急预案来明确应急预案的框架,在此过程中应充分利用相关资源,并且需要衡量是否与各部门的预案相协调,明确专项预案中应急过程的行动重点和应急衔接、联系要点等,确保与其他相关预案的协调和一致性。其次,是要明确预案编制主体,要将群体性事件所涉及的有关职能部门、各类专业技术力量有效结合起来,成立由分管领导任组长的、职责明晰的应急预案编制工作小组,明确授权、任务和进度,制定编制计划,具体负责应急预案体系建设的调研、指导、制定、协调等工作。再次,要建立预案编制主体之间的合作机制,使其及时互通消息,增强制定过程中的水平和透明度,这需要编制组的相关成员共同聚集并研讨出一定的方针政策,同时使得高管得到相应的授权和认可。③最后,要

①　多志勇、苏雅拉、陈红宇、白永利:《近年来内蒙古自治区群体性上访事件的特点、成因及对策》,《前沿》,2010年第5期。

②　张海波:《应急预案的编制应用与优化——以J省公路交通突发公共事件应急预案为案例》,《江苏社会科学》,2008年第6期。

③　参见邢娟娟等著:《企业重大事故应急管理与预案编制》,航空工业出版社,2005年,第57~59页。

注重编制人员的参加与培训,参与预案编制实际是一个最好的培训过程,在这个过程中各类主体可以磨合和熟悉各自的活动,明确各自的责任。

(三)完善预案编制内容

在很多领域,各种主体有时都会对应急预案的编写造成影响,这不仅是一个编写文字的过程,更是一个整合各种资源去应对不同危机状况的指导性计划。在此,重点是根据客观事实对事件进行理性分析、评价,筹划一个适合此事件并能得到社会响应的预案。因此,除去对预案科学可行且严谨的要求外,针对性和全面性是一个合格的应急预案所需要具备的。

首先,预案的内容要网罗全部内容。这里所说的内容是指事前预警、事中应急、事后重建和评估管理等问题。

其次,在预案编制过程中体现出加强信息的及时性收集和动态性分析。

(1)突出各个层面情报信息的收集。要按照内外结合、分步实施的原则,重点解决好"内外、上下、左右"三个层面的信息获得与反馈关系,全面整合情报信息资源,突出信息主导警务。"内外关系"——公安机关与各类公办民办企业、各类社会组织及政府各部门间的关联;"上下关系"——公安机关内部纵向的信息传递;"左右关系"——横向的同级情报处和各层面的情报部门之间的信息采集与上传关系。理清三个关系,有利于加强情报部门之间的信息传达和共同分享,就能从大体上把握社会信息的动态,牢牢把握住维护社会治安的主动权,抢到预防和处理各种群体性事件的有利先机。

(2)重点建设有关情报的信息网络。不仅要准确把握自身优势并加以利用,还要善用外部资源,全力打造覆盖范围广、多领域多层次的立体信息网络和来源广泛且利用价值高的情报系统,对可能引发群体性事件的热点、焦点、难点问题,如有关土地征用、房屋拆迁、赔偿政策等,以及一些重大举措深入调查和分析,随时掌握群众的思想情绪要求、社会各界的反映情况,做到上知政策、下知民情,为及时化解群体性事件做好准备工作。要发挥高质量的信息员的作用,培养其对危机信息的敏感度和分辨能力,力争早发现、早知道,尽早取得深层次、内幕性和动态性的信息情报,真正做到有动必知、未动先知。

(3)重点做出情报信息分析研判。使不确定因素更具稳固性和牢固力,确定情报信息由谁负责研判、何时对其进行分析研究、怎样研究判断的体制,有规律性地对社会中发生的热点性群众事件的起因、发展走向、预防此类事件再次发生的措施、处理此类事件的重难点进行科学分析、理性研判；对重大群体性事件要实行专案经营,总结成功在哪里,分析失误在哪里,分析研究预防此类事件发生的方法并提出解决措施。在获得情报信息的同时,要充分发挥信息研判平台的作用,综合分析,科学决策,最好使信息的研究判断达到早反馈、灵处理、深探究、快解决的标准。"对研究分析得出的结果,要根据不同的等级发布不同的指令,同时规定其指令要求、何时反馈,以保证信息能以最快的速度流转,全范围内都能共同分享此信息,不错过用此信息的最佳时间"①,全面掌握预防和处置群体性事件的主动权。在最佳时间将社会上的热点话题或有预见性、建设性的话题反映给党政部门、公安部门,保证信息能对领导起帮助性作用且可以转变成预警情报,转化成现实力量,促进指导工作的顺利开展,力争实现内容清晰和及时处理与完善。

三、注重预案的评审与发布

（一）预案的评审与修改

应急预案完成之后分级交予上级部门,并组织专家进行评审,未经市、县评审部门组织专家评审通过的预案不能发布实施。加强公共危机预警预案的评审工作,首先要提升预案质量,这样才能保证预警预案在危机发生时发挥作用。

评审关注点之一:预案可操作性。预案应当以风险普查分析为依据,针对城镇建设中的薄弱环节、危险要害部位,制定公共危机预警方案。在预案评审过程中,要先分析群体性事件公共危机的类型与具体特点,加强对各种危险源和风险因素的分析评估,从职责的区分和细化上,针对预案的处置程序、预警手段和工作方法的可行性进行评审。

评审关注点之二:预案编制的规范性。危机预警预案的规范性在一定程度上决定着危机预警工作的条理性和严谨性。预案评审要根据国家有关法规标准要求和预案编制规范要求,对预案的规范形式、内容衔接、表述准确、要素配置齐全、系统运作协调等方面进行评审检查。

---

① 胡洪谊、张东:《论基层公安机关情报信息化建设中存在的问题与对策》,《科技信息》,2010年第26期。

评审关注点之三：短时间、高质量验证。在准备预案时，要保证民主决策、集思广益和尊崇一切从实际出发的宗旨，充分发挥公共危机预警预案制定过程中的专业权威人士的建议，并且广泛征求相关群体的意见，确保预案遵循客观规律，符合实际情况，便于操作使用。在预案的培训与预演中，整合资源，检验预案，认真组织对危机预警预案的实效性进行评审论证。

最后，在修改评审预案前发放通知单，预案编制主体要不断修订和完善预案。

（二）预案的发放、培训与落实

预案审批合格后，将预案分发给有关部门及其相关人员，然后建立并发放登记表，将有关信息记录在案。

预案印发后，危机预警指挥部要合理安排应急预案培训与教育工作计划，第一时间召开会议明确职责，加强成员的理解和学习。针对不同类别人员的需求和不同岗位的工作要求及不同部门的不同人员承担不同的职责，他们会分类别、分层次地确定预案的培训内容和方式，还会考核其培训结果，来保证应急人员已经熟练掌握了应急工作的基本知识和技能。

四、积极修订与更新预案

不存在一劳永逸的预案准备。预案必须根据社会环境和制定前提的变化进行修改。因此，预案编制小组应根据社会环境中各风险因素的改变对预案实行修改，以保证其可行性和准确性。有以下需要修改的情况：群体性事件法律、法规的变化，应急机构及其人员的调整，培训演练过程中出现的问题，需对应急反应的内容进行修订，每次预案实施后的教训总结，预案生效并超过半年时间，预案评审后发现的问题，其他情况。

五、注重支持附件

应急预案属于一种各级文件构成的文件体系，包括预案、指导书、程序、记录等附件。预案由附件提供所需的各种资料、信息和工具来支持，所以只有附件的支持配合才能确保应急活动的实施。具体来说，应急预案的支持附件主要有：组织机构附件（包括组织机构图、应急处置流程、应急指挥系统和专家委员会等），法律法规附件（包括《中华人民共和国刑法》《中华人民共和国治安管理处罚法》《中华人民共和国集会游行示威法》和《人民警察使用警械和武器条例》等），通讯联络附件（包括应急机构人员的联系方式、关键应急人员的联系方式、应急专家的联系方式、相邻单位的联系方式、紧急疏散场所的联系方式、医疗救济组织的联系方式和新闻媒体的联系方式等），技术支持附件（群体性事件案例库和公安网），城市相关的附图和附表（如自然地貌图、行政区划图、城市交通图、人口分布图等），协议附件（同周边地区的互助协议、与重点部位周边单位的互助协议、与政府机关的应急指挥中心的协议、与社会组织的互助协议），通报方式附件（包括电话、对讲机、广播、扩音器、警报系统等），危险分析，应急资源，培训、训练和教育、演习等其他支持附件。

第八节　预演机制

　　一提到演练，很多人都会认为那是一场浪费资源的供人观摩的表演，它在实践中只能起到十分有限的作用，其实这是因为我们对演练缺乏正确的认识。"应急演练重在实效，重在发现问题，而不是展示成效。"[①]具体来说，对应急能力进行综合检验的一种方式就是预案演练，应利用多种方式让各方参与到预案演练中来，这样可使那些参与应急的人员进入一种实地作战的状态，使他们明确自身的职责，协同作战能力的提高有赖于对演练整体的熟悉，以此来保证各方相互协调，迅速并且高效地开展应急救援工作，提高应急预警的实效性。

一、演练的作用

　　应急演练是指"各地区、各部门，各机关团体、企事业单位，组织相关单位及人员，以发现问题和改进工作为基本任务，以强化实战、检验预案、完善准备、锻炼队伍、磨合机制、科普宣教为目的，为提高应急能力而进行的一种

　　① 张海波、童星：《中国应急预案体系的优化——基于公共政策的视角》，《上海行政学院学报》，2012年第6期。

模拟突发事件及应急响应过程的实践活动"①。按照总体要求来构建自身,筹备的应急演练对于公共危机预警能力的提高、公共危机预警实效的提升意义重大。

首先,应急演练有利于职责权统一有序的管理机制的形成。危机预警和紧急应对都需要多个应急主体参与,因此绝大多数应急演练也要尽可能地将一切可应急主体纳入其中,在这样全方位的应急演练中能对相关机构、组织和人员的职责进行澄清,对各自资源的需求进行识别,对各部门、机构、人员之间的协调进行改善,磨合各个部门、机构、人员之间的合作机制。

其次,应急演练利于应急人员素质的快速提升。"应急演练"的实质是一种"特殊形式的培训,亦或者说以体验为其形式的学习过程其实就是应急演练的实质所在"②。警力对于预案的了解、自身操作能力都可以在应急演练中检查、练习,分析培训需求,使其充分掌握相关应急处置要领,提高公安机关处置警力的熟练程度和信心;人员在现场接受宣传教育培训也能够提高公众和媒体对预案的理解力和认可程度,希望他们可以支持应急工作。

再次,应急演练对提高各级预案之间的实用性有促进作用。《突发事件应急演练指南》将"应急演练"定义为:"所有相关单位、人员在各单位的组织安排下,对应急预案进行演练模拟的活动。"③由此我们可以发现,应急演练的依据和指导性文件就是应急预案,预案演练既可以对既有预案进行检验,可以探索建立新的预案,也可以考察各类预案系统的全面性和单项预案之间的衔接度,进而及时对应急预案、执行程序、行动核查表中的缺陷和不足进行修改。

最后,应急演练有利于提高整体应急反应能力,发现并解决问题,提升感性、理性认识并最终转化为应急能力。"这就需要对系统的评估总结必须是全方位全过程的"④,应急预演的过程是一次检验预案、评估队伍、统筹资

---

① 北京市突发事件应急委员会:《关于印发北京市突发事件应急演练管理办法的通知》,北京应急网,http://www.bjyj.gov.cn/flfg/bs/qt/t1099056.html。

② Kees van Haperen,The value of simulation exercises for emergency management in the United Kingdom,*Risk Management:An International Journal*,2001,3(4),pp.35-50。

③ 国务院应急管理办公室应急办函〔2009〕62号:《突发事件应急演练指南》,陕西省人民政府门户网站,http://www.shaanxi.gov.cn/0/xxgk/1/2/10/446/847/870/32039.htm。

④ 姜传胜、邓云峰、贾海江、王晶晶:《突发事件应急演练的理论思辨与实践探索》,《中国安全科学学报》,2011年第6期。

源、提升能力的系统性过程。

二、演练的策划筹备、实施、评估与总结

(一)演练的策划与筹备

第一,成立演练组织机构,明晰工作职责。应对紧急情况的演练能否成功开展取决于是否建立了优秀的应急演练领导小组。成立策划、协调、保障等全方位的应对紧急情况的演练领导小组,组长应是管理应对紧急状况的政府领导行政人员,成员是部门分管的人员。该小组的工作是负责活动的演练。

第二,制定演练计划。根据具体情况和分部门目标分析演练需求,制定总体的演练目的,基于目标的前提下制定范围,编排工作日程。

第三,编写演练方案。将单项预演与整体预演结合起来,"根据活动演练制定工作内容,先进行单项科目彩排,后串联,一点一点查找漏洞、完美活动"①。根据具体的活动演练内容对演练情形加以说明,并列好清单,依照活动的不同风险和差异性,制定行动方针,制定演练人员的信息手册,通过征求意见、桌面推演和实地预演三个阶段的工作来编写、修改和完善演练脚本。

第四,其他准备。多次召集协调会,研究筹备工作中的各种问题,以真实的情景需求充分做好人员、资金、物质、技术、装备、安全等方面的演练准备和保障工作。

(二)演练的实施

第一,进行演练动员会议。对参加演练的人员开展集中性的演练执行要点、安全防护等方面的介绍,组织观摩人员进行有秩序的演练参观。对于后勤保障、场景控制等人员进行预演情况介绍,对预演评估人员进行预演情境介绍和预期目标说明。

第二,开展演练活动,进行演练执行。当现场布置完毕后开始正式的危机预演时,现场指导人员的科学决策、指挥有方十分重要,演练解说人员的解说效果对参加演练人员、观摩人员、媒体宣传影响重大,对演练效果的保证起到关键作用。在整个演练过程中要做好翔实的演练记录和务实的演练

---

① 王益:《强化综合应急演练 提升应急处置能力——"强化2011"宿迁市综合应急演练的实践与启示》,《中国应急管理》,2012年第4期。

宣传报道。

第三,演练终止。分为正常终止与非正常终止。

(三)演练的评估与总结

第一,演练评估。分为自我评估、群众评估与专家评估。

第二,演练总结。演练结束之时进行简单的现场总结,在演练事后进行分部门、分人员的细致的总结和整体性总结。

第三,后续行动。演练结束后要进行文件归档与备案、对相关部门和人员进行奖惩、预案修订等活动。

第六章　快速城镇化背景下构建群体性突发事件公共危机预警与阻断机制的策略建议

有人说，我国现在正处于"风险胶囊"之中，在面对层出不穷的公共安全问题时，我们仍然无力。德国飞机涡轮发动机的发明者帕布斯·海恩提出一个关于飞行安全的法则——"海恩法则"："29 次小摩擦和 300 次未果加之1000 次事故暗疾才造就了一场严重事故。量变引发质变和人本身的素质和责任心才是最重要的。"①因此，人为造成终将人为消除。

第一节　群体性事件预警的美学路径

我们的世界是一个由多彩光谱与个体审美行为组成的共同体，美的存在与对美的感知使得"美"这一客观性的事物主观化，个体对美的理性感知、评判、互动，以及基于这一过程形成不同主体之间的"美的共识"使得整个世界呈现出多元而和谐的格调。多元是一种在个体之间存在的差异之美，异质性的存在使得社会出现差异、分离、对立，甚至对抗性态度与行为；和谐是一种被共同感知的"美"，是一种基于感知共识的光谱两端色调的中和，有利于对立性冲突的预警和防范。群体性事件作为社会对抗性行为的一种，其预警的美学路径应走在光谱两端的中间，在审美理解、审美宽容、审美超越中实现群体性事件爆发和升级的预警性治理。

一、群体性事件治理现状：处于光谱两端的"淡写"或"浓描"

我们的政府对转型时期的社会矛盾的处理态度总是处于光谱两端：要

---

① 《管理科学著名定律连载 No.39 海恩法则》，《施工企业管理》，2010 年第 3 期。

么是感知危机存在时的"轻描淡写",要么是冲突爆发升级时的"浓墨重彩"。"睡狗行政"这一词的运用生动地说明了当代政府面对社会群体性事件的态度特质与行为规律——"不打不动,打了乱动"①,而打上这一棒的便是群体性事件的"闹大"行为。

(一)"轻描淡写":对已被感知的"集聚威胁"的推诿

群体性事件在没有发生前以一种潜在危机的形式游走于社会主体之间,此时并不能称其为"群体性事件",这里我们暂且称其为被感知的"集聚威胁"。任何一宗群体性事件都有一个聚焦、酝酿、爆发的过程。主体意识到利益受损,相互对话与交流,随着对话人数的增加、情绪传导的发生、人际情感的培养、群体共识的形成,其冲突能量不断集聚,这种冲突要素整合的过程都是以一种"黑箱式"的潜在形式展开。当这种能量聚集被政府组织感知到(如通过领导信箱、市长热线、地方领导留言板等方式)但没有收到下级报告的时候,政府仍旧有秉持"轻描淡写"般态度的可能:他们相互推诿、故意拖延,"不打不动"。这种不作为的"睡狗""懒政"思维反映了地方治理功能的萎缩与退化,且成为一种放大镜机制将不良情绪积聚于此,"有信息支付而无权威性行动"②,"集聚威胁"引发群体性组织采取单边行动的冲突策略。例如,湖北省"石首事件"的爆发起源于地方政府在责任考量中没有及时公开真相。

(二)"浓墨重彩":"闹大"之后倒逼政府极度关注行为

面对政府组织的"睡狗行政"方式,想尽一切方式,甚至不惜体制外的极端手段进行"闹大"是利益诉求主体"制约政府拖延、敷衍手法的有效手段"③,也是诸类群体性事件爆发的基本起点。"闹大"就是社会群体依靠道德震撼、情感渲染引起社会关注并倒逼政府采取作为的一种行为方式。群体"闹大"行为作为一根竹棒打在患有"拖延症"的政治主体身上,地方政府出于政治维稳的考虑而不得不正视问题,采取"大事化小,小事化了"的逻辑,不惜代价去解决冲突,例如非常规补偿、官员制裁、政府兜底等。如此多的典型案例

① 尚虎平:《网络围观下的政府效率:从睡狗行政到非满意——基于 50 个网络焦点案例的探索》,《公共管理学报》,2013 年第 1 期。

② 韩志明:《信息支付与权威性行动——理解"闹决"现象的二维框架》,《公共管理学报》,2015 年第 4 期。

③ 应星著:《大河移民上访的故事》,生活·读书·新知三联书店,2001 年,第 373~375 页。

更激发了人们靠"闹大"来解决利益冲突的动机,此时的人们第一需要的并不是政府的理性处理,而是政府的真实关注与及时回应。更多的社会公众在实践中依靠"闹大"行动将政府主体"客体化",处于被动位置的政府组织不得不对其做出及时性的(可能是无效率也可能是有效率的)回应。例如,河南省南阳市西峡县非法集资受害者"闹大"倒逼政府作为。"闹大解决"成为社会矛盾处理的基本逻辑。

二、"光束"的汇合与聚焦:群体性事件爆发演进进路分析

任何由人类组成的共同体都存在难以避免的矛盾和冲突,只不过冲突有大有小,矛盾有简有繁。任何一类组织化的大型复杂冲突都是由小型的简单矛盾演化而来的,并在演进的过程中行为主体的行动从制度之内跳跃到制度之外,造成了社会的非规范化的失序。群体性事件从无到有是一个伴随着审美共识、审美竞争与审美冲突的过程。

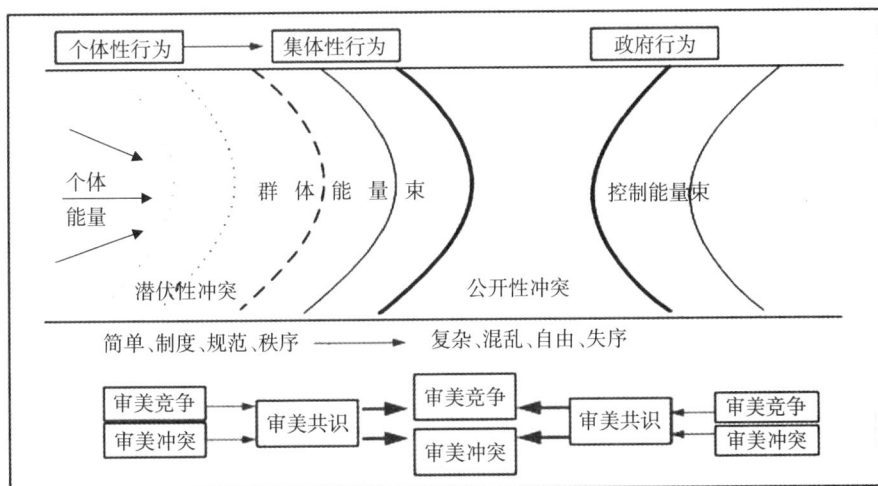

图6-1 群体性事件爆发相关要素及进路分析

(一)审美共识:从"个体行动者"走向"集体行动者"

审美是社会个体基于已有知识和先验经验对审美对象做出的社会建构性判断。美是普遍的,对美的赏识也是普遍的,审美也是每位主体不由自主、自觉开展的一项活动,拥有趣味偏好的个人对自然事物、社会事物都会出于偏好做出美学判断,由于"审美差异远没有语言思维、文化习俗、宗教信仰、

政治主张等之间的差异那么大,人类在审美上最容易达成共识"①,宽包容、低限制、无标准、无惩罚的美学本性忽略文化差异,使得以审美为基础的社会共识极易在小范围群体中获得, 即人们很容易基于最基本的普遍范式来说出谁美谁不美、谁对谁不对,达成基于不一致、多元化的利益诉求之上的审美共识,并不约而同地裹挟着利益自觉站队,互相渲染,集体行动。

(二)审美竞争:从"潜伏性冲突"走向"公开性对抗"

俨如今日的利益多元化取向,"美学也失去了中心,或者具有诸多不同的中心"②,审美竞争使得美学多样化、多中心的保持成为可能,每一中心自成体系、自我完善。转型社会由"领域合一"走向"领域分离",多领域的主体竞争带来不同的审美判断和审美共识的博弈, 引发不同主体之间基于年龄代际、社会地位、价值取向、行为方式等原因形成的审美共识的潜在性冲突。这种审美竞争在审美生活微时代的网络虚拟环境与审美生活在场沟通的现实环境中被不断放大和激化。当关乎自身基本利益且处于审美竞争弱势一方的群体面对每况愈下的情境而无力改变时,他们便会采取"弱者的武器"将这种潜在的冲突光明化,进行公开性对峙,使得审美竞争从"潜伏性冲突"走向"公开性对抗"。

(三)审美冲突:"群体能量束"与"控制能量束"的较量

在美学研究中,不同主体的审美不统一便会带来审美冲突;在社会科学研究中,甚至在更狭窄的社会危机研究中,审美冲突是一种更具有组织性意蕴的词语。它涉及不同主体之间基于最基本的审美共识的分歧而有组织性的展开,所以由于此语境下的审美冲突掺杂着利益纷争与地位博弈,此种冲突尤其体现为"群体能量束"与"控制能量束"之间的较量。互为主客体的"控制"与"反控制"成为此类较量的主旋律,最终引发群体性事件。"征服不能消除主客对立,也不会带来自由,更不能达到审美的境界"③,审美境界的实现依靠的不是暴力的控制与征服,而是建立在有序化的自由交流与平等讨论基础上的审美合一。

① 彭锋:《审美共识与宽容》,《光明日报》,2011 年 3 月 22 日。

② Ales Erjavec, Aesthetics and/as Globalization: An Introduction, *International Yearbook of Aesthetics*, Vol.8, 2004, p.7.

③ 杨春时:《走向"建设性的后现代主义美学"》,《学术月刊》,2010 年第 5 期。

三、预警型治理:群体性事件两类极端路径的"中和化"回归趋势

预警型群体性事件治理的美学理论基础来自于对"中性美学"的讨论。"中性美学反对各主体间的道德互否,强调一种中庸的道德主义、自律主义式的自我反抗,它有强烈的内卷化色彩,使得个体放弃消极的生活态度和极端的行为取向"①,放弃处于光谱两端的"淡写"或"浓描"的群体性事件处置方式,回归于一种包含自我反思、自我控制、自我修复的"内卷化"的中和趋势。

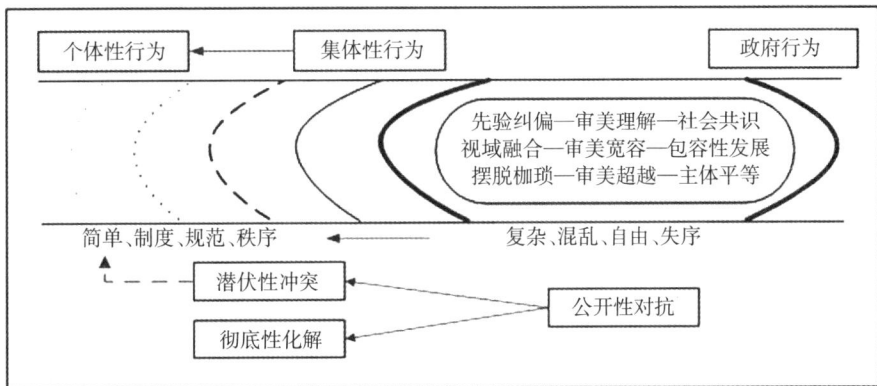

图6-2　群体性事件两类极端路径的"中和化"回归趋势分析

我国的中性美学能溯源其历史根据,"中国美学主要通过'执两用中'的范式在审美活动中体现出一种'中和'之美"②。中和之美的主要内涵在于:

首先,"内卷化"的自我反思。中国传统的"秩序情结"使得越来越多的人束缚在秩序维护的历史性偏好中,若达成这一偏好,就需要社会主体在面对审美分歧时的自我反思。"礼之用,和为贵",相对于人际矛盾的加剧和利益冲突的重叠,人们更加偏好于一种公平平等、和谐安定的社会生态环境。于是,人们所追求的情结中的秩序往往陷入一种"只求和、多让步"的秩序误区,这种误区只能带来社会的表面平静,而深层稳定的不可求使得越来越多的冲突能量在被压制中得以积聚,愈发危险。为杜绝让步式的秩序构造思维,中性美学的审美路径强调:第一是客观性的自我认知,时时反思己之舛

---

①　郝雅立:《和谐预警:群体性事件治理的中性美学通道》,《领导科学》,2016年第5期。

②　吴鹏:《对中国审美文化现代性的探讨——读仪平策〈中国审美文化民族性的现代人类学研究〉》,《中国文化报》,2013年1月30日。

误,利益表达方式是否合理,行为路径是否合法,维权还是谋利等;第二是礼貌性地虚己让人,处处以敬人为重,不做"不耐心的访民"。

其次,主动控制以加速能量自行消解。相对于社会整体,人们更强调将个人嵌套在社会环境和历史背景中,根据社会需要赋予其角色定位,并担任职责,承担义务,在社会网络的连接点上"克己复礼",控制一人之私欲膨胀,消解对立能量。当集体会聚于同一场域,恣意行事、不加控制的暴力行为的采取往往加快了对立双方主客体位置的互换频率,提升了对立能量积聚和爆发的速度,极易带来毁灭性的结果。任何一次群体性事件的规避归根到底都是基于对立双方自我控制基础上进行的协商对话或者第三者裁决,在此过程中需要彼此之间相互适应,相互理解,妥协共生。

最后,受到波动性影响之后的自我修复能力。中国的社会公民缺少一种面对外来侵扰的免疫能力,极易受到外来力量的干扰,更为重要的是受到干扰之后,中国社会不仅没有自我修复的能力,反而会因为外来的干扰而不断在机体之内繁殖新的干扰,叠加的干扰使得中国社会一再失序。而如此的恶性循环使得具备秩序情结的社会公民走向"另外一种极端,那就是国人对于通过激烈的、非制度化的斗争来实现权利的偏好"①。自我修复是一种在长期历史演化过程中形成的、不借助于外力而依靠自我进行修复的能力,在此能力培养中能够逐步完善其自身的免疫能力、获得自我防御机制。以中性美学的路径来看,自我修复能力强调以理性认知作为道听途说的规避方略,以"礼尚往来"作为民间矛盾预警手段,以思人思己作为冲突处理的基本方式,从而分散社会冲突能量集,形成社会秩序建构与维护的基本途径。

总之,美学是属于整个社会共识基础之上的审美行为,求同存异的"内卷化"的中和审美行为有助于这一共识的构建和达成。公共权力的掌控者凭借职位权力、知识创造者凭借领域地位、舆论导向者凭借行业口碑将个人审美偏好和价值取向植入艺术作品的创建过程中,灌输到社会主体的意识里并意图主导社会审美活动的行为是非理性的美学实践路径,社会公众一味执着于自我的美学路径也是缺乏思量的行动失范,这不仅对于群体性事件的规避无一益处,甚至可能会成为冲突性能量束的一支分光束而带来群体性行为的聚焦。为此,基于社会主体"内卷式"中和化行为的化解性预警治理

---

① 徐祖澜:《公民"闹大"维权的中国式求解》,《法制与社会发展》,2013 年第 4 期。

在群体性事件防范活动中效益可观。

四、美学启发：棱柱型社会折射出群体性事件预警的多元化解决路径

弗雷德·W.里格斯(Fred W. Riggs)借助棱柱散射的原理象征性地说明了当前转型社会的行政生态的异质性、重叠性和形式主义。同理，基于个体之间的冲突能量犹如分散的光线一般，借助于放大镜的聚光原理而汇聚一处形成群体性能量，能量的汇聚会造成高能量传递，带来灼伤性的毁灭。这时只要出现一个类似于棱柱型的分光镜，携带着高能量的白色光线就会出现折射、散射等自然现象，呈现出赤橙黄绿青蓝紫等多样色彩，集体能量也会在此光线折、散射的过程中得以消解。群体性冲突的预警型治理也需要探求这一"棱柱型化解"机制，并力求带来不同主体审美活动中多彩世界的缤纷呈现。

（一）以"审美理解"促进先验范畴的纠偏，预警对话性冲突

康德把"审美"解释为先验范畴对世界的认知构成，主体已有的思想贯穿了个体的审美行为。在社会转型时期，我们需要基于先验范畴的审美理解与审美共识来避免来自其他领域的冲突。现代美学认为"审美是主体间性的活动，而不是片面的主体性活动"①，审美理解是一个双向的互动过程，而非单线进路。具体来说就是，两个审美主体将对方视为有先验经验和自主判断的主体而非被动的客体，双方之间的信息交流并非是单向的"信息支付"，而是你来我往的信息博弈。因此，在主体之间的对话中存在着彼此竞争、彼此适应、彼此妥协，各自以自身先验认知的彼此纠偏、彼此融合共同构成了事件呈现出或平缓和谐，或激烈暴力的状态。"这不是一个有许多客体的世界，而是有充分权力的主体的世界"②，一项对话之所以能够表述一件事情归根到底是由于对话双方的表达与解读，这种表达与解读都是建立在各自的先验范畴之上的。为此，我们应该在良性互动的对话过程中学会自控、自省，不断分辨先验认知的适用场景，自觉纠正先验范畴的偏误，防范先验认知与已有思想的重复强化和错误指向。

---

① 杨春时：《走向"建设性的后现代主义美学"》，《学术月刊》，2010 年第 5 期。

② ［法］托多罗夫著：《巴赫金、对话理论及其他》，蒋子华、张萍译，百花文艺出版社，2001 年，第 322 页。

（二）以"审美宽容"达成不同视域的融合，预警视域性冲突

评判视域的不同引发事件内涵的解读的不同，进而引发大型冲突已然成为社会常态。任何主体的审美行为都有一个历史演进与现实场景的视域融合的过程，这个过程的不一致、不同步必然会带来并拉大认知评判的异质性和差距感。例如，代际冲突多起因于年长者与年轻人之间的历史厚重感的不同、阶层冲突起因于不同阶层对社会现实问题的解读不同、政民冲突起因于政府与民众在面对问题时所持有的视域范围的不同。所以我们说，社会中很多共识难以达成，虽然有知识分布、阶层分异、利益分化等原因，但总体来说是因为社会主体视域的不一致，由此以牺牲诸多差异为代价的社会共识难以建立。历史视域与当下视域、私人视域与公共视域的融合能使主体行为更多地考虑背景要素，以促进审美理解的实现和审美宽容的达成，进一步实现审美共识的建设，这便是秉持着中国文化"和而不同"的"中性美学"所倡导的"中和之美"的意旨所在。基于中性美学，将培育审美共识过程中形成的"审美宽容"放置于其他社会领域，那么规避和减少社会群体性冲突的这一政府行动便找到了社会合法性根基，实现社会主体彼此宽容、社会整体包容性发展的构想也不是没有可能。

（三）以"审美超越"实现社会主体地位平等，预警集体性冲突

非物质性的生产（即创造非物质性产品，如知识、信息、文本、语言、情感、关系等）作为区别于传统的物质生产的一种新型生产方式，在其对其他劳动方式施加关键性的影响下将一切社会活动转化至自己预想的轨道上来。"审美"便是非物质性生产中的一种，它以社会主体自身的价值体系和知识架构来评判客观世界，审美理解与审美评判作为一种"话语性行为"存在于各主体之间的社会活动中。福柯（Foucault）认为"话语即权力"，话语作为一种社会力量，它在其主体的学识背景、社会角色、身份地位等非主观因素的影响下不断地被重复和传播，持续被强化和丰富，从而形成一种无形的社会力量而对另一方主体发挥着支配性和役使性的功能，"话语枷锁"带来了现实主体地位的不平等和社会多中心格局的不均衡的加剧，增加了不同话语体系的集体之间产生对立甚至冲突的可能性。因此，"审美超越"需要客观看待审美主体的学识背景、社会角色、身份地位，在解读、评判和传播审美观点时要客观公正，以批判性的思维考虑审美主体做出的审美结论。只有基于此类平等、公正、客观的世界观，潜在性冲突才不会被一度激化，爆发性事件也

不会一再升级,化解后的群体性矛盾也不会再次成为潜在冲突而持续性存在。

第二节 倡导危机预防文化

目前,我国政府组织、企事业单位和社会公众普遍存在缺乏预防危机、化解危机的内在文化机制。塑造危机文化、强化危机意识对于公共危机预警机制建设是一个基础性前提。

一、预防文化的理论探源

(一)预防思想的哲学基础

恩格斯在《自然辩证法》一书中提到:"我们不要过分陶醉于我们自己对自然界的胜利。对于每一步这样的胜利,自然界都报复了我们。每一次胜利,在第一步都确实取得了我们预期的结果,但在第二步和第三步却有了完全不同的、出乎预料的影响,常常把第一个结果又取消了。"[1]遗憾的是,近百年来,人类不但没有控制对大自然的破坏,反而日益升级,加速了对自然的掠夺性开发和盲目性"征战",导致了许多灾难性后果。辩证唯物主义认为世界是物质的,物质是运动的、变化的,运动是多样性的。辩证唯物主义基本原理揭示了公共危机的客观实在性,公共危机既然客观存在,人类及其人类社会就不可避免地受到公共危机的威胁。辩证唯物主义还告诉我们,物质运动是有规律的,而规律是可以发现和掌握的,因此任何公共危机的发生、发展、消亡都有规律可循,人类掌握了各种公共危机的规律,就能主动利用规律预防和减轻公共危机对人类社会造成的危害。[2]因此,需要逐渐形成公共危机治理的预防文化。

(二)政府再造中的预防思想

戴维·奥斯本(Osborne)和特德·盖布勒(Gabler)指出,公共危机管理的目的是"使用少量钱预防,而不是花大量钱治疗"[3]。他们认为,如果没有预警机

---

① 《马克思恩格斯全集》(第20卷),第519页。

② 参见董华、张吉光著:《城市公共安全应急与管理》,化学工业出版社,2006年,第85页。

③ [美]戴维·奥斯本、特德·盖布勒著:《改革政府——企业家精神如何改革着公共部门》,周敦仁等译,上海译文出版社,2006年,第181页。

制,国家就像是一艘庞大的远洋轮船,所有昂贵的东西都堆放在甲板上,但没有雷达,没有导航系统,也没有预防性保养维修。①所以,为了"保护甲板上的昂贵东西",为了防止危机的发生,预防在政府危机管理中是十分必要的。也就是说,与危机管理过程中其他阶段相比较而言,公共危机的防范是一种既经济又简便的方法,在日常的突发事件管理活动中应给予其足够的重视。预防就是从危机风险的角度防止事件发生,避免应急行动。对于任何有效的危机管理而言,预防就是其核心,此阶段危机风险最容易控制,花费最小。

(三)中国传统的"天人合一"思想

"天、地、人"合一的哲学观认为:人与自然是相互联系、相互影响的,广义上说人是自然的一部分,人不能对自然进行无限度的掠夺,人与自然应保持和谐统一。人的生存、生产等社会活动不应与自然环境相悖,人应妥善处理自身与自然之间的矛盾,例如:城市人口的大幅度增加,导致住房扩建、道路建筑,为了让更多的人就业,增建企业,让更多的人入学受教育,又增建学校等,占用大量土地;为了人流、物质流、能量流、信息流的高速畅通,修建大量公路、铁路和线路管道,耕地面积减少。②此外,中国自古就有"凡事预则立,不预则废""防患于未然""居安思危"等危机预防思想。所以,危机管理理论的出发点应该是居安思危、未雨绸缪,预先防患、有备无患,努力将引发危机的各种隐患消灭在萌芽状态,是应对危机的最佳办法。

二、公共危机治理中的预防文化构建途径

(一)树立预防思想

没有公共危机的预防思想,就不可能在全社会形成合力,真正完成公共危机预防的各种措施。因此,思想准备是危机预防的第一步,也是公共危机管理的起点,对危机管理来说至关重要。例如,日本是危机意识很强的国家,日本人喜欢预言未来,常常"制造"出许多危机预言,他们害怕地震,便预言了"日本沉没",即设想日本列岛从地球上被抹去的情形;他们害怕能源短

---

① 参见陈秀梅、甘玲、于亚博著:《领导者应对突发事件的理论与实务》,人民出版社,2005年,第207页。

② 参见傅思明著:《突发事件应对法与政府危机管理》,知识产权出版社,2008年,第14页。

缺,便预言"油断",即设想石油断绝后日本会全面崩溃的情形。①实际上,预言危机是为了引起政府和公众对危机的足够重视,促使全社会采取有力的措施来预防危机的发生。

预防公共危机发生是政府的职责,政府应在危机预防中发挥主导作用。但危机预防也需要全社会的积极参与和配合。政府应利用各种媒体和宣传手段,培养民众的危机意识,鼓励广大民众积极参与危机预防工作,在民众中广泛宣传应对危机的各种知识,对可能面临某种危机的全体民众进行有针对性的教育,有针对性地开展各种演练和培训,让广大群众学会在危机状态下的自救、互救,以及如何配合公救。人类在同各种灾害现象作斗争中,吃一堑、长一智,不断提高了自己的适应能力和聪明才智,诠释着"生于忧患,死于安乐"②的深刻哲理。所以,更新观念,树立风险意识和忧患意识,在全民中培养公共危机的"预防文化",做好危机预防的思想准备,是我们各项应对危机工作的基础和前提。

(二)倡导安全文化

随着科学发展观的深入人心,以人为本、安全发展的理念逐步形成,以"关爱生命、关注安全"为主旨的安全文化正处在健康发展的过程中。这一安全文化体现了以人为本的科学发展观和执政理念,反映了对劳动者生命价值的尊重,与构建社会主义和谐社会、社会主义精神文明建设的基本要求和先进文化的发展方向是一致的。倡导安全文化要坚持"面向基层、面对社会公众"的安全文化建设方针,企业以群团组织、文化教育设施为依托,城市以建设"安全社区"为载体,政府开展形式多样、丰富多彩的群众性安全文化建设活动。充分利用传统媒体和现代媒体,特别是要发挥互联网的作用,通过政府网站、门户网站等,大力宣传党和国家安全生产的方针政策、法律法规和安全知识,组织开展安全生产大讨论;宣传安全生产工作的进展情况和重特大事故的查处情况;宣传安全生产工作中的先进经验和典型事例,保持正确的舆论导向。③只有这样才能逐渐提高广大民众的安全意识,逐渐形成人人主动参与的安全文化,更能激发和培养全社会时时防范公共危机的风险

---

① 参见小寒:《日本人为何能预知未来》,《瞭望东方周刊》,2005 年第 26 期。

② 王绍玉、冯百侠著:《地方政府应急体制建设理论与实务》,哈尔滨出版社,2005 年,第 22 页。

③ 全国干部培训教材编审指导委员会组织编写:《公共危机管理》,人民出版社,2006 年,第 217 页。

意识。

(三)强化风险意识

从危机管理战略来看,最主要的是要树立风险意识和忧患意识,这是保持社会可持续发展和稳定性必不可少的。这就要求危机管理部门采取各种手段和措施,防止可导致公共危机的能量聚积和社会张力的增加,或者建立社会安全阀机制,诱导能量和社会张力的释放,防止公共危机的产生。日常防范对于预防公共危机的产生至关重要,它直接影响到公共危机的预控、确认、处理和恢复的各个阶段。因此,应该建立起一套科学而有效的公共危机日常防范机制,在日常工作中注意解决各种人民群众普遍关心的问题,注重化解各类矛盾,注重各个相关机构的职能建设,并根据社会发展的需要及时调整和重新界定公共危机关注的重点,为公共危机管理提供优质防治体系,做到预防优先、防治结合,达到群众满意、社会稳定。

(四)加强预警机制建设

居安思危、预防为主,对公共危机风险能否早发现、早报告、早控制是政府能否及早采取行动、消除危机的关键。政府要通过预测、预见、预警、预控来防止危机事件的发生,努力在危机来临前尽早地发现危机的征兆,建立一套能够感应危机来临的信号指标体系,这一系统能够判断这些信号与危机之间的关系。通过系统对所有信号指标的科学分析,对危机风险源、危机征兆进行不断的监测,判断危机发生的速度、规模、损害程度和发展趋势,及时向组织或个人发出警报,提醒他们对危机采取相应的应急行动。无论是战争危机、恐怖危机、社会骚乱危机,还是由于人为原因引起的灾害危机,只要我们能够注意消灭引发这类危机的根源,合理疏导,解决社会生活中出现的种种问题,增强危机意识,强化安全管理责任机制,就能够在最大程度上减少各种危机事件的发生。

(五)"平战结合"管理

政府危机管理的最高境界是"未雨绸缪,防患于未然"。这一结论又使我们回到了老子设定的起点:"其安易持,其未兆易谋;其脆易泮,其微易散","为之于未有,治之于未乱"。所有事后的挣扎与较量,哪怕是堪称"千古一计"的应对谋略,也不若"未有"之"为"和"未乱"之"治"。[①]所以,"平战结合"

---

① 参见孙斌著:《公共安全应急管理》,气象出版社,2007年,第35页。

首先是一种理念,是公共危机管理工作的一个基本出发点。它要求人们在考虑平时的公共危机管理工作时,要未雨绸缪,同时考虑到危机爆发时的管理工作;在设计公共危机管理工作时,也可以兼顾平时危机管理的需要。如设立危机爆发时的动员结构,以适应"平战"转换的需要,就是这种理念的具体体现。如果平时的危机管理的体制、队伍、装备就是危机爆发时公共危机管理的有机组成部分,就能通过平时的危机管理锻炼来提高"战时"的组织指挥能力、快速反应能力与应急处置能力,从而更好地保护人民生命和财产的安全。[①]因此,把平时的危机预防管理与危机爆发时的应急处置管理相结合,实现平时危机管理与爆发时应急管理在组织体制、工程建设、应急准备、指挥程序等方面的有机统一,是公共危机管理长效机制的关键。

三、加强对群众的危机预防文化教育

早就有人提出:"每一件危机事件都会在先前有所暗示,可能暗示的程度有偏颇。有的暗示可以观察后得知,有的暗示则需要检验。"[②]这不仅仅需要危机预警干部具备良好的预警技能,还需要具备一定的危机预警能力。文化教育是能力提升的前提。有什么样的文化,就有什么样的理念,有什么样的理念,就有什么样的行为。文化管理是在对科学管理的肯定与否定的基础上而建立的,它包含科学管理中的诸如科学的决策机制、严格的制度管理、追求最大的工作效率等合理内容。以宣传教育的方式对领导干部进行教育,加强对《行政许可法》《行政处罚法》和群体性事件处理的相关法律文件等的宣传,树立"忠实、为民、务实、勤廉、高效"的政府形象,提高领导干部的法治能力,尤其是法治理念和意识及法治处理能力和维护人民群众的合法权益不受侵犯的能力。干部培训的关键是要提高干部的理解力、协调力和执行力,要通过多种教育方式,切实地把依法行政的要求理解透彻,并在具体工作中主动按照法律规定和程序协调部门关系和岗位关系,使政府依法行政的水平得到提升,运用法律解决问题、处理事务,在处置群体性事件过程中,

---

① 参见肖鹏军著:《公共危机管理导论》,中国人民大学出版社,2006年,第38页。

② 朱瑞博:《领导者公共危机管理能力研究——以吉林石化爆炸及水污染危机为例》,《中国浦东干部学院学报》,2007年第1期。

加强政策依法执行的力度,引导突发事件妥善解决。

学法是预防群体性事件的前提。有人认为危机意识教育主要包括危机关注、防范、道德、科学及心理承受能力等。[①]也有学者指出:"应急知识、安全意识、秩序维护的自觉程度、应对能力、非常境地中的精神状态等要素构成危机的预防文化。"[②]要加强对群众的法制教育,引导群众主动学法、知法、守法、用法,这对群体性突发事件公共危机预警意义显著。例如,深圳市公安局利用法律知识宣传,并且引导群众运用法律手段解决问题,维护自身利益。法制宣传教育在群众中产生良好的辐射和带动作用,法制宣传教育使更多的群众开始相信法律、学习法律,增强了守法、用法的积极性,整体的法律素质有所提高,有效地减少了该地区的群体性事件的发生,维护了社会稳定。

在群体性事件发生初期,危机预防文化仍然可以通过现场宣传车广播或派出工作能力强、对话能力突出的民警与群众进行对话,宣传有关法律、法规和政策;必要时党委、政府或有关部门的负责同志要到现场与群众对话交流,解释相关问题。宣传教育时要明确指出如果事态进一步扩大将会引发的严重后果和事件参与者将要承担的法律责任,促使卷入和尚处于围观状态的群众冷静下来,离开现场,避免事态扩大。法律宣传要注重宣传用法律手段维护自身利益,但也要防止民粹主义的出现,防止群众因为法律无知而酿成法律悲剧。

不确定性和地域性是公共危机事件发生的两大特点,虽然不是每一个人都会卷入群体性事件,但是我们应该对每一个人进行公共危机的防范教育,因为公共危机的实践性不强,我们不可能对人们进行实践教育,因此我们要将对公共危机的教育更多地放在理论知识方面。对危机发生的预示、情形、影响、处理方法及在危机中应有的社会道德进行广泛宣传,使人们对公共危机有一个理性、正确的认识[③],做好在危机发生前的防护措施和安危认知。

---

① 参见郝继明:《提高领导干部应对突发性公共危机的能力》,360doc 个人图书馆,http://www.360doc.com/content/10/0815/22/2091063_46346212.shtml。

② 温志强:《预防文化缺失与公共危机管理困局》,《特区经济》,2012 年 2 月。

③ 参见喻军、曾长秋:《论思想政治教育在公共危机管理中的功能发挥》,《湖南科技大学学报》(社会科学版),2014 年第 2 期。

第三节　创建重大项目社会风险评估机制

2006 年中共中央政治局委员、中央政法委副书记、中央综治委副主任王乐泉强调，政府当前工作的重点应放在最大程度上对社会重大项目实施的风险的评估上，建立一个风险评估机制，并以法律作为保障，用它来尽可能地化解矛盾纠纷。对于很多人民持反对意见的政策，政府要仔细谨慎地考虑，经过修改得到大家的支持后再出台；对大多数人不受益甚至是损害人民利益的事情，政府绝对不能做；对于一些人提交上来的项目，在没有经过仔细的社会风险评估时，政府不能进行审批，在经过风险评估后发现会引起重大社会矛盾的项目，在没有找到解决矛盾的方法之前，绝对不能实施，这样做可以有效地预防新的社会矛盾的发生。重大项目和重大决策社会稳定风险评估具体包括以下五个步骤。

一、进一步提高对重大事项社会稳定风险分析与评估制度的思想认识

我们在做每一件事情之前必定会经过长时间的思考。针对现阶段我国社会风险评估领域出现的各种问题，各级政府应该意识到进一步完善该项制度的现实意义，将社会风险评估放在重要的地位。作为社会管理领域的一个重要组成部分，我们要努力将社会风险评估完善并进行进一步的创新。各个地方的政府应该将这项事件提上工作日程，肯定风险评估在现实中的重要意义，在做任何重大决策之前都应该先进行风险评估。政府不能像以前一样盲目地追求国内生产总值的增长，对风险评估的工作不认真地贯彻落实。[1]要努力纠正工作中的不良之风，例如一些工作人员缺乏工作积极主动性，工作不认真，对任何事都抱着敷衍了事的态度，在实践的过程中只懂得纸上谈兵，只在乎理论建设，却没有付诸实践，这些问题必须严纠。要指出地方各级领导的不作为，让他们意识到维持社会的和谐稳定不能只靠国家的强制力和威慑力，自身作为领导者也该做出典范，通过自己的努力维持地区的稳

---

[1]　参见汪大海、张玉磊：《重大事项社会稳定风险评估制度的运行框架与政策建议》，《中国行政管理》，2012 年第 12 期。

定①,真正将评估工作贯彻到群众中去,并落到实处。

二、通过稳定风险评估法律体系,增强社会稳定风险评估的有效性

法律是社会发展和人类活动的基本规范, 社会稳定风险评估相关的法律法规体系对严格控制其内容、规范监督其程序、约束其行为具有十分深远的意义。因此,要不断推进重大事项社会稳定风险评估工作规范化。为此,适时将评估机制政策化、法律化,并且把它列为该项目是否审批通过的重要指标之一,加快政府决策科学合理化进程②,明确社会稳定风险评估程序在重大政策、重大工程项目决策过程中的地位,以法律的形式规定社会稳定风险评估程序为实行重大决策的前置环节。同时,强化风险评估的流程意识,严格遵守与评估程序相关的法律规定, 具体细化每个评估环节和每条实施办法,将社会稳定风险评估具体化、精确化,增强评估结果的实际操作性和可信度。

三、扩大社会稳定风险分析评估的参与主体范围

有学者认为:"评估主体是在风险评估中拥有权力并承担职能的不同参与主体。"③组织领导是重大项目和政策的发轫者,是政府重大举措的实施者和领导者,也是影响社会稳定因素评估的重要主体,他们能够以更宏观的视角、更全面的思维和更理性的眼光来看待社会风险与稳定这一问题。只是由于个体本身的局限,还要重视包括社会公众在内的监督主体的评估地位。要在信息公开制度中进一步满足公众的知情权和参与权, 强调风险评估中的公众参与,将公众参与和社会调查纳入社会稳定风险分析评估的工作程序之中,在评估与反馈的程序中不断扩大对重大事项决策的透明度,保障公众

---

① 参见董幼鸿:《重大事项社会稳定风险评估制度的实践与完善》,《中国行政管理》,2011年第12期。

② 参见蒋俊杰:《我国重大事项社会稳定风险评估机制:现状、难点与对策》,《上海行政学院学报》,2014年第2期。

③ 汪大海、张玉磊:《重大事项社会稳定风险评估制度的运行框架与政策建议》,《中国行政管理》,2012年第12期。

的了解情况和进行政治讨论的权利，从而获得公众对政策最大的理解并推动政策的实施。

四、培养独立的、具有专业水准的社会稳定风险分析评估第三方

尼古拉斯·卢曼（Niklas Luhmann）曾言："一个系统需要信任作基础，缺乏信任，系统便因不确定性和缺乏支持动力无法正常操作。"①政策运行系统里只有彼此互相信任，实施过程高度透明化，让政策直接影响主体及时了解并提出自己的意见，公众才有可能对涉及自己利益并具有不确定性及风险性的政策持支持的态度。在政民互不信任的心理现状下，社会稳定风险分析评估机制需要纳入以咨询机构和研究单位等独立组织为主体的、社会公众广泛参与的第三方，确定第三方评估主体在社会稳定风险分析评估中的地位，即以"一票否决权"的地位提高社会稳定风险评估的权威性和专业化，强化实施权责一致性原则，以此保障社会稳定风险评估的公正性和客观性，真正体现民意。

五、改进评估技术与方法，完善风险评估的指标体系

目前社会稳定风险评估工作还处于初步尝试阶段，评估指标零散且不全面，评估过程不具备科学性，民间利益诉求、利益反馈途径不通畅，从而使得评估结果单薄且不具备可信度，对社会风险评估的现实指导意义并没有发挥出来。学者董幼鸿于 2011 年将社会风险稳定评估的内容和标准划分为合法性、合理性、可行性、安全性和可控性五个类别，具体为"决策内容合法与否、决策程序与时限等合法与否、决策内容是否统筹各方利益、是否会引发相关利益群体攀比、决策所耗费资源是否在可承受范围之内、决策主体对群众心理的把握程度、是否在生态等方面存在安全隐患、是否有预警措施和应急预案"②等。也有学者指出了重大事项社会稳定风险评估指标体系的基

---

① ［德］尼古拉斯·卢曼著：《信任：一个社会复杂性的简化机制》，瞿铁鹏、李强译，上海人民出版社，2005 年，第 120 页。

② 董幼鸿：《重大事项社会稳定风险评估制度的实践与完善》，《中国行政管理》，2011 年第 12 期。

本原则:"外部评价与内部评价相结合、客观评价与主观评价相结合、合法性与合理性相结合、可行性与可控性相结合"①,以此为基础具体设计重大事项外部环境评价指标体系和自身评价指标体系。为此,我们要进一步完善风险评估的指标体系,确保风险预测、评估的过程全面、准确、科学,提高稳定风险评估的工作质量。

第四节　构建政策制定中利益均衡机制

政策制定中要达到利益均衡的目的需要从根源上建立和完善民意利益诉求表达机制。民意表达机制是建立政府与公众互信的基础,因此要完善民意表达机制,让公众有表达自己合理诉求的合法渠道。具体来讲有以下五点。

一、强化执政党的利益整合与利益表达功能

利益表达是利益群体之间进行博弈、追求利益的首要环节。在政党政治理论之中,利益的表达是现代政党的功能之一。通过该渠道,民意能得到很好的表达反馈。执政党的核心功能是利益的整合和表达,并直接关系到党的合法、有效执政,关系到党的未来和发展。②执政党代民执政十分重要的一个步骤就是利益整合,利益公平分配的方向代表执政党的执政理念和执政目标。执政党也是通过不同社会群体的利益表达内容进行利益整合,以整合后的利益追求为中心进行利益配置。

在城镇化建设的进程中,在贫富差距极大的社会里,富人垄断利益表达渠道,而穷人只能选择沉默或者极端方式发声,这样才能让社会关注到这样的弱势群体。③这种利益表达困境,尤其是弱势群体利益表达的现实困境,"要求执政党不断完善其政治结构的利益表达功能,推动对良好利益表达环

①　孙德超:《重大事项社会稳定风险评估指标体系的构建及运行》,《哈尔滨工业大学学报》(社会科学版),2014 年第 1 期。

②　参见刘建明、马国钧:《论发挥执政党核心功能的前提与路径——基于社会矛盾复合型化解的视角》,《理论学刊》,2013 年第 4 期。

③　参见[美]加布里埃尔·A.阿尔蒙德著:《比较政治学:体系、过程和政策》,曹沛林等译,上海译文出版社,1987 年,第 230 页。

境的塑造,打造社会下层的能量释放空间"①,在城镇化建设的进程中,执政党所要做的不仅仅是对现有的利益进行合理分配这种静态的利益整合行为,同时还要履行动态的利益表达职能,即准确地把握每个阶层不同的利益诉求,使新的利益要求在合理合法的方式中得以表达。执政党注重且主动地运用静态的利益分配和动态的利益表达机制,引导弱势群体在合理、规范的表达渠道上进行利益表达,构建互动机制,加强政治沟通。这是从利益这一根本角度上进行群体性事件预警的重要环节。

党的利益表达与利益整合能力建设是一项系统工程,必须通过强化和完善在思想上、机制上(包括党和国家的制度化建设)、组织上等多方面的努力才能实现再造执政党的政治结构体系。其中,坚持科学发展是前提,建立和完善利益整合的相关机制是关键;同时,要在发挥和强化党现有的组织优势和思想政治工作优势的基础上,吸取借鉴国外执政党在发挥利益整合功能方面的经验教训,最终实现党的利益整合方式向现代化方式转变,②实现利益表达的低成本且高效率。

二、改革和完善人民代表大会选举制度,确保人大代表的真正代表性

国家权力产生于选举制度,从宪法的层面来看,人民群众做出权利的出让是选举的本质,选举从而成为人民、人大代表和人民代表大会的制度的主要载体。《中华人民共和国选举法》(以下简称《选举法》)要以人民授权为最高原则,确保人民权利的纯洁性。代议制度下,只有以立法约束选举制度,人民的基本选举、被选举权才能得到保障,人民的当家做主的权力就不会被玷污,人民代表的职责义务就不会变得模糊。根据我国《选举法》,选民的登记以户籍地为依据。在城镇化建设进程中,我国已经形成了规模庞大——约有1.4亿——的流动人口,现行的户籍制度和选举制度将他们排斥在当地政治体系和政治过程之外,农村流动人口不仅仅成为经济上的无依附主体,也成为名副其实的"政治边缘人"。在制度的鸿沟下,农民流动人口的选举权无法得到尊重和保障,其正当利益得不到维护和支持。另外,我国人大的制度规

---

① 赵光侠:《强化执政党在弱势群体利益表达中的作用》,《攀登》,2007 年第 5 期。

② 参见汤志华著:《中国共产党利益整合能力建设研究》,中国社会科学出版社,2010 年 6 月,第 159 页。

定,由一个代表来代表其辖区内不同的人数,其中农村每位代表的代表数是城市的四倍。可见两者事实掌握的选举权不符合平等选举的原则。因此,当今的选举制度有形式化、走过场的嫌疑,社会上甚至流传着"人民代表大会是橡皮图章式的机器表达"的说法,社会开始对这样的选举制度产生质疑,从而没有民主意识和民主实践可言。

三、改革和完善政治协商制度

协商民主(deliberative democracy)是指"公民在自由平等的社会环境中,利用公平协商民主的方式使立法理性,公民科学自治的最终理想得以最终实现,立法决策也是公平正义合法的体现。协商民主与政治协商存在相同的价值追求,即公共利益"①。中国人民政治协商会议是基本的政治制度,是人民参政议政的合法形式,体现了我国是民主专政的社会主义国家的社会性质。在此制度运行中,人们或"提出各种相关理由,说服其他协商参与者,或者转换自身的偏好"②,主张不同利益群体之间要充分地进行协商,持续地开展对话和沟通,从而在审视各种相关理由和充分的论证的基础之上最终达成共识,以有效化解利益纷争、提升民意质量、达成基本共识并实现政策的合法性。

在计划经济向市场经济转型的大环境中,城镇化事业的推进进一步促进了社会经济成分不断细分和具体、群体组织形式越来越丰富、人类生产生活方式不断变化,社会群体分化和价值归属等情况也必然随之发生变化,随着政府不断推进社会管理体制的改革,群众的权利关系和资源配置的情况有很大的转变。在此背景之下,适当地扩大政协委员的代表性和政协参加单位的广泛性以求实现政协代表利益的多样化和全面性,意义重大。非政府组织能促进国家与公民之间的沟通,补充政府行为的不足,提供非官方的信息和对话渠道,改善政府形象,发展民主政治,促进社会和谐,维护社会稳定。由于社区和非政府组织属于新鲜事物,在政协组成的单位中,没有非政府组织的席位,也没有社区的位置,缺乏传统的固有表达平台,很难发挥其在社会治理中的积极作用。

---

① 骆凯:《政治协商与协商民主》,《贵州社会主义学院学报》,2008 年第 2 期。

② 王学军:《论协商民主的发展与我国政协制度建设》,《天津市社会主义学院学报》,2007 年第 2 期。

四、改革和完善信访制度

信访制度的民意表达方式极具中国特色。以对公民的批评权和建议权的保障为目的进一步开拓了人们参政议政的特殊渠道。但是,信访制度的现实情况却是一个多元组织体系,受理人对制度认识不够,"往往凭自己主观意志办事,对信访案件的处理没有严格的程序规范,缺乏制度约束。信访受理过程中缺少公民参与"[①]。现行的信访制度导向与对民众的心理暗示是弊大于利,人们"信访不信法",信大不信小,信上不信下,越级上访、打压上访、截访堵访等各种问题交织。信访所带来的社会矛盾尖锐而复杂,这些问题在城镇化建设进程中与征地拆迁、企业改制、劳动保障、涉法涉诉、"三农"等方面的问题交织在一起,集中呈现出更为激烈的社会矛盾表现形式,这种信访制度亟须改革与突围。

各级信访部门应该从实际需求出发加强法制建设,采取措施保障信访人员的信访通道通畅无阻,使得信访人员的合法权益最大限度地得到维护。第一个方面是关于信访渠道的建设和发展。在原有的各种接待渠道的基础上继续做好畅通工作,然后着力信息化建设,发展信息网络平台的构建,不断发现和开辟新的信访渠道,将信访机构的通讯地址、电子邮箱、传真号码、投诉号码和信访接待时间等信息向社会公众公布,并且在信息化建设的平台上建立全国各级信访信息系统录入相关信息,使得当事人查询信访事项的处理、进展和结果等信息时更加便利,同时要加强沟通各级信访机构之间的信息,进行信息的汇集与整合;第二个方面则是将基层信访机构的信访工作进一步落实到实处,提高基层法院、法庭对于相关问题的解决能力,贯彻落实将信访问题化解在基层的政策制度,构建便捷通畅的信访渠道,增建一种有效的制度,能够经常性地、稳妥地实现吸纳群众不满情绪、汇集相关信息、舒缓政群矛盾、矫正社会不公的功能,使用一种灵活的、开放的、柔和的机制对各种关系进行协调,使各类矛盾逐步化解。法制建设方面要逐步完善信访维权的相关法律法规,对于信访人员的合法权益要正确维护和积极保护。

---

① 王玲蔚、孙皎皎:《论信访受理人在改革和完善信访制度中的作用》,《天水行政学院学报》,2011年第3期。

五、充分发挥大众媒体的作用

现代大众传播学之父威尔伯·L.施拉姆(Wilbur L. Schramn)认为:"媒介就是一种工具,主要在信息传播过程中插入进去,将信息扩大延伸然后进行传送。"①"大众媒介"指的是"以报纸、杂志和广播电视以及新兴的网络媒体等为代表的一种信息传播机构,它主要负责通过信息传播途径来专门收集并且复制信息然后再度传播"②。随着信息技术的发展,大众传媒以其自身时效性强、易复制、传播快、影响直接和覆盖面广的优势成为一个新兴、有效的利益表达渠道,具有双向信息传播功能的互联网加强了人们对于自身利益表达的渴望和自身利益的维护,传播手段的多媒体化增加了人们利益表达的效果,传播的廉价及高效性大大增加了利益表达的时效性,传播者与受众身份的隐匿性增加了人们进行利益表达的安全感, 全球化的互联网不仅给广大民众带来各种各样的信息, 同时也给民众提供了表达自身利益的公共平台,大众媒体的传播优势大大增加了群众性利益输入的 "众人拾柴火焰高"的效能。相较于其他传媒形式,大众传媒很多时候可以将百姓利益问题的原貌反映到决策主体的视野中, 这时百姓的利益诉求能够更直接地表达出来,所以大众传媒被人们视为一个直接的利益表达渠道。另外,不同于其他传统的利益表达途径,这种表达方式可以直接到达决策层而不必通过社会群体或者社会组织的中介。尤其是互联网迅速发展壮大,它为现代人的思想信息传播和社会舆论的扩散及现世情绪的发泄提供了重要平台, 它是社会公众的方式便捷、门槛较低的参政议政平台,优势不可替代。因此,健全和完善人民利益诉求表达机制, 必须突出强调网络大众传媒对民众利益表达的重要意义,发挥大众媒体的优势和作用。

在《大众社会政治》(*The Politics of Mass Society*)一书中,美国政治学者康豪瑟(Kornhauser)的大众社会理论认为,政治精英—中层组织—民众,这三个层级应该是一个正常的社会结构所必需的。三个层级之中重要程度最高、最受关注的就是中层组织, 因为中层组织由于其发达和多样化的特征能够

---

① ［美］施拉姆、波特著:《传播学概论》,李启、周立于译,北京大学出版社,2007 年,第 143 页。

② 张昆著:《大众媒介的政治社会化功能》,武汉大学出版社,2003 年,第 59 页。

更加便捷地提供一个沟通平台，使得民众和政治精英之间在此进行有效沟通，在有效沟通的前提下做好预防社会冲突的工作。人类发展过程中现代化的发展模式逐渐打破了人们之间传统意义上的联系，这种联系正是以村落和亲缘关系作为组织基础的。但是令人忧心的却是原有的联系断裂而作为其替代的社会中层组织的发展还远远不能满足人们的需求。所以，在这种情况之下，"人们逐渐处于一种地缘和空间的愈发'紧密'的状态，而有机的组织联系却随着时间越来越疏远。这种社会状态就被称为'大众社会'，它以人和人之间有机联系和组织的缺乏为特征"①。康豪瑟说道，社会中层组织并非只是建立一种沟通联系平台，实际上它还具有这样一种社会功能：保护社会民众，让政治精英的控制和操纵的手段无法在民众身上施展，也能够避免大众压力直接左右政治精英的决策；为了让民众更加真切和现实地感知社会现实，中层组织会提供一个可供人们交往和讨论的平台使其进行互动。同时，因为中层组织多样化的特点，人们会产生多元的利益，同时也有着多样化的认同感，进一步使得民众不会轻易丧失理性而因受到大量的鼓动参与到同一个运动中去。又或者换一种更加规范的说法，就是由于社会各阶层之间没有充足有效的沟通对话渠道，双方的联系并不是强有力的而是薄弱的，社会与民众之间会因为各种原因产生各种问题和冲突，甚至是造成政治震荡导致人民生活受到极大影响，而"一个发达的中层组织可以根据自身特点等采取及时和有效的措施，一定程度上减少社会发生超大规模的社会运动和革命的可能"②。

当前，在运用大众媒体进行利益表达方面，强势群体和弱势群体是存在差异的，当信息不够透明、公正，与民众缺少沟通，人民的情绪越容易发生波动，关注自身利益而非群体利益必然会破坏社会公共秩序的基本准则。③因此，应通过制度建设充分发挥媒体在信息收集方面的独特优势，使党和政府掌握的大众媒体更多地反映中下层民众的利益诉求。党政机关要积极探索通过互联网有效听取民意、汇集民智的方法和途径，保障网民的参与权、表达权和监督权，以平等、积极的姿态与群众进行网络交流，鼓励上网、减少上访，推动民主政治建设。要建设网络表达渠道，开辟诸如"网络论坛""在线问

---

① 　William Kornhauser, *The Politics of Mass society*, New York：Free Press，1959.

② 　赵鼎新著：《社会与政治运动讲义》，社会科学文献出版社，2006 年，第 267~272 页。

③ 　参见殷辂、张林海：《公民网络诉求中官民理性互动机制探析》，《中州学刊》，2011 年第 4 期。

答""官方微博""民意邮箱""领导微博""干群面对面"等网络载体,拓宽群众利益诉求渠道。探索开辟"领导热线""党代表热线""人大代表热线"和"政协委员热线"等,公布领导干部联系方式,方便群众利益表达。

第五节　实行关键节点的风险机制评估、纠错机制

社会发展历史上的多起人群会聚活动中发生的拥挤踩踏事故已经让人慢慢意识到:人群拥挤踩踏事故已逐步成为大型群众公共聚集场所的主要人为事故灾害类型之一,必须要进行防范。群众集会活动是丰富群众文化生活、满足群众精神需求、活跃群众社会交往的重要形式,群众集会活动的开展必须以实时的公共安全为前提和保障。群体会聚活动是一项涉及人、物、环境和管理等诸多因素相互配合、相互支持、相互补充,使各个要素在协同运行中促进活动在"自组织"秩序中有序推进的过程。通过对高密度群众会聚场所拥挤踩踏事故内在机理的分析,我们可以发现每一起群体踩踏都是从"和平—滞留—踩踏"这样一个过程中逐步酝酿、发展和推进的,以此衍生出行动者行动引发高密度人群拥挤踩踏事故的"超车式""对流式"和"汇流式"三种拥挤踩踏事故类型。因此,群众会聚场所防踩踏预警研究要在畅通有序的信息支付和信息接收互动中,以群众会聚风险预警制度为核心,加强相关机制的良好运转,增强政府的应急能力和群众的安全意识,从而实现群体活动的有序开展。为此,增强政府人员的责任意识是基础,弥补制度与规则漏洞和缝隙是前提,并需要进一步提升群众在高密度人群中的防干扰能力和自我修复能力。

踩踏——生命结束于同类物种铁蹄之下的人类之殇。在历史推演的不同发展时期,踩踏事件时有发生。据不完全统计,20世纪的中后半期(1950—1990年),印度因宗教活动等大型文化集会发生拥挤踩踏,造成过千人死亡,其中1954年安拉阿巴德的印度教宗教集会踩踏事故约800人丧生。在20世纪末21世纪初,即1990—2010年的20年间,印度因踩踏造成的死亡人数远远超过800人。在同时期,在麦加及其附近地区的朝觐活动或环境危机中近3000人因踩踏或窒息而死,其中1990年麦加附近米纳,由于城市设施的不过关造成多达1426名朝觐者身亡。随后的21世纪并不安宁,2010年德国杜伊斯堡市电子音乐狂欢节踩踏事故造成21人死亡,超过500人受伤;

同年，柬埔寨金边送水节活动发生踩踏惨剧，造成 350 多人死亡，500 人受伤。2011 年印度喀拉拉邦踩踏事件造成 100 人死亡，超过 100 人受伤；马里首都巴马科体育场踩踏事件保守来说造成 36 人死亡，64 人受伤。伴着 2015 年新年钟声的敲响，"踩踏"——这一"多米诺骨牌"式的连锁伤亡事故——再一次成为中国历史上一大血点。2014 年 12 月 31 日晚，上海外滩陈毅广场跨年活动中发生群众拥挤踩踏事故，造成 36 人死亡、48 人受伤的悲惨结局。多起人群会聚活动中发生的拥挤踩踏事故令人触目惊心，突破着人类安全的"底线"，也让政府部门、各界学者乃至社会公众慢慢意识到：人群拥挤踩踏事故已逐步成为大型群众公共聚集场所的主要人为事故灾害类型之一，它出现的频率日益增加，造成的显性危害愈显严重，隐性危害在时间上更为久远，程度上也日益加重。防止人类会聚的能量以灾害性、爆发式的方式释放，避免人群会聚活动中发生拥挤踩踏事故，已成为人类共同的呼声。

　　放下悲痛，反思历史上一次次群众活动中的踩踏事件。古语说"人满为患"，"人口容量"对于中国、印度这样的人口大国确实值得反思，同时我们又不得不质疑在当今经济发展新常态背景下公共秩序风险预警体系的建设问题，这不仅仅是对每一个逝去生命的追缅，也关系着城市公共安全的管理与维护、人类群体有序活动的开展与推进这一重要问题。

一、群众会聚场所公共秩序管理要素分析

(一)信息要素

　　群众会聚场所公共秩序管理，说到底就是信息管理的过程。从最一般意义上来说，群众会聚场所公共秩序的维护和管理就是群众进行信息支付(告诉他人自己的行动取向)和管理部门进行信息接收(了解群众行为动机)，在此基础之上进行信息汇总、信息处理、信息判断、信息研究和信息决策的过程。所以我们说，群众会聚场所公共秩序管理就是一个围绕着公共秩序的良好运行而进行的信息管理活动。具体说，群众会聚场所公共秩序信息主体如下。

　　1. 政府部门的信息

　　(1)准确、畅通的公开信息。新华网报道，纽约时代广场每年也有新年敲钟"降球"仪式，来自全世界的数十万人涌入曼哈顿中心城的那块小小的地方，"时代广场人流管理主要依靠两条措施，首先就是广而告之，即让所有打

算参加活动的游客都知道应该做什么,不能做什么"。这样,得知信息的群众就有充分的准备和计划来开展自己的活动。上海外滩踩踏事件的发生部分原因在于政府相关部门对于跨年地点"由外滩改为外滩源"这一极易引发认知错误的消息进行重点的特别性通知,信息告知渠道单一,传播范围有限,效果不佳,广大群众并没有捕获并掌握此类信息,依旧坚持以往的认知习惯,出现盲目人流的巨大汇集,为午夜的人群踩踏事故带来隐患。

(2)预警性的危机信号。"海恩法则"强调的两点之一是事故的发生是量的积累的结果。它认为,"每一起严重事故的背后,必然有 29 次轻微事故和 300 起未遂先兆以及 1000 起事故隐患"。也就是说,每一次严重事故,都会有 300 多次能防患于未然的预警。因此,要对人群汇聚、人流密集、开展场所容纳量进行实时监测预估,关注群体活动动向,全方位覆盖场所每一角落的现场动态,提前做好预警预案。[1] 大型群体活动中的信号不同于常态环境下的信号,它们嘈杂混乱,粗糙无序,"没有统一的格式和程序,也带有大量个性化、多样化和差异化的东西,包括形式多样的表达性行动,以及多样甚至于对立的意见"[2],在高频度和高密度的人群流动中,主流声音被大量杂音冲击并稀释,危机信号因多源化、分散化而更显薄弱。因而要警觉危机信息,敏感危机信号,及时把握人群不正常反应,如天气异常、行动者造谣、人群兴奋、尖叫、慌乱、恐惧等情绪失控和理性失序,以及场所特殊区域、特殊设施的特殊状况,将不安全因素遏制在萌芽中,保障预警的及时性。

(3)稳控的现场实时信息。群众活动是丰富群众文化生活、满足群众精神需求、活跃群众社会交往的重要形式,这些活动的开展必须以实时的公共安全为前提和保障。人意识到自己身处危险之时,选择躲避、奔跑、逃生,这是人类的本能。因此,在大型群体会聚活动的场所,人流监控、方向标志、通道指向、单行隔离等秩序维护设施和志愿者、公安等秩序维护力量的缺乏,必然会模糊人群行进导向,有序信息支付的缺乏致使秩序混乱。因此,稳控现场、把握实况、掌控信息,对于一项大型群体活动的开展十分关键。危机尚未发生,一切均在运筹帷幄之中,稳控危机也不是一件不可能的事情。

---

① 参见《略说纽约名胜如何管理客流》,新华网,http://news.xinhuanet.com/world/2012-10/09/c_113315077.htm,2015 年 1 月 9 日。

② 韩志明:《信息支付与权威性行动——理解"闹决"现象的二维框架》,《公共管理学报》,2015 年第 2 期。

2. 会聚群体的信息

（1）先知的活动信息。信息时代下，大数据的普及让更多的主体拥有了更多的渠道和媒介来把握更加丰富的信息。然而大数据技术的普及并没有形成更多主体的大数据工具意识的普及，并没有提升利用大数据的效率。公众行动者在具体的集体活动之前进行有效的信息搜索、信息咨询和信息分析至关重要，信息博弈应让更多的主体具备信息先知，采取理性行动，而不是盲目从流。上海跨年活动拥挤踩踏事故发生的原因之一就是参与活动的社会群体并没有及时关注到 2015 年新年倒计时跨年活动已经由外滩改在外滩源举行，所以大量渴望参观跨年灯展的市民游客像往年一样聚集到上海外滩，造成人流的聚集和拥堵。

（2）高效的信息传递与沟通。具有有效组织大规模有序运动能力的欧椋鸟群在成群结队飞行时彰显出不可思议的一致性，欧椋鸟群最令人惊叹和神奇的特征就是它们接近瞬时的信号传播、接收和处理速度，信号在欧椋鸟群中几乎是同步定向出现，这种"神奇"得益于整个群体系统的"低噪"环境，它为信号在该系统中的无损传播与转化提供了良好环境。在高密度群体场所，容易引发事故的不是难以掌控的人流密集，而是人群之间信息的沟通与传播的低效率，甚至无效率，这是导致群体性踩踏事故的重要原因，也是强化踩踏伤亡与损失的关键所在。

（3）危机应急策略信息。在数次群体性踩踏事件中，人群行动者的心理素质和危机应对能力备显缺失，尤其是对应对风险的常识、策略、技巧等信息的把握十分有限。有学者指出："由于诱因较多、发生突然、宣传与教育欠缺，公众在事故中往往无所适从，而产生从众心理和盲目恐慌，致使事故难以控制，造成大量的人员伤亡。"[①]群众危机应对知识和部门应急管理意识的缺乏是我国公共安全管理的薄弱环节和软肋。

3. 历史经验信息

当然，知识与经验对于风险的认识与规避是存在着局限性的，这种局限性难以逾越由"知识"向"预知"跨越的鸿沟。相对于"技术"的知识和力量来说，人们"预测"的知识和能力备显滞后。但是，这并不说明知识与经验对于

---

① 任常兴、吴宗之、刘茂：《城市公共场所人群拥挤踩踏事故分析》，《中国安全科学学报》，2005 年第 12 期。

风险规避是无益无助的。诸多历史上的群体踩踏事件已向人们敲响了警钟，联系的普遍性的哲学原理启示我们知识与经验的迁移性，国内外很多历史案例都给高密度群体性会聚活动的开展提供了借鉴和经验，这些值得我们再一次去反思和考量，以备以后类似群体性活动的有序开展。另外，历次民间集会活动的数据、规律和经验均可以为政府有序举办群众活动提供参考和借鉴。

(二)制度要素

1.公共秩序日常维护制度

中国是一个人口大国，中国的社会管理是一个讲究秩序与顺序的社会，社会公众的公共秩序管理是长期以来的历史重任。日常生活中的制度建设和道德完善是维护社会生活公共秩序的两大利器。在制度完备、道德完善的环境里，社会公众群体会按照默契达成相互肯定和认可的某种规则与制度，各尽其责而又协调地、自动地形成有序的社会结构和公众秩序，实现公众群体的"自组织"状态。而在中国的社会生活中，无论从道德的完善性还是从制度的健全性上讲，两者都存在漏洞和短板。

2.群众会聚风险预警制度

《大型群众性活动安全管理条例》等法律法规已经为群众会聚的公共秩序维护提供了法律依据。中国的"人治"沉渣残余，虽有法可依，但是并不保证有法必依。例如，国家危机应急有预案，但是并不保证预案的可行性和机动性。而在上海外滩踩踏事故中，在人流量如此高危的环境下，没有及时启动预警制度，任何细枝末节的偏差都如同定时炸弹，危难一触即发。在风险预警制度中，制度的实践性有待斟酌和商榷。

3.踩踏事故善后制度

每次灾难、危机发生之后，人心安抚必不可少，事后补偿也会有所跟进，但是关乎事故类型和补偿标准，我国还没有一个统一的法律或者规定，这也为部分主体借此谋求私利提供了机会和入口。上海踩踏事故发生的当晚，上海乃至周边城市诸多高校开始确认学生的安全情况，大力开展危机应急教育，网络上防踩踏生存策略铺天盖地，如此突击式、时髦式应急教育的畸形模式根本不能实现公共秩序安全保障的目标。

4.踩踏事故追责惩戒制度

"人祸"灾难，势必有"人"这一因素导致灾难发生，势必需要事后追责，这是中国追责制度的存在与应用规则。与此同时,我们还需要搞清楚事情发生的那些"必然原因",不能简单地以为惩罚种种"偶然性因素"背后的责任人就是在解决问题。多想想事件发生的共性的必然原因(是什么必然导致事件的发生,或者是把什么问题解决了必然会规避事故,而不是试图寻找无关痛痒的借口加以敷衍),探究事件因果关系的必然联结,抓住问题要害和实质加以认知和克服,只有掌握了"必然性"与"偶然性"的关系,追惩才能具有最大功效。另外,事后问责制总将问责放于事故发生以后,这对于事故的防范效用远远不如把问责要求贯穿于公共安全事件的预警预防、应急应对和善后处置的全过程中。

(三)人员要素

1.政府组织机构的应急能力

现代化建设的进程不仅仅是利益分配的过程, 也是风险分配的过程。"国家和政府不仅要对利益分配进行管理,还要对风险分配进行管理,否则谈不上解决社会公平问题。"[①]"海恩法则"强调:"再好的技术,再完美的规章,在实际操作层面,也无法取代人自身的素质和责任心。"综观以往的经验和事件可以发现, 民间性自发活动发生踩踏等公共秩序风险的概率要高于政府性规划活动。政府预警意识等主观意识的不到位使得应急预案的功效没有得到有效发挥,应急力量没有及时支援救助,这些在群体性踩踏事故追责中不能回避。

2.公众的防干扰能力与自修复能力

有专家指出,不少公众处于"和平麻痹"状态。在日常教育中,风险防范与危机规避文化缺失,对于人群的能量与危害问题缺少思考与研究;在高密度人群中,辨别风险的意识与能力低下,危机的警觉性与敏感性不够,在轻微干扰下,如造谣、喊叫、跌倒、晕倒、警力等,密集人群就会产生巨大波动,并不能进行及时的自我修复,更不能自救互救,引发群伤群亡等重大损失。社会公众的防干扰能力随着人群的加密而不断衰弱至最低点, 甚至接近崩溃的临界点,最终降为零,造成瞬间整体性崩塌。

---

① 郭巍青:《现代性风险反思呼唤公民社会建设》,《探索与争鸣》,2011 年第 2 期。

二、高密度群众会聚场所拥挤踩踏事故内在机理分析

以上分析了群体性会聚场所公共秩序维护的三个主要因素,当然,群体性活动的有序开展是一个复杂的系统工程,它不仅仅局限于这三个基本要素,而是涉及人、物、环境和管理等诸多因素,且这些要素要相互配合、相互支持、相互补充,使各个要素在协同运行中促进活动在"自组织"秩序中有序推进。

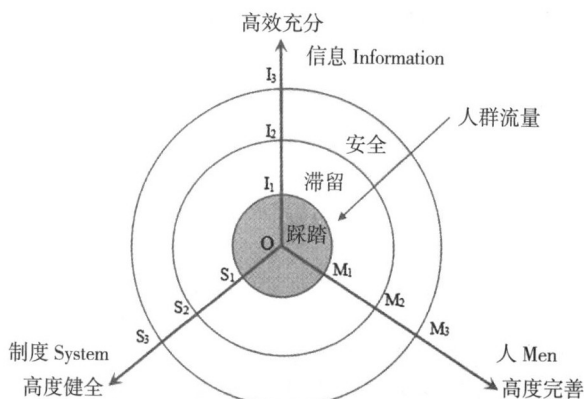

图6-3　高密度群众会聚场所拥挤踩踏事故三要素内在机理分析示意图

在当前有限的理性公共安全秩序建设机制中,信息的高效充分程度、制度的高效健全程度和行动者的完善程度与群体活动的参与者数量是呈现反比例关系或负相关关系的。群体会聚是一个人流集合的过程:①当三三两两的稀疏人群活跃在某个有限空间或场所内,每个人的活跃范围较为充分,相互之间几乎没有干扰,犹如图 6-3 的最外环 I_3、S_3、M_3 所示,整个人群处于一种安全、和平的状态,此时也不需要高效充分的信息、高度健全的制度和高度完善的行动者;②随着人数的增加,人流密度加大,每个人相对的活跃范围逐渐缩小,人与人之间发生拥挤的系数加大,行动者之间的干扰程度也急剧加深,以至于出现原地滞留的现象,就像图 6-3 中的第二个环形 I_2、S_2、M_2 所示,这时候就需要充分高效的信息流通以疏导滞留人群,高度健全的制度以有序推进群体活动和高度完善的行动者冷静应对群体危机;③随着活动规模的扩大,会聚公众的增多,整个群体就进入了踩踏事故的核心区域,即图 6-3 的最中心一环 I_1、S_1、M_1,处于这个区域中的每个行动者在有限空间里相对的活跃范围急剧减缩,以至于影响了正常的生理活动,引发不正常的心

理反应,最终某一行动者的微小干扰就可以成为图中的 O 点,即"踩踏起始点",并以此起始点为中心,踩踏范围呈波浪式向周围扩散,此时再充分高效的信息、再高度健全的制度和再高度完善的行动者也都阻挡不了踩踏事故的发生,阻止不了更为惨重的人员伤亡。

为了杜绝群体会集核心区域的出现,规避踩踏起始点的爆发,需要将信息(Information)、制度(System)和行动者(Men)这三个基本要素进一步完善,并在群体会聚踩踏事故发生之前将三个要素的有效性充分发挥出来。三个要素就是群体有序组织与活动的三根支柱,某个要素的不完备,比如制造冗余信息、信息传递损耗、信息失真、信息埋没、制度漏洞、制度执行不力、行动者承受崩溃、个人判断错误等,都会成为一个力量短板或者释能缺口,使群体力量失衡,引发整个群体能量塌陷,酿成灾难。

同时,每一起群体踩踏都是从"和平(I_3、S_3、M_3)—滞留(I_2、S_2、M_2)—踩踏(I_1、S_1、M_1)"这样一个过程中逐步酝酿、发展和推进的。如此直接射向中心 O 的安全事故,犹如架在弦上的箭,一箭出去正中靶心,极具突发性、急迫性和灾难性,难以控制,危害巨大。因此我们要做的就是要在信息、制度和人等要素之上加强建设,加固"盾牌",协同合作,以预警危机、预防灾难,让更多的集会行动者处于一种和平的状态和安全的环境里,让更多的集会活动有组织、有秩序地开展。

三、行动者行动引发高密度人群拥挤踩踏事故直接机理分析

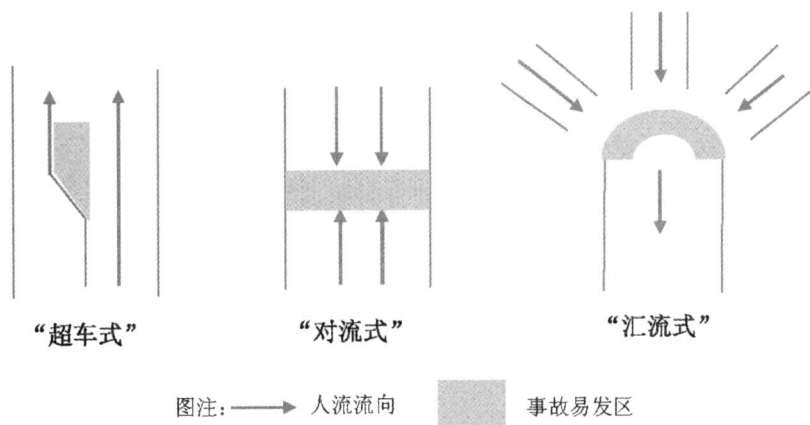

"超车式"　　　　"对流式"　　　　"汇流式"

图注:——▶ 人流流向　　　▇▇ 事故易发区

图6-4　高密度人群中行动者行为引发踩踏事故的三种机理类型示意图

（一）"超车式"拥堵踩踏事故

"超车"，用学术的话语来说就是指原本行驶在后面的车辆从前面同样的目的行驶的车辆的侧面，以相对更快的速度跨越行驶到前面的行车动作。由此可以看出，"同目的性""侧面行进"和"更快速度"是超车行驶中的基本特点。"超车"是汽车在行驶中比较常见、又不可避免的现象，同时也是一种比较危险的行为，它需要驾驶员熟练地掌握行车技术和超车技巧，并遵守交通法规和超车要领，切忌不顾主客观条件而盲目超越，以防意外事故发生。

在高密度群体性集会场所，由于集会活动的时间性和空间性，难免有一些不想错过精彩瞬间的人群就会实施"超车"行动，从前面持有"同目的性"的人群的侧面以更快的速度行进，以求用更少的时间抵达目的地。由于集会"超车"不同于汽车超车，它没有车道局限和交通规范，更没有技术施展的空间，加上"超速者"并没有"遇静则缓"的常识和掌观局势的能力，也缺少视线良好、道路平直的现实超车条件。在这样的形势下，极易引发人流的滞留和拥堵，加大人群压力，接近"超车"人群的行动者之间接触增多、压迫感骤增，甚至引发拥堵窒息，如此瞬时的大流量人群也加强了人群防干扰的脆弱性和敏感性，稍有疏忽，便会发生踩踏事故。如 2013 年 2 月 27 日，湖北襄阳老河口市薛集镇秦集小学由于整栋楼唯一一个出入口的门未按时打开，相对于前面几乎接近停止状态的学生来说，后面学生不了解前方状况，便以更快的速度行进，甚至还有"侧方超车"以希望早点出楼，最终造成学生拥挤踩踏，导致部分学生窒息死亡。[①]

（二）"对流式"拥堵踩踏事故

"对流"是自然界的常见现象，作为物理学上的一个概念，指的是液体、气体等流体各部分因浓度、密度或者温度等的差别从一处转移到另一处，在质点相对位移发生变化时，流体各部分互相掺混、渗透，最终趋于整体均匀。交通管制中最伟大的举措莫过于不同方向车道"单向行驶"的设计与实行，目的在于防止不同方向的"车辆群"之间发生对流现象，引发交通事故。现代人群管理设计的原理就是一次通过、不许回头，这也是对不同方向的人流群进行规束，防止各部分固体之间产生对流。只允许顺行、杜绝逆行的违规操作大大避免了车流、人流的对冲，进一步规避了相对空间的流量激增状况。

---

① 《湖北襄阳发生小学生踩踏事件 教育局禁迟报瞒报》，新华网，http://news.xinhuanet.com/edu/2013-02/27/c_114821487.html。

液体的对流伴随着热量传递的现象,而人群的对流伴随着人心恐慌、拥堵踩踏的风险。冷热空气对流在地形的作用下会有加剧风雨的作用,不合理的地面设计会加剧人群对抗的发生,如台阶、斜坡等起伏地形,地面因雨水太光滑、地面材质无摩擦等,都会增加群体性踩踏事件发生的概率。有学者表示,因为"路面不平、摩擦系数小或使用台阶、斜坡不仅会降低人群行进的速度,而且会因为某个行动者行进速度的被迫降低或摔倒"①,引发如"多米诺骨牌"一样的连锁倒地的拥挤踩踏现象。如 2014 年 12 月 31 日,上海外滩陈毅广场上下观景台台阶处发生的踩踏事故,就是在人员非常拥挤、人流涌动对冲的"浪涌"中发生的,是典型的"对流式"拥堵踩踏事故。

(三)"汇流式"拥堵踩踏事故

"汇流"是水力学上的一个概念,根据词汇表象可以看出,"汇流"指的是流域上各处产生的各种成分的径流,即产流水量在某一范围内经坡地到溪沟、河系,直到流域出口的集中过程。对流域汇流系统来说,输入是净雨量,输出是出口断面洪水量,系统的作用是流域输入输出水量调蓄。河水支流的汇流尚需要总流域的容积保障、大坝加固乃至水量输入输出的调蓄系统,人群流量的汇流更需要汇集场所空间的保障和人流量调蓄系统,超过合理容量就会产生要么大坝决堤,要么流量挤压的悲惨后果。汇流原理也说明,降水强度、地形起伏、流域形状和水力条件均影响汇流的速度、时间和数量。水流汇合的地方,由于大流量水的互相冲击,地形坡度大,流域走势和形状不规则,水流湍急,甚至形成漩涡,暗藏危机。人流汇合的地方,由于一瞬间巨大人流的输入,人挨人、人碰人、人贴人,甚至人挤人、人逼人,如果超过 6~7 人 / 平方米的临界性状态的密度或者活动场所的安全容纳量,整个人群系统处于边缘状态,随时能进行接近瞬时的转化,此时只要有一个小小的诱因激起人流中的"浪花",原本有序移动的人群可能会瞬间崩溃,造成拥堵踩踏事故。如 2013 年 6 月 20 日,贝克汉姆访问同济大学,现场观众一度冲开体育馆大门,积聚的人流一瞬间找到发泄口,但这个小小的发泄口不能满足能量的集中宣泄和突然爆发,后面同学在不知情的情况下拥挤前方同学的行为必然带来能量突破界限束缚,造成踩踏事故。

①《专家解析上海踩踏事故四大诱因:预案、台阶、信息、日常》,南方周末网,http://www.in-fzm.com/content/106933,2015 年 1 月 4 日。

需要注意的是,"超车式""对流式"和"汇流式"这三种机理类型之间界限并不是很清晰,而每一类踩踏事故中,往往是两种,甚至三种情况并举生成,或者每种类型中的各自因素交叉导致事故。例如,在每一起踩踏事故中,首先要有人流自由移动中的汇聚,这种汇聚可能是集中的"超车式"的,也可能是不同方向"对流式"的,也可能是同目标的"汇流式"的。在人流会集的过程中,能量处于不断增加和积累的过程中,当短时间内人流会集至某个临界值,人流滞留,随着人流继续会聚于有限的空间,带来人群拥堵,此时人群能量积聚也随之膨胀,并且因为人群的拥堵不能及时输送和释放出去,当能量积聚至某个界限,在某些微小干扰下便会成为群体踩踏事故的潜在衍生点和蔓延中心。若人流汇聚所携带的能量能够保持平衡,整个群体便会在一个平衡的群体能量维持中继续前行或在人员疏离中慢慢消弭内含于群体的能量。当然,不适时的赶超和拥挤也是高强度累积前方人群能量、激化能量失衡和秩序失序的重要原因,一时的能量剧增会让整个人群处于一种失衡状态,踩踏就在一瞬间发生。同样,若是汇流的人群发生人流对冲,在巨大能量对立中,极易出现能量守恒崩溃,围绕在崩溃点附近的伤亡也最大。

四、群众会聚场所踩踏事故要素风险规避策略

经济体制转型下的新常态背景进一步强调了社会改革进程中经济危机的应对与风险压力的释放。以人为本的社会包容性增长与发展模式也致力于实现民主决策和科学决策引导的社会有序、和谐发展。集会活动是群众文化生活发展的一种重要形式,不应该因为踩踏事故的发生而因噎废食,统一取消。乔纳森·西姆(Jonathan·D. Sime)于 1995 年提出了在高密度拥挤队伍中与人群的安全逃生有关的四个因素,分别为"场所性能设计、人群通讯交流、拥挤管理以及人群行为特征"[1]。基于此,在不同角度上选择了信息、制度、人员这三种具备现场可控性的要素进行群众会聚场所踩踏事故要素风险规避策略研究。在群众会聚场所公共秩序的维护和群体活动有序开展的过程中,要以信息、制度和人员这三个基本要素为基础和中心进行风险规避和危机预警,实现治标治本。

---

[1] Jonathan·D. Sime, Crowd Psychology and Engineering, *Safety Science*, 1995, 21(1), pp.1–14.

（一）信息风险规避

第一，政府部门的信息管理。公共安全作为一项极具公共性和社会学的公共产品，其需求主体具有普遍性特点。政府作为公共安全的首要提供者和主要负责人，理应担当起这一历史使命和时代职能，而信息通知和沟通交流是第一步。信息的不到位会致使任何秩序维护的工作捉襟见肘。首先，大型群体会聚活动的通信和信息告知渠道要畅通，活动场地、活动时间、活动环节和注意事项等相关信息应该确保广泛告知，公众知晓。其次，群众活动现场信息把控要高效及时，实时信息不能滞后。借鉴国内外、政府企业等主体的人群流量监控技术（如 CROWDVISION 公司人流拥挤预警系统），实时监测人流信息，在此基础之上做好舆情分析，及时控制人流汇聚，利用监测影像等工具做好危机预警；在群体拥挤踩踏酝酿过程中，都有一个滞留拥堵的阶段，要对这个阶段的人群信息进行高度警觉，疏散人群，及时处理危机。

第二，人群内部的信息沟通与信息传递。一个完整的信息传递是需要接受者的参与的，只有信息发布，没有信息接收，这并不是一个完整的信息传递过程。就像组织领导的领导行为，领导以命令等形式对被领导者施加影响，被领导者需要接受领导，并改变自己的行为和心理，这才是一个完整的领导过程。信息传递也是如此。在传播媒介如此多样化的今天，需要丰富的是公众对有效信息的搜索和把握能力，据此进行事先安排。杰克·保罗（Jake Pauls）指出："拥挤事故出现在前后信息交流失效的人群。"[1]因此，在高密度人群中，人群行动者的信息鉴别意识和能力是急需加强的，敏锐感知危机信息，警觉危机信号。中山大学传播学教授李艳红认为："如果信息本身的内容含糊、传播的频率和内容不连贯，则信息抵达受众的效率和影响受众行为、判断的说服力都会下降。"[2]因此，面对轻微干扰时，不制造混乱、不影响秩序、不打乱和阻隔信息传播、不放大人群不正常反应等的镇定、冷静心理意识和克服干扰技巧的自我修复能力，以及掌握逃生工具使用、策略技巧等常识等是应对群体拥挤踩踏的关键。

---

[1]　J. Pauls,The Movement of People in Buildings and Design Solutions for Means of Egress,*Fire Technology*,1984,20(1),pp.27–47.

[2]　李艳红：《外滩事故中应如何传播关键信息》，财新网，http://opinion.caixin.com/2015–01–04/100 04/100770666.html。

(二)制度风险规避

第一,活动前风险防控制度。政府作为公共产品的主要负责人,应积极履行风险防范、秩序维护和安全保障职能。有研究表明,"5 个人朝一个方向拥挤,一个人的肺部就会塌陷失去呼吸功能",因此严谨的集会人数控制,严密的人流监控和疏导制度,相关的秩序维护设施统筹,健全的群体活动策划安排,以及完备的警察、志愿者、医护人员等人力、物力、救援等储备和完善的拥堵踩踏风险预案细节等,都需要在群体活动开展之前布置到位。风险防控不仅仅是政府这一公共安全提供者一方的责任,也是兼具"防范"踩踏和"制造"踩踏这一社会公众群体的义务。风险防范教育应及时纳入社会公众教育范畴,并加以重色彩强调,注重高密度人群能量和危害宣传,加强风险演练,评估群体风险防范知识储备状况和接受程度,并积极完善不足之处。

第二,活动中踩踏警觉制度。将人群密度控制在 4 人 / 平方米之内,当群体密度在这个值域范围内,公共秩序是安稳且和平的,但是当群体密度突破这个临界值,这个时候就是危机的萌芽状态,此时需要相关部门做出高度警觉,及时进行有指挥性的疏散。对于人数密度值的把握,可以借鉴法国警方的做法,采取"切面法""流量法"或者"航拍法",通过完善的人流监控制度,尤其是对中心区域、危险隐患位置加以重视,趁早发现,及时切断事件链;对于存在安全隐患的区域,增加应急力量,自动提升警惕性的密度和质量,及时加以干预,有序疏散人群。在高密度的人群中,每个行动者都具有焦虑和担忧意识,恐慌无措使其对周遭环境高度警觉,此时"一个非常规动作都有可能让整个人群丧失理性,从而引发连锁性反应,形成群体集聚中的'羊群效应'"①。行动者警觉敏感度的保持能降低踩踏事故发生的概率。

第三,事故后追责制度。以公众自我受益为目标,却以群体自我伤亡为结果,这样的"人祸"势必要重申追责制度的功效发挥。对于工作失职、制造事端的人要给予法律与制度的严惩。需要强调的是,群体性拥堵踩踏事故一旦发生,事后安抚十分必要,事故反思更是重要。制度设计的主要功能是防范"人祸",防范失职的。群体性拥堵踩踏事故这一"人祸"不能以某个人、某个组织的失职失责为结束语,人之所以存在侥幸心理致使"人祸"降临,主要是因为制度存在漏洞和缝隙让其有机可乘。在人类历史发展的长河中,人的

---

① 何雨:《城市大型群体活动的安全风险与管控路径》,《上海城市管理》,2012 年第 4 期。

非完善性是毋庸置疑的，更不能否认的是制度与方法的不完善。因此，"人祸"发生后，追责是必要的，但是不能为了追责和判刑而掩盖了事故的真相，更不能以权威的态度劝慰民众，以"愚民"的方式来应付危机。追责之余，我们更应该反思制度的漏洞和方法的缺失，切莫以"人祸"为制度免责。

（三）人群主体风险规避

不能不承认的是，在高密度人群中，人既是防范踩踏的主体，也是制造踩踏的主体。风险认知理论中有关于"风险认知"和"风险行为"之间的负相关关系（即风险认知度越高，发生风险性行为的可能性越低；风险认知度越低，越可能发生风险性行为）的论述，这说明了"行动者对风险的认知与判断关系着风险性行为发生的可能性"。当空气变得污浊、人与人之间的接触增多、个人的活动空间变得局促而导致慌乱与恐惧发生之时，每个行动者在内部驱动力、心理排斥力、拥挤力和碰撞力的作用之下认识到周围环境的风险，这样出于自我保护的本能意识，都会采取行动，如大声喧哗、拥挤他人、努力求救等，来"分配"或者"转嫁"风险，保护自己，以防止摔倒被踩踏。在这种自我保护的理性行为中，每个行动者忽视了对于整个群体安全态势的影响，在争取正常的生理空间的本能行为中，制造了摔倒和踩踏。曾有学者说："人群拥挤踩踏事故的制造者主要是人的因素，在特定环境（事故场景如火灾、爆炸等）及物（建筑空间结构等）的影响下，导致人心理产生非常态反应如恐慌，从而产生一些无理性的盲目行为，致使人本身能量的突然释放，即系统某些状态参数如人群密度或人群流量突变而导致事故发生。"①因此，在高密度聚集的群体中，每个行动者的素质高低在关键时刻会引发或者杜绝拥堵踩踏事故的发生。

首先，大量经验性事实已经说明，安全事故和危机灾难往往在人们居安享乐、疏忽自在而将其淡忘的时候就到来了。政府工作人员的安全意识、责任态度和"心防"意识是关键，安保的重要性要在诸多生命的消逝中惊醒，自主树立"早发现、早报告、早研判、早处置、早解决的理念和应急处置原则"②，并在社会工作中秉持和发扬。其次，教育先行，整改"平时不烧香，临时抱佛脚"的突击教育模式，开展常态化的安全教育，树立安全意识，掌握风险防范

---

① 张青松、刘金兰、赵国敏：《大型公共场所人群拥挤踩踏事故机理初探》，《灾害学报》，2009 年第 6 期。

② 闪淳昌：《"12·31"上海外滩踩踏事件的调查与思考》，《江苏社会科学》，2015 年第 4 期。

常识。与之相匹配,演练需跟进,加强实践实操,掌握防范踩踏的实际细节,使其在面对危机和风险之时,在冷静中以习得性反应来应对危机。最后,加强社会共治意识,在秩序维护和安全保障过程中,发挥集体优势,强化合作意识,构筑多元主体共建社会安全的新体制。

总之,无论从信息方面、制度方面,还是从人员主体方面,无论从硬件设施方面,还是从软件文化方面,都要进一步提高公共安全维护的投入,鞭策政府,更要动员群众。只有在政府主导的公共安全维护职能的履行中最大限度地发挥和动员社会不同层次群体的力量和智慧,利用先进的科学技术和不断完备的制度机制,才能在最广范围内和最大程度上规避社会风险,防范社会危机,保障社会安定,让自然界高级群体——人类永不受"踩踏之殇"。

第六节　政府主动维权机制

利益表达是意愿告知的过程,其中夹杂着情绪的宣泄,评价利益表达效果着力于利益表达主体与客体之间是否达成信息一致,从而判断利益表达效果的高低程度。有效的利益表达指的是利益主体通过各种渠道使自己的利益需求能够被官方系统所接受,并且其中主要利益能够在相关政策中表现出来。若利益主体的利益需求得不到官方系统的认可,并且其主要利益在政策中得不到体现,在长期的社会发展过程中看不到自身利益需求的实现,那么这就是低效。有效利益表达指政治系统审核通过了表达者的诉求,表达者的要求在政策中得到关注和体现。当表达者的诉求长期未果或政治主体的政策并未体现表达者的诉求,抑或政策推出无关于诉求主体的内容,则被视为低效率利益表达。这些年,因为外部环境和内部环境相互影响,自身利益表达机制其实形同虚设,制度化自身利益倾诉的方式和渠道十分有限,对利益表达者的能力要求较高,体制内利益表达功能发挥十分有限,社会广大弱势群体会经历一个从自身利益受到损害到自身权利受到侵犯再到自身利益受到损害这样的一个恶性循环,他们没有被拉入社会中来,反而越走越远,越来越贴近社会的边缘,最终导致弱者更弱、强者更强的社会严重分化格局,致使群体性事件不断发生,因此构建一个能够提升利益表达效果的利益表达反馈机制是非常有必要的。

利益表达效果评价反馈制度是一个包括群众诉求表达机制、政府绩效评估制度、行政问责制度、民众权利救济制度、民众满意制度等于一体的系统性制度机制。为此，要从多角度、多方面构建相互衔接、无缝隙的利益表达效果评价反馈制度。

城镇化建设中多元化的利益诉求实现、复杂化的利益矛盾化解呼吁着利益分享理念的落实。利益分享是包容性发展的要求。保障社会弱势群体的利益、重视社会稳定是包容性发展概念中建设和谐社会方面的基本要素。构建统筹各利益主体的利益分享机制以维护农民利益，是增强城镇化建设合法性、化解城镇化建设冲突的重要路径。

一、创建城镇化利益引导机制

城镇化应该围绕五个要素进行改革，人、业（城镇化要以产业为支撑，市民要有稳定的就业）、钱、地、房。基于这五种关乎利益的要素的统筹分配，城镇化的发展进程理应是由政府来引导发展，社会中的企业和乡镇的农民作为城镇化的重要主体，需要根据其自身的利益需求最大化而做出最明智的选择，循序渐进地完成城镇的规模扩大和区域性转移这个过程。政府引导内容之一就是利益的引导，即协调好利益主体的利益观和价值观，创建城镇化利益引导机制，使利益在各主体之间均衡循环、统筹发展。

以政府为主导的城镇化进程，造成各级政府无视当下土地和财政等制度，盲目扩大城市规模，造成浪费土地和依赖土地资源以保证收支平衡的现象。当地政府利用自身行政级别推进城镇化进程，但由于行政级别高的城市更具有吸引力，城镇体系中行政级别不高的城市往往会不断丢失人才、资源、资金、活力，最终使城镇体系顾此失彼。处于社会最底层的农民群体是缺乏理智、理性思维的群体，受有限理性的影响，在自身根本利益受到侵犯时，农民极易采取不理性的行为与政府"较劲"。因此，建立一套完善的利益引导机制，积极发挥其在利益认知、利益评判和利益取向等方面的导向功能，意义重大：引导群众客观地认知自身利益，合理定位自身的利益价值；引导群众树立正确的利益价值取向，避免盲目追求自认为合理的利益诉求；引导群众树立大局意识和长远意识，指导群众正确地认识个人利益与集体利益、眼前利益与长远利益的区别和关联，防止其因小失大，因己责人；理性地看待贫富差距、地区差距与社会不公等问题；指导群众通过合法、合理的途径，公正、公平地追求个人利益,规范化地处理利益冲突。对于牺牲他人利益以实现自身利益、以公共利益谋取自身利益的不理性行为,政府应予以适度的惩戒,并在宣传中注重惩戒、奖励效应的发挥,以形成良好的利益定位、利益表达、利益发展和利益实现的氛围,使利益在各主体之间均衡分配、统筹发展,以加快城镇化建设事业的有序发展。

马克思指出:"利益本身的属性就是盲目性、无止境性、片面性,每句话都有它自身的独特的性质。"①《论语》中讲"惠而不费",即要善于利用利益引导的方式进行管理,使群众得到实惠才是群体性事件危机化解的捷径。值得强调的一点是,在城镇化进程中,各级政府不同程度上的理念偏差、行为失范现象的根源在于正确价值观与政绩观的流失。形象地概括政府的这一理论偏差就是,它想利用一个大蛋糕来缓和愈发尖锐的社会矛盾,但是在最后依然导致一个失衡的利益格局。②国内生产总值不是政府绩效的核心指标,地区维稳也不是政府绩效的中心思想。它们只是政府绩效考核指标体系的其中之一,这些指标只有通过不折不扣地履行维护群众利益的宗旨才能真正做到短期实现和长期落实。

二、创建城镇化利益互动交流机制

刘霞指出了当前社会矛盾化解机制的困境:"社会矛盾的化解范围是相当有限的,目前还并没有达到对各类社会矛盾的普遍涉及,而仅仅局限于对现实性社会矛盾的化解;重点在于其化解过程当中的割裂问题而并不是对其全动态化过程的应对问题;化解主体呈分散化的趋势,在基本协作和整体合力方面欠缺;而对于化解方式方面则偏重于对外在结构性条件的改革以及对政策工具的运用,但是仍然缺少更深层次的柔和的化解方式。"③

美国学者戴维·迈尔斯(David Myers)指出:"从最积极的角度来讲,稳定不是所谓的压制某些公开冲突,也不是覆盖于紧张脆弱状态下表层的平静,

---

① 《马克思恩格斯全集》(第1卷),人民出版社,1960年,第179页。

② 参见孙立平:《和谐社会重在机制建设》,《中国改革》,2005年第4期。

③ 刘霞:《多元社会的稳定逻辑——论转型期社会矛盾化解的协同治理机制构建》,《人民论坛·学术前沿》(上),2013年1月。

④ [美]戴维·迈尔斯著:《社会心理学》,张智勇等译,人民邮电出版社,2006年,第382页。

而是将冲突给予创造性解决后的状态，是不同团体摒弃矛盾后而形成的统一。"④规范决策决议、绩效考核与监督程序，创建城镇化利益互动交流机制，使利益协商更加公开透明、民主高效。

利益交流意义重大。城镇化建设作为一项长期公共政策的执行，在相关决策、绩效考核与监督反馈活动中，都要注重利益的互动交流，在双方甚至是多方的利益沟通中，使利益协商式分配更加公开透明、民主高效。利益表达是一个利益表达者与利益接受者之间双向的互动过程，它是为了实现自身利益而进行的政治参与过程，是在合理合法的范围内，由社会成员在既定的利益目标的指引下，通过法定渠道直接或间接地向执政党政府和各级社会组织以提出意见并表明要求的形式来反映情况。在这个过程中，一方面，社会公众作为利益表达的主体，要根据实际需求向自己"身边的政府"表达自己的利益诉求；另一方面，政府根据人民群众的利益诉求意愿，集合汇总不同社会阶层的利益要求，在职责范围内，利用行政职权和自身资源，发挥自治协调能力整合不同利益，使最终的整合利益成为最广大人民群众的均衡利益。据此过程可以发现，利益表达主体、利益表达渠道、利益表达信息和利益接收主体构成利益表达机制的四大要素。每一要素功能与作用的发挥都会影响到利益表达机制运行的效能。因此，城镇化利益互动交流机制建设必须做到：一是应加强农民群体的权利意识与组织化程度，提高利益表达的理性水平；二是拓宽并畅通利益表达的渠道，重视弱势集团的利益诉求，为其提供均等的利益表达机会；三是充分借助媒介的力量实行政务公开，加强政务内容平民化倾向，保证利益信息的真实性、对称性和畅通性；四是政府定期组织官员下访，及时了解并解决群众的利益诉求，尽早反馈于民众，接受群众监督。另外，在城镇化建设事业中，科学合理的政府考核体系应重点考察城镇化建设政绩与农民利益维护的关系，促进城镇化利益互动交流机制的高效运行。

三、创建城镇化利益补偿与利益反哺机制

人们习惯用"反哺"来形象地概述相关利益需求与主体之间在利益方面的续修和满足的关系，就像古代的羔羊跪乳、乌鸦反哺一般。利益反哺存在于个人之间，也存在于群体之间。利益反哺作为一种协调和均衡利益关系的

方式,"从法律层面来讲,这种社会活动意味着社会主体之间存在一种利益差距的利益互动,即利益占优势一方会因社会义务对利益弱势一方进行利益弥补与反馈,在满足其利益需要的背景下,来促进共同发展"①。值得强调的一点是,现代社会的利益反哺重在对反哺对象进行"工具性"能力传授,而并非"食物性"承接,所以在方式上它始终坚持加强对反哺相对人的自立能力的培养,而不是机械地接收,即"授之以渔",而不是"授之以鱼"。因此,要充分发挥行政调控与市场运行的功能,创建城镇化利益补偿与利益反哺机制,使利益在城乡之间高效流转,实现共赢。

公正是一个伴随着人类社会进步和发展的永恒话题,它"最先关注的是全人类的所有价值和平等,以及普遍性的互惠原则,它是人类经验所固有的,而不是某种特定世界观的产物"②。美国哲学家约翰·罗尔斯(John Rawls)的正义理论明确指出:"正义认为由于某些人为分享更大利益而夺取他人自由的行为是不正当的,不认为多数人所获得的最大利益能够很大程度上弥补少数人的妥协。"③罗尔斯的正义原则要求:社会安排的底线就是达到处于社会最不利条件的人的合理要求。只有这样才是社会正义。在城镇化建设进程中,处于最不利条件的人就是农民群体,只有他们的合理利益得到补偿和反哺,才能实现真正意义上和最大范围的社会正义。

凡兰兴以广西526个农户调查数据为基础进行了当前工业反哺农业的现状分析,指出农民对农业税取消、农村义务教育、农民医疗和农民低保养老等比较满意,但是他们对取缔集资摊派、农民培训、政策落实公平情况、农村水电路、村干部办事效率、农民购置机械补贴等方面不够满意,其中政策的落实程度和村干绩效情况远没有达到农民的期望和需求。④就现实状况而言,在城镇建设过程中,城镇反哺农村、工业反哺农业、市民反哺农民存在可资反哺的利益资源。2013年,中国的国内生产总值达到8.3万亿美元,实际增长率为7.8%,为实现城镇建设的利益反哺提供了物质基础和经济条件。

---

① 曾庆洪:《失地农民社会保障法律制度研究的崭新视角——利益反哺、权利救济与制度安排》,《法治论坛》,2009年第1期。

② [美]柯尔伯格著:《道德教育的哲学》,魏贤超等译,浙江教育出版社,2000年,第4~5页。

③ [美]约翰·罗尔斯著:《正义论》,何怀宏等译,中国社会科学出版社,1988年,第18页。

④ 参见凡兰兴:《少数民族地区工业反哺农业的农民满意度分析——以广西为例》,《西南民族大学学报》(人文社会科学版),2014年第1期。

但是,在均衡社会发展中,需要明确的一点是,利益反哺绝不可能是机械的"均贫富",或者绝对的平均主义,它会通过科学的社会利益机制,让利益强势群体对弱势一方进行必要的弥补和反馈,以"达到帮助弱势群体能够提升其自身生存和发展的必要需求,最终实现共同进步的目标"①。利益反哺的终极目的是发扬社会正义、实现社会公平,"主要是基于二次分配通过国家财政来进行,即国家把来自于工业和城市经济部门的财政收入,通过国家财政支出,更多地用于'三农'"②,最终将最大可能地弥补利益受损主体,实现社会正义和公平。

利益反哺作为一种协调和解决社会利益问题的途径,有了标准,才有章可循,有了制度,才约而行。城镇化建设决议,首先要有一套统一的、富有可操作性的城镇化建设补偿标准,并将实现此标准的行为落实到城镇化建设的相关制度中,通过制度化的标准和安排补偿农民的利益损失。城镇化利益补偿有市场化的经济补偿和行政化的政策补偿两种方式。行政补偿是政府按照市价给予的专门财政性补贴与应急救济,但这只能起到临时性的输血式帮助,更重要的还有市场规律作用下城市发展对落后农村的反哺性利益补偿。在城镇化建设过程中,农民通过出让土地和居所、放弃权利等行为哺育了城镇化建设的快速发展,在城镇化建设初见成果之际,理应受到城市的反哺。利益反哺才是从长远视角下的"造血式"补偿,利于避免群众依赖与政府负担的不良循环,也有助于农民这一核心要素实现真正的城镇化,是城镇化建设的"双赢式"利益分享的根本所在。为此,资金投入是基础,政策扶持是契机,城乡合作是平台,农民教育培训是后劲,坚持市场运作机制,革除政府垄断利益市场的痼疾,优化工业反哺农业政策的执行环境,关注文化程度较高及青壮年农民的感受和需求,使利益的实现在市场化运行与政府政策支持中更加公平、民主。

四、创建城镇化利益保障机制

在城镇化建设进程中,利益分配与格局调整难免会有一些不公与失衡,

---

① 魏小强等:《利益反哺何以可行——基于理论依据与现实基础的分析》,《江苏科技大学学报》(社会科学版),2011 年第 4 期。

② 柯炳生著:《工业反哺农业的理论与实践研究》,人民出版社,2008 年,第 13 页。

例如,弱势群体缺少社会必要资源,又没有足够分量的代言人保障其自身利益。①因此,保障城镇化建设进程中弱势群体的利益实现,是城镇化建设、社会发展进步的重要内容。《中共中央关于制定国民经济和社会发展第十二个五年规划的建议》中明确指出,必须要整合来自社会各界的力量,构建一个具有能够调节、化解各方矛盾的综合性平台,疏通和规范群众利益诉求、协调各方利益和保障民众合法权益的渠道, 及时和科学地解决人民内部的矛盾,将对于社会秩序构成威胁的因素遏制于摇篮之中。②因此,城镇化建设进程中,参与主体必须关注弱势群体的公平机会与持续满意度,创建城镇化利益保障机制,延长利益的后续维护与自助保障。

随着城镇化进程加快,农村人口的转移,出现了集中于城市的社会保障在不同领域出现疲软、群众利益维护不力等现象。城镇化货币补偿的安置方式只是为利益受损的农民提供了最低生活需求,而农民的就业安置、孩子教育、医疗保险和养老保险等社会保障问题备受挑战。理想的社会状态应该是在制度的保障下,提供给社会成员一套平等竞争的规则和平等的发展机会,同时又可以保障竞争失败者的基本生存。城镇化利益保障机制具有强烈的包容性、公平性特征:"弱势社会群体享有与其他社会阶层平等的社会经济和政治权利,在参与社会竞争、分享经济社会发展的成果方面不会面临能力的缺失、体制的障碍以及社会的歧视。"③城镇化利益保障要求在城镇化建设过程中对各主体利益的均衡分配,尤其强调对弱势群体利益的包容。要重视农民利益在每个工作运行环节的具体内容,保障农民的细节利益。④因此,加强对弱势群体权利的保护,消除群众参与城镇建设、分享城乡经济发展成果方面的不公正制度,建立公平的公共服务享受制度、教育制度、医疗制度、再就业制度和司法救济等社会保障制度体系,以慈善事业、商业保险为补充,

---

① 参见吴志敏:《断裂与重构: 社会转型中的弱势群体利益保障》,《中国特色社会主义研究》,2011 年第 1 期。

② 参见《中共中央关于制定国民经济和社会发展第十二个五年规划的建议》,新华网,http://news.xinhuanet.com/politics/2010−10/27/c_12708501_4.htm。

③ 竺乾威、朱春奎著:《中国政府建设与发展报告 2012——包容性发展与政府建设》,人民出版社,2012 年,第 112 页。

④ 参见陈美球、马文娜:《城乡建设用地增减挂钩中农民利益保障对策研究——基于江西省〈"增减挂钩"试点农民利益保障〉专题调研》,《中国土地科学》,2012 年第 10 期。

给予弱势群体公平的发展机会,促进城镇化建设的可持续性稳定。

第七节　完善权益冲突协商机制

马克思主义哲学曾讲,矛盾是推动事物发展的根本动力。我们不怕矛盾,不怕冲突,因为这些矛盾和冲突有时恰恰是推动社会发展进步的动力。城镇建设是一项调整利益格局的社会性活动,在此过程中的群众工作必须建立畅通的群众利益表达渠道,搭建有效的利益协商平台,当产生利益纠纷时具备完善的利益冲突协调机制,以保障和实现群众的根本利益,防止权益冲突扩大化。构建制度化的利益表达与协调机制是增强表达利益诉求的有效机制和提高利益处理效率的必然出路。

一、提高农民利益表达能力,培育合格的利益表达主体

马克思曾经说过:"言论自由是所有自由中最神圣的一项,它是一切自由的基础。"[1]和西方的自由民主意识产生和发展环境不同,在中国,个性化的产生和发展缺乏一个科学的启蒙运动来给予其一个良好的思想和制度土壤,渐渐地被大众曲解为一种对自身利益和特权的合情合理的追求。[2]在这种保持着传统惯性的特殊环境下,利益表达主体的组织化程度是衡量利益表达主体合格与否的第一标准,是定夺利益表达主体表达能力的重要方面。

有学者论断,阶层或者阶级的政治参与度和对政策的影响,大多是取决于中国阶层的利益诉求程度和效度,而利益诉求的程度和效度是由阶层自身的文化程度所决定的[3],一个阶级或者阶层的自身组织化程度决定了其利益表达的力度和有效性,利益表达的力度和有效性又决定了该阶层的政治参与程度、质量和对公共政策的影响能力。而农民在进行利益表达的时候,往往采取非组织化的分子个体行为,现今的农民家庭是分裂、独立于社会之

---

[1]　《马克思恩格斯全集》(第11卷),人民出版社,1995年,第573页。

[2]　参见陈盛兰:《中国社会风险的症结 应对与传媒责任——从风险文化视角予以考量》,《中共福建省委党校学报》,2013年第10期。

[3]　参见吴志敏:《断裂与重构:社会转型中的弱势群体利益保障》,《中国特色社会主义研究》,2011年第1期。

中,独自面对国家权力,能力不足尚且不论,不平等的权力对峙之下也会使其有怒不敢言,并且当农民通过非组织化的形式来表达自身的利益诉求时,往往会造成事倍功半。因为在一个国家的政策制定和出台过程中,部分强势利益集团会利用其本身的优势地位或特权来影响决策的制定和实施,使之有利于他们自身的利益,这往往会对弱势群体造成更多的不利因素。

农民维权的组织化程度主要体现在"农民以一定的组织为载体,从个体形式维权走向组织形式维权,维权结构从无序向有序、从有序程度低向有序程度高不断演化"[①]。提高利益表达主体的组织化程度的主要着力点在于:一是对现有的利益表达组织进行改革和完善,如村委会、工会、妇联等政治组织,使其在城镇化建设事宜中有意见表达和权利伸张的机会,积极争取和维护自身所代表的农民的利益;二是大力发展社会团体、兴趣协会、家庭关系等非政府组织,为农民群体的利益表达与维护提供组织依托。另外,完善相应的法律法规和制度约束,赋予并重视农民群体利益表达的权利,加强法制教育与宣传,使其在法制的框架内采取有效措施进行维权。

二、畅通利益表达渠道,创新利益诉求表达网络化平台

在中国,"名义制度与实践制度二元化"[②]困境使利益诉求表达渠道呈现"堰塞湖"现象,所以首先应加强人大、政协、信访、网络媒体等制度建设,配以相关的法律制度建设、平衡并保障各利益群体的权利表达,为利益表达提供法律支撑。其次,创建利益诉求的网络表达平台是城镇化建设日益信息化的一种客观要求。现代信息技术的发展使智慧城市不再是城镇化建设的梦想。在预警城镇化冲突的过程中,发挥网络媒体在农民利益表达上的作用和功能,以此开辟农民表达利益需求的新渠道。例如,建立便于民众反映和咨询问题的网上在线论坛;创造公示政策和法律的网上平台,让公众能便利地查阅和学习法律制度;利用技术手段搭建民众建议和意见的表达平台,以保证法律政策的完善性和公正性;完善民众网络利益表达的基础设施建设,加强并丰富民众表达利益需求的技能培训和必要知识;设立网络媒体利益表

---

① 牛玉兵:《论城镇化进程中农民的组织维权——以征地维权为例》,《学海》,2011 年第 5 期。
② 周锦章:《群体性事件产生的机会结构及对策》,《甘肃社会科学》,2009 年第 4 期。

达的新型平台，将虚拟渠道作为民情民愿的重要来源之一，可以使政府快速、有效地了解社会民众的利益诉求，及时解决问题，将问题化解在基层。这是预警城镇化冲突的有效手段和有力武器。

三、科学界定利益处理部门职能，督促利益表达客体切实履行职责

"利益"在权利划分与分配过程中是一个具有中心地位的核心词汇，中央和地方之间权力的划分，归根结底是由利益所决定的，地方与中央之间的经济利益决定了两者之间的权力划分。利益往往会造成部门职能界定的混乱，导致部门职能错综复杂。在调整政府职能时，部门职能的利益会随着政府职能的调整而重新洗牌，形成新的利益获得者、利益失去者和利益未获得者三个种类，利益获得者、利益未获得者和利益失去者这三类群体之间必然会在之前的利益博弈过程中产生利益矛盾，并在不断的利益纠纷中将其复杂化。对于我们这样一个人口众多、发展急速的大国来说，解决这些复杂的利益矛盾，仍然是一个关乎全社会的十分重要、也十分必要的问题。

在群体性事件公共危机预警预防工作中，应正确处理中央与地方的职能关系，减少中央和地方职权的重叠。朱光磊教授曾把政府职能归纳为两个层次：一方面是中央政府的宏观调控能力和职责，另一方面则是地方政府的环境保护、社会管理、公共服务、市场监管等职责。具体而言，社会变革时期能以较小代价赢得快速平稳发展的保障是一个有权威的引领社会发展进程的中央政府，所以跨省级甚至全国性的大体宏观事物是由中央政府管辖；根据地区性实际情况所出现的相关事物是由地方政府管理。并且要明确中央和地方政府的管辖范围和承担的责任，加强两者之间的监督和制约。

国家与社会的关系是服务与被服务的关系，利益表达客体是服务于农民群众的组织，应强化服务意识与责任意识，切实履行机构所担负的职责。把民众的反馈意见纳入政府在城镇化发展过程中的重要绩效考核范围之中，扩大政府绩效评估主体与问责主体的范围，力图实现全面化、多角度，通过完善的问责制度与问责法律对政府不合理、不合法履行职责的行为予以惩戒，以政府绩效评估体制监督利益表达客体切实履行职责。同时，树立社会共识与社会责任，保护并关注农民利益的维护、帮助农民维权的行为，使其在正义的维权活动中避免被"不正义化"。通过一定的组织形式和活动方

式,以利益表达客体对职责的切实履行,实现利益主体以法律途径和方式进行利益表达,提出利益诉求,更多地采取协商对话的方式来达成更多人的共识,以此为基础来解决城镇化冲突与矛盾,使利益关系更加和谐化、理性化。

第八节　利益矛盾基层村镇"安全阀"缓冲疏导机制

邓小平有过强调农村稳定的总结性认识:"中国有百分之八十的人口住在农村,中国稳定不稳定首先要看这百分之八十稳定不稳定。"①农民的稳定或不稳定,主要看无利益相关者稳不稳定。虽然农民群体中直接利益问题容易解决,但一些搭便车的现象会加剧问题的复杂性与严重性,所以积极避免无利益相关者闹大是城镇化冲突预警的关注点之一。

一、重塑政府形象,增强政府信任,夯实政府合法性

"政府信任关系"是指"国家行政机构执行国家权力过程中所涉及的对象(包括公众个体、社会群体和各级行政组织),即行政客体对行政体系总体的,也包括对行政体系各要素、各要素之间的关系及其运动状况的合理期待,以及在行政机构回应基础上的一种互动、合作的关系"②。实际上,政府信任就是公众对政府的信用责任和运作能力的社会态度。

城镇化建设过程中的不合法、不合理现象是城镇化冲突中众多参与者不良心理产生的根本来源和直接导火索。因此,欲彻底消除农民群体性事件中的矛盾与危机,预警城镇化矛盾与冲突的发生与升级就需要把城镇化过程中的政府行为和利益关系者心理连接起来。一方面,要增加城镇化建设的法治化标准,避免人治化标准的使用。政府部门需要根据相关的法律规范约束自身城镇化建设的行为,避免自由裁量权的使用,一切按照法律办事,避免引起不必要的心理对抗,甚至演化成行为对抗;同时,针对萌芽状态下的群众不良心理,基层城镇化建设相关

---

① 《邓小平文选》(第三卷),人民出版社,1993年,第65页。

② 程倩:《政府信任关系:概念、现状与重构》,《探索》,2004年第3期。

部门要及时调整自己的工作重点和行为方式，及时有效地化解潜在的矛盾和冲突。另一方面，建立健全制度化的参与机制，增加农民群众的利益诉求表达机制，疏通农民群体的权利维护机制，实现政治参与与利益表达程序和规则的高度制度化和体系化，以责任政府来保证城镇化建设行动的有效性和有序性，提高城镇化冲突预警效率，重塑政府形象，夯实政府城镇化建设行为的合法性。①

在政府层面，良好的政府信用有利于公共责任的履行，从而限制政府权力的任意扩张；良好的政府信用对社会具有凝聚力和激励作用，有利于提高政府和个人之间的和谐程度。在个人层面，个人信用的提高可以使社会成员产生一种安全感和归属感，减少摩擦，规范人们社会交往的行为，克服群体利己主义，从而有效地抑制机会主义，降低监督和协调的成本，并能加强个体与群体的团结，促进个体积极参与集体活动，维护社会秩序和社会稳定。②

政府信任是增强政府危机应对能力、构建社会主义和谐社会的重要保障：一方面，政府应对危机的能力提升有助于提升社会公众对政府的信任程度，另一方面，社会公众对政府的信任的增加也有利于增强政府自信，提升政府处理危机的能力。

二、注重教育疏导，以角色转型促进心理转型

按照美国学者弗兰西斯·福山（Francis Fukuyama）的定义："信任是一个普遍的文化特征，信任是人们从规矩诚实合作互惠的行为组成的社会群体中，从社会群体内共有的规范和价值观中产生出来的一种期待。"③另外，政治学领域学者罗伯特·D.帕特南（Robert D. Putnam）也曾指出："包括信任、规范、网络在内的社会资本对于政府绩效、政治稳定和经济发展都十分重要，

① 郝雅立、温志强：《城镇化冲突预警关注点：重塑政治信任避免无关利益者闹大》，《延边党校学报》，2014 年第 4 期。
② 常开霞、李英姿：《社会资本与民族利益引导机制》，《中共山西省委党校学报》，2011 年第 2 期。
③ ［美］弗兰西斯·福山著：《信任：社会美德与创造经济繁荣》，彭志华译，海南出版社，2001 年，第 8~30 页。

并认为社会资本具有自我强化的作用,越是缺乏社会资本的地方,人们就相互猜忌、孤立、混乱、犯罪和落后,越不会相互支持相互强化,从而陷入所谓的人与人之间像狼一样的'霍布斯结局'。"①

农村人口总体社会认同感与信任度较低,对政府的态度更是深陷"信任离散"的困境。城镇化建设进一步扩大了城镇与农村的群体拉力,社会凝聚力的落脚点扭转至农民群体内部维权上。另外,政府培养农民维权意识与参与技能的职能不到位,导致了相当一部分农民制度化维权意识淡薄,制度化参与技能的低下。"痛切的教训使一些人开始体会和领悟到,那些完善的现代制度以及伴随而来的指导大纲、管理守则,本身是一些空的躯壳。如果一个国家的人民缺乏一种能赋予这些制度以真实生命力的广泛的现代心理基础,没有从心理、思想、态度和行为方式上都经历一个向现代化的转变,失败和畸形发展的悲剧结局是不可避免的。再完美的现代制度和管理方式、再先进的技术工艺,也会在一群传统人的手中变成废纸一堆。"②当自己的合法利益受到损害时,带着满腔的怒火进入政策过程,不懂得通过制度化参与的途径来维护自身利益,在"信访不信法""法不责众"等错误思想的影响下,反而求助于非理性的、制度体系外的,甚至是违法的行为方式,缺乏采用民主、法律等制度化方式进行维权的毅力和信心。因此,借助于一些农民喜闻乐见、易于接受,并且极富感召力和启发性的方式,有针对性地加强对农民政治常识和政治技能的教育,利用电视、电台、报刊等大众媒介使农民认识到自己的权利和义务,了解相关的法制观念,培养农民参与的知识和技能,使民主观念和法制意识在城镇化建设过程中真正生根发芽、成长成熟于广大农民群体解决关乎利益的相关实践中。同时,积极发挥农村高名望人士、民间认可度高的人、百姓偶像等人物的作用,借助其在农村群众中的地位优势,协调好、沟通好城镇化建设中的利益冲突,达到预警群体性事件的作用。

三、把握主要矛盾,对具有不同心理的参与者区别对待

中国当下群体性事件参与者的心态是多元化的:"将小事闹大来实现维

---

① 常开霞、李英姿:《社会资本与民族利益引导机制》,《中共山西省委党校学报》,2011 年第 2 期。

② [美]英格尔斯著:《人的现代化》,殷陆君译,四川人民出版社,1988 年,第 4 页。

权的目的、借机敛财和对社会进行仇视是群体性事件骨干力量抱持的三种基本心态；普通参与者参与群体性事件的目的并不像骨干力量那样明确，从众和搭便车心理等往往是他们的心态；作为旁观者而存在的某些境外媒体抱持一种唯恐中国不乱、别有用心的心态；极少数不具有利害关系的普通民众以及没有参与群体性事件的一般利害关系人也会表现出一种幸灾乐祸的心态。"① 如此多元化的社会心态在总体上呈现的是一种消极、被动的社会态度取向。

　　根据不同的心理动机，参与者可以分为不同类型，政府在群体性事件的解决过程中应当充分考虑参与者的具体心态，建立一套以分类管理为核心的规则治理的应对策略。张磊琪从心理战角度提出具体方法："一是大力宣传政府的政策、法规；二是威慑，有力地控制事态；三是诱惑怀柔，为处置赢得时间；四是恐吓辅以个别打击，使其知难而退。"②"在城镇化冲突爆发时，政府必须分清不同类型的人群，把握主要矛盾，对于不同动机的参与者采取不同的心理引导和干预方法，区别对待：对利益诉求合理，但方法过于激烈的当事人，应先耐心安抚，仔细聆听其利益诉求，并采取平等沟通的态度因势利导地介绍政策，讲明法律，劝说他们主动放弃偏激的行为方式，并指明合法的维权途径；对别有用心、煽风点火、制造谣言、恶意闹事的造势者，应严厉打击，严惩不贷，必要时采取强制措施，决不姑息迁就；对于同情、旁观者，以说服、劝导、教育为主，帮助他们分清是非，使其遵纪守法。"③

四、建立系统的社会心理预警机制，加强社会心理干预和调控

　　"人们的认知分为自然认知和社会认知，自然认知是指对于认知系统内部的信息加工，认知的对象是物，是一种单项认知；社会认知是指个体在社会环境中对自我、他人或群体的心理和行为进行感知、判断、评价、推断和解释，以做进一步反应的过程。"④普遍的社会认知是在社会正常状态下进行，

　　① 郑智航：《群体性事件中的民众心态分析》，《哈尔滨工业大学学报》（社会科学版），2014年第2期。

　　② 张磊琪：《处置群体性事件的心理战》，《今日湖北（理论版）》，2007年第3期。

　　③ 郝雅立、温志强：《城镇化冲突预警关注点：重塑政治信任避免无关利益者闹大》，《延边党校学报》，2014年第4期。

　　④ 黄平：《学校德育使命的概念界定：逻辑与经验相结合的视角》，《湖北大学学报》（哲学社会科学版），2013年第5期。

形成人们一般的社会认知。而危机的认知结构不同于普遍的社会认知，它发生于危机发生的具体情境之下，更多地卷入个体的情绪、态度、心理等非智力因素，其认知的目标是确定的，即做好危机发生时的心理准备和应对危机的事先心理干预。

美国心理学家艾利克斯·英格尔斯(Alex Inkeles)曾指出："如果一个国家的人民缺乏能够赋予先进制度以生命力的广泛的现代的心理基础，如果掌握和运用先进制度的人本身在心理、思想、态度和行为上还没有经历一场向现代性的转变，那么失败和畸形的发展就是不可避免的。"[1]有心理学家也指出："建立预警预防机制的目的就是通过改变条件或作用方式，正确调整社会心理，从而使群体性事件丧失其发生的前提。"[2]"对社会心理进行随时监测、发现问题及时干预与调控、建立系统的社会心理预警机制有助于最大限度地平稳利益受损者以及无利益相关者的心理状态，减少冲突与矛盾的负面影响。利用先进技术建立社会心理监测模型，基于指标关注和分析预测社会成员的心理变化以及趋势，及早发现危机萌芽，及时以正面舆论引导和调控社会成员的心理状况，提高社会成员的有序、理性行为。同时，对社会民意与社会心理应有一种尊重、一种敬畏以及一种感激的态度，以容忍、务实、换位的思维来理解社会成员的心理预期，以关爱帮助、平等自由的姿态与民众沟通交流，在公共政策制定中注重公平公开，注重缓解中下阶层的参与心理，以社会心理引导和干预来减少受众的逆反心理。"[3]

案例分析："枫桥经验"启示录

现阶段，中国是一个低信任度的社会。城镇化建设引发的种种社会矛盾和群际冲突充分说明了中国社会不信任的极度扩大化和急速固定化的状态和趋势。《2012—2013年中国社会心态研究报告》阐释一个规律：社会阶层越

① 李英霞、闫万鸿:《群体性事件的社会心理疏导与预警》,《辽宁公安司法管理干部学院学报》, 2013年第1期。

② 梅珍生、胡静:《群体性事件形成的心理机制分析》,《社会心理科学》,2006年第6期。

③ 郝雅立、温志强:《城镇化冲突预警关注点:重塑政治信任、避免无关利益者闹大》,《延边党校学报》,2014年第4期。

高,社会安全感、社会信任感、社会公平感和社会支持感越高。[①]城镇化建设活动的开展多集中在社会基层,关乎基层弱势群体的切身利益问题,是群体性事件突发的敏感地带和焦点地位,对潜在和显现的"群体性怨恨"会产生"聚焦"和"放大镜"作用。在推进城镇化建设进程中引发的群体性事件多指向政府部门,尤其是事发当地的地方基层政府。基层政府往往成了城镇化冲突的关键当事方,成为群体性事件的集中矛盾所在。这在某种程度上说明了基层政府在推进城镇化建设过程中出现了一定程度的不适应性和不同步性。群众路线与预警城镇化冲突的结合是"枫桥经验"的升级版,是政府彻底预防和化解城镇化建设群体性冲突最"接地气"的经验。

(一)新型城镇化的人本理念与"枫桥经验"的群众路线同质性分析

新型城镇化的核心是人的城镇化。以人为核心的城镇化要求:以人为核心的思想认知、观念意识、市民行为等主观素质的进一步文明化和理性化;以人为核心的居住方式、就业方式、交往方式等生活方式的进一步科学化和有效化;以人为核心的自然环境、经济环境、政治环境、文化环境、社会环境等生活环境的进一步明朗化和安全化。这就进一步要求政府在城镇化建设进程中坚持人本原则和长远眼光,切实从民众利益出发,立足于民众实际所需,注重人的城镇化,推动人的全面发展,使民众自主、自助地解决城镇化进程中的利益纠纷。

坚持以人为根本和核心、密切联系群众、紧紧依靠群众的群众路线,与以人为核心的新型城镇化建设相互贯通、一脉相承。这主要体现在有序推进新型城镇化建设事业、预防和化解群体性事件中从"群众"这一源头上最大限度地预防和减少社会不稳定因素。在群体性事件的预警视域中,新型城镇化的人本理念与"枫桥经验"的群众路线有同源性和同质性,具体表现在以下四个方面:

1. 顺期待

"枫桥经验"中坚持群众路线,前提是顺应人民群众的合理性期待。群众对新型城镇化建设事业的期待有多元化的特点,有对经济、政治、社会、文化、生态等领域的期待,也有对民主、公平、正义、安全等价值的期待。只有了解群众期待,顺应群众期待,城镇化建设进程才不会因为群际冲突而被搁浅,社会安定才不会因为群体纠纷而被扰乱。"理想的城镇化,借用霍华德的一句话,就是'让城市的活力和文明涌向农村,而让农村的田野风光在城市

---

① 参见王俊秀、杨宜音:《关注社会情绪　促进社会认同　凝聚社会共识——2012—2013年中国社会心态研究报告》,社会科学文献出版社,2013年。

驻足'。"[①]在城镇化建设道路上，要考虑到群众对城镇化建设的权益保护期待，对优质生活方式与习惯延续的期待，对更加富裕、健康、文明、和谐的新型城镇生活的期待。

2. 尊意愿

"枫桥经验"贯穿着预防矛盾、发现矛盾、调解矛盾、善后和谐的群体性事件预警机制。以人为核心的城镇化建设要求树立为人、为民的政绩观，重视人之实际所需所求，了解并顺应群众所期所盼，着力解决人民群众反映强烈的民生问题，重视地方特色与差别，尊重民之意愿，使城镇化建设切实体现民意、符合民情、满足民愿、服务于民。新型城镇化建设若想在建设过程中充分尊重民众意愿，将各项利民政策不打折扣地切实履行，推进城镇化建设健康有序地开展，必须建立有权威和有效能的城镇化建设协调机制与有公信力和有说服力的城镇化规划管理体系，以此为保障，提升政府城镇化建设的规划能力和管理能力。

3. 维利益

由于城镇各方面的便利，农民自发进入城镇，自觉纳入城镇化进程，这种保持着高昂积极性和自信心的"自发城镇化"需要政府通过有力措施的引导和疏通，以防止无序管理之下的社会混乱与失控。而在政府统一规划下将部分农村强制纳入城镇化的进程，这种"被动"城镇化过程倘若缺乏有效的管理与沟通，势必会带来社会不稳定因素的叠加，增强风险系数。自发抑或"被城镇化"行为易引发恐慌，甚至触发转变成危害公共安全的群体性突发事件。"枫桥经验"最关切的是诸多人民最关心、最直接、最现实的利益问题。在新型城镇化建设过程中，充分听取群众意见，设身处地为群众着想，统筹兼顾各方利益，全力维护合法权益，不断提高群众的安全感、满意度，尤其是对城镇化衍生的土地征用、房屋拆迁、环境保护、社会保障等民生问题高度关注，杜绝因决策失误或执行不力损害群众利益。

4. 聚能量

"枫桥经验"相信人民群众的智慧和力量，充分发挥人民群众的主体作用，重视政府动员、组织广大群众的政治整合能力，激发群众参与城镇化群

---

① 仇保兴著:《应对机遇与挑战——中国城镇化战略研究主要问题与对策》，中国建筑工业出版社，2009 年。

体性事件预警建设的正能量,形成以群众为主力的社会协同维稳解纷机制。"群众创造历史",在以人为核心的城镇化建设中,政府要进一步提升自己的管理能力,解放思想,转变行政理念:从行政主导思维转向经济主导思维,重视市场在城镇化建设过程中的重要作用,充分调动各类经济主体的积极性,尤其是群众建设、管理和发展城市的积极性,将城镇化建设各项工作完成得更具优势;而广大群众要抛弃政府包办的依赖思想,积极采用一切利益表达、民主参与、进言献策的渠道和方式,在政府相关政策的引导下自主提升自己的生活能力和维权能力,为城镇化建设倾注正能量。

(二)群众路线视域下新型城镇化过程中群体性事件预警路径选择

"枫桥经验"是一种由民众创造的化解基层矛盾的经验。坚持"枫桥经验",走群众路线:通过依靠和组织人民群众,化解消极因素,解决社会矛盾。群众路线突出人本理念,突出群众的主体地位,在整个社会治理过程中农民将个人价值与社会价值相结合,主动参与以实现自我教育、自我管理、自我约束、自我服务和自我监督,为城镇化冲突的化解开辟了一条"群策群力、群防群治"的新路径。

1.发挥群众教育价值,增强政府公权的合法性基础

在"枫桥经验"产生之初,群众的法制意识雏形于社会主义教育运动中,这一点应用于现阶段正针对性地弥补群众法制意识淡薄的缺陷,尤其是解决由城镇化建设实践引发的群众性怨恨和冲突的难题。普及群众教育,开展"农村启蒙"工作,培育农民法制意识和维权理性是群众路线的首要条件,也是政府化解城镇化冲突矛盾的关键。加强基层组织教育,创新群众工作方法是群众路线的另一视角解读:政府摒弃"口号式"政治宣传,重视"出自于基层,与乡土社会有着天然契合性的宗法、礼俗、习惯、道德等'民间法'这些'旧的矛盾解决资源'",通过一些农民喜闻乐见、易于接受的极具感召力和启发性的活动来释放农民天然的社会伦理道德,通过矛盾调解灌输法制理念,使民主观念和法制意识在城镇化建设过程中真正生根发芽、成长成熟于广大农民群体解决关乎利益的相关实践中。群众路线既体现了国家预防和化解城镇化冲突的一种合法化努力,也呈现了化解城镇化建设进程中政府认同危机的一种根本性方略。

2.挖掘监督价值,创建政务公开、群众参与机制

"要相信群众的觉悟,群众之所以未觉悟,有两个方面原因:一是不明白

其中的道理；二是不了解事实。"良好的公开监督机制是点化群众觉悟的良药，是塑造监督维权的利器，更是缓解社会"潜在性焦虑"的捷径。城镇化建设不仅是一项涵盖城乡的系统工程，也是一种体现市民根本利益和社会公正的社会管理与服务方式，更是一场从人治走向法治，从专制走向民主，从少数人说了算到专家群体、市民群众表达自己意愿的文明运动。因此，稳定推进"城镇化运动"，群众对城镇化政府活动的公开监督必须走在前列。在这场文明运动活动中，政府官员学习民主行政的理念和方法：公开行政，公开各类规划，尤其是公开强制性规定、控制性要求及行政性程序；积极尝试协商、民主、对话、沟通的治理方式来开展群众工作，引导广大群众运用权力来化解纠纷，最大限度地发挥农民民主选举、民主决策、民主管理、民主参与的作用。广大群众要积极采用合理的参与方式，监督城镇化建设实况。

3. 探究自立价值，创造基层群众的可持续性稳定

培养基层群众的自立意识和塑造自立能力，增强群众造血自救功能是群众路线的真正创新和可持续秉承的内核。就业稳定在城镇化冲突预防的过程中处于首要地位。"授之以鱼，不如授之以渔"，坚持群众路线，关注城镇化建设进程中群众的基本就业，以及就业培训、晋升和保障是推进城镇化建设维稳机制的基础和关键。政府可首先加强政企合作，开展职业介绍，开办培训基地，同时规范农民进城要求，控制农民进城数量。双管齐下，在劳动力供给控制和劳动力就业安置的平衡中促进城镇化建设的有序化、和谐化。其次，倡导创业文化，消除对农民创业的限制，为农民创业提供便利，来帮助农民创业就业。最后，以专家为科学理性代表，以政府为民主人文归属，推动专家、政府、群众的结合，并重视发动和依靠基层群众，是城镇化冲突预防和化解的科学抉择。真正做到"农民自己决定自己的事，共同决定城镇化事业的发展"。

4. 激活效能价值，推进和谐有序城镇化建设

群众路线是农民哲学在政治层面的解释、表达和运用。"大石头离开小石头砌不成墙"这样的俚语民谚，一语道破了社会稳定与秩序维护的基础在群众，再度重申城镇化建设与群众维稳的鱼水关系，是群众路线与农民哲学相承相系的俗语说明。城镇化冲突是新型城镇化建设的牵绊和障碍，也是制约新型城镇化建设效能的瓶颈。在城镇化建设过程中，依靠群众来提高预防和化解矛盾实效是创建城镇化建设绩效的最快捷径和最佳机制：依靠群众发展经济，发挥群众的物质建设"蓄水池"作用，从根本上预防城镇化冲突；鼓

励群众监督城建,矫治行政理念行为,从外因上遏制官民潜在对抗情绪的激化蔓延;引导群众理性维权,疏导群众表达方式,从体制上为群众性怨恨表达与释放提供渠道;组织群众参与管理,推进城镇化建设的民主程度,从细节中维护城镇化建设的常态化稳定。

　　总之,要把在群众中产生的各种矛盾化解在群众之中,就必须依靠群众,坚持群众路线:理念上,由"管控"走向"服务",由"GDP达标"走向"公共责任";实践中,由"压制"走向"调解",由"隐蔽"走向"公开"。秉持群众路线,缓解城镇化建设引发的群众"潜在性焦虑",强化新型城镇化建设的群众支持基础,是有序、和谐、理性的新型城镇化建设的必由之路。

第九节　群体性突发事件应急预案预演机制

一、具有中国特色的"一案三制"的应急管理体系

　　基于对2003年的SARS病毒公共危机对全人类的侵袭的认识,2006年《国务院关于全面加强应急管理工作的意见》确定应急管理的工作目标,即建立具有中国特色的"一案三制"的公共危机应急管理体系。具体来说主要指:建成覆盖各地区、各行业、各单位的应急预案体系;健全分类管理、分级负责、条块结合、属地为主的应急管理体制,落实党委领导下的行政领导责任制,加强应急管理机构和应急救援队伍建设;构建统一指挥、反应灵敏、协调有序、运转高效的应急管理机制;完善应急管理法律法规,建设突发公共事件预警预报信息系统和专业化、社会化相结合的应急管理保障体系,形成政府主导、部门协调、军地结合、全社会共同参与的应急管理工作格局。

　　首先,"一案"是指国家突发公共事件应急预案体系。国务院于2006年1月8日发布《国家突发公共事件总体应急预案》,明确了各类突发公共事件分级分类和预案框架体系,规定了国务院应对特别重大突发公共事件的组织体系、工作机制等内容,是指导预防和处置各类突发公共事件的规范性文件。在国家宏观层面的总体应急预案的指导下,各部门、各地区的部门专项应急预案、基层应急单元预案和重大活动应急预案的编制修订工作依次展开。

　　其次,"三制"之一的应急管理体制主要是指建立健全集中统一、政令畅

通、追责有力、精简实用的兼备专业性和动员力的组织机构和分类管理、分级负责、条块结合、属地为主的应急管理体制。应急管理体制强调的是应急组织的结构性制度,内含应急指挥机构、社会动员体系、领导责任制度、专家咨询队伍、志愿者队伍和专业救援队伍等组成部分。

再次,"三制"之一的应急管理机制主要是指建立健全监测预警机制、应急信息报告机制、应急决策和协调机制,构建统一指挥、反应灵敏、协调有序、运转高效的应急管理机制。于"十一五"期间完成的国家统一指挥的公共安全应急体系技术平台集公共安全监测监控、预测预警、指挥决策与处置等核心技术于一体,功能齐全,先进可靠,反应灵敏,实用高效,是准确、快速、一体化的应急决策指挥,为工作系统提供支撑和保障。

最后,"三制"之一的应急管理法制。我国应急管理法制体系属条块结合型,中央人民政府和省、市、县、镇(区)人民政府的纵向应急管理与国务院各部、委、地方管理局的横向管理结合构成具有中国特色的应急管理法制体系。

二、"一案三制"的应急管理体系的运用现状和问题分析

自建立"一案三制"的应急管理体系后,它在现实公共危机应急管理中成效颇多。例如,在2005年杭州市面临9号台风"麦莎"的逼近,市防汛办快速推出应急预案,按照应急预案及时转移群众,加固设施,禁止交通,保障物资储备等,在完善的预案之下,杭州市实现了江堤不决口、水库不垮坝、城镇不进水、人员不死亡的预期目标。又如,在2008年汶川地震发生后,党和政府注意发挥信息发布机制和志愿者机制的作用,主动通过广播、电视、网络等各种现代传播方式向社会发布权威可靠的灾情报告,各大媒体更以全天直播的形式报道灾情和救灾举措,大量媒体记者包括境外媒体记者被允许进入灾区进行采访和报道,其迅捷、权威的发布时效与发布方式,增强了政府信息公开的时效性与权威性,避免了谣言的传播,有效引导了舆论导向,缓解了不安定因素,稳定了社会秩序。

即使近年来我国"一案三制"的应急管理体系建设逐步完善并取得了不少社会成效,但其在现实运用中所凸显出的弊端与问题也需要正视和改进。

(一)应急预案是纯粹的预案文件,实践性不足,更新不及时

应急预案是应急管理工作的核心内容,在应急系统中起着关键作用,是

及时、有序、有效地开展应急准备和应急响应工作的重要保障。针对可能发生的重大事故及其影响和后果的严重程度，它预先明确了在突发事故发生之前、发生过程中和刚刚结束之后，谁负责做什么、何时做，以及相应的策略和资源准备等各个方面的详细安排。但在实际中，应急预案的编制多迫于上级命令或者工作要求，采取应付检查的行政形式将其照猫画虎制订出来，缺乏现实考究和因地制宜，可操作性有待商榷。在应急预案的运用过程中，事先制定好的应急预案以单一的纸质文件形式呈现在人们面前，没有过多专家和群体的参与与交流，只有通过普及教育和培训等外力的形式将应急预案中的程序性内容和系列行动输入到人们的意识中，缺乏演习演练，实践性不足。缺乏专业人员的维护与沟通交流机制的保障，应急预案往往会被束之高阁，内容更新和细节修订不及时。

（二）应急管理体制碎片化和混乱化，专业性不足

应急管理体制的碎片化存在于横向应急部门之间合作的过程中，出现"横向碎片化"，即出现不同性质的应急参与者互不沟通，缺少协同，甚至彼此制约、掣肘的现象；同样也存在于纵向应急组织之间配合的过程中，出现"纵向碎片化"，即出现不同层级的政府缺少有效联络，相互协调不力，如突发事件超越下级政府的应对能力，但上级政府不能迅速、及时地提供有力的支持的问题，如此的横纵碎片化必然带来整体应急管理体制的混乱化，地方应急管理系统与中央应急管理系统不能对接，本地、本部门应急管理系统与其他部门应急管理系统之间，本地、本部门不同性质的应急管理机构之间不能联动，整体应急机制专业性不足，危机决策多是对策式的应急，应急服务过程中容易出现缺失项目和重复浪费的状况，影响应急效率。

（三）应急管理运行机制封闭，协调成本较大

在协同合作、社会共治的发展趋势下，以政府为主导（甚至是垄断）的一元式、独属封闭、单向分离的应急管理运行机制很难应对事发多因、属性异质、形式各异、表现多元的社会危机，更不用说保障应急管理的有效、有序、有力。忽视社会规律与咨询专家的经验性决策、一言堂式的封闭性决策、基于利益考虑的局部性决策等不理性决策和行政性手段单一、经济性手段和社会性手段的集成性策略的缺失状况时时出现在危机应对的第一现场，区域合作局限于政府之间，合作的领域形式与行动步骤都依赖于政府的感知和选择，其他参与主体的缺位等原因造成决策性浪费；即使有相对理性的应

急决策,由于应急系统重心飘在顶层,关口设在后台,注意力放在事发之后的应对和惩戒,所有应急管理系统在执行应急决策过程中协调起来难度大、成本高。

(四)应急管理法制未能及时回应应急管理体制发展的法律需求

在"一案三制"中,法制是基础和归宿。然而在现实状况中,应急管理法制的匮乏已经成为应急管理体制的制度性桎梏,难以满足和回应应急管理体制发展的法律需求。静态的法制化建设系统无法真正适应突发事件应对的需要,动态的法治化管理体制不能充分发挥对应急管理过程的支持与保障功能。在实际公共危机应对过程中,应急机构职责不明确,权利和义务规定不清晰,应急行为标准无依据,应急体系运转缺失程序遵循和细致法条遵守,法律体系与法制化手段难以发挥功效,更难以确保实现应急管理的有序推进和有效开展。应急法制在本质上就是应急机制和作为其组织载体的应急体制的法律化表现形式。加快立法进程,建立健全应急管理法律法规体系,依靠应急管理法律体系和制度来进行应急管理,这是西方发达国家政府应急管理的共性特征和共同经验,也是我国应急管理事业正在面对和急需解决的首要问题。

案例分析:危机叠加:透视天津"乌龙限号"夜

在进入风险社会后,各种各样的突发性事件频现,并呈现出影响范围大、涉及面广、参与部门多的新特点。由于公共风险的可控性差、社会决策的理性有限、决策体制的不科学与不完善、决策工具的落后性、决策绩效的管理偏颇等因素,政府部门在应对社会风险、制定与落实社会政策的过程中不免会创造、激化、叠加,甚至进一步使社会风险复杂化、扩大化,加剧整体社会的紧张情绪的乘数效应。风险与公共政策相随,将风险管理观念与理论注入公共政策过程中,明确时间区间、场景、风险指标和基准点四个风险管理要素,增加完全确定型情境的政策规划"白系统",对于规避公共政策风险、减少政策的社会风险震荡颇具意义。

在政策科学中,公共政策过程论阐述了公共政策从产生到终结的六大阶段:政策问题的产生、发现与认定,政策规划,方案选择,政策执行,政策评估与政策终结。为了公共政策在每个阶段都能实现"风险规避",最小化政策风险成本,将社会风险管理理论全面融入公共政策过程势在必行。

1. 面对雾霾,天津限行政令的发布进程

2013 年 10 月 26 日,天津市人民政府公开发布《天津市重污染天气应急预案》,建立健全重污染天气预警和应急机制。12 月 10 日,天津市环保局据此预案有关规定要求,明确工作程序与职责分工,以进一步加强重污染天气的应急工作,发出《市环保局关于进一步落实重污染天气应急工作有关工作的通知》。12 月 15 日 19 时,天津市政府宣布实行小客车总量调控管理和机动车限行交通管理的"限购+限行"的"双限令"措施。

伴随着雾霾天气的日益加剧,天津"限行"的"大棒"在朦胧雾霾的裹挟下迅疾挥下。在 2013 年 12 月 22 日 19 时 32 分,天津市环保局在官方网站上明确加红表示:天津市启动重污染天气应急响应。随即,天津市环保部门又通过官方微博发布预警提示。天津市人民政府新闻办公室作为政府信息宣传、发布和新闻报道的喉舌机构,大约 40 分钟后转发了上述微博并附评论:请大家关注! 天津市环保局的"限行令"也受到了各种即时媒体,如《天津日报》《渤海早报》、人民网·天津视窗等的关注,纷纷转发此政令,并给予解读。

环保局限行通知的突然袭击,让天津的夜晚不是很安宁。几个小时后,就在准备说"晚安"的 22 时,在诸多媒体"请大家关注"的同时,关于"限行"的消息又出现逆转。有记者调查说,天津市环保局宣教中心相关负责人表示,环保部门只负责预警信息的发布,具体如尾号限行等强制性措施由其他相关部门负责,而天津市公安局宣传部门对环保部门发布的"预警"表示不知情。环保局值班领导说,预警信息由设在环保局内的"天津市重污染天气应急指挥部办公室"综合研判后提交市政府,批准后按有关预案执行,这在 2013 年市政府第 88 号文中已明确,并且应急响应信息已通过政府明传电文发予有关部门。发展至此,天津首次雾霾应急"限行"似已板上钉钉,但未料接近凌晨时剧情却瞬间反转。23 时 22 分,天津交通广播官方微博代交管局之口,发出"明天不限号"的紧急通知:市政府关于启动重污染天气应急响应的通知,据交管局最新消息,限号工作暂不执行。由于网上有明天开始限号的信息,所以特在此公告,请大家以此为准。

天津限行政令的"限"与"不限",两个部门政令相左,如今的政府信息"权威"发布,信息却完全不同,大家吐槽声连连不休。终于,23 日凌晨 1 时 32 分,题为"雾霾面前何以乱了阵脚? ——微博透视天津'乌龙限号'夜"的电稿就已通过新华网发出,天津的"乌龙限号"升级为全国事件。

23日下午,天津市人民政府通过官方微博回应了23—25日采取的"限行措施":"按照《天津市重污染天气应急预案》部署,为做好我市重污染天气应急处置工作,改善空气质量,缓解交通拥堵,在发生污染天气的情况下,我市实行机动车限行管理措施。"并附予详情长微博,指出具体操作方案:限行前,交管部门将通过电台交通广播、北方网等新闻媒体向广大市民发布预警、提示。限行后,交管部门同时启动应急交通管理工作,将在各限行区域主要入口派警力、安放提示牌,对限行号段车辆进行提示、劝阻、分流。在限行区域范围内,将增设执勤点位、巡控警力,对违反限行规定的车辆进行甄别并依法实施处罚,限行区域内电子警察同时记录违反限行规定车辆,并依法实施处罚。虽然此次限行管理采取提示、劝阻措施,暂不处罚,但"天津发布"表示,"以后将按上述措施实施重污染天气限行管理"。

作为城市预警管理的重要组成部分——重污染天气预警是城市有序管理机制有效运转的关键性支柱。天津市环保部门发布重污染黄色预警,宣布从23日零时起实行尾号限行政策。经过几个小时后,天津交管部门宣布限号政策暂不执行,如此的"限行乌龙"事件让人百思不得其解,百般质疑事件后的缘由。作为一个典型的"执政闹剧",本案例以城市环境应急治理为背景,阐述天津相关部门之间的限行政令"打架"的执政事件,进一步说明公共政策制定与执行中的社会风险管理等问题。

（注:案例资料来源:天津政务网、天津市人民政府新闻办公室官方微博、天津市环保局官网、天津市环保局官方微博、人民网·天津视窗微博、天津交通广播官方微博等。）

2. 公共政策过程与社会风险共存共生

（1）基本溯源:公共政策规划情境是风险管理的天然环境

政策规划情境有三种:完全确定型情境、风险情境与不确定性情境①,又称为"白系统""灰系统"和"黑系统"。其特点具体分析如表6-1。

---

① See H.L.Tosi, S.J.Canoll, *Management: Contingency, Structure and Process*, Chicago: Ⅱ-lionis, Chinese press, 1976.

表6-1　政策规划的三种情境特点分析

名　　称	完全确定型情境	风险情境	不确定性情境
名　　称	白系统	灰系统	黑系统
各影响因素	相当明确	相当明确	复杂、模糊
影响因素影响问题变化趋势	一目了然	存在很多可能性	有多种可能性，且不可概率测算
价值认识趋向	统一	统一	不统一
确立价值目标矛盾冲突状况	不会出现	不会出现	会出现
政策后果	可以充分把握	不能充分把握	无法预测

　　由于其影响因素确定与否、影响公共问题发展趋势的强弱程度、认识价值统一与否、确立价值目标矛盾冲突状况是否会出现和政策后果的可把握程度等方面的风险，使得政策规划的每种情境存在不同程度的风险。即使在完全确定型情境的"白系统"中，社会风险系数依旧保持高调。在风险情境中，政策制定与规划的各种影响因素相当明确、价值认识趋向统一、政策目标不存在矛盾冲突，但是由于各种原因导致影响因素的不稳定性、权重的差异性等会促使公共问题的发展变化存在多种可能性，因此政策结果不能充分把握。政策制定的风险情境，也被形象地称为"灰系统"，旨在政策要承担一定的社会风险。必须要强调的是不确定性情境下的公共政策规划，由于对各影响因素的认识和判断处于复杂、模糊的状态，其对公共问题的影响趋势也存在多种可能性，不可预算，各方对此问题的价值认同不趋于统一，在确立价值目标过程中会出现矛盾冲突，最终无法预测政策后果。这样的"黑系统"政策规划情境中所蕴藏的社会风险巨大，是任何一项公共政策制定中最为谨慎的情境。

　　(2)过程映射：公共政策过程内含风险管理四要素

　　美国的罗恩·顿波(Rons. Dembo)和安德鲁·弗里曼(Andrew Freeman)在《风险规则》中对风险管理要素的阐述更具有前瞻性和实证性。他们将前瞻性风险管理所必需的四个要素进行了界定，并指出这四个要素并非是保持静止的状态，它们本身都处于动态之中，是不断变化的。

　　＊时间区间：在哪个时期内考察对风险的暴露？

　　＊场景：哪些事件会在未来展开，它们对投资的价值有何影响？

　　＊风险指标：用什么计量单位来测定对风险的暴露？

* 基准点:和哪些点进行比较以测算我们工作成绩?①

面对公共问题,展开公共决策。公共问题的出现是公共政策过程开始的起点,也是公共政策风险管理的时间区间。也就是说,当旨在解决公共问题的公共政策议程开始之时,社会风险管理也针对公共政策议程中的风险暴露展开考察,公共政策起步就是公共危机管理的时间区间起点。公共问题的出现给社会带来了纷扰和争端,力图解决这一问题的公共政策议程便会展开,理想化的目标是合理合法地解决公共问题,恢复社会和谐与安定,但是基于风险的普遍性和决策的有限理性,公共政策的执行对于社会的局部和整体影响、短期和长期影响难以在一时得以评估,其中酝酿的风险也难以计量。虽然长远的影响难以评判,但是公共政策执行的效果还是需要在实践中进行评估与判断,而评判的主要标准就是对原先公共问题的解决效果如何,这一基准点多在执行政策前后的社会状况上有所反映与呈现。将以上四个因素进行定位分析,有助于洞察公共政策实施前后的危机状况,为评估政策实行的效果提供了具体可行的、不同维度的指标,对于规避政策风险有着重要帮助。

需要强调的一点是,时间区间、场景、风险指标和基准点四个风险管理要素处于一种动态变化之中。这四个动态变化的要素要求了政府在公共政策规划的动态性。因此,为了针对社会风险的面对与处理,公共政策规划就要做到富有弹性和空间,对四个要素的变化充满适应性。这是多变的时代形式赋予公共政策规划的新型特征和具体要求。

3.危机叠加:透视天津限行乌龙夜

(1)雾霾危机下的公共政策规划情境

对于公共政策的规划与制定,在笔者看来,没有一个明确界限或区别完全的"白系统""灰系统"或者"黑系统"。天津政府面对雾霾环境危机进行公共决策,面临的规划情境是一个兼具白、黑、灰系统部分要素与相应权重的集合体。具体各要素特点分析如表6-2。

---

① 参见[美]罗恩·顿波、安德鲁·弗里曼著:《风险规则》,黄向阳、孙涛译,中国人民大学出版社,2000年,第27页。

表6-2　雾霾危机下的公共政策规划情境分析

各影响因素	部分明确（雾霾天气、私家车车主、公共交通等），关系复杂	
影响因素影响问题变化趋势	存在很多可能性，部分可推算	
价值认识趋向	不统一	治理雾霾：社会人不可推卸的责任
		限制行车：各车主不愿接受的现实
确立价值目标矛盾冲突状况	会出现	治理雾霾与限制行车之间关系必然
		雾霾产生只与部分行车燃料有关系
		车辆通行对雾霾产生没有太大影响
政策后果	不能充分把握	

　　结合上表可以看出，应对雾霾危机，公共政策规划中存在着不同程度的"灰色"甚至"黑色"情境。影响公共政策规划的各要素中，部分已经明确，包括雾霾天气、私家车车主、公共交通负担、道路通行程度等，它们之间的关系复杂，介于社会环境的复杂性，它们之间也并没有必然的因果关系。各因素对公共问题的变化趋势的影响也是存在很多可能性，这些可能性的发生率部分可推算。另外，社会对于"以限行来治理雾霾"政策的价值认识并不统一，在"治理雾霾"这一不可推卸的社会责任与"限制行车"这一不愿接受的政策之间并不能找到一个价值的平衡点，甚至由于对"雾霾"与"行车"之间的因果联系认可的不一致，在确立价值目标过程中往往会出现矛盾冲突，再掺杂上政府的"内部性"利益特质的驱动，即虽然就像"公共地悲剧"理论分析的那样，治理雾霾是整个社会人群不可推卸的社会责任，但是在"集体行动困境"的逻辑下，每个人，即所有人又不愿意承担损失，更不愿承担改善污染状况的成本，各自怀着侥幸心理，希冀在自己不垫付成本、不承担责任的前提下，"搭便车"来共享他人改善现状的成果。因此，限行政策的颁布往往会在各种不确定中引起政策失灵、政府危机与社会风险。具体过程呈现在图6-5中。

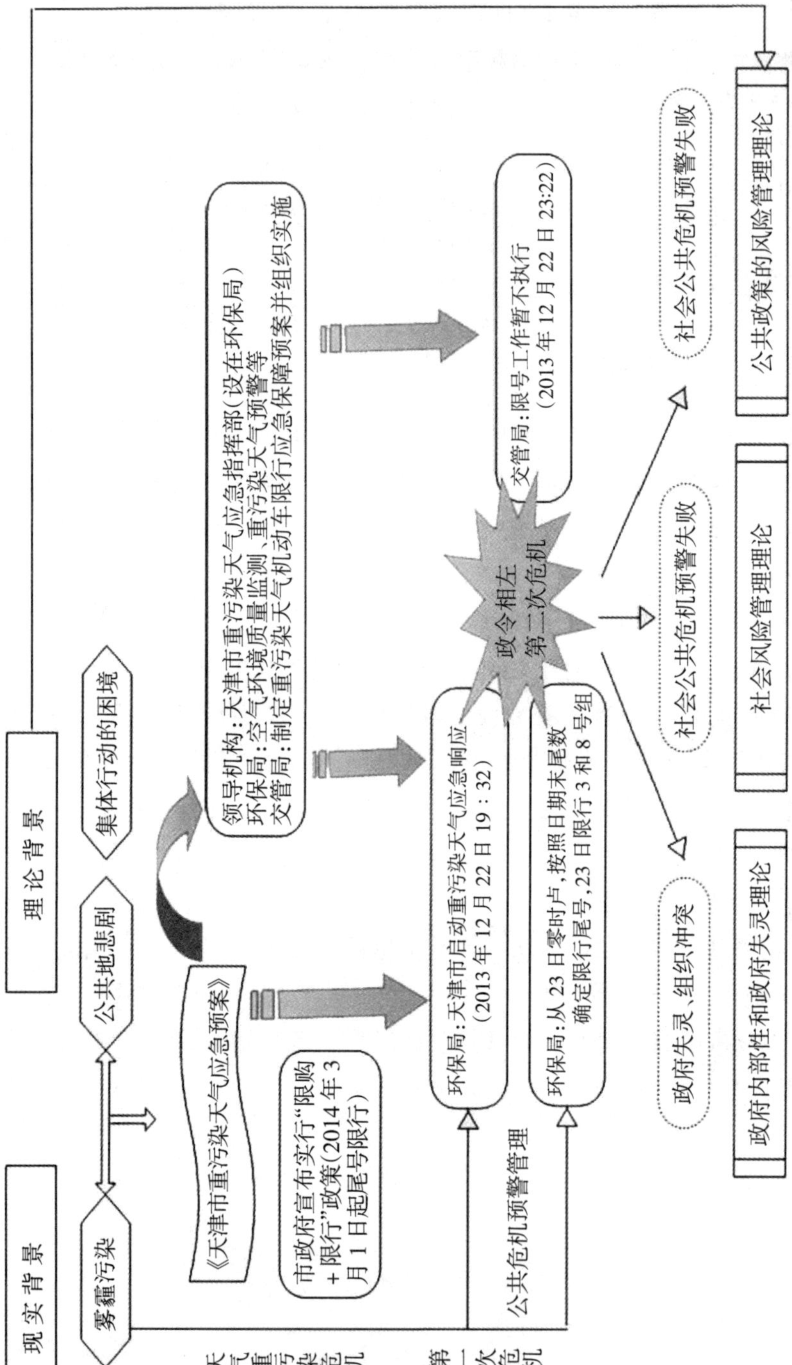

图6-5 雾霾危机下天津限行政令的发布进程与危机共存

（2）限行政策中的风险映射与管理

结合前瞻性风险管理四要素分析法，在政策问题的判断上，对于实现治理雾霾、优化环境这一政策目标的贡献上，对于四个多小时的政令执行可行性上，对限行政策具体加以分析：

＊时间区间：在重污染天气时段考察风险暴露。将发生连续三天环境空气质量指数（AQI）范围大于200，环保局监测23—25日（AQI）范围是210~330。

＊场景：机动车尾号限行会在未来展开，限行政策有助于缓解雾霾污染程度，降低道路交通风险。

＊风险指标：用环境空气质量指数（AQI）范围来测定风险暴露。

＊基准点：限行前后的空气环境质量对比，具体为环境空气质量指数（AQI）范围的变化。

首先，限行政令将时间区域界定为重污染天气时段，参考值为发生连续三天环境空气质量指数（AQI）范围大于200，这对于空气污染天气的定性判断不是很科学的表征。雾霾天气不是一时的污染，而是长久的累积。具体地域应结合天气背景、天空状况、空气湿度、颜色气味及卫星监测等因素来综合分析判断。

其次，关于限行政令带来风险场景的变化，认为机动车尾号限行在未来展开，有助于缓解雾霾污染程度，降低道路交通风险。这是限行政令的理想化效果。限行政令有可能会减缓空气污染的状况，但这不是长久之计，限行限号给市民带来的不便很有可能会引发出许多新的社会矛盾和社会风险。

再次，仅仅根据环境空气质量指数（AQI）范围来测定风险暴露，对于雾霾天气的判断有些许道理，但是对于政令制定与执行方面带来的社会风险并没有完备的测定指标和评估系统。

最后，以限行前后的空气环境质量来评估限行政令的风险影响，具体为环境空气质量指数（AQI）范围的变化，这未免显得有些单薄而没有说服力。忽视限行政令对其他社会层面的影响是不周到的。

4.公共政策的风险管理理论：社会风险管理过程与公共政策过程共融

"趋利"或者"避害"是每个人在社会生活中的潜意识追求。控制社会风险是公共政策的终极目标之一，规避公共政策过程引发的社会风险是对公共政策的基本要求，也是在"摸着石头过河"的政策制定模式运行中的必然诉求，其意义也由于公共政策的公共性和社会性而备显关键。

例如,在本案例中,天津市环保局、天津市交管局作为政府系统的公共部门,公共政策作为公共部门的"工作产品",它是在风险社会中形成与执行的。公共部门的风险管理,既包括涉及公共利益的社会公共风险,又包括公共部门自身的履职风险。两者汇合于公共部门风险管理能力中,借助公共政策的载体,将公众承担的风险系数产生乘数效应。公共部门的风险管理得当,公众受益点激增;公共部门的风险管理不当,公众损失率翻倍。

将社会风险管理过程与公共政策过程共融于实践中,其路途虽然艰险,但不是无计可施。道弗曼(Mark S. Dorfman)指出:"风险管理过程由三个步骤组成。第一步:识别并衡量潜在风险;第二步:选择最有效方法控制损失风险包括融资方式,并予以执行;第三步:督察其结果。"[①]结合公共政策的六大环节,将社会风险管理理论融入公共政策过程中,构造"公共政策风险管理"的具体流程,在某种维度上便可寻求两者的契合。具体如图6-6所示。

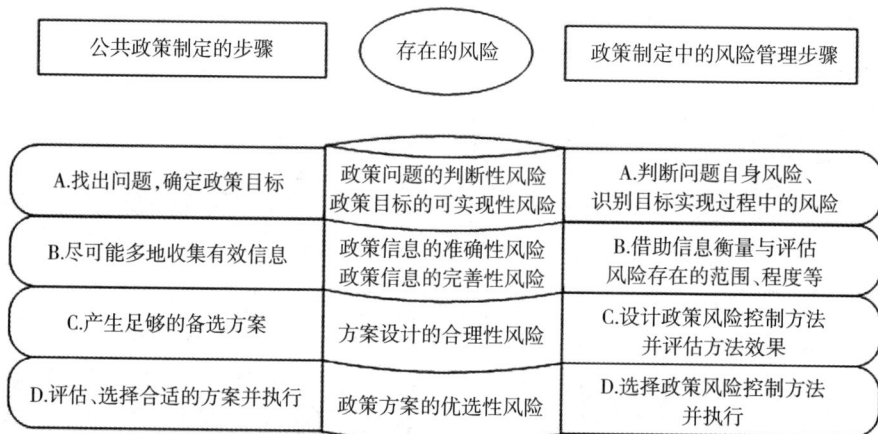

公共政策制定的步骤	存在的风险	政策制定中的风险管理步骤
A.找出问题,确定政策目标	政策问题的判断性风险 政策目标的可实现性风险	A.判断问题自身风险、识别目标实现过程中的风险
B.尽可能多地收集有效信息	政策信息的准确性风险 政策信息的完善性风险	B.借助信息衡量与评估风险存在的范围、程度等
C.产生足够的备选方案	方案设计的合理性风险	C.设计政策风险控制方法并评估方法效果
D.评估、选择合适的方案并执行	政策方案的优选性风险	D.选择政策风险控制方法并执行

图6-6 公共政策制定步骤与政策制定中的风险管理对应

第一,政策问题界定。由于危机灾难的出现、统计数据的解读、领导人的关注或者公众的争取等事实论证某些社会问题不能被社会独自解决,成为公众议题而进入政府议程后,政府就展开公共政策的制定议程:找出问题,确定政策目标。在此过程中,存在着政策问题的判断性风险和政策目标的可实现性风险,公共政策风险管理就要对此展开确认和识别,显示潜在损益。

第二,针对公共问题,构建政策议程,尽可能多地收集有效信息。纳入政

① 卓志著:《风险管理理论研究》,中国金融出版社,2006年,第26页。

治领导人、公共组织(包括立法、司法、行政机构和其他履行公共管理职能的组织)、利益集团、大众传媒、公众突发事件、技术创新和变革、政治运动、原有的政策、专家学者、社会公众十个政策商议主体,多渠道、多途径搭建政策议程,反馈政策信息。其中,政策信息的准确性风险和完善性风险是不容忽视的。因此,借助政策信息来衡量与评估风险的存在范围与潜在的影响程度在规避公共政策风险工作中必不可少。

第三,根据公共问题的性质与各主体的信息资源,产生兼具问题解决与风险避免的足够的备选方案。在每个方案的设计中,存在方案的合理性风险,因此在设计方案的过程中把握和运用政策风险控制方法,并对其效果进行评估。

第四,评估每一个择优的备选方案,选择最合适的方案并执行。在评估与优选政策方案的过程中,存在着优选性风险,影响这一风险的因素主要在于方案的系统协调性、预测科学性、现实可行性、民主参与性和稳定的方案中的弹性系数等,对此,公共政策风险管理要选择政策风险控制方法并执行。

5. 结语

现代风险社会与以往社会最大的不同在于人为风险的增多,导致社会风险程度不断叠加。公共政策是人的行为结果,也是人为风险聚集和多发领域。空气污染、雾霾天气无疑属于社会公共风险,它由经济、政治、文化等各种社会问题引发,在科学技术和基础设施不断发展中恶化,影响范围波及全国,乃至全球,具有强烈的公共性和社会性。天津市环保局与交管局是天津市政府的下属机构,限行政策作为一种公共行为限制性政策,其发布与取消被当作过家家般的儿戏,这种政府部门的人造风险进一步叠加了政策成本和公众风险。因此,社会公共风险可能究根于社会大众人为性的不理性行为,如空气雾霾化;也可能源于公共部门在履职过程中人为的产品、服务提供行为与环境因素的约束相碰撞,如天津市环保局与交管局的限行政令之争。如何突破政府治霾的局限,乃至规避公共政策的风险,使政府以更加从容、更加自信、更加民生的姿态来借助公共政策应对各种危机事件,引申性思考与建议性策略希望能对有关学者与政务工作者提供帮助。

三、将应急管理案例库嵌入中国政府应急决策体制的时代意义

目前我国正处于社会转型的改革探索深水期,在"经济转轨、社会转型"的时代背景下,民生经济容易失稳、民众心理容易失衡、人际伦理容易失信、社会环境容易失序,因此不同社会层次关乎社会稳定的问题时时威胁着整个社会,再加上我国地域辽阔、地形复杂、人口众多等自然原因,影响公共安全的因素增多,各种天灾人祸不断,各类突发公共事件时有发生,我国已进入了一个矛盾多发期和危机频发期。加强应急管理,是关系国家经济社会发展全局和人民群众生命财产安全的大事,但是我国预防和处置突发公共事件的能力有待提高,将应急管理案例库嵌入应急管理系统,变"一案三制"为完善的"两案三制"的应急管理体系和应急决策模式是当今时代的要求,意义重大。

（一）应急管理的典型性需要案例研究

目前,应急事件的报告多呈现出"报喜不报忧"的喜鹊文化现象,真实的情景和现象就在各种政绩观念的引导下被忽略而无法显现出来。仅仅依赖负责人的相关汇报和媒体人的相关报道去了解一个案例,这样的信息来源缺乏可靠性和可信度。解决这些问题就需要对危机事件的案例进行研究,从危机产生的背景、原因和发展过程中的影响因素出发来进行事件调查,还原危机实况,以形成一个完整的案例研究,弥补负责人和媒体人信息不足的缺陷,辅助以后相关类型的政府应急决策科学地实现。

（二）应急管理案例的现实反映性互补于应急预案的原则性

案例的真实性、具体性和细节性保证了案例的说服力和影响力。应急管理案例所叙述的是真实发生的事情,所反映的是事故产生、发展的历程,是事件的真实再现,是对事物或现象的动态性把握。应急管理和研究系统人员可以根据具体翔实的案例资源为现实的应急管理提供实用思路和借鉴策略。典型的应急管理案例集问题、解决方案、解决方案评价等于一体,基于相似历史案例的突发事件分析能够从这些案例事件或者现象的解决中举一反三来说明、诠释类似的事件,也能够给应急管理者和研究人员带来这样或那样的启示与体会,还可以引发或者刺激出新的想法和行为模式,在常态化的案例研究中起到开发案例和创新策略的作用。这种创新性的应急决策模式

可以突破传统的危机预案操作性不足、现实感不强等问题和弊端,也可以在对典型多样的案例的研究、推理、开发、总结、归纳和利用中增强危机应对和应急管理的理论研究和实践能力。

(三)应急管理案例库是基于知识经济和信息科技的应急信息平台的重要组成部分

2006 年 7 月,国务院发布《国务院关于全面加强应急管理工作的意见》,要求充分依靠法律、科技和人民群众,全面加强应急管理工作。2006 年 10 月,党的十六届六中全会通过的《关于构建社会主义和谐社会若干重大问题的决定》指出:建立统一高效的应急信息平台。一直以来,重视用科技知识和信息技术来增强政府应急管理和应急决策能力是危机处理和应急管理的重要工具和手段。知识经济以知识的获取、生成、分配及战略性应用和操作性使用而产生实际价值和效益,信息科技以自动化、智能化、高效率的信息收集、处理、存储、分析、汇总、筛选等优势来整合应急管理案例库。应急管理案例库将有关应急管理的典型案例进行分析和汇总,为知识向力量的转变、向实际效益的转变提供了平台和渠道。应急管理案例库的建设将危机应急研究工作前置于危机发生之前,将从数据到信息最终到知识的提升过程推演至每一个、每一类案例的分析过程中,将固有的、传统式的被动的、消极的应急管理对策性研究方式转变为主动的、有预见性的危机管理系统性应对策略研究模式,集思广益,群策群力,以常态化、多准备的姿态应对危机事件状况,保证了危机应对和应急管理的实际效益。

(四)应急决策的特殊性和应急环境的失序性反映出案例库建设的必要性

应急决策不同于常规决策,它面对的应急环境处于一种失序、失衡、失控的状态,掺杂着不同领域的特殊属性和不同群体的各异状况,非程序化决策越来越多,而决策的适用周期越来越短,新决策产生的频率越来越快,它需要决策者及时做出能够控制危机升级和损失扩散的有效决策。在新形势下,应急的难度越来越大,技术要求越来越高。如此的高效率要求,必须强调应急管理决策者日常准备和平时工作的充分性和高效性。突发事件的决策者需要的是直观明了的决策知识指导,以丰富的应急经验和知识储备来进行危机诊断、方案决策和监督执行。应急危机管理案例库是决策者经验获取和知识储备的重要来源和有效渠道之一,即使没有经验丰富、知识充足的决策者能力,应急管理案例库也能使应急决策者在面对危机状况时做出更加科学、合理的决策,应急决策的特殊性和应急环境的失序性反映出案例库建设的必要性。

四、构建基于应急预案与案例库的"两案三制"的突发事件应急决策体制

(一)完善应急预案体系

制定应急预案的基本目的就是快速、有序、高效地控制紧急事件的发展,将危机事故损失减小到最低程度;建立应急预案体系的主要目标就是规范应急预案的管理,建立统一的应急预案制定与实施的管理标准和程序。为此,建立完善的应急预案体系需要遵循应急预案的闭环管理的原则,在制度制定、执行、修订等各个环节建立制度控制、检查与评价、反馈、持续改善程序和记录,明确制度负责人和执行人的职责,规定制度修订的时间和具体要求,保证应急预案体系可以及时完善。此外,每年都有计划地组织开展应急预案演练。建筑、矿山等高危行业企业针对生产事故易发环节,每半年组织开展一次预案演练,及时发现问题,不断在闭环型的路径遵循下改进应急管理工作。

(二)建立应急管理案例库

危机事件的独特性要求不同的危机背景采取不同的应对方式,因此采取通过个案分析找出普遍规律的方法更加适合中国现阶段的应急管理体系建设。一个多功能、多层次、全范围、宽领域、可视化、动态性的应急管理案例库,通过资料搜集、数据分类与挖掘、案例管理和数据检索为我国应急管理培训提供权威、高效的案例管理平台和强有力的技术支撑,为政府在突发事件预防和处置过程提供决策咨询,为应急管理教学科研提供基础数据支撑,为应急管理学习提供科普平台。案例资源信息有利于系统地总结应急管理经验教训,有效传播公共安全意识,提高各级领导干部和全社会的应急管理最新理念和技能。国内应急管理案例库基本上都停留在案例展示阶段,尚未涉及基于已有案例的风险预测、应急决策等分析功能,据此必须要加以改正:在专业角度上,分解案例、评析案例并开发案例,同时对此过程进行展示和说明;加强与信息技术的合作和交流,并对其进行关键字标引,完善案例的检索和分析功能,为检索和分析功能提供接口和技术支持,提高案例的实际运用效能。

(三)构建以理念、制度、机制为核心因素的应急决策体系

面对突发事件频发的现状,要树立科学的公共危机应急决策观。危机管理与决策已经不是一项危机出现后的临时性应急决策,它要求政府和危机管理相关人员日常化的工作安排和部署,所以必须树立事前决策观念,将应急管理作为日常行政管理的组成部分,与政府常态管理结合起来,加强例行化和制度化的公共危机应急管理相关建设,预先建立权责一致的机构组织、协调有力的制度法规和反应有速的应急决策机制,提高决策系统对环境的敏感性,增强对正在变化的环境的反应能力,保证应急决策的民主化、科学化、规范化、高效率和低成本。

突发事件的显著特征是,突发性使得很多公共危机很难预测,因此公共危机在什么时候、在哪里、以什么方式出现,应急决策在什么时候、在哪里、以什么方式被需要,这些信息的获取都需要不同而广泛的信息来源。特别是在面对重大的突发公共事件时,光靠几个人或者国家政府机关的力量往往是不够的,而动员全社会的力量才是至关重要的。应急决策不仅仅是政府的事情,也需要外部智囊团的参与和民主决策优势的发挥,更需要社会力量的广泛参与,实现政府和社会、公共部门和私人部门之间的良好合作,实现普通公民、社会组织、工商企业组织在危机管理中的高度参与。因此,要从制度层面,促进政府、非政府组织和公民,特别是独立的智囊团组织作为多元化决策主体的引入保障不同主体参与到应急管理中来,构建以纵向的信息传播与横向的技术交流有序高效推进为主力的全社会型应急管理系统,提高决策的艺术性、科学性和民主性。

(四)加强应急决策法制化建设

党的十八大以来,全面推进依法治国、努力建设法治中国已经成为当今中国社会进步与行政发展的重要任务,也是提升国家治理能力和治理水平、实现治理现代化的重要方面。法律制度是政府进行应急管理的最有效办法,因为它以明确方式规定了应急管理机构的权限、职责与任务,有效避免了职责不明确、互相推诿现象的出现,同时保证了实施标准化应急管理的科学性和可行性,有利于应急管理体系持续、健康发展。

应急决策法制化包括应急决策程序的法制化、应急决策内容的法制化、应急决策执行法制化、应急决策监督法制化等方面,为了提高衔接度和可操作性,应急决策法制化不仅仅要在不同层面就以上内容进行完善,还要求不

同层次的机构根据具体状况,因地制宜地制定相关配套法规,使应急管理的法制体系更加完备、系统,为应急管理提供全方位的制度保障。依法治国中最核心价值观念——"良法"和最理想的实现方式——"善治"要求当今中国要站在一个大安全观和战略的角度上,来考虑法律体系和法制体系的构建问题,要考虑与其相关的实施、保障、社会接受等相关问题,从战略角度整体设计中国的公共安全法制体系。

五、应急预案建设机制

预案即预先制定的行动方案,应急预案也被称为"应急计划"。"制定相应的应急预案为了能够在突发事件出现时及时科学地应对。"[①]应急预案是针对潜在可能发生的重大灾害或人为事件,为了能够保证迅速、有效地开展应急预备方案计划,最大限度地降低因事件发生而造成的损失而制定的必要方案和计划。[②]其中包括应急管理、事中指挥、救援方案、事后监督评价等部分。编制应急预案是为了实现对突发事件的合理应对和处置。

(一)统筹社会各个层面,编制不同类属、相互配合的应急预案

应急预案是一个复杂的系统,需要各部门间的密切配合和积极合作。如果缺少部门之间配合的话,即便再科学的应急预案也很难正常运转。因此,在预案编制阶段,必须要贯彻集中领导、统一指挥,结构完整、功能全面,反应迅捷、实施高效的原则[③],涉及经济社会生活的各个方面的不同部门根据各自职责制定层级不同、分工不同、内容重点不同、既相互联系又互有区别的"重大突发事件应急处置预案"。这样,有针对性的、不同类型的应急预案缓解了应急预案"上下一般粗"的现象,它们之间相互补充、相互衔接,并密切配合,形成了完善有序的预案体系和持久有效的合作机制。在城镇化建设进程中,要充分吸取国内外处理类似事件的经验,结合本地实际情况,设想出有若干个可能发生的情况,设计具有不同侧重点的应急预案,使各种预案在应对不同重大突发事件中有选择、有衔接、有顺序,与社会动员机制结合

---

① 闪淳昌、薛澜著:《应急管理:理论与实践》,高等教育出版社,2012 年,第 124 页。

② 参见向立文:《论档案馆应急预案体系的构建》,《档案学研究》,2010 年第 3 期。

③ 参见马金忠:《建立重大突发事件预警机制和应急预案促进经济社会协调健康稳定发展》,《秘书工作》,2004 年第 11 期。

起来,以此形成整体性的预案合力,并且加大力度建立能够在应急情况下调动全社会人力、物力、财力的有效机制,以应对各种突发事件。

(二)增强预案因地制宜的特色,加强预案培训

在实践中,若想检测一个应急预案的可行性,最重要的是分析该方案是否有良好的可操作性[①],不能无的放矢,也不能生搬硬套。然而现行的应急预案篇幅较短,内容趋于雷同,大多套用上级机关的应急预案模式,具体情景描述较少,更多的是颇具原则性的语句,对危机处置的每一个步骤都缺少明确具体的安排,操作性不强;同时,应急预案编制领导小组也没有要求各个部门针对实际情况进行风险分析和在应急资源调查后再制定预案的具体工作细节,这会导致一些部门没有制定出符合该地区实情的应急方案,体现不出不同类别突发事件的多样性与复杂性和不同性质应急预案的差异性,在后期的实施过程中凸显出不易操作、针对性较差的弊端,危机来临时预案"空转"更无法达到制定预案的目的。因此,要定期召开相关单位人员的预案培训会,提高他们自身的应急预案意识,坚守自身的工作职责,理论联系实际,制定专项预案,切实做到警钟长鸣、常抓不懈。

(三)注重对应急预案的评价和更新

预案是一个与时俱进的应急布置和应急指导,所以应急预案的建设需要有一个检查、修订、更新、调整、反馈和督促的长效机制,为各种新情况、新变化预留空间,这样才能使其在重大灾难来临时发挥其应有的作用。因此,应急预案更新的重要性并不亚于应急预案的制定。我国《突发事件应对法》第十七条中规定:应急预案并不是一成不变的,需要相关单位根据实际情况的发展适当调整和修改应急预案。[②]在实际工作中,由于社会状况的组成要素变化多端,必须针对社会环境中存在的风险根源的不断发展变化及时调整和修改原预案,才能够有效地化解转型时期城镇化发展中的矛盾。应急预案评价是应急预案完善、更新的重要渠道。与国家和地方最新的法律法规相结合,评价预案的实用性、完善性、充实性、有效性和危急救援服务的配套方案措施的可靠性和完整性,让应急预案评价始终贯穿应急管理的整个发展

---

① 参见张大成:《论对高校应急预案编制和管理的完善》,《辽宁工业大学学报》(社会科学版),2010年第1期。

② 参见《突发事件应对法》,中华人民共和国中央人民政府门户网站,http://www.gov.cn/ziliao/flfg/2007-08/30/content_732593.htm。

过程。①为了保证应急预案本身的科学性、合法性、合理性、操作性和衔接性,必须安排相关制定人员对应急预案进行审核。预案制定单位必须自行组织内部人员进行应急预案审核,针对应急预案的实际情况进行符合性核准,并针对不足提出完善建议。部分需进行评审的应急预案应组织外部评审,外部评审由应急管理方面的专家研究学者、应急预案涉及的政府部门工作人员和负有相关监督、管理职责的有关部门组成,使预案常做常新。

六、应急预案预演机制

国务院发布的《国家突发公共事件总体应急预案》表示:"每个地区和部门要根据自身的实际情况,有目标、有计划地组织相关部门进行预案、进行演练。"②实践是检验真理的唯一标准,应急预案不能只停留在理论层面,无论在理论上它是多么的完美,内容多么丰富,格式多么完整,如果它只存在于理论层面,并不会发挥实质性应急作用。一个应急预案在针对城镇化矛盾纠纷中起到的作用程度,最根本地取决于应急预案执行者的能力水平。

应高度重视应急预案的演练工作,在预案预演中增强执行者能力,使每个执行者都能熟练掌握应急工作流程,提高部门之间的配合能力和协作能力,在危机到来之时有效落实应急预案。

(一)开展基于情境、多核协同的危机预案预演

一些学者表示,应急预案的演练是预案管理中基础性、全员性、综合性、经常性的工作,尤其强调应急预案的演练的常态化趋势。它的根本目的是"为了提高相关部门在处理应急事件中的组织配合、指挥响应、技术支持、物资供给、心理素质等方面的综合性的能力"③。预案的重要性和关键性作用主要体现在演练的过程中,如果某个细节出现问题,稍有不慎就会引发更大的损失和伤亡,这在平时是看不出来的,但在方针的具体落实中可能就会呈现出来。所以更需要认真仔细地、科学地组织各种各样的应急演练,提高仿真下的演练效果,提高应急人员在"计划不如变化快"的紧急情况下的应急能力,切实通过演练达到检验预案、磨合机制、锻炼队伍的目的。

---

① 参见郭静:《谈应急预案制定及演练的必要性》,《经营管理者》,2011 年第 20 期。

② 《国家突发公共事件总体应急预案》,中国网,http://www.china.com.cn/chinese/law/1086058.htm。

③ 张力、王方东:《我国地方政府应急预案建设探析》,《行政与法》,2012 年第 2 期。

（二）普及预案预演知识,增强社会应对危机的能力

预案制定之后,需要针对不同人群进行不同方式的应急演练,以此普及预案预演知识,增强社会应对危机的能力。但是在实际工作中,各级地方政府和相关部门对开展的应急救援教育、大力宣传、人员培训的应急演练的重视度不到位。部分单位的预案“制”而不“用”,花费了大量的人力、物力、财力制定出来的应急预案,却只能当作摆设。在本单位,应急预案并不是人人通晓,只有少数人知道;对外宣传上,更不会对相关群众公布,一旦有突发事件,相关人员便手忙脚乱,不知如何应对。群众根本不知道有预案,因而预案失去了存在的意义。有些部门的预案完成之后从没演练过,预案等于一纸空文,难以奏效。有的演练不具规模,只侧重救援人员的器械演习和技巧演出,不在乎群众的参与程度,大范围调动人群的应急也无从谈起,更检验不出应急预案的疏漏和缺陷。因此,要从众多的应急方案中筛选出与实际情况相符或者可操作性较强的一些预案,通过社区或教育网络进行普及和处置。

第十节　健全城镇化冲突预警法律体系

一、明确界定法律范围内的“公共利益”概念

在城镇化进程中,由于利益受损与利益补偿问题的出现,关乎公共利益的一切行为都要涉及的一个核心问题是对公共利益的判断。公共利益明确界定的缺失导致公共利益的滥用。明确界定法律承认的“公共利益”的概念是城镇化合法建设的前提性要求。学者彭小兵、谭亚曾指出:“大多数国家和地区的立法一般都认为公共利益应包括两层含义:一是须有公共使用的性质,二是须有公共利益的用途。各国立法和判例也都认为,动用国家征用权必须符合两个要求,即公用和合理赔偿。公共利益不仅限于已经取得或即将失去的物质利益,也包含文化、风俗,以及对经济结构的良性发展、社会秩序的和谐安定等的追求。”[①]在国外,公共利益常常是衡量政府是否滥用权力,

---

①　彭小兵、谭亚:《城市拆迁中的利益冲突与公共利益界定——方法与路径》,《公共管理学报》,2009 年第 2 期。

尤其是征地权的唯一标准。中国应该对此进行借鉴,具体建议是:修改《宪法》《土地管理法》与《物权法》,或由全国人大常委会出台专门的司法解释,明确界定《宪法》和《土地管理法》中的"公共利益"的范围,并配套细致的、具有可操作性的补偿标准。参照国外立法,应将公共利益的范围严格限定在水利、交通、国防、义务教育、公共卫生等国家重点公共设施建设和公共产品的需要上,对于工商企业等经营性用地,应当充分发挥社会主义市场经济体制下市场在公共资源配置中的作用,在符合城镇建设规划的前提下,在高度透明的机制运行下,通过向国家、集体和农民购买、租赁等市场方式,按照市场价格获得使用。与此同时,"公共利益并非恒定,而是随着时代的变迁而发展的,并且在其所处的时代中充满冲突。"[1]因此,要随着社会的变化,积极更新和完善对公共利益的阐述和定位。布莱克斯通(Blackstone)曾经指出:"离开保护每个私人权利谈公共利益是毫无意义的"[2]。因此,要加强民众监督,出台公共利益相关公告办法,将农民纳入公共利益协调分配体系中,使其了解到实际公共利益的状况、国家具体补偿标准、城镇化建设领导及干部是否参与了非法分配等情况。

二、建立城镇化冲突预警的权威性法律体系

和谐社会首先是一个法治社会,有法治才能有规则,有规则才会有和谐。有人说:"从某种意义上说,群体性事件之存在本身并非问题之所在,真正的症结在于国家缺乏完备的法律制度体系对之予以积极地引导和规制。"[3]目前,我国在群体性事件预警方面存在严重的立法阶位普遍较低、主管部门不统一、部门立法利益化、权限冲突、程序性规定缺失、自由裁量权过宽等问题,因此制定一部以行政法为基本法理基础,宪法、刑法、诉讼法等法域条目为补充的统一性高阶位立法势在必行。具体来讲,主要包括四个方面内容:一是明确群体性事件的性质和内涵,以及群体性事件预警的目的、意义、基本原则;二是群体性事件预警的主体定位与机构设置、权责范围;三是预警

---

① [德]哈特穆特·毛雷尔著:《行政法学总论》,高家伟译,法律出版社,2000 年,第 73 页。

② Blackstone W., *Commentaries on the Laws of England*, Oxford: Clarendon Press, 1783, p.46.

③ 黄学贤、陈峰:《城镇化进程中农村群体性事件的法治化路径探析》,《学习论坛》,2010 年第 9 期。

程序、工作机制及善后等方面的工作;四是与其他法律相协调部分。我国应尽快制定一部以预防和处置群体性事件为主要内容的法律,在宏观领域要从大局下手,注重解决深层次矛盾和问题,如农村经济、社会、文化、生态的全面协调可持续发展问题,对处置群体性事件的目标任务、主体、基本原则、程序、工作机制和善后工作等方面以法律的形式加以规范;在微观领域要建立健全相关配套制度,如农民利益表达制度、农民行政监督制度、司法救助制度、矛盾纠纷协商制度、群体性事件处理问责制度等。在此法律体系建设过程中,法律的制定应当注意与其他行政管理环节的衔接与互动,城镇化冲突预警法律体系建设要与行政许可、行政监督等制度规范保持内在的连贯性和一致性。制定较高位阶的法律规范,以法律的形式预警城镇化冲突,使预防城镇化冲突行为有法可依。建立健全城镇化冲突预警的权威性法律体系,是当前城镇化冲突预警建设迫切需要解决的问题。

三、承认农民政治权利和经济权利,降低法律救济的成本和难度

恩格斯指出:"一切人,或至少是一个国家的一切公民,或一个社会的一切成员都应当有平等的政治地位和社会地位。"[1]农民经济权利的核心是土地权,然而在城镇化建设进程中,对农民土地的强制性剥夺和补偿不到位问题首先便是侵犯了农民的经济权利;农民选举与被选举等话语权的缺失放大了农民政治权利受侵犯的缺口;"政府对农村公共教育、大众传媒设施的投入远远低于城市,在农民与现代政治文明之间设置了一道文化和信息的鸿沟"[2],农民与现代政治文明的隔膜不仅使农民缺乏现代政治技艺的素养,更使他们可能敌视现代政治文明;"进城"农民就业问题难以解决,子女受教育权利得不到保障,医疗卫生情况得不到合理平等的对待,这些问题都直接或者间接地侵犯了农民的合法权益。在现行的法律体系中,关乎农民的约束性、义务性规定多,授权性、权利性条款少,这在一定意义上剥夺了农民的合法权益。同时,当前的体制并没有为农民利益诉求表达、矛盾冲突疏解提供畅通的规范性渠道,当权益被侵犯后,农民依法拿起法律武器提起诉讼却需

① 《马克思恩格斯选集》(第三卷),人民出版社,1995年,第444页。
② 张文龙:《论中国农民政治权利保障之理念与制度基础》,《中国人权评论》,2013年第2期。

要承担过高的成本和风险。

正如罗纳德·德沃金(Ronald Dworkin)所言:"如果政府不给予法律获得尊重的权利,它就不能重建人们对法律的尊重。如果政府忽视法律和野蛮命令的区别,它也不能够重建人们对于法律的尊重。如果政府不认真地对待权利,那么它也不能认真地对待法律。"①城镇化冲突的法律体系不够完善,应在这些方面加以注重和健全:以法律形式明确农民等弱势群体的合法权益,对政府领导机关为一己利益侵害群众正当利益的行为要严厉惩治,并疏通和创新农民维权渠道与机制,提供法律救济服务窗口和定期的免费法律咨询与司法援助。同时,加强群众法制化教育,使农民的维权意识与法制观念同时进步,教会群众以法律手段维护自己的合法权益,引导群众在合法的轨道内表达利益诉求、处理矛盾冲突,建立一种"依法维权、违法必究"的规则意识。

另外,建立健全并履行社会保障法律制度体系是对城镇化过程中利益分配不公的一种弥补方式。中国虚高的城镇化率素来遭舆论诟病。"经验告诉我们,如果没有一套较为完善的、保证权利公平、机会公平和规则公平的制度体系,如果社会公平正义原则不能得到有效的落实,社会经济资源就会更多地向精英阶层流动,弱势群体的利益就会相对受损,社会结构固化的风险就会增大,阶层间的对立就会加强,进而对社会的稳定与和谐构成直接威胁"②,这要求在"以人为核心"的城镇化建设进程中,把握最大多数人的共同利益,找准不同社会成员之间具体利益的平衡节点,将货币安置、实物安置、医疗安置、就业安置、教育安置、养老安置等社会保险安置措施结合起来,并配以相关的配套法律统一性规定予以保障,及时保障农民的持续性切身利益。城镇化社会保障法律体系是一种随着城镇化规模不断扩大而产生的新兴法律体系,在立法之时,应切实注重城镇化地域的本土性特色,以试点的形式因地制宜、展开探索,并在初具模型后不断完善、不断健全。

---

① [美]罗纳德·德沃金著:《认真对待权利》,信春鹰译,中国大百科全书出版社,1998年,第270页。

② 孙祁祥、锁凌燕、郑伟:《城镇化背景下社会公平保障体系建设的国际经验及其启示》,《中共中央党校学报》,2014年第2期。

第十一节　快速城镇化过程中规范执法

一、执法环境的规范化

（一）填补城镇化立法空白，规范城镇化执法程序

20 世纪 90 年代，世界各国又掀起了一波城乡关系立法确认和改革的高潮。综合来看，主要有以下七个特点："第一，注重规划的平衡和合理。立法主张降低交通、交易和信息的成本，保护环境，倡导溢出效应的国际化，关注公共利益和私人利益之间的平衡关系。第二，注重政府规划行为的合法性和有效性。如英国规定，地方规划部门在制定、修改、撤销以及替换地方规划草案时，应确保充分的信息公开，采取听证会等民主形式，强调必须确保利害关系人的参与。第三，注重弱化审批程序。第四，注重立法的可操作性。第五，注重相对独立的监督机构的作用。第六，注重防止'城市病'。第七，注重不断更新和修订。"① 在我国城镇化执法过程中，缺少"直系性"法律依据，"借法执法"的问题突出。改变此现状的对策便是完善城镇化过程中执法的法制化标准。通过立法规制城镇化的发展，是法治国家的通例，立法无不体现出公权对私权的尊重，体现出对复杂性与矛盾性的协调，体现出民主协商的过程。借鉴国际经验，城镇化建设进程中系列问题，如道路交通、楼宇建筑、摊贩经营、市容市貌、卫生安全等，都要纳入实体性和程序性的法制化建设之中。树立法律的权威，以立法标准规范城镇化执法行为，为城镇化执法创造良好的法制环境。

（二）破解认知误区，提高全体市民的城镇执法意识

在城镇化建设进程中，要高度重视严格执法并加强普法工作，提高科学有效的管理意识。首先，要破解舆论导向误区，出台专项化媒体舆论管理的基本法律法规，设置专门的管理机构。城镇化建设是整合城乡利益格局的过程，城镇化执法是规范利益分配的方式。公共危机从爆发、扩散到消亡的过程，都离不开危机相关信息的传播。信息传播要以信息的真实性为前提，"对

---

① 胡建淼、李勇：《城镇化立法的国际经验》，《新重庆》，2013 年第 6 期。

信息真实性的要求应当是双向的,同样在公共危机中对媒体进行法制化管理的要求也是双向的"①。诸多媒体为了吸引更多关注往往以同情弱者、妖魔化执法行为为手段,如此的失实报道的舆论导向逐步为城镇化执法设置障碍。其次,要破解群众认知误区。冲突过程中执法人员正常自卫是合理合法的行为,一切符合法律程序的强制性行为是完全必要的。部分群众只关注强制性执法行为,忽视执法前的教育、疏导、规劝、送达行政处罚决定书的过程,有失客观性。最后,要进一步规范执法程序,积极推行案例指导制度,对典型案例进行深入研讨、发掘、分析和运用,做到具体情况具体分析,具体问题具体对待,把典型案例的经验和教训充分拓展到岗位实践中。不断改进工作作风,坚持文明执法、规范管理,对个别不文明执法现象出重拳、不手软、不护短,积极树立良好形象,打造一流执法队伍,积极适应当前新形势,不断提高依法执法、科学执法的水平。

(三)提高城镇化建设质量,减少城镇化执法阻力

新型城镇化建设重点在提高质量,关键在产业支撑、人居环境、社会保障、生活方式等方面实现由"乡"到"城"的转变,真正让农民变为市民。如此而言,城镇化建设首先是一项民生工程。城镇化建设质量直接关系着城镇执法的内容和水平。例如,城市基础设施是城市正常运行的基础,关乎市民民生状况。城市化发展的盲目加快,城市基础设施建设不能到位使城镇执法深陷困境。又如,城镇住房提供不足引发乱搭乱建问题,便民市场缺失致使诸多摊贩沿街经营,就业保障落实短板导致诸多农民随处谋生,交通设施不到位引起城镇交通混乱等,这些问题涉及市民的切实利益和实际需求,增加了城镇执法工作的内容与阻力。关注城镇化中的民生需求,就必须从以土地为主的"硬设施"建设观念转到以人为主的"软环境"建设上来,要通过建立健全社会保障、养老、医疗、就业等"软"环境,让农民自愿上"楼",并能安居乐业。提高城镇建设质量,对于城镇执法的内容和质量升级意义重大。

二、执法理念的规范化

"水能载舟,亦能覆舟",这句俗语凸显了民本思想作为在中国共产党领

---

① 刘奕、张闻沁:《论公共危机传播中媒体的法治化管理》,《传播与版权》,2013 年第 4 期。

导下的执法机关更应以人民为本。"执法为民"的执法宗旨要求行政执法人员明确权力是人民给的,衣食是人民给的,执法人员的工作深深根植于人民之中,要做到为民执法不动摇,达到保障人民合法权益的根本目的。民本思想具体在群体性事件公共危机预警方面体现在以下四个理念中。

(一)绩效理念

"由于上下级信息不对称性,导致了基层官员以'资源密集型'工程发出有关自己政绩的信号"[①],这催发了城镇建设进程中为求速度和结果而不讲究执法方式的问题。简·雅各布斯(Jane Jacobs)在她的《美国大城市的死与生》中强调:"许多没有规划的老城往往比规划过的新城更有魅力、更有活力、更有吸引力。"政绩考核要超越以经济指标为中心的模式,既要将促进城乡就业增长、节约资源能源和环境保护、城镇化过程中失地农民利益保护等列入考核内容,也要研究规范这些指标的统计监测方法和考核办法,提高考核质量。应在考核指标体系内完善各级政府执行《城乡规划法》的"质"与"量"情况,并赋予一定权重,并强化绩效考核结果的使用,配合相关制度,如城市建设规划精细化跟踪制度、城镇化建设监督制度和问责体制等,建立规范的城镇化统计制度和质量评价体系,并突出其在诊断问题、发展战略和具体规划中的作用,防止短期行为的发生。

(二)时间理念

城镇化执法日常应采用先进技术与方法,化突击式管理为常态化服务。在危机来临时,坚持"现场第一"原则,基层主要领导要第一时间出现,敢于面对群众,保持极大的克制,与群众讲明事情原委,宽容对待群众的指责,疏导群众;同时,"1周(7天)是群体性事件的一个时间界限,若事件发生后7天内还没有得到较好的解决,就很有可能牵扯出多方利益,最终演变成为一个长期事件"[②]。城镇化冲突作为群体性事件中的一种,应该按照"七天期限"的规律及时消除冲突、化解危机。当然,也有学者"提出'黄金4小时'原则,认为对群体性事件的处置在已发生4小时内最为有效,也有的提出'黄金24小时'原则,有的研究提出关于某一事件的主帖、博文80%以上的浏览量中

①　Zhou Xueguang, Economic Transformation and Income Inequality in Urban China: Evidence from Panel Data. *American Journal of Sociology*, Vol.105, No.4, Jan., 2000.

②　《2012年群体性事件研究报告》,法制网,http://www.legaldaily.com.cn/The_analysis_of_public_opinion/content/2012−12/27/content_4092138.htm,2012年12月11日。

回复占8%以上即进入警戒线,还有学者提出75%的重大新闻事件在报道后的第2~4天网络关注度才最大"[①],所有关于处置时间的提议都应考虑,具体问题具体分析。

(三)文明服务理念

"没有共识的社会,就像没有主旋律的大合唱团。"始终把"维护人民群众的合法权益"作为工作的出发点和落脚点,坚持正面引导,服务先行,寓管理于服务之中,通过服务加强管理,通过管理提供服务;坚决摒弃野蛮执法、随意执法、暗箱执法,深入探求理性化与文明化的执法方式、人性化与温情化的服务途径;借鉴新加坡执法人本化的"3E"原则,即管理(Engineering)、教育(Education)和执法(Enforcement),对待违法者,悉心听取事发缘由,做到处罚与教育、疏导并举;完善城镇化建设的多元参与机制建设,加强群众监督与公众参与,实现城镇化建设的文明推进。

(四)智慧理念

智慧城市是指将信息技术与先进的城市经营服务理念有效融合,通过对城市进行数字网络化管理,提供更便捷高效的公共管理服务。智慧城市是城镇化基础上实现信息化的主要落脚点。杜绝智慧城镇化建设中重建设投入、轻绩效提升,重概念口号、轻行动配套,重建设发展、轻安全保障,重设备技术、轻机制建设的"盲点",发展智慧城镇的规律性、适应性、推广性和实用性。建设智慧城市要求"智慧执法"理念的植入和落实:以各类随时随地的感知设备和智能化传感技术,实现对城镇化执法情况各方面的监测和全面感知;利用宽带广泛在网络获取信息并实时反馈,随时随地开展执法服务;通过智能融合技术将城镇化执法涉及的信息资源整合,按照标准系统归类管理,适时追溯与总结,增强城镇化执法的预见性和主动性;塑造以人为本、市民参与、社会协同的开放创新空间,实现城镇化执法的智慧状态。

三、执法行为的规范化

全面贯彻依法行政,努力建设法治政府,是贯彻"三个代表"重要思想、维护最广大人民群众利益的本质要求,是杜绝国家权力部门化、部门权力个

---

① 嵇美云、田大宪:《群体性突发事件的网络舆情预警与应对——基于社会心理学的视角》,《浙江传媒学院学报》,2011年第5期。

人化的根本途径。执法部门要严格按照法定权限和程序行使职权、履行职责,坚决杜绝失职不作为和越权乱作为的腐败行为。执法者只有依法执法,才有最广泛意义和最大程度的公正和文明,才能最大限度地减少执法偏差,减少执法矛盾。

(一)常态化情境中的执法行为规范化对策

首先,注重城镇执法队伍建设。坚持内强素质、外树形象,加强城镇执法人员的业务培训和素质培训,并从知识、年龄、资历等方面稳定城镇执法队伍结构,规范录入标准,杜绝临时性人员的录入,建立一支能胜任区域城镇化执法管理、有效处理各方面的冲突、最大程度发挥城镇执法效益的团队。

其次,采用智能化执法。实行和谐理性、高效有序的新型城镇化建设需要智能化方式开展城镇执法活动,也需要智慧型方式有效规范城镇执法行为。运用现代的高科技执法管理方法和技术,形成高效率、低成本的城镇执法途径;鼓励群众参与和监督,建立城市多元主体建言献策、共同治理的模式;加强与公安、法院等其他行政机关之间的执法协调,与基层组织之间的管理配合,促进执法重心的均衡化和基层性,汇集各方智慧规范城镇执法。

再次,实行全天候、全方位的城镇执法制度。错差时间执法制度延长执法时间,保证每个时间段都有执法人员在岗,全面杜绝城镇化建设过程中的执法不规范现象,避免恶性事件的发生。

最后,引进适度执法原则。德国的"适度执法"原则要求:"执法人员在实施处罚前,必须先考虑三个因素:执法的必要性、完成执法的可能性、有哪些尽可能和缓的方式。对于初犯或是疏忽造成的过失,一般采取警告的方式处理。对必须做出处罚决定的,要先经过'聆听'程序,通过听取相对人的诉求,避免不必要的争议,也有利于执法人员重新审查自己的执法行为。并且在处罚决定生效前,上级部门还要对处罚决定进行审核,避免错误出现。"[①]

(二)非常态化情境中的执法行为规范化对策

城镇化建设属于一项政府主导型的利益调整活动,城镇执法集城市建设多个部门职责于一身,集许多矛盾于一体,稍有不慎,就会引起冲突。在非常态化情境下,城镇执法规范化更需强调和关注。

---

① 北京市市政市容委赴德国城市运行管理与保障培训团:《德国城市运行管理经验》,《城市管理与科技》,2010 年第 3 期。

1. 事前,预防最大化。非常态化状态的爆发必有其先声,从意识理念、制度规范、环境培养、素质培训等方面加强执法的规范程度,定期开展各类不安定因素排查化解,层层梳理非常态化事件的苗头,把纠纷解决在萌芽时。集中人力、物力,对多发地区、敏感领域进行有计划、分步骤的专项治理,预防预警城镇执法不规范引发的各种问题扩大化,避免其带来不良后果。

2. 事中,应对理性化。一旦由于执法犯法、执法不公、态度恶劣等城镇执法不规范引发城镇化冲突,秉持中央政府对处理群体事件工作的可散不可聚、可解不可结、可顺不可激的"三可三不可"的应对原则和慎用警力、慎用警械、慎用强制措施的"三个慎用"的处理方针,杜绝封锁消息、强硬驱散和逮捕、拘留当事人等再次执法错误和负面应对行为,采取官方声明、深入调查、慰问和劝说当事人、处理责任人、出台政策法规等正面应对行为,积极平息城镇化冲突,化解城镇化危机。

3. 事后,惩戒效能化。严肃的惩戒对后续危机预警有鞭策意义。城镇化冲突危机化解后,应分析事件,对于执法不当之处进行惩罚,力加警戒;对于执法得当之处,给予肯定,加强执法力度;对于日常预防不到位之处,结合绩效评估进行问责,完善城镇化冲突预警体系。

主要参考文献

中文著作类

1.《马克思恩格斯全集》(第一卷),人民出版社,1960年。

2.《邓小平文选》(第三卷),人民出版社,1993年。

3.[奥地利]L.V.贝塔朗菲著:《一般系统论基础、发展和应用》,秋同、袁嘉新译,社会科学文献出版社,1987年。

4.[德]埃利亚斯·卡内提著:《群众与权力》,冯文光等译,中央编译出版社,2003年。

5.[德]哈特穆特·毛雷尔著:《行政法学总论》,高家伟译,法律出版社,2000年。

6.[德]刘易斯·科塞著:《社会冲突的功能》,孙立平译,华夏出版社,1989年。

7.[德]尼古拉斯·卢曼著:《信任:一个社会复杂性的简化机制》,瞿铁鹏、李强译,上海人民出版社,2005年。

8.[法]托克维尔著:《旧制度与大革命》,冯棠译,商务印书馆,1992年。

9.[美]波斯纳著:《法理学问题》,苏力译,中国政法大学出版社,1994年。

10.[美]戴维·奥斯本、特德·盖布勒著:《改革政府——企业家精神如何改革着公营部门》,周敦仁译,上海译文出版社,1996年。

11.[美]戴维·迈尔斯著:《社会心理学》,张智勇等译,人民邮电出版社,2006年。

12.[美]丹尼尔·贝尔著:《资本主义文化矛盾》,赵一凡、蒲隆、任晓晋译,上海三联书店,1989年。

13.[美]弗朗西斯·福山著:《信任:社会美德与创造经济繁荣》,彭志华译,海南出版社,2001年。

14.[美]哈罗德·J.伯尔曼著:《法律与革命》,贺卫芳、高鸿钧、张志铭、夏勇译,中国大百科全书出版社,1993年。

15. [美]加布里埃尔·A.阿尔蒙德著:《比较政治学:体系、过程和政策》,曹沛林等译,上海译文出版社,1987 年。

16. [美]柯尔伯格著:《道德教育的哲学》,魏贤超等译,浙江教育出版社,2000 年。

17. [美]克里斯托弗·勒翰、马克·法比亚尼、比尔·古登泰格著:《斯坦福大学危机管理课:危机控制的十条忠告》,张尧然、杨颖玥译,中国青年出版社,2015 年。

18. [美]罗恩·顿波、安德鲁·弗里曼著:《风险规则》,黄向阳、孙涛译,中国人民大学出版社,2000 年。

19. [美]罗纳德·德沃金著:《认真对待权利》,信春鹰译,中国大百科全书出版社,1998 年。

20. [美]施拉姆著:《传播学概论》,陈亮译,北京大学出版社,1973 年。

21. [美]伊恩·米特若夫、格斯·阿纳戈诺斯著:《危机防范与对策》,燕清联合传媒管理资源中心译,电子工业出版社,2004 年。

22. [美]英格尔斯著:《人的现代化》,殷陆君译,四川人民出版社,1988 年。

23. [美]约翰·罗尔斯著:《正义论》,何怀宏译,中国社会科学出版社,1988 年。

24. [美]约翰·罗尔斯著:《作为公平的正义——正义新论》,姚大志译,上海三联书店,2002 年。

25. [美]詹姆斯·斯科特著:《农民的道义经济学:东南亚的反叛与生存》,程立显等译,译林出版社,2001 年。

26. [意]安东尼奥·葛兰西著:《狱中札记》,曹雷雨、姜丽、张跣译,中国社会科学出版社,2000 年。

27. [英]鲍曼著:《现代性与大屠杀》,杨渝东、史建华译,译林出版社,2002 年。

28. [英]霍布斯著:《利维坦》(上),黎思复等译,商务印书馆,1964 年。

29. 陈秀梅、甘玲、于亚博著:《领导者应对突发事件的理论与实务》,人民出版社,2005 年。

30. 仇保兴著:《应对机遇与挑战——中国城镇化战略研究主要问题与对策》,中国建筑工业出版社,2009 年。

31. 董华、张吉光等著:《城市公共安全应急与管理》,化学工业出版社,2006 年。

32. 费孝通著:《乡土中国 生育制度》,北京大学出版社,1998 年。

33. 傅思明著:《突发事件应对法与政府危机管理》,知识产权出版社,2008年。

34. 高佩义著:《中外城市化比较研究》,南开大学出版社,1991 年。

35.顾朝林著：《经济全球化与中国城市发展：跨世纪中国城市发展战略研究》，商务印书馆，1999年。

36.郭济著：《中央和大城市政府应急机制建设》，中国人民大学出版社，2005年。

37.胡百精著：《中国危机管理报告（2014）》，中国人民大学出版社，2014年。

38.黄顺康著：《公共危机管理与危机法制研究》，中国检察出版社，2006年。

39.季卫东著：《法律程序的意义》，中国法制出版社，2011年。

40.蒋省三、刘守英、李青著：《中国土地政策改革：政策演进与地方实施》，上海三联书店，2010年。

41.柯炳生著：《工业反哺农业的理论与实践研究》，人民出版社，2008年。

42.李经中著：《政府危机管理》，中国城市出版社，2003年。

43.李强著：《中国社会变迁30年：1978—2008》，社会科学文献出版社，2008年。

44.林玲著：《城市化与经济发展》，中国发展出版社，2003年。

45.刘刚著：《危机管理》，中国人民大学出版社，2013年。

46.麻宝斌、王郅强著：《政府危机管理理论与对策研究》，吉林大学出版社，2008年。

47.马晓河著：《中国城镇化实践与未来战略构想》，中国计划出版社，2011年。

48.莫利拉、李燕凌著：《公共危机管理：农村社会突发事件预警应急与责任机制研究》，人民出版社，2007年。

49.丘昌泰著：《灾难管理学：地震篇》，元照出版社，2000年。

50.全国干部培训教材编审指导委员会组织编写：《公共危机管理》，人民出版社，2006年。

51.闪淳昌、薛澜著：《应急管理：理论与实践》，高等教育出版社，2012年。

52.盛小平著：《知识管理原理与实践》，北京大学出版社，2009年。

53.史啸虎著：《农村改革的反思》，中央编译出版社，2008年。

54.斯亚平著：《公共危机管理体系研究》，知识产权出版社，2007年。

55.孙斌著：《公共安全应急管理》，气象出版社，2007年。

56.孙继伟著：《从危机管理到问题管理》，上海人民出版社，2008年。

57.孙立平著：《博弈——断裂社会的利益冲突与和谐》，社会科学文献出版社，2006年。

58.汤志华著：《中国共产党利益整合能力建设研究》，中国社会科学出版社，2010年。

59.王茂涛著：《政府危机管理》，合肥工业大学出版社，2005年。

60.王绍玉、冯百侠著：《地方政府应急体制建设理论与实务》，哈尔滨出版社，

2005 年。

61.王伟光著:《利益论》,人民出版社,2001 年。

62.王锡锌著:《公众参与和行政过程——一个理念和制度分析的框架》,中国民主法制出版社,2007 年。

63.王艳成著:《城镇化进程中的乡镇政府职能研究》,人民出版社,2009 年。

64.肖鹏军著:《公共危机管理导论》,中国人民大学出版社,2006 年。

65.谢文惠、邓卫著:《城市经济学》,清华大学出版社,1996 年。

66.邢娟娟等著:《企业重大事故应急管理与预案编制》,航空工业出版社,2005 年。

67.叶继红著:《生存与适应——南京城郊失地农民生活考察》,中国经济出版社,2008 年。

68.叶舜赞著:《城市化与城市体系》,科学出版社,1994 年。

69.余潇枫著:《非传统安全与公共危机治理》,浙江大学出版社,2007 年。

70.张昆著:《大众媒介的政治社会化功能》,武汉大学出版社,2003 年。

71.张文勋著:《儒道佛美学思想探索》,中国社会科学出版社,1988 年。

72.张永理、李程伟著:《公共危机管理》,武汉大学出版社,2010 年。

73.赵鼎新著:《社会与政治运动讲义》,社会科学文献出版社,2006 年。

74.赵来军著:《公共危机与社会治理》,社会科学文献出版社,2011 年。

75.中国社会科学院著:《2010 年社会蓝皮书》,社会科学文献出版社,2011 年。

76.中国行政管理学会课题组编:《中国群体性突发事件成因及对策》,国家行政学院出版社,2009 年。

77.竺乾威、朱春奎著:《中国政府建设与发展报告 2012——包容性发展与政府建设》,人民出版社,2012 年。

78.卓志著:《风险管理理论研究》,中国金融出版社,2006 年。

79.邹农俭著:《中国农村城市化研究》,广西人民出版社,1998 年。

中文期刊类

1.白永秀、王颂吉:《由"被动城镇化"到"主动城镇化"——兼论城乡经济社会一体化的演进》,《江西社会科学》,2011 年第 2 期。

2.鲍宗豪:《"土地财政"驱动城市化的四大悖论》,《理论导报》,2011 年第 2 期。

3.北京市市政市容委赴德国城市运行管理与保障培训团:《德国城市运行管理

经验》，《城市管理与科技》，2010 年第 3 期。

4. 常开霞、李英姿：《社会资本与民族利益引导机制》，《中共山西省委党校学报》，2011 年第 2 期。

5. 陈利根、龙开胜：《我国土地资源高效配置的政策阻碍及改革建议》，《南京农业大学学报》（社会科学版），2012 年第 3 期。

6. 陈明星等：《城市化速度曲线及其政策启示——对诺瑟姆曲线的讨论与发展》，《地理研究》，2011 年第 8 期。

7. 陈庆云等：《论公共管理中的公共利益》，《中国行政管理》，2005 年第 7 期。

8. 陈盛兰：《应对与传媒责任中国社会风险的症结——从风险文化视角予以考量》，《中共福建省委党校学报》，2013 年第 10 期。

9. 陈潭、黄金：《群体性事件多种原因的理论阐释》，《政治学研究》，2009 年第 6 期。

10. 陈耀、陈钰：《资源禀赋、区域条件与区域经济发展》，《经济管理》，2012 年第 2 期。

11. 陈月生：《群体性事件中的群体心态研究》，《理论与现代化》，2013 年第 6 期。

12. 成伯清：《"体制性迟钝"催生"怨恨式批评"》，《人民论坛》，2011 年第 6 期。

13. 董幼鸿：《重大事项社会稳定风险评估制度的实践与完善》，《中国行政管理》，2011 年第 12 期。

14. 多志勇、苏雅拉、陈红宇、白永利：《近年来内蒙古自治区群体性上访事件的特点、成因及对策》，《前沿》，2010 年第 5 期。

15. 凡兰兰：《少数民族地区工业反哺农业的农民满意度分析——以广西为例》，《西南民族大学学报》（人文社会科学版），2014 年第 1 期。

16. 冯伟、肖卫东：《城镇化发展与城乡居民收入差距关系研究：理论与实证》，《农村金融研究》，2013 年第 1 期。

17. 符翔云：《浙江省城市化与城乡收入差距的实证研究》，《城市探索》，2011 年 9 月。

18. 傅恩来：《加强公共危机管理 预防群体性突发事件——以天津市为例》，《天津行政学院学报》，2012 年第 4 期。

19. 高文书：《进城农民工市民化：现状、进展与改革建议》，《城市观察》，2014 年第 2 期。

20. 龚文娟：《社会经济地位差异与风险暴露——基于环境公正的视角》，《社会学评论》,2013 年第 4 期。

21.郭渐强、黄敏:《论金融危机背景下我国群体性事件的防治》,《求实》,2009年第 9 期。

22.郭巍青:《现代性风险反思呼唤公民社会建设》,《探索与争鸣》,2011 年第2 期。

23.韩康:《农村就业转移增长的困境——论中国三农问题的一个逆向趋势》,《国家行政学院学报》,2006 年第 3 期。

24.韩志明:《利益表达、资源动员与议程设置——对于"闹大"现象的描述性分析》,《公共管理学报》,2012 年第 4 期。

25.郝宇青:《当前中国无直接利益冲突现象的特征》,《探索与争鸣》,2007 年第 4 期。

26.何雨:《城市大型群体活动的安全风险与管控路径》,《上海城市管理》,2012年第 4 期。

27.侯学英:《当前我国城市贫困问题研究的评述与展望》,《现代城市研究》,2014年第 3 期。

28.胡存智:《城镇化中的土地管理问题》,《行政管理改革》,2012 年第 11 期。

29.胡洪谊、张东:《论基层公安机关情报信息化建设中存在的问题与对策》,《科技信息》,2010 年第 26 期。

30.胡建淼、李勇:《城镇化立法的国际经验》,《新重庆》,2013 年第 6 期。

31.胡联合、胡鞍钢、徐绍刚:《贫富差距对违法犯罪活动影响的实证分析》,《管理世界》,2005 年第 6 期。

32.胡美灵、肖建华:《农村环境群体性事件与治理——对农民抗议环境污染群体性事件的解读》,《求索》,2008 年第 12 期。

33.胡序威:《有关城市化与城镇体系规划的若干思考》,《城市规划》,2000 年第 1 期。

34.黄留国:《中国特色城镇化道路:模式、动力与保障》,《郑州大学学报》(哲学社会科学版),2011 年第 3 期。

35.黄万华、向美来:《基于市场契约城市社区物业纠纷的经济学解释及其预防机制构建》,《当代经济管理》,2011 年第 2 期。

36.黄向梅、何署子:《转型时期我国农村城镇化模式研究》,《调研世界》,2011年第 8 期。

37.黄学贤、陈峰:《城镇化进程中农村群体性事件的法治化路径探析》,《学习论坛》,2010 年第 9 期。

38.嵇美云、田大宪:《群体性突发事件的网络舆情预警与应对——基于社会心理学的视角》,《浙江传媒学院学报》,2011 年第 5 期。

39.姜传胜、邓云峰、贾海江、王晶晶:《突发事件应急演练的理论思辨与实践探索》,《中国安全科学学报》,2011 年第 6 期。

40.蒋俊杰:《我国重大事项社会稳定风险评估机制:现状、难点与对策》,《上海行政学院学报》,2014 年第 2 期。

41.蒋曼茹:《我国农村群体性事件的成因及对策分析》,《商丘师范学院学报》,2011 年第 11 期。

42.金太军、赵军锋:《公共危机中的政府协调:系统、类型与结构》,《江汉论坛》,2010 年第 11 期。

43.柯芳、张翠:《城镇化背景下乡村治理面临的机遇和挑战》,《重庆理工大学学报》(社会科学版),2011 年第 10 期。

44.寇晓燕、吕琳:《物业管理纠纷的防范与化解机制——基于社会协同理论的探讨》,《江汉大学学报》(社会科学版),2014 年第 2 期。

45.李凤菲、温志强:《快速城镇化背景下群体性突发事件预警机制构建——以乌坎事件为例》,《人民论坛》,2013 年第 23 期。

46.李宏岳:《城镇化与农民增收问题研究》,《农业经济》,2011 年第 4 期。

47.李强:《中国城镇化进程中的"半融入"与"不融入"》,《河北学刊》,2011 第 5 期。

48.刘芳:《公共危机管理外部沟通机制构建的研究》,《魅力中国》,2010 年 10 月第 1 期。

49.刘虹:《我国政府危机管理中的公众参与研究》,《云南行政学院学报》,2010 年第 4 期。

50.刘建明、马国钧:《论发挥执政党核心功能的前提与路径——基于社会矛盾复合型化解的视角》,《理论学刊》,2013 年第 4 期。

51.刘杰、向德平:《城乡结合部社会管理的困境及其策略选择》,《学习与探索》,2013 年第 10 期。

52.刘美玲:《当前社会利益群体分化的道德影响》,《社会科学家》,2010 年第 4 期。

53.刘霞:《多元社会的稳定逻辑——论转型期社会矛盾化解的协同治理机制构建》,《人民论坛·学术前沿》,2013年1月(上)。

54.刘孝云:《群体性事件中的政治信任问题分析》,《探索》,2009年第5期。

55.刘岩、赵延东:《转型社会下的多重复合性风险——三城市公众风险感知状况的调查分析》,《社会》,2011年第4期。

56.刘艳、秦锐:《健全和完善我国公共危机管理预警机制》,《经济研究参考》,2013年第29期。

57.刘奕、张闻沁:《论公共危机传播中媒体的法治化管理》,《传播与版权》,2013年第4期。

58.娄成武、王玉波:《中国土地财政中的地方政府行为与负效应研究》,《中国软科学》,2013年第6期。

59.卢福营:《村民自治发展面临的矛盾与问题》,《天津社会科学》,2009年第6期。

60.卢永彪、吴文峰:《失地农民身份认同、自我效能感与其生存质量关系》,《湖南农业大学学报》(社会科学版),2012年第5期。

61.陆元兵:《新生代农民工融入城市的综合成本分析》,《中国国情国力》,2012年第6期。

62.罗建平、薛小勇:《治理理论视角下的公共危机管理》,《商业时代》,2011年第7期。

63.骆凯:《政治协商与协商民主》,《贵州社会主义学院学报》,2008年第2期。

64.毛哲山:《农民工城镇化的历史发展阶段与趋势》,《学术交流》,2011年第8期。

65.梅祥:《新时期我国农村群体性事件的特点、原因及对策》,《中国行政管理》,2010年第6期。

66.牛芙珍:《一个美学的核心范畴——"中和之美"再探》,《廊坊师范学院学报》,2003年第3期。

67.牛玉兵:《论城镇化进程中农民的组织维权——以征地维权为例》,《学海》,2011年第5期。

68.潘攀:《基于系统论的公共危机预警机制探析》,《社会科学家》,2010年第8期。

69.彭宁波:《面向危机预警的知识管理模式与策略》,《情报理论与实践》,2013

年第 2 期。

70.彭小兵、谭亚:《城市拆迁中的利益冲突与公共利益界定——方法与路径》,《公共管理学报》,2009 年第 2 期。

71.乔翠霞:《新型城镇化的本质及其战略选择》,《党政论坛》,2013 年第 11 期。

72.邱福林、穆兰:《广东城乡收入差距与城市化进程关系研究》,《安徽农业大学学报》(社会科学版),2011 年第 20 卷第 3 期。

73.任常兴、吴宗之、刘茂:《城市公共场所人群拥挤踩踏事故分析》,《中国安全科学学报》,2005 年第 12 期。

74.任中平、陈冕:《农村改革发展进程中农民利益表达机制的重构》,《云南社会科学》,2009 年第 3 期。

75.闪淳昌:《"12·31"上海外滩踩踏事件的调查与思考》,《江苏社会科学》,2015 年第 4 期。

76.沈关宝、王慧博:《解读"失地农民问题"——国内外失地农民问题研究综述》,《江西社会科学》,2008 年第 1 期。

77.施雪华:《民众信任流失的中外警示》,《人民论坛》,2012 年第 4 期。

78.史云贵、赵海燕:《我国城乡结合部的社会风险指标构建与群体性事件预警论析》,《社会科学研究》,2012 年第 1 期。

79.孙柏瑛:《基层政府社会管理中的适应性变革》,《中国行政管理》,2012 年第 5 期。

80.孙德超:《重大事项社会稳定风险评估指标体系的构建及运行》,《哈尔滨工业大学学报》(社会科学版),2014 年第 1 期。

81.孙立平:《和谐社会重在机制建设》,《中国改革》,2005 年第 4 期。

82.孙祁祥、锁凌燕、郑伟:《城镇化背景下社会公平保障体系建设的国际经验及其启示》,《中共中央党校学报》,2014 年第 2 期。

83.孙疏:《论群体性事件产生的深层原因》,《山东省农业管理干部学院学报》,2012 年第 5 期。

84.唐钧:《城镇低保的最新发展研究》,《中国市场》,2012 年第 24 期。

85.唐正繁:《试论地方政府群体性事件预防机制的构建》,《理论与当代》,2010 年第 4 期。

86.田莉:《我国城镇化进程中喜忧参半的土地城市化》,《城市规划》,2011 年第 2 期。

87.汪大海、张玉磊:《重大事项社会稳定风险评估制度的运行框架与政策建议》,《中国行政管理》,2012 年第 12 期。

88.汪大海、柳亦博:《突发群体性事件预防及应急处置机制研究——基于复杂社会网络理论的视角》,《山东行政学院学报》,2013 年第 2 期。

89.王道勇:《"浅层城市化"与民工荒》,《决策》,2011 年第 4 期。

90.王宏利:《中国工业化和城市化进程与居民收入分配决定研究》,《上海财经大学学报》,2011 年第 3 期。

91.王华华、陈国治:《我国城市化中土地征收引发的群体性事件防控研究》,《求实》,2011 年 10 月。

92.王俊秀:《风险与面对:不同群体的安全感研究》,《民主与科学》,2007 年第 6 期。

93.王玲蔚、孙皎皎:《论信访受理人在改革和完信访制度中的作用》,《天水行政学院学报》,2011 年第 3 期。

94.王美琴:《生活空间的重构与失地农民的被动城市化》,《苏州大学学报》,2011 年第 3 期。

95.王雄军:《政策议程设置与群体性事件的治理机制》,《中共浙江省委党校学报》,2009 年第 1 期。

96.王学军:《论协商民主的发展与我国政协制度建设》,《天津市社会主义学院学报》,2007 年第 2 期。

97.王益:《强化综合应急演练 提升应急处置能力——"强化 2011"宿迁市综合应急演练的实践与启示》,《中国应急管理》,2012 年第 4 期。

98.王仲伟、胡伟:《中国梦:大国崛起呼唤国家能力》,《管理世界》,2014 年第 1 期。

99.王子敏:《我国城镇化与城乡收入差距关系再检验》,《经济地理》,2011 年第 8 期。

100.魏玮:《非居住物业管理的矛盾纠纷及其化解——以上海市为例》,《城市问题》,2014 年第 1 期。

101.魏小强等:《利益反哺何以可行?——基于理论依据与现实基础的分析》,《江苏科技大学学报》(社会科学版),2011 年第 4 期。

102.温志强:《城镇化背景下基于利益视域的群体性突发事件预警管理研究》,《管理世界》,2014 年第 2 期。

103.温志强:《公共危机管理资源配置机制的构建》,《经济管理》,2011 年第 7 期。

104.温志强:《危机储备:突发事件的政府管理应重心前移》,《中国青年政治学院学报》,2006 年第 4 期。

105.温志强:《预防文化缺失与公共危机管理困局》,《特区经济》,2012 年第 2 期。

106.温志强:《预警型公共危机管理体系构建》,《前沿》,2012 年第 15 期。

107.吴华安、杨云彦:《中国农民工"半城镇化"的成因、特征与趋势:一个综述》,《西北人口》,2011 年第 4 期。

108.吴佩芬:《群体性事件与制度化利益表达机制的构建》,《思想战线》,2010 年第 4 期。

109.吴先华:《城镇化、市民化与城乡收入差距关系的实证研究——基于山东省时间序列数据及面板数据的实证分析》,《地理科学》,2011 年第 1 期。

110.吴志敏:《断裂与重构:社会转型中的弱势群体利益保障》,《中国特色社会主义研究》,2011 年第 1 期。

111.武树臣:《移植与播种——个人本位法律观在中国的命运》,《河北法学》,2011 年第 9 期。

112.习智勇:《社会转型时期群体性事件的成因及应对》,《法制与社会》,2010 年 10 月。

113.相伟:《"十二五"时期我国城镇化战略转型的内涵与对策》,《宏观经济管理》,2011 年第 3 期。

114.肖文涛:《治理群体性事件与加强基层政府应对能力建设》,《中国行政管理》,2009 年第 6 期。

115.肖瑛:《风险社会与中国》,《探索与争鸣》,2012 年第 4 期。

116.谢吉晨:《公共危机中影响政府信息公开的因素及其消解》,《理论导刊》,2009 年第 1 期。

117.徐行:《中国式维稳误区:异化与挑战》,《人民论坛》,2010 年第 27 期。

118.徐元明、刘远:《农村城镇化中农民权益保障缺失研究》,《现代经济探讨》,2010 年第 11 期。

119.杨爱兵:《以非诉讼程序解决物业纠纷的合理性分析》,《中北大学学报》(社科版),2005 年第 1 期。

120.杨斌、赵纯均:《管理教育的知识基础设施建设》,《管理评论》,1999 年第 6 期。

121.杨长福、雷春燕:《政府危机管理中的行政伦理问题探究》,《重庆大学学报》(社会科学版),2009年第5期。

122.殷辂、张林海:《公民网络诉求中官民理性互动机制探析》,《中州学刊》,2011年第4期。

123.尹俊、甄峰、王春慧:《世界城市化发展新特点及中国城市化发展趋势》,《地理教育》,2010年第1期。

124.于长永:《保障与风险:农民生活安全的脆弱性分析》,《农村经济》,2011年第1期。

125.于志勇:《对农村城镇化与政府职能定位的聚焦与探究》,《农村经济》,2012年第3期。

126.郁建兴、冯涛:《城市化进程中的地方政府治理转型:一个新的分析框架》,《社会科学》,2011年第11期。

127.喻军、曾长秋:《论思想政治教育在公共危机管理中的功能发挥》,《湖南科技大学学报》(社会科学版),2014年第2期。

128.曾江辉:《影响我国城市化进程收入差距因素的实证分析》,《生产力研究》,2011年第5期。

129.曾庆洪:《失地农民社会保障法律制度研究的崭新视角——利益反哺、权利救济与制度安排》,《法治论坛》,2009年第1期。

130.张博华:《社区物业纠纷的成因分析及解决路径探讨——以天津市物业纠纷为视角》,《河北工业大学学报》(社会科学版),2012年第3期。

131.张大成:《论对高校应急预案编制和管理的完善》,《辽宁工业大学学报》(社会科学版),2010年第1期。

132.张道军:《社会心理学角度分析群体性事件综述》,《社会心理科学》,2011年第8期。

133.张海波、童星:《中国应急预案体系的优化——基于公共政策的视角》,《上海行政学院学报》,2012年第6期。

134.张海波:《应急预案的编制应用与优化——以J省公路交通突发公共事件应急预案为案例》,《江苏社会科学》,2008年第6期。

135.张莉:《政府、社会、公民间的良性互动——善治视阈下群体性事件的解决之道》,《湖北行政学院学报》,2010年第3期。

136.张连业、杜跃平、张爱婷、董国强:《城郊被动型城市化进程中农民就业转移的调查分析》,《农业经济问题》,2007 年第 3 期。

137.张明军、陈朋:《2011 年中国社会典型群体性事件的基本态势及学理沉思》,《当代世界与社会主义(双月刊)》,2012 年第 1 期。

138.张青松、刘金兰、赵国敏:《大型公共场所人群拥挤踩踏事故机理初探》,《灾害学报》,2009 年第 6 期。

139.张文龙:《论中国农民政治权利保障之理念与制度基础》,《中国人权评论》,2013 年第 2 期。

140.赵成福:《公民政治参与:体制迟钝与体制吸纳》,《河南师范大学学报》(哲学社会科学版),2009 年第 3 期。

141.赵连阁、李旻:《农村妇女非农就业转移对自身及其子女教育的影响——以辽宁省为例》,《中国人口科学》,2008 年第 4 期。

142.郑智航:《群体性事件中的民众心态分析》,《哈尔滨工业大学学报》(社会科学版),2014 年第 2 期。

143.周彬成:《试论城镇化对我国农村和农民的深远影响》,《甘肃农业》,2011 年第 1 期。

144.周感华:《群体性事件心理动因和心理机制探析》,《北京行政学院学报》,2011 年第 6 期。

145.周锦章:《群体性事件产生的机会结构及对策》,《甘肃社会科学》,2009 年第 4 期。

146.周亚越:《论公共危机管理中的问责制》,《北京航空航天大学学报》(社会科学版),2010 年第 6 期。

外文著作类

1.Beck Ulrich, *Risk Society: Towards a New Modernity*, London: Sage, 1992.

2.Blackstone W., *Commentaries on the Laws of England*, Oxford: Clarendon Press, 1783.

3.Freeman R.E., *Strategic management: A stakeholder approach*, Boston: Pitman/Ballinger, 1984.

4.G.Botero, *The Theory of City —Statement on the Reason of City's Greast*, Stanford: Stanford University Press, 1967.

5.H.L.Tosi S. J, Canoll: *Management:Contingency,Structure,and Process*, Chicago Ⅱ –lionis, Chinese press, 1976.

6.James C. Scott, *Domination and the Arts of Resistance*, New Haven:Yale University Press, 1990.

7.James C. Scott, *Weapons of the Weak:Everyday Forms of Peasant Resistance*, New Haven:Yale University Press, 1985.

8.Jeane. C. Qi, The Evolution of Local State Cooperation, In Andrew Walder, *Zouping in Transition:The Process of Reform in Rural North China*, Cambridge Mass:Harvard University Press, 1998.

9.Lewis W. Arthur, *The Theory of Econonfic Growth*, London:Geoge Allen amp; Urwin, 1955.

10.Steven Fink, *Crisis Management:Planning for the Invisible*, New York:American Management Association, 1986.

11.Ted Robert Gurr, *Why Men Rebel*, Princeton University press, 1971.

12.William R. Kintner, David C. Schwarz, *A Study on Crisis Management*, Philadelphia:University of Pennsylvania Foreign Policy Research Institute, 1965.

13.Wright S. C., Lubensky M., The struggle for social equality:Collective action versus prejudice reduction, In S.Demoulin, J.P.Leyens, J.F.Dovidio (Eds.), *Intergroup Misunderstanding:Impact of Divergent Social Realities*, Philadel-phia:Psychology Press, 2009.

外文期刊类

1.Andersen, Hans Thor, et al, The end of urbanization Towards a new urban concept orrethinking urbanization, *European Planning Studies*, 2011, 19(4).

2.Echeverri –Carroll, Elsie L.and Ayala, Sofia G., Urban Wages:Does City Size Matter? *Urban Studies*, 2011, 48(2).

3.Gabe Todd, Abel Jaison, Agglomeration of Knowledge, *Urban Studies*, 2011, 48(7).

4.Hatry P. Harry, How Effective are your Community Services? Procedures for

Monitoring the Effectiveness of Municipal Services, *Urban Institute*, 1977, 4.

5. J. Pauls, The Movement of People in Buildings and Design Solutions for Means of Egress, *Fire Technology*, 1984, 20(1).

6. J.D. Sime, Crowd Psychology and Engineering, *Safety Science*, 1995, 21(1).

7. Jeane C. Qi, Fiscal Reform and the Economic Foundation of Local State Cooperation in China, *World politics*, 1992, 45(1).

8. John H. Sorensen, Hazard Warning Systems: Review of 20 Years of Progress, *Natural Hazards Review*, 2000, 5.

9. Kline Jeffery D., Ralph J. Align, Does Land Use Planning Slow the Conversion of Forest and Farm Lands? *Growth and Change*, 1999/30(winter).

10. Lember, Veiko, et al., Urban Competitiveness and Public Procurement for Innovation, *Urban Studies*, 2011, 48(7).

11. Martínez-Zarzoso, Inmaculada and Maruotti, Antonello, The impact of urbanization on CO_2 emissions: Evidence from developing countries, *Ecological Economics*, 2011, 70(1).

12. Shoshanym, Goldshleger N., Land use and population density changes in Israel——1950 to 1990: Analysis of regional and local trends, *Land Use Policy*, 2002, 19.

13. Wenting, Rik, et al. Urban Amenities and Agglomeration Economies? The Locational Behaviour and Economic Success of Dutch Fashion Design Entrepreneurs, *Urban Studies*, 2011, 48(7).

14. Willian Hurst, Kevin J.O'Brien, China's Contentious Pensioners, *The China Quarterly*, 2002, 2.

15. Wright S.C., The next generation of collective action research, *Journal of Social Issues*, 2009, 4.

16. Wu Jianguo, et al., Quantifying spatiotemporal patterns of urbanization: The case of the two fastest growing metropolitan regions in the United States, *Ecological Complexity*, 2011, 8(1).

17. Wu JunJie, et al., Urbanization and the viability of local agricultural economies, *Land Economics*, 2011, 87(1).

18. Zhou Xueguang, Economic Transformation and Income Inequality in Urban

China: Evidence from Panel Data, *American Journal of Sociology*, Vol. 105, No. 4, Jan., 2000.

后 记

　　本书是教育部人文社会科学研究规划基金项目"社会转型期群体性事件的预警与阻断机制研究"(12YJA630141)的最终成果。由温志强策划,经研究团队反复讨论拟定全书纲要。其中第一、五、六章由温志强负责,郝雅立负责第二、三、四章。初稿完成后,由温志强负责统稿、修改和定稿。团队其他成员为本书初级资料的整理、统稿和修改做了大量的工作。本书付梓之际,感谢团队全体成员的精诚合作,感谢大家为本书的完成所付出的巨大努力。

　　本书的出版得到了天津师范大学政治文化与政治文明建设研究院的支持。天津人民出版社的杨轶、王佳欢编辑也为本书的出版提供了大力帮助,我们对此深表谢意。

　　由于作者的学识有限,本书离预期的目标仍有不小的差距,不当之处在所难免。恳请危机管理研究领域的专家、同行和广大读者不吝赐教,对错漏之处批评指正,我们定不胜感激。

温志强

2016 年 9 月于天津

政治文化与政治文明书系书目